Michael Klant

GRUNDKURS FILM 3
DIE BESTEN KURZFILME

Schroedel

GRUNDKURS FILM

Materialien für den Sekundarbereich I und II

herausgegeben von
Michael Klant und Raphael Spielmann

GRUNDKURS FILM 3 – DIE BESTEN KURZFILME
verfasst von Michael Klant

Das Werk und seine Teile sind urheberrechtlich geschützt. Jede Nutzung in anderen als den gesetzlich zugelassenen Fällen bedarf der vorherigen schriftlichen Einwilligung des Verlages. Hinweis zu § 52a UrhG: Weder das Werk noch seine Teile dürfen ohne eine solche Einwilligung gescannt und in ein Netzwerk eingestellt werden. Dies gilt auch für Intranets von Schulen und sonstigen Bildungseinrichtungen.

ISBN 978-3-507-10032-9
Druck A 1 / Jahr 2012
Alle Drucke der Serie A sind im Unterricht parallel verwendbar.

© 2012 Bildungshaus Schulbuchverlage
Westermann Schroedel Diesterweg
Schöningh Winklers GmbH, Braunschweig
www.schroedel.de

Umschlag Plakatmotiv zu TRUE von Tom Tykwer (D 2004)
Redaktion Peter Fischer
Typografie, Satz, Grafik, Gestaltung Ulrich Birtel, Michael Klant
Druck und Bindung westermann druck GmbH, Braunschweig

Im Lernmittel wird in Form von Symbolen auf DVDs verwiesen, darunter die vom Verlag separat lieferbare DVD (ISBN 978-3-507-10034-3). Die DVDs enthalten ausschließlich optionale Unterrichtshilfen. Sie unterliegen nicht den staatlichen Zulassungsverfahren.

Der besondere Dank des Autors geht an die vielen Kreativen aus dem Bereich des Films, die zu diesem Buch persönlich mit Materialien und Informationen beigetragen haben: Christian Bruhn, Luc Courchesne, Lutz Dammbeck, Pepe Danquart, Jan Dibbets, Tomer Eshed, Ingo Ludwig Frenzel, Jochen Alexander Freydank, Peter Göltenboth, Thierry Knauff, Rainer Komers, Christoph und Wolfgang Lauenstein, Oren Lavie, Bjørn Melhus, Zbigniew Rybczynski, Christina Schindler, Rudolf Schweiger, Tom Tykwer, Virgil Widrich, Jan Zabeil und Maja Zogg.
Ein ebenso herzlicher Dank an die Expertenrunde (s. S. 17)!
Der Dank gilt auch allen Kollegen und Studierenden in den Instituten für Bildende Kunst, Deutsch und Musik an der Pädagogischen Hochschule Freiburg, die im Rahmen gemeinsamer Seminare, Schulpraktika, Examensarbeiten und Forschungsprojekte über viele Jahre hinweg Erkenntnisse zur Auswahl und Didaktisierung der Kurzfilme in diesem Buch beigetragen haben.
Aus dem Kollegium sind namentlich zu nennen: Prof. Dr. Mechtild Fuchs, Prof. Dr. Tatjana Jesch, Prof. Dr. Joachim Pfeiffer, Chris Popovic, Dr. Raphael Spielmann und Dr. Michael Staiger.
Von den Studierenden: Yasmin Allain, Markus Beitz, Dietmar Bender, Katrin Eisele, Moritz Feldmann, Stephanie Flaig, Katharina Geldreich, Marcus Gesierich, Sascha Graab, Matthias Grünler, Elke Hermeneit, Andrea Hirsch, Vanessa Hüttner, Birgit Humpfer, Birke Klima, Michael Kny, Carmen Lingenthal, Cosima Pernicka, Christopher Pfeiffer, Dana Rieder, Carolin Robert, Sabine Schloz, Rebecca Schmidt, Matthias Sill, Jennifer Ursprung, Grit Vater, Philipp Vollmer, Gabriela Walter, Jochen Weinel, Nadine Weißkopf, Diana Wiedensohler, Leoni Willnow, Daniel Wolf, Fédor Zimmermann.

Inhalt

Vorwort 5

Grundlagen: Aspekte des Kurzfilms 7
Am Anfang war der Kurzfilm 8
Einstundenfilm und Micromovie:
Kurzfilmlängen heute 9
Über kurz oder lang: Genres und Formate 10
Poetische Verdichtungen: Charakteristika des Kurzfilms 12
Experimentierfeld und Visitenkarte – Funktionen
des Kurzfilms 13
Vom Jahrmarkt ins Museum: Orte des Kurzfilms 14
Szenetreffpunkt Kurzfilmfestival 15
Kurzfilm per Mausklick – im Zeitalter des »Web 2.0« 16
Auf Suche nach einem »Kurzfilmkanon für die Bildung« 17

Dokumentarfilme 19

Informieren, reflektieren, sich engagieren 20
ZUGANKUNFT IM BAHNHOF VON LA CIOTAT von
Auguste & Louis Lumière (F 1895) 22
INFLATION von Hans Richter (D 1928) 24
PHILIPS RADIO von Joris Ivens (NL 1931) 28
BARFUSS UND OHNE HUT von Jürgen Böttcher
(DDR 1984) 34
DIE BLUMENINSEL von Jorge Furtado (BR 1989) 38
GBANGA TITA von Thierry Knauff (B/F/CAM 1994) 42
WAS WEISS DER TROPFEN DAVON von Jan Zabeil (D 2007) 46
MA'RIB von Rainer Komers (D 2008) 50

Spielfilme 53

Inszenierungen der Wirklichkeit 54
DER BEGOSSENE GÄRTNER von Louis Lumière (F 1895) 56
DER GROSSE EISENBAHNRAUB von Edwin S. Porter
(USA, 1903) 58
DIE FOLGEN DES FEMINISMUS von Alice Guy (F 1906) 60
THE TRAMP von Charlie Chaplin (USA 1915) 64

DER ROTE BALLON von Albert Lamorisse (F 1956) 70
ZWEI MÄNNER UND EIN SCHRANK von Roman Polanski
(PL 1958) 72
SCHWARZFAHRER von Pepe Danquart (D 1992) 76
SNIPERS ALLEY von Rudolf Schweiger (D 2002) 80
SPIELZEUGLAND von Jochen Alexander Freydank
(D 2008) 84

Animationsfilme 95

Die Beseelung der Einzelbilder 96
GERTIE THE DINOSAUR von Winsor McCay (USA 1914) 98
PAPAGENO von Lotte Reiniger (D 1935) 102
NEIGHBOURS von Norman McLaren (CDN 1952) 108
EINMART von Lutz Dammbeck (DDR 1980) 112
BALANCE von Christoph und Wolfgang Lauenstein
(BRD 1989) 116
WALLACE & GROMIT IN THE WRONG TROUSERS von Nick Park
(GB 1993) 122
ANDERS ARTIG von Christina Schindler (D 2002) 124
MUTO von Blu (I 2008) 130
OUR WONDERFUL NATURE von Tomer Eshed (D 2008) 132

Experimentalfilme 137

Gegen die Regeln 138
Die Reise zum Mond von Georges Méliès (F 1902) 140
EIN ANDALUSISCHER HUND von Luis Buñuel und
Salvador Dalí (F 1929) 144
MESHES OF THE AFTERNOON von Maya Deren und
Alexander Hammid (USA 1943) 148
BEGONE DULL CARE von Norman McLaren und
Evelyn Lambart (CDN 1949) 152
TANGO von Zbigniew Rybczynski (PL 1981) 158
FAST FILM von Virgil Widrich (A/L 2003) 164
TRUE von Tom Tykwer (F/D 2004) 172

Musikfilme 177

»Don't you wonder sometimes about sound and vision?« 178
FANTASIA – DER ZAUBERLEHRLING von Walt Disney (USA 1940) 180
SUBTERRANEAN HOMESICK BLUES von D. A. Pennebaker (GB/USA 1967) 190
ALL IS FULL OF LOVE von Chris Cunningham (GB 1999) 194
GUTEN TAG! DIE REKLAMATION von Peter Göltenboth und Florian Giefer (D 2002/2003) 198
HER MORNING ELEGANCE von Oren Lavie (IL 2009) 202

Werbefilme 205

»Wer dem Werbefilm verfällt ...« 206
THOSE AWFUL HATS von David Wark Griffith (USA 1909) 208
DER NÄHKASTEN von Julius Pinschewer und Guido Seeber (D 1912) 210
DER SIEGER von Walter Ruttmann (D 1922) 212
WENN ZWEI SICH BEGEGNEN.. von Insel Film München (BRD 1954) 214
THE BIRDS-TRAILER von Alfred Hitchcock (GB 1963) 218
AFRI-COLA- UND VW-WERBUNG von Charles Wilp (BRD 1968) 220
MILKA-WERBESPOTS von Young & Rubicam (BRD, seit 1973) 222
THE KEY TO RESERVA von Martin Scorsese (E 2007) 224

Videokunst 231

»Video« heißt »ich sehe« – Varianten der Videokunst 232
TV AS A FIREPLACE von Jan Dibbets (D 1968/69) 234
GLOBAL GROOVE / TV-GARDEN von Nam June Paik (USA 1973) 236
GLAUBEN SIE NICHT, DASS ICH EINE AMAZONE BIN von Ulrike Rosenbach (D 1975) 240
PORTRAIT ONE von Luc Courchesne (CDN 1990) 244
BURIED SECRETS von Bill Viola (USA 1995) 246
NO SUNSHINE von Bjørn Melhus (D 1999) 250

Anhang 253

100 Kurzfilme für die Bildung – die Auswahl im Überblick 253
Weiterführende Literatur 262
Text- und Bildquellenverzeichnis 265
Glossar: Fach- und Stilbegriffe, Fremdwörter, Personenverzeichnis 270
Internet-Hinweise 284

Vorwort

Filme sind allgegenwärtig. Sie können auf den verschiedensten Medien im Kino, zu Hause oder unterwegs betrachtet werden. Heutige Generationen lernen jedoch nicht nur anders zu sehen als frühere, sie lernen auch, bewegte Bilder anders zu produzieren, stellt doch das Filmen, wie zuvor schon das Fotografieren, inzwischen eine Alltagstechnik dar.

Verantwortlich für diese Entwicklung ist die digitale Revolution seit Ende des 20. Jahrhunderts. Die Schriftkultur wird zunehmend von einer visuellen Kultur verdrängt, innerhalb derer der Film zahlreiche Funktionen einnimmt, vom Mittel der Information und der Kommunikation über das der Unterhaltung bis zum Medium der Bildung. Gut einhundert Jahre nach der Geburt des Films (1895) lässt sich ein »Kinetic Turn« beobachten, bei dem das stehende Bild durch das Bewegtbild abgelöst wird. Mehr denn je ergibt sich daraus die Notwendigkeit, dem Film den entsprechenden Raum im Bildungskontext einzuräumen. Solange es dafür kein eigenes Schulfach gibt, stellt sich die Frage, wo sich der Film im schulischen Curriculum überhaupt verorten lässt.

Die Reihe *Grundkurs Film* basiert auf dem Modell einer »Integrativen Filmdidaktik«, die berücksichtigt, dass Film als Gesamtkunstwerk aus Bild, Ton und Text bzw. Sprache besteht und daher den Fächern Kunst, Musik und Deutsch zugeordnet werden kann. Hier werden gleichermaßen die notwendigen rezeptions- und produktionsorientierten Kompetenzen vermittelt: das »Learning by doing« ebenso wie das »Learning by viewing«. Die drei Fächer stehen als Kern- oder Leitfächer der schulischen Filmbildung im Zentrum des Modells, das als ein dynamisches vorzustellen ist. Die anderen Fächer, die sich um dieses Zentrum herum gruppieren, setzen Bewegtbilder längst nicht mehr nur in der Funktion als Lehrfilme ein, sondern sind ihrerseits dazu übergegangen, kurze Filme zu produzieren. Hierfür bedarf es der Kenntnis der filmsprachlichen Mittel, einer analytischen ebenso wie einer praktischen »Filmkompetenz«. Dazu will der *Grundkurs Film 3* beitragen. Während in Band 1 die begrifflichen und inhaltlichen Grundlagen gelegt werden und in Band 2 insgesamt 50 Langfilme im Mittelpunkt stehen (viele davon aus dem *Filmkanon*, der 2003 von der *Bundeszentrale für politische Bildung* verabschiedet wurde), rückt der vorliegende Band ausschließlich Kurzfilme bis ca. 30 Minuten Länge in den Fokus.

Kurzfilme haben den unschätzbaren Vorteil, dass sie im Unterricht gesichtet werden können. Zudem bieten sie ein größeres Spektrum an Genres und Formaten, ja sind aufgrund ihrer Produktionsbedingungen experimenteller orientiert.

Die Auswahl der über 50 Kurzfilme in diesem Buch beruht auf der Empfehlungsliste *100 Kurzfilme für die Bildung*, an der eine Gruppe von Experten seit 2009 gearbeitet hat (s. hierzu S. 17 f. und S. 253 ff.). Die Auswahl und Gliederung im Buch folgt weitgehend den Vorschlägen dieser Liste und ordnet die Filme in sieben Kategorien: Dokumentarfilm, Spielfilm, Animationsfilm, Experimentalfilm, Musikfilm, Werbefilm und Videokunst. Die Reihenfolge innerhalb der Kategorien ist chronologisch, sodass sich jeweils ein kleiner Abriss des betreffenden Filmgenres bzw. -formats ergibt.

Als Hinleitung ist jeder Kategorie ein einführender Text vorangestellt. Alle Filme können unter filmspezifischen Fragestellungen von den Kernfächern thematisiert, ihre Inhalte auch weiteren Fächern zugeordnet werden. Erschöpfende Interpretationen sind nicht angestrebt, um Raum für eigene Bearbeitungen und Erkenntnisse zu geben.

Dieses Buch bietet mehrere Lesarten an:
• Es vermittelt einen Überblick über die verschiedenen Genres und Formate des Kurzfilms.
• Es gibt Einblicke in herausragende Einzelbeispiele der Kurzfilmgeschichte.
• Es beinhaltet die wichtigsten Aspekte der Filmsprache, die für die Analyse ebenso wie für die Produktion von Bedeutung sein können.
• Es enthält handlungsauffordernde Texte und Abbildungen, die den Zugang zur eigenen Produktion als Teil eines modernen Filmunterrichts unterstützen.
• Es enthält zahlreiche Anregungen zum Gespräch, die Impulse für eine inhaltliche Diskussion gesellschaftlich und persönlich wichtiger Themen enthalten.

Durch die kritische Auseinandersetzung mit den Abbildungen, Texten und Filmausschnitten sollen Fähigkeiten und Kenntnisse vermittelt werden, die es ermöglichen:
• die »Sprache« von Filmen zu analysieren und zu verstehen,
• ihre Inhalte und Funktionen unter stilistischen, historischen und gesellschaftlichen Aspekten einzuordnen (rezeptionsorientierte Kompetenzen),
• eigene gestalterische Fähigkeiten vor allem in den Bereichen Bild, Text und Ton zu entwickeln und bewusst einzusetzen (produktionsorientierte Kompetenzen) und
• die individuelle Entfaltung sowie die Bereitschaft zur Teamarbeit und zur gesellschaftlichen Verantwortung zu fördern (persönliche und soziale Kompetenzen).

Michael Klant, Freiburg

Hinweise zu den Kapitellängen, Auszeichnungen und Abbildungen

Die 50 Kapitel in diesem Buch behandeln die ausgewählten Kurzfilme mit unterschiedlichem Umfang. Dies liegt hauptsächlich an der jeweiligen Quellenlage: Zu manchen Filmen waren mehr Materialien verfügbar als zu anderen, ob nun Drehbücher, Storyboards, Notensätze oder Textzitate der FilmemacherInnen. Wertungen sollen sich mit der variablen Seitenzahl nicht verbinden, denn alle hier vorgestellten Filmbeiträge bieten interessante Aspekte und wurden für die Empfehlungsliste »100 Kurzfilme für die Bildung« (s. S. 253 ff.) ausgewählt oder zumindest nominiert.
Ähnliches gilt für die Auflistung von Auszeichnungen, bei denen zu berücksichtigen ist, dass die Zahl der Festivals, auf denen Preise vergeben werden, im Lauf der Zeit kontinuierlich zugenommen hat, sodass bei früheren Filmen weniger Nennungen möglich sind. Auch gibt es je nach Kategorie unterschiedlich viele Möglichkeiten für Auszeichnungen.
Die meisten Abbildungen sind »Motion stills«, die aus dem laufenden Film genommen wurden. Diese behalten die »Ratio«, das Seitenverhältnis der filmischen Bilder, bei. »Standfoto« und »Standbild« (engl.: Film still) werden als Begriffe für Filmfotos verwendet, die beim Dreh von Fotografen eigens angefertigt werden und als Aushangfotos oder Pressematerial dienen. Sie behalten die filmische Ratio oft nicht bei. »Produktionsfotos« (Production stills) oder »Szenenfotos« sind Aufnahmen, die während des Drehs am Set entstehen und die Arbeitsbedingungen zeigen, aber nicht aus dem laufenden Film stammen.

GRUNDLAGEN
Kurz und gut: Aspekte des Kurzfilms

Am Anfang war der Kurzfilm 8
Einstundenfilm und Micromovie: Kurzfilmlängen heute 9
Über kurz oder lang: Genres und Formate 10
»Poetische Verdichtungen«: Charakteristika des Kurzfilms 12
Experimentierfeld und Visitenkarte – Funktionen des Kurzfilms 13
Vom Jahrmarkt ins Museum: Orte des Kurzfilms 14
Szenetreffpunkt Kurzfilmfestival 15
Kurzfilm per Mausklick – im Zeitalter des »Web 2.0« 16
Auf der Suche nach einem »Kurzfilmkanon für die Bildung« 17

Abhängig von der Zeit. Harold Lloyd in Safety Last! (USA 1923), Standfoto

»Alle meine Träume sind Kurzfilme.«
Mike Hoolboom

Am Anfang war der Kurzfilm

Nur fünf Sekunden währt der erste, mit einem Copyright versehene Streifen aus dem Studio des Amerikaners Thomas Alva Edison, gedreht mit seiner 1891 erfundenen Filmkamera, dem »Kinetographen« (griech., Bewegungsschreiber). Er zeigt Edisons Assistenten Fred Ott im Januar 1894 beim Schnupfen einer Prise Tabak und einem anschließenden Nieser.

Ebenfalls in Sekunden zu zählen sind die ersten Bewegtbilder der deutschen Erfinder, der Brüder Max und Emil Skladanowsky, die sie im November 1895 im Wintergarten-Variété in Berlin vorführten, darunter ein BOXENDES KÄNGURUH mit 23 Sekunden Länge. Die Filme der französischen Brüder Auguste und Louis Lumière, erstmals präsentiert im Dezember 1895 im Keller des Grand Café in Paris, dauerten immerhin jeweils 50 Sekunden, darunter die ANKUNFT EINES ZUGES IM BAHNHOF VON LA CIOTAT und DER BEGOSSENE GÄRTNER (s. S. 22 ff. und 56 ff.). Die Pioniere des Films fassten dann auch mehrere ihrer kurzen Streifen zu Programmen zusammen.

Während die Brüder Skladanowsky und Lumière ihre Filme projizierten, bevorzugte Edison das »Kinetoskop« (griech., Bewegungsbetrachter), einen Guckkasten mit Okular, den er 1891/92 von Chefingenieur William Dickson konstruieren ließ und anfangs gewinnbringend vermarktete. Darin versetzte ein Elektromotor einen Filmstreifen aus halbtransparentem Papier in Bewegung, der als »chain« (engl., Kette) in einer Endlosschleife aufgewickelt war und von einer Glühlampe durchleuchtet wurde. Mit einer Länge von 66 Fuß bzw. 20 Meter kam er auf ca. 75 Sekunden Laufzeit. Zwar kombinierte Edison das Kinetoskop 1895 mit seinem »Phonographen«, einem Audioabspielgerät mit Walze, und wurde damit zum Pionier des Tonfilms. Doch die Erfindung der Brüder Lumière, der »Cinématographe«, setzte sich durch, da er gleichzeitig als Kamera und als Projektor fungierte, der die Filmbetrachtung zum Gemeinschaftserlebnis machte (s. S. 23). Die Brüder Pathé erwarben die Patente und gründeten einen weltweit agierenden Handel mit Filmen und Geräten.

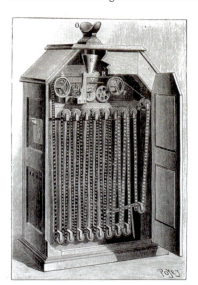  

Konkurrenz der Vorführapparate. *Links: das* Kinetoskop von Edison mit Endlosschleife, 1893
Mitte: das Kinetophon, ein Kinetoskop mit Audiowalze und Kopfhörer, ab 1905. *Rechts:* ein Projektor der *Société Pathé*, bei dem der mittels einer Handkurbel angetriebene Filmstreifen von einer »Laterna Magica« durchleuchtet wurde, nach 1902

Bald ließen die Projektoren die Filmbilder von einer normierten Spule (engl.: reel) rollen. So wurde zu Beginn des 20. Jahrhunderts der »One-reeler« üblich, bei dem etwa 1000 Fuß oder 300 Meter in 11 bis 12 Minuten im 35-mm-Kinoformat durch den Projektor liefen. Man rechnete in Längen- und nicht in Zeiteinheiten, weshalb noch heute im Englischen der Begriff »footage«, im Französischen »métrage« und auf Deutsch »Filmmeter« verwendet werden. Die Abspieldauer variierte je nach Anzahl der Bilder pro Sekunde (engl.: frames per second, fps). 16 bis 18 fps waren es in der Stummfilmzeit. Als sich 1927 der optische Tonfilm durchzusetzen begann (s. hierzu S. 109), erhöhten sie sich auf 24 fps, die noch heute gültige Bildanzahl für Film auf Zelluloid, während ein Video 25 fps aufweist.

Aus dem Kurzfilm entwickelte sich der Langfilm. La vie du Christ von Alice Guy für die Firma *L. Gaumont et compagnie* aus dem Jahre 1906 umfasst bereits 25 Episoden in 37 Minuten. Das 1910 entstandene biblische Epos The Life of Moses aus dem Filmstudio *American Vitagraph* kommt, unterteilt in fünf Akte, auf fast 90 Minuten. Die langen Filme erhielten in den USA – wo die Filmindustrie zu blühen begann, während in Europa der Erste Weltkrieg (1914–1918) wütete – den Namen »feature«, die noch heute gültige Bezeichnung für »Langfilm«. Erst durch diese Entwicklung ergab sich überhaupt die Notwendigkeit, einen nicht abendfüllenden Film als »Kurzfilm« zu bezeichnen, auf Englisch »short film« und auf Französisch »court métrage«. Seither hat sich der Kurz- vom Langfilm abgekoppelt und eine eigene Entwicklung genommen.

Siegeszug der Filmindustrie. Die *Société Pathé Frères*, 1896 in Paris von vier Brüdern gegründet, erwarb 1902 Rechte auf Patente der Brüder Lumière. Sie produzierte Filmausrüstungen, vertrieb Filme in alle Welt und schuf Kinoketten. Rechts Charles Pathé mit Projektor und Filmspule, links Émile mit Phonograph und Schallplatte. Lithografie von Adrien Barrère, Frankreich, um 1910

Einstundenfilm und Micro Movie: Kurzfilmlängen heute

»Was ein Kurzfilm ist, sagt mir meine Uhr«, stellt Festivalleiter Lars Henrik Gass lakonisch fest. Eine einheitliche Zeitvorgabe existiert jedoch nicht. Die *Deutsche Film- und Medienbewertung Wiesbaden FBW* (früher: *Filmbewertungsstelle Wiesbaden*), welche die Prädikate »wertvoll« und »besonders wertvoll« vergibt, lässt Filme bis zu 60 Minuten als Kurzfilme gelten. Zum namhaftesten Kurzfilm-Wettbewerb in Deutschland, den *Internationalen Kurzfilmtagen Oberhausen*, können Filme aller Genres bis zu einer Länge von 45 Minuten eingereicht werden, sofern sie in Deutschland produziert wurden – in der Sektion »Internationaler Wettbewerb« sind nur 35 Minuten erlaubt. Die *Academy of Motion Picture Arts and Sciences* in Los Angeles, die den »Oscar« jährlich auch in den Sparten »Live Action Short Film«, »Documentary Short Subject« und »Animated Short Film« verleiht, setzt das Limit bei 40 Minuten (längere Animationsfilme gehören in die Kategorie »Best Animated Feature Film«). Dasselbe gilt für die »Student Academy Awards«, die Oscars für Studierende, und für das renommierte *Festival international du court métrage de Clermont-Ferrand*.

Bei den *Internationalen Filmfestspielen Berlin*, der *Berlinale*, beträgt die maximale Länge für eingereichte Spiel-, Animations-, Dokumentar- und Experimentalfilme 30 Minuten. Dieselbe Obergrenze gibt der 1956 gegründete *Deutsche Kurzfilmpreis* vor, der als höchstdotierte Auszeichnung jedes Jahr vom Beauftragten der Bundesregierung für Kultur und Medien verliehen wird. Die *Filmförderungsanstalt (FFA)* in Berlin nennt ebenfalls 30 Minuten als Maximum. Die *Open Gallery* in London führt Wettbewerbe für »Video Paintings« durch, die aus einer Einstellung ohne Kamerabewegung und Schnitt bestehen müssen und zwischen 4 und 20 Minuten lang sein dürfen. Auch beim Festival *interfilm Berlin* sind im Internationalen Wettbewerb nur bis zu 20 Minuten zulässig. Der Fernsehsender *3sat* kann auf seinem Hauptsendeplatz für künstlerische Kurzfilme keine Längen über 20 Minuten zeigen. Bei einer Umfrage gaben Kinobetreiber als »durchschnittliche Lieblingslaufzeit« für Kurzfilme im Vorprogramm 10 Minuten an.

So variiert die Dauer je nach Ort und Verwendungszweck. Besonders kurz sind »Micro Movies«, Kurzfilme aus dem Smartphone: Das *Tampere Film Festival* in Finnland, Vorreiter im Jahr 2002, legte 3 Minuten und 14 Sekunden als Obergrenze fest. Der erstmals 2004 ausgeschriebene *Siemens Micro Movie Award* erlaubte nur 90 Sekunden. Die Kunstform des »Loop« (engl., Schlaufe) kann mit noch kürzeren Einstellungen auskommen: Das als Endlosschleife angelegte Video DIE SCHWIMMERIN von Heike Baranowsky aus dem Jahr 2000 wiederholt sich unmerklich alle zweieinhalb Sekunden – und ergibt dennoch einen endlosen Film (s. *Grundkurs Film 1*, S. 244).

Nachrichtensendungen im Fernsehen, in denen u.a. Kurzreportagen Platz haben, können je nach Sendezeit variieren. Musikclips weisen eine durchschnittliche Dauer von 3,5 Minuten auf, Trailer und Werbespots gehen im TV aus Kostengründen kaum noch über 20 bis 30 Sekunden hinaus.

Das Internet ist günstiger. Vom Videoportal *YouTube*, im Mai 2005 gelauncht, wurde anfangs eine maximale Länge von 11 Minuten vorgegeben, die man 2010 auf 15 Minuten erhöhte. Im Durchschnitt beträgt die Länge der Beiträge auf Videoportalen nach statistischen Berechnungen aber nur 3 Minuten.

Da Kurzfilme offensichtlich nicht über 60 Minuten hinausgehen und man ab etwa 80 Minuten von einem Langfilm spricht, entsteht eine Lücke von 20 Minuten, doch hat sich für die mittellangen Filme kein verbindlicher Begriff ergeben.

Über kurz oder lang: Genres und Formate

Die Länge von Kurzfilmen hängt offensichtlich mit dem Filmtyp zusammen. Man spricht meist von »Genre« (franz., Art, Sorte), wenn ein Film einer Gruppe mit gemeinsamen inhaltlichen Merkmalen zugeordnet werden soll, von »Gattung«, wenn eher die Funktion gemeint ist, von »Kategorie«, wenn nach Herstellungsverfahren unterschieden wird, und von »Format«, wenn es um TV-Beiträge geht, die von der Länge her an Sendeplätze gebunden sind. Die Grenzen verlaufen oft fließend. Der »Filmkompass« rechts erlaubt Kombinationen und zeigt, wie viele Subgenres, Unterformate oder auch Videokunstformen sich im Lauf der Zeit herausgebildet haben.

»Die Elementarform des Films besteht aus kurzen Längen«, postuliert Filmemacher Alexander Kluge. Während der Kurzfilm im Prinzip alle Genres aufgreifen kann, in denen sich auch der Langfilm bewegt, gibt es umgekehrt spezifische Kurzfilmformen, für die es keine abendfüllenden Entsprechungen gibt. Gerade im TV-Bereich sind durch die besonderen Programmzwänge und -ziele einige spezifische Filmsorten entstanden.

Für das Kino entstehen gelegentlich Langfilme als Kurzfilm-»Kompilation« (lat., Zusammenraffung, Beute). So gibt es für herausragende Werbespots die CANNES-ROLLE, benannt

Kurzfilmuhr mit zugelassenen bzw. durchschnittlichen Filmlängen. Diese können u.a. von Einreichbedingungen bei Wettbewerben und Festivals, von Sendeplätzen, Aufführungskosten, der Funktion oder inhaltlich-künstlerischen Faktoren abhängen.

- TV-Werbespots: ø 0,5 Min.
- Musikclips: ø 3,5 Min.
- Kinobetreiber-Umfrage: Vorliebe ø 10 Min.
- Kurzfilmpreis Murnau / YouTube-Uploads: bis 15 Min.
- interfilm Berlin, Internationaler Wettbewerb / Kurzfilme auf 3sat: bis 20 Min.
- »FirstSteps«-Preis für Hochschulabsolventen: bis 25 Min.
- Deutscher Kurzfilmpreis / Richtlinien der Filmförderungsanstalt / »Berlinale«-Wettbewerb: bis 30 Min.
- Internationale Kurzfilmtage Oberhausen, Beiträge aus dem Ausland: bis 35 Min.
- Academy of Motion Picture Arts (Oscar) / Festival in Clermont-Ferrand: bis 40 Min.
- Internationale Kurzfilmtage Oberhausen, deutsche Beiträge: bis 45 Min.
- Deutsche Film- und Medienbewertung Wiesbaden FBW: bis 60 Min.

nach dem *Cannes Lions International Advertising Festival*. Ein besonderes, auf dem Kurzfilm basierendes Genre ist der »Episodenfilm«. Zu den bekanntesten gehört der 96-minütige Film COFFEE AND CIGARETTES (USA 2003) von Jim Jarmusch, in dem Menschen aus dem Bekanntenkreis des Regisseurs skurrile, für den Film aneinandergehängte Gespräche in einer Bar führen. Tragen verschiedene Regisseure zu einem Langfilm bei, spricht man auch von »Omnibusfilm«. Für den 114 Minuten langen Kinofilm PARIS, JE T'AIME (F 2004) schufen 18 namhafte Regisseure Kurzfilme, darunter Tom Tykwer (TRUE, S. S. 172 ff.).

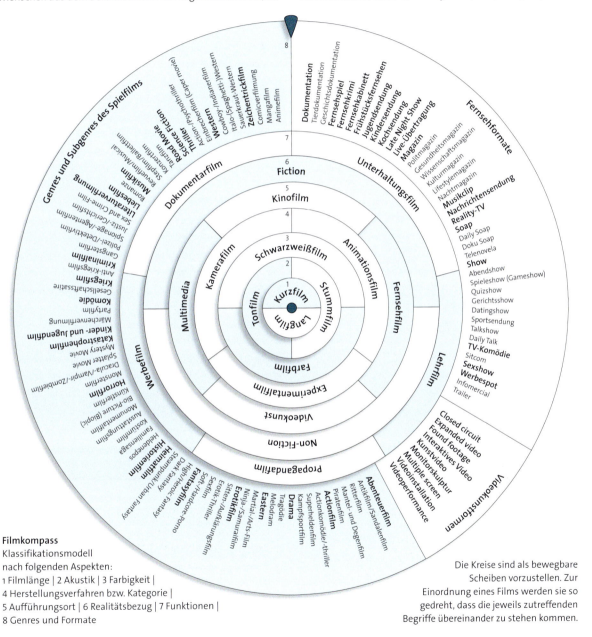

Filmkompass
Klassifikationsmodell nach folgenden Aspekten:
1 Filmlänge | 2 Akustik | 3 Farbigkeit |
4 Herstellungsverfahren bzw. Kategorie |
5 Aufführungsort | 6 Realitätsbezug | 7 Funktionen |
8 Genres und Formate

Die Kreise sind als bewegbare Scheiben vorzustellen. Zur Einordnung eines Films werden sie so gedreht, dass die jeweils zutreffenden Begriffe übereinander zu stehen kommen.

Skandal in Nahaufnahme. Der erste Filmkuss, aufgenommen im April 1896 in der »Black Mariah«, dem Studio von Edison in West Orange, New Jersey. Regie: Wilhelm Heise, Schauspieler: John Rice und May Irwin

»Poetische Verdichtungen«: Charakteristika des Kurzfilms

Worin bestehen nun die Besonderheiten des Kurzfilms? Wie jede Gattung der Kunst durchläuft auch er eine ständige Entwicklung und bildet spezifische Merkmale je nach Genre oder Format aus. »Der Kurzfilm ist keine starre Kategorie«, betonte Filmwissenschaftler Enno Patalas. Jeder neue Film von Bedeutung trägt zur veränderten Definition von Kurzfilm bei.

Zur historischen Entwicklung gehört, dass man anfangs kaum Schnitte vornahm. Oft wurde das zu filmende Geschehen auf Bühnen wie im Theater inszeniert und, ohne anzuhalten, abgekurbelt. Selbst narrative und fiktionale (erzählende und ausgedachte) Filme, die Vorläufer der Spielfilme, wurden als »Plansequenz« in einem durch gedreht, wie Der begossene Gärtner der Brüder Lumière von 1895 (s. S. 56 f.). Dies gilt auch für die frühen, als »Aktualitäten« bezeichneten dokumentarischen Aufnahmen (s. S. 23).

Schon bei diesen einfachen Filmen waren Entscheidungen zu fällen, welche die sich herausbildende »Filmsprache« betreffen, vor allem die zur »Einstellungsgröße«, die der Film im Gegensatz zum Theater variieren kann. Dass Nahaufnahmen die emotionale Wirkung erhöhen, bewies der erste Filmkuss der Geschichte. Er war zwar von den Schauspielern John Rice und May Irwin schon bei Theateraufführungen des Stücks *The Widow Jones* gezeigt worden, doch das Heranrücken an die Gesichter steigerte die Wirkung des etwa 20-sekündigen Streifens und löste einen Skandal aus. »Bei so etwas sollte die Polizei einschreiten!«, empörte sich Herbert S. Stone, Herausgeber der Zeitschrift *The Chap Book* aus Chicago.

Mit der Entwicklung zum »One-reeler« ergab sich die Notwendigkeit zur Montage, der Verbindung von »Einstellungen« zu »Szenen« und »Sequenzen« (s. Grafik unten). Im Kurzspielfilm wurden Erzählstrategien entwickelt, die der Langfilm bald für sich reklamieren sollte. Der grosse Eisenbahnraub von Edwin S. Porter, 1903 von der *Edison Company* produziert, ist ein frühes Beispiel für die »Parallelmontage« (S. 58 f.).

Der Filmschnitt erhöhte den Aufwand selbst für kurze Streifen. Der niederländische Dokumentarfilmer Joris Ivens vertrat sogar die Meinung: »Ein kurzer Film von zehn Minuten fordert dasselbe an Energie, Vorstudium, Elan, Initiative,

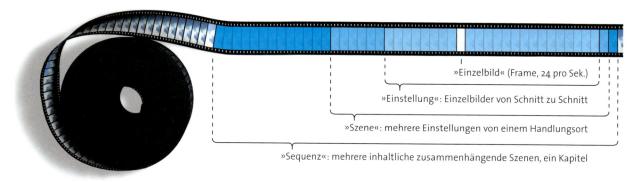

»Einzelbild« (Frame, 24 pro Sek.)
»Einstellung«: Einzelbilder von Schnitt zu Schnitt
»Szene«: mehrere Einstellungen von einem Handlungsort
»Sequenz«: mehrere inhaltliche zusammenhängende Szenen, ein Kapitel

Die Filmmontage und ihre Elemente

künstlerische Konzeption und Kreativität wie ein Film von anderthalb oder zwei Stunden.«

Die kurze Form zog, gerade bei fiktionalen Filmen, inhaltliche Konsequenzen nach sich. Als man den Umfang des »Onereeler« noch nicht überschritt, wurde das Publikum mit Serien bei der Stange gehalten, deren einzelne Episoden mit einem sogenannten »Cliffhanger« (engl., Klippenhänger) endeten, benannt nach der spannenden Schlussszene, in der jemand an den Händen über einem Abgrund hing – ein noch heute probates dramaturgisches Mittel der »Daily Soaps« im TV.

Die begrenzte Zeit zwingt zur Konzentration. »In den meisten Fällen handelt es sich bei Kurzfilmen um poetische Verdichtungen«, betont Filmemacherin Mara Mattuschka, »um Werke, die mit der Metapher arbeiten, und das ist zwangsläufig schon in der begrenzten Filmlänge begründet.« Tom Tykwer drückt es noch pointierter aus: »Das interessiert mich am meisten an Kurzfilmen: wenn sie in der Lage sind, die Kürze zu einer größeren Dichte zu nutzen – als hätte man gequetschte Atome auf engstem Raum, wodurch eine solche Energie entsteht, dass man das Gefühl hat, gleich könnte eine Bombe platzen.« So ließe sich als verbindende Formel für zahlreiche Kurzspielfilme wie folgt formulieren: Der Kurzfilm verhält sich zum Langfilm wie das Gedicht zur Prosa.

Experimentierfeld und Visitenkarte: Funktionen des Kurzfilms
Eines der Hauptanliegen der Unterzeichner des berühmten *Oberhausener Manifests* von 1962 war die »Förderung des Kurzfilms als Experimentierfeld und Basis des Films überhaupt«. Während sich für den Langfilm, der aufgrund der hohen Produktionskosten zum finanziellen Erfolg verurteilt ist, immer mehr Zwänge herausbildeten (insbesondere das für Hollywood typische »Studiosystem« mit seiner strengen Arbeitsteilung zwischen Drehbuchautor und Regisseur), ist der Kurzfilm ein Laboratorium für Innovationen geblieben – ein Gegenentwurf zum kommerziellen Film.

Frei von Auflagen seitens eines Studios lassen sich im Kurzfilm neue Inhalte und Formen ausprobieren. »Experimentieren lässt sich leichter ohne größeres Budget. Dann muss man nicht ständig Produzenten Auskunft darüber erteilen, was man gerade anstellt,« stellt Filmemacherin Laura Waddington fest »Wenn ich einen Kurzfilm drehe, habe ich das Gefühl,

Film als Medium der Innovation. Kameramann Billy Bitzer fährt mit seiner Mutograph-Kamera auf dem »Cow-catcher« einer Lokomotive, um Aufnahmen zu einem Werbefilm für eine Eisenbahngesellschaft anzufertigen. Orange, New Jersey, 1898

dass ich wirklich das machen kann, was ich will. Längere Filme verlangen mehr Konzessionen an das Publikum.« Der Kurzfilm tendiert deshalb zum »Autorenfilm«, bei dem eine einzige Person alle wichtigen inhaltlichen Entscheidungen trifft: von der Idee über das Drehbuch und die Regie bis zum Endschnitt, dem im kommerziellen Kino oft umkämpften »Final cut«. Wer zudem noch die Finanzierung (die »Produktion«) übernimmt, kann als »Autorenproduzent« bezeichnet werden.

Kurzfilme gelten als »Visitenkarte«, als Türöffner für Regisseure, Drehbuchautoren und andere Beteiligte. Der Kurzfilm ist daher das gängige Format für Absolventen der Filmhochschulen. Junge Filmemacher hoffen, dass er ihnen den Einstieg in größere Projekte ermöglicht, wie es z. B. Roman Polanski gelang (s. S. 72 ff.). So gibt es dann auch spezielle Preise für Studienabschlussfilme, die »First Steps«-Awards der Filmwirtschaft und den »Short Tiger« der *Filmförderungsanstalt (FFA)*, einer Bundesanstalt des öffentlichen Rechts.

Oscar-Preisträger Pepe Danquart erkennt nationale Unterschiede: »Gerade in Deutschland hat der Kurzfilm oft studentischen Charakter, im Gegensatz zu anderen Ländern. In Frankreich, in Spanien, auch in Lateinamerika bildet er – wie in der Literatur die Novelle, der Roman oder die Kurzgeschichte – einen eigenständigen Bereich. Hierzulande gilt er als Vorstufe, als Stadium des Ausprobierens.«

Jahrmarktsbude mit Cinématographe-Ankündigung, links eine Orgel, Frankreich um 1900

Kinofassade in Nizza, um 1910

Vom Jahrmarkt ins Museum: Orte des Kurzfilms

Um 1900 zogen die Pioniere des Films von Jahrmarkt zu Jahrmarkt, traten in kleinen Theatern auf oder trugen, wie Winsor McCay (s. S. 98 ff.), zum Programm einer Schaubühne bei, in den USA »Vaudeville Show« genannt. Erfinder Thomas Alva Edison stellte seine Kinetoskope in sogenannten »Penny Arcades« auf, Vergnügungshallen mit Spielautomaten.

Schon früh wurden Theater zu »Lichtspieltheatern« umgewandelt – das erste in Berlin 1896 durch Oskar Messter (s. S. 23) – oder eigene Kinogebäude errichtet. Der aufkommende Langfilm drängte den Kurzfilm bald an den Rand des Geschehens, sodass er jahrzehntelang als »Vorfilm« fungierte – immerhin, denn in den 1980er-Jahren musste er den überhandnehmenden Werbespots und Kinotrailern ganz weichen: Letztere bringen Einnahmen, für den Kurzfilm fallen Gebühren an.

Vor diesem Hintergrund gründete sich 1992 der Verein *KurzFilmAgentur Hamburg (KFA)*, der einen eigenen Filmbestandaufbaute und Filmrechte und -lizenzen vermittelt. 2002 wurde der Verein *AG Kurzfilm – Bundesverband Deutscher Kurzfilm* in Dresden ins Leben gerufen, der Dachverband deutscher Filmfestivals, Film- und Kunsthochschulen, Verleiher, Vertriebe und anderer Filminstitutionen, der als Ansprechpartner im In- und Ausland dient und jährlich den Katalog *German Short Films* sowie das Printmagazin *Short report* herausgibt.

Auch der Gesetzgeber eilte mit neuen Richtlinien im *Filmförderungsgesetz (FFG)* zu Hilfe. Die seit 1. Januar 2009 gültige Regelung sichert Kinobetreibern Gelder zu, wenn sie Kurzfilme im Vorprogramm aufführen. Mit Zusammenstellungen auf »Kurzfilmrollen« lassen sich sogar lukrative Kinoabende füllen.

Das Fernsehen sieht sich nur begrenzt für den Kurzfilm als Kunstform verantwortlich. Unter den öffentlich-rechtlichen Sendern strahlen die französisch-deutsche Station *arte* die Sendung *Kurzschluss* und der trinationale Kanal *3sat* Festivalberichte und Kurzspielfilme aus; hinzu kommen Produktionen der dritten Programme. Unter den privaten Stationen bildet der Pay-TV-Sender *13th Street Universal* eine Ausnahme, der in der Reihe SHOCKING SHORTS Thriller und Horrorfilme zeigt. Daraus gehen jährlich Preisträger für den *Shocking Shorts Award* hervor. Die besten Beispiele werden auf DVDs veröffentlicht.

DVD-»Sampler« mit inhaltsverwandten Kurzfilmen haben sich als erfolgreiche Vertriebsmöglichkeit erwiesen, darunter die von der *Europäischen Union (EU)* geförderte, internationale Reihe CINEMA 16. Als »flexibles Kino« hat Autor Jan Distelmeyer die Entwicklung zur DVD und zur Blu-ray umschrieben.

Die Videokunst kennt eigene Präsentationsorte und -formen in Museen, Galerien, Kunstvereinen oder Großausstellungen wie der *documenta* in Kassel und der *Biennale* in Venedig. Die Ausstellungshäuser haben in den letzten Jahrzehnten den traditionellen »White cube«-Raum durch die »Black box« ergänzt, wo die Filme – anders als im Kino – nonstop laufen.

Festivalplakat, Oberhausen 1985   **Blick in das Filmarchiv** der *Internationalen Kurzfilmtage Oberhausen*

Szenetreffpunkt Kurzfilmfestival

Als die Kinoauswertung wegfiel, begann die große Zeit der Kurzfilmfestivals. Allein in Deutschland gibt es mittlerweile knapp hundert, weltweit sind es Tausende, bedingt durch die stetig steigende Zahl der professionell ambitionierten Produktionen, die allein in Deutschland über 2000 pro Jahr beträgt. Festivals haben vielfältige Funktionen: Sie erzeugen Interesse für den Kurzfilm bei den Medien, sie sind gleichermaßen Kontaktbörse, Diskussionsforum und Marktplatz für Filmverkäufe.

Manche Kurzfilmfestivals – oder Festivals, die auch Kurzfilme im Programm haben – lassen Filme aller Kategorien zu, darunter die *Internationalen Kurzfilmtage Oberhausen,* das *KurzFilmFestival Hamburg, interfilm Berlin* und das *Filmfest Dresden*. Zahlenmäßig führend sind Kurzspielfilme, gefolgt von Animations-, Experimental-, Dokumentar- und Musikfilmen. Einige Festivals haben sich spezialisiert, z.B. auf Animationsfilme, ob nun *Animate!* in London, *Anima Mundi* in Brasilien oder das *Internationale Trickfilm-Festival* in Stuttgart. Im Bereich des Dokumentarfilms gibt es seit 2002 sogar ein eigenes Festival für Kinder und Jugendliche, das *doxs!* in Duisburg.

Festivals vergeben Preise. So suchen Werbefilmer ihren Erfolg seit 1956 beim jährlichen *Cannes Lions International Advertising Festival*. Im Jahr 2011 konkurrierten hier 28 828 eingereichte Filme um einen »Lion« aus Gold, Silber oder Bronze! Für Musikclips hat der »Grammy« größte Bedeutung, der seit 1984 von der *National Academy of Recording Arts and Sciences* in Santa Monica, Kalifornien, in der Kategorie »Best Music Video, Short Form« verliehen wird. Die *Internationalen Kurzfilmtage Oberhausen* führten 1999 den Musikvideopreis »MuVi« ein. Auch der *Deutsche Musikpreis »Echo«* prämiert Videoclips.

Das größte europäische Studentenfilmfest wird von einer Filmhochschule durchgeführt: das Festival *SehSüchte* der *Hochschule für Film und Fernsehen »Konrad Wolf« HFF* in Potsdam-Babelsberg. Viele Hochschulen, die als Co-Produzenten an Abschlussarbeiten beteiligt sind, betreiben heute eigene Büros, um Filme auf Festivals einzureichen.

Im Dickicht des Festivaldschungels sorgen kommentierte Websites für den Überblick, z.B. *withoutabox.com*. Hier finden sich »Deadlines« (engl., Einreichfristen) und Hinweise auf das »Ranking« (engl., Rangordnung) der Festivals. Der Oscar-Verleiher, die *Academy of Motion Picture Arts and Sciences*, hat eine Liste von knapp 70 Festivals weltweit als »Oscar-qualifying« festgelegt. Erst wer eines davon gewonnen hat, darf sich in Los Angeles bewerben – von den deutschen Festivals zählen diejenigen in Berlin, Oberhausen und Stuttgart dazu. Als besonders arriviert gelten auch das *Festival du Court Métrage à Clermont-Ferrand* in Frankreich und das *Tampere Film Festival* in Finnland. Oscar-Preisträger Jochen Alexander Freydank rät: »Wenn man an seinen Film glaubt, sollte man ihn erstmal auf den A-Festivals einreichen.«

Kurzfilm per Mausklick – Im Zeitalter des »Web 2.0«

Kaum hat man den Browser seines Computers geöffnet, flimmern Flash-Animationen, Video-News und Werbeclips um die Wette. Das Internet hat sich zum Ort vielfältiger Kurzfilmformen entwickelt. So gelten u.a. Werbespots, die sich virusartig verbreiten, als »Viral videos«, wie die BMW-Serie THE HIRE (S. 230). Welche davon am häufigsten weitergeleitet werden, messen Seiten wie *viralvideochart.com*.

Festivalanmeldungen und -zusendungen erfolgen zunehmend über das Internet. Die Plattform *reelport.com*, entwickelt von europäischen Filmfestivals und dem Telekommunikationsunternehmen *tiscali*, bietet hierfür einen Upload-Service.

Die Digitalisierung erlaubt nicht nur die Filmsichtung, sondern auch das Voting im WorldWideWeb. Dadurch bekommt das Publikum die Möglichkeit, Teil der Jury zu werden; so der Fall bei der *Trickparade*, einer Online-Hitparade für Animationskurzfilme, welche die *Kulturgemeinschaft Stuttgart* und das *Internationale Trickfilm-Festival Stuttgart* erstmals 2011 veranstalteten. (Es gewann MUTO von Blu, s. S. 130 f.)

Auch die vertriebliche Zukunft des Kurzfilms liegt im Internet. In Deutschland ging 2006 *shortstream.eu* an den Start, ein Portal, das die *AG Kurzfilm* zusammen mit Institutionen wie der *Kunsthochschule für Medien Köln (KHM)* und der *Hochschule für Film und Fernsehen »Konrad Wolf« (HFF) Potsdam* ins Leben gerufen hat. Es macht der Öffentlichkeit Kurzfilme gegen ein geringes Entgelt als »Livestream« (kurz: »Stream«, Datenstrom) zugänglich. Die AG Kurzfilm ermöglicht Personen aus der Filmbranche und dem Bildungsbereich die Online-Sichtung ausgewählter Filme auf ihrer Website.

2006 wurde in Israel *AniBoom* gegründet, eine englischsprachige Plattform und »Talentscout« für den weltweiten Nachwuchs im Bereich animierte Kurzfilme. Im März 2011 launchten die *Internationalen Kurzfilmtage Oberhausen*, die mit der *AG Kurzfilm* auch das Internetmagazin *shortfilm.de* herausgeben, die Website *Oberhausen Films Online* mit »Videos-on-Demand« (engl., Videos auf Anforderung), eine Vertriebsplattform für Filmautoren und -produzenten. Neben einer Kurzfilmdatenbank finden sich hier Hunderte von Filmen, die auf den Festivals in Oberhausen liefen. Auch für Schülerfilme gibt es ein eigenes, nichtkommerzielles Portal, das von Raphael Spielmann 2009 begründete *cineschool.de*.

Der entscheidende Unterschied der oben genannten zu den offenen Plattformen ist, dass sie juriert bzw. redigiert sind. Für *YouTube*, *MyVideo* oder *Clipfish* dagegen existieren keine strengen Qualitätskriterien – hier können kunstvolle Filmbeispiele gleichberechtigt neben verpixelten Aufnahmen von der letzten Party stehen, erlaubt es doch die technologische Entwicklung jedem, Kurzvideos mit dem Smartphone aufzunehmen, diese gegebenenfalls gleich zu schneiden und umgehend im Internet zu posten. Professionellen Anspruch hat dagegen *Vimeo*, ein Nonprofit-Portal, auf das Personen Videos hochladen dürfen, die an der Produktion beteiligt waren.

Der Medienphilosoph und -künstler Peter Weibel stellt fest, dass wir uns im Zeitalter des »Web 2.0« – wie Tim O'Reilly das Internet der zweiten Generation genannt hat – in einer neuen Epoche des Produzententums bewegen: »Kreativität ist nicht länger das Monopol des Künstlers. Der Benutzer liefert oder generiert selbst den Inhalt oder stellt ihn zusammen. Die Teilnahme des Publikums formt sich neu zur Emanzipation des Konsumenten.« Damit bestimmt auch nicht ein Kreis von Experten über Erfolg und Misserfolg, sondern die Anzahl der Betrachter. »Das Internet erlaubt es mir und jedem anderen, etwas zu erschaffen und dies der ganzen Welt mit einem Mausklick mitzuteilen. Das ist in vielerlei Hinsicht sehr demokratisch«, stellt der Computerkünstler Philip Scott Johnson fest. »Ich brauche keinen Agenten oder Produzenten, der für mich arbeitet. Heute kann ich ein Publikum erreichen, so wie es vor 10 oder 20 Jahren geradezu unmöglich war.« Sein dreiminütiges Morph-Video WOMEN IN ART haben 2008 über acht Millionen Menschen gesehen.

Via Internet können sogar Langfilme »partizipativ«, unter Beteiligung zahlreicher Personen weltweit, entstehen. 2010 forderten der Regisseur Kevin MacDonald und *YouTube* Menschen aus aller Welt dazu auf, am 24. Juli Situationen aus ihrem Alltag zu filmen und zu posten. Aus 192 Ländern wurden 80 000 Filme mit 4 500 Stunden Material eingereicht. Eine Auswahl der an sich disparaten, nicht zusammengehörigen Clips wurde ohne weitere Informationen zu dem 90-minütigen Film LIFE IN A DAY (USA 2011) montiert, der einen Tagesablauf zeigt. Der »user-generated content« (engl., vom Nutzer erzeugter Inhalt) einer globalen »Internet community« verschmilzt so zu einem gemeinsamen Langfilm.

Expertenrunde. Tagung der Arbeitsgruppen im *Deutschlandhaus*, Berlin, 5./6. November 2010. Am Tisch vorn, von rechts: Daniela Dietrich, Mechtild Fuchs, Stefan Stiletto, Sylke Gottlebe, Christina Schindler, Michael Staiger

Auf der Suche nach einem »Kurzfilmkanon für die Bildung«
Kurzfilme besitzen ein großes Potenzial für den Bereich der Bildung, den der Publizist Reinhard W. Wolf sogar als »ökonomische Grundlage des Kurzfilms außerhalb des Kinos« bezeichnet hat. Medienzentralen, Vertriebe und Verleihe leisten hier verdienstvolle Arbeit und offerieren eine Vielzahl von ausgezeichneten Werken. Doch obwohl Kurzfilme der schulischen Unterrichtsstruktur besonders entgegenkommen, existierten bislang keine verbindlichen Empfehlungen.

Anders die Situation beim Langfilm: Im Juli 2003 wurde der Öffentlichkeit der *Filmkanon* präsentiert, den 19 Experten auf Einladung der *Bundeszentrale für politische Bildung (bpb)* erarbeitet hatten (s. *Grundkurs Film 2*). Unter den 35 Filmen, die eine für die Schule obligatorische Auswahl darstellen sollen, befinden sich 33 Lang- und zwei längere Kurzfilme. Darauf reagierten der *Bundesverband Jugend und Film (BJF)* und die Zeitschrift *Kinder- und Jugendfilm-Korrespondenz*: Sie erstellten nach einer Befragung von 25 Fachleuten aus der Kinderfilmpraxis einen *Kinderfilmkanon* 6- bis 12-Jährige. Von den 14 Langfilmen darin sind 5 auch im *Filmkanon* enthalten.

Unternehmungen, den Kurzfilm im Bildungsbereich zu fördern, gab es bereits. So stellte die *AG Kurzfilm* zwischen 2004 und 2006 thematische Kurzfilmprogramme mit Begleitmaterialien auf. Als wichtige Quelle erschien bis 2005 die vom *Institut für Medienpädagogik in Forschung und Praxis (JFF)* herausgegebene, kommentierte Kurzfilmliste mit 1000 Doku- und Spielfilmen, deren Auswahl jährlich leicht verändert wurde.

Angesichts dieser Situation entstand im Rahmen des Forschungsprojekts »Integrative Filmdidaktik« an der *Pädagogischen Hochschule Freiburg* 2009 die Idee, einen »Kurzfilmkanon für die Bildung« ins Leben zu rufen. Es gründete sich eine Initiativgruppe mit dem Ziel, eine Auswahl von 100 Werken zu treffen, die sich für den Bildungsbereich besonders eignen, und hierzu Materialien und Filmbeispiele auf einer DVD zu veröffentlichen. Zu den Projektpartnern, die ihre Konzeptionen zusammenführten, gehörten die *AG Kurzfilm – Bundesverband deutscher Kurzfilm e.V.*, Dresden, die *Bundeszentrale für politische Bildung*, Berlin, die *Pädagogische Hochschule Freiburg* und die *Vision Kino gGmbH, Netzwerk für Film- und Medienkompetenz*, Berlin.

Expertinnen und Experten
Sabine Blum-Pfingstl, Kunstpädagogin, Universität Würzburg • Prof. Pepe Danquart, Filmemacher, Dipl. Pädagoge, Hochschule für Bildende Künste Hamburg • Daniela Dietrich, Museumspädagogin, Deutsches Filmmuseum Frankfurt am Main • Prof. Dr. Mechtild Fuchs, Musikdidaktikerin, Pädagogische Hochschule Freiburg • Rainer Komers, Dokumentarfilmer, Mülheim • Astrid Kühl, ehem. Geschäftsführerin Kurz-FilmAgentur Hamburg, Carrapateira, Portugal, und Hamburg • Katja Pratschke, Filmemacherin, Kuratorin, Autorin, Berlin • Prof. Christina Schindler, Animationsfilmerin, Hochschule für Film und Fernsehen (HFF) »Konrad Wolf«, Potsdam-Babelsberg • Dr. Michael Staiger, Deutschdidaktiker, Pädagogische Hochschule Freiburg • Stefan Stiletto, Medienpädagoge, München • Prof. Herbert Wentscher, Bildender Künstler, Kunstpädagoge, Universität Weimar • Reinhard W. Wolf, Kurator, Filmpublizist, Redaktion shortfilm.de, Mainz

Initiativgruppe | Moderation | Projektleitung
Sylke Gottlebe, Peter Fischer (AG Kurzfilm – Bundesverband Deutscher Kurzfilm e.V., Dresden) • Sarah Duve, Michael Jahn, Maren Wurster (Vision Kino gGmbH, Berlin) • Katrin Willmann (Bundeszentrale für politische Bildung, Berlin) • Prof. Dr. Michael Klant (Institut der Bildenden Künste, Pädagogische Hochschule Freiburg)

Öffentliche »Kurzfilmkanon«-Diskussion auf dem Kongress *Neue Wege der Filmbildung, Pädagogische Hochschule Freiburg,* 18.–20. Februar 2010. Regisseur Reto Caffi beim Eröffnungsvortrag über seinen Kurzfilm AUF DER STRECKE (D/CH 2007)

Die 100 Filme sollten möglichst alle Kategorien umfassen. Als Kriterien wurden genannt: filmhistorischer Stellenwert, künstlerische Qualität, filmsprachliche bzw. stilistische Besonderheit, pädagogische Eignung, didaktisches Potenzial, Verfügbarkeit, Länge bis ca. 30 Minuten.

Eine Runde von Expertinnen und Experten trat zusammen, die den Bereich des filmischen Schaffens ebenso wie den der Filmbildung repräsentierte. Damit sich daran anerkannte Filmemacher beteiligen konnten, ohne dass ihre Werke ausgeschlossen waren, wurden von der Initiativgruppe fünf Filme »gesetzt« – u. a. der Klassiker SCHWARZFAHRER von Pepe Danquart (s. S. 76 ff.). Bei einer Tagung am 5. und 6. November 2009 in Berlin wurden annähernd 500 Vorschläge aus der Initiativgruppe und der Expertenrunde diskutiert. Schon bei den Gesprächen über die vorläufige Liste wurde deutlich, dass der Begriff des »Kanon« (griech., Richtschnur) im Bereich des Kurzfilms Kontroversen auslöst, während sich die Diskussionen über den *Filmkanon* eher auf die ausgewählten Filme selbst bezogen. Ein Kanon scheint gleichzeitig vorzuschreiben und auszuschließen, was im Hinblick auf die Vielzahl der Titel, die von Vertrieben und Verleihen bereitgehalten werden, problematisch ist. So verständigte man sich auf den Titel 100 Kurzfilme für die Bildung mit eher empfehlendem Charakter.

Im Februar 2010 konnte beim Kongress *Neue Wege der Filmbildung* an der *Pädagogischen Hochschule Freiburg* eine vorläufige Auswahl vorgestellt werden. Damit verband sich die Einladung zum Gespräch, zum Publikumsvoting und zur Ergänzung. Im Laufe des Findungsprozesses wurden weitere Kurzfilme gesichtet und bewertet, bis im Sommer 2012 die ab S. 253 aufgeführte Liste veröffentlicht werden konnte.

So sinnvoll es ist, Orientierungshilfen auszusprechen, kann es nicht bei einer starren 100er-Auswahl bleiben. Diese muss offen für Verknüpfungen untereinander sein, sodass sich Reihen unter verschiedenen Aspekten entwickeln lassen: filmgeschichtlich, filmsprachlich oder inhaltlich-thematisch. Das ließe sich, um eine Idee von Reinhard W. Wolf aufzugreifen, in einer zweidimensionalen »Matrix« visualisieren.

Das Internet bietet indessen ideale Voraussetzungen für räumliche Weiterentwicklungen. Hier lässt sich die Matrix zu einem 3-D-Modell ausbauen, dessen Kern ein »Kanon« ist, um den herum sich weitere Filme gruppieren, mit der Option, Bausteine interaktiv nach eigenen Erfordernissen zu kombinieren. An eine Molekularstruktur, durch die man navigieren kann, lassen sich Module aus den Kurzfilm-Galaxien des Cyberspace andocken.

Aus einer starren Liste wird so ein dynamischer »Kurzfilmkosmos« oder ein »Kurzfilmuniversum«. Als partizipatives Modell gedacht, fließen Erfahrungen der User ein, z. B. in Form von Unterrichtsdokumentationen. Auf diese Weise wird man den Bedürfnissen des Bildungsbereiches gerecht, während die Vielfalt der Kunstform Kurzfilm erhalten bleibt.

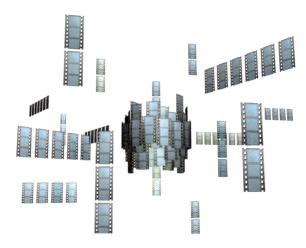

Modell eines Kurzfilmkosmos als interaktives System im Internet

DOKUMENTARFILME

Informieren, reflektieren, sich engagieren 20

DIE ZUGANKUNFT IM BAHNHOF von La Ciotat
von Auguste und Louis Lumière (F 1895) 22

INFLATION von Hans Richter (D 1928) 24

PHILIPS RADIO von Joris Ivens (NL 1931) 28

BARFUSS UND OHNE HUT von Jürgen Böttcher (DDR 1964) 34

DIE BLUMENINSEL von Jorge Furtado (BR 1989) 38

GBANGA TITA von Thierry Knauff (B/F/CAM 1994) 42

WAS WEISS DER TROPFEN DAVON von Jan Zabeil (D 2007) 46

MA'RIB – TRACES OF STONES von Rainer Komers (D 2008) 50

Junger Schafhirte im Jemen. Motion still aus MA'RIB – TRACES OF STONES, 2008

Informieren, reflektieren, sich engagieren: Dokumentarfilme

Schon das »Kino der Attraktionen« der Frühzeit bestand für Filmhistoriker Tom Gunning aus zwei Strängen: einem »dokumentarischen« (von lat. documentum: Beweis) und einem »fiktiven« bzw. »fiktionalen« (lat. fictio: Erdichtung).

Ein Dokumentarfilm ist im Prinzip »non-fiktional«: Die ZUGANKUNFT AM BAHNOF VON LA CIOTAT wäre 1895 auch ohne die Kamera von Louis Lumière erfolgt, und Kaiser Wilhelm II. hätte Stettin 1897 auch besucht, wenn Oskar Messter nicht die berühmten KAISERBILDER gekurbelt hätte (S. 23). Solche »Actualités« bzw. »Aktualitäten« nehmen die späteren »Wochenschauen«, TV-Nachrichten und -Reportagen (lat. reportare: berichten) vorweg. Der Dokumentarfilm erweitert unser Wissen von der Welt, er erhebt einen Wahrheitsanspruch und tendiert zur kurzen Form, auch wenn der bedeutendste der Stummfilmzeit, NANUK DER ESKIMO (USA 1922, Regie: Robert Flaherty), ein Langfilm ist. Sein ethnografisches Interesse äußert sich heute noch in Filmen wie GBANGA TITA (S. 42 ff.).

Die Streitfrage: »Dokumentarisch« oder »synthetisch«?
Wie in keiner anderen Gattung wird beim Dokumentarfilm darüber gestritten, auf welche Weise die Realität ins Bild zu setzen sei. Der sowjetische Regisseur Dsiga Wertow, Begründer der Schule »Kino-Glaz« (russ., Kino-Auge) der 1920er-Jahre, lehnte Inszenierungen mit Schauspielern als theatralisch und bürgerlich ab. Er sprach der Kameralinse per se revolutionäres Potenzial zu: Der Wiedergabemodus des Objektivs lässt Fotos und Filme prinzipiell »authentisch« (griech. authentikós: echt) erscheinen, da sich das Abgebildete vor der Kamera befunden haben muss. Wertow suchte über die Montage zu einer politisch wirksamen Aussage zu kommen.

Dagegen definierte der britische Regisseur John Grierson, der als Erster den Begriff »documentary« verwendete, Dokumentarfilm 1926 als »kreative Darstellung der Aktualität« und meinte: »Dokumentarfilme dreht man nicht nur mit dem Kopf, sondern auch mit den Bauchmuskeln.« Grierson steuerte den Betrachter durch »Voice-over«-Kommentare.

Der deutsche Dokumentarfilmer Klaus Wildenhahn schlug deshalb eine Unterscheidung zwischen »dokumentarisch« und »synthetisch« (griech., künstlich) vor. Die einen Filme – »Dokumente« im Wortsinne – beschränken sich auf das Gesehene, während die anderen es kommentieren oder gar teilweise nachstellen und re-inszenieren. Der Holländer Joris

1895: Die ZUGANKUNFT AM BAHNHOF VON LA CIOTAT, »Kino der Attraktionen« der Brüder Lumière

1928: INFLATION, ein dadaistischer »Essayfilm« von Hans Richter über Arm und Reich

1931: PHILIPS RADIO, ein »formalistischer« Industriefilm von Joris Ivens

1964: BARFUSS UND OHNE HUT von Jürgen Böttcher, »Cinéma vérité«-Porträt der Jugend in der DDR

Ivens sprach hier von »semi-dokumentarisch« (s. S. 28 ff.). Er hielt sogar eine extreme Variante von Dokumentarfilm für legitim, nach der es erlaubt sei, »nicht damit in Beziehung stehende Ereignisse heranzuziehen oder Geschehnisse zu erfinden, die sich in Zukunft ganz sicher abspielen würden«.

Dies begründet letztlich auch den »Essayfilm« (franz. essai: Versuch), ein künstlerisch-experimenteller Zwitter zwischen Spiel- und Dokumentarfilm, wie Hans Richters INFLATION (D 1928, S. 24 ff.) oder DIE BLUMENINSEL von Jorge Furtado (BR 1989, S. 38). Noch mehr Freiheiten nimmt sich die »Mockumentary« (engl. to mock: verspotten), ein fiktionaler Dokumentarfilm, der einen echten parodiert, wie in diesem Buch die 3-D-Animation OUR WONDERFUL NATURE von Tomer Eshed (s. S. 132 ff.).

Zwei an einem Strang: »Cinéma vérité« und »Direct Cinema«

Während für den Spielfilm das 35-mm-Format und die (Nach-)Vertonung im Studio zum Standard wurde, setzten sich beim Dokumentarfilm ab 1962, als das tragbare »Nagra«-Tonbandgerät herauskam, das 16-mm-Format und die gleichzeitige Aufnahme von Bild und Ton durch. Daraus entstand das »Cinéma vérité« (franz., Film-Wahrheit) der 1960er-Jahre. Hierbei gibt sich der Filmemacher »selbstreflexiv« zu erkennen – und kommt gelegentlich als Person ins Bild. In BARFUSS UND OHNE HUT (DDR 1964) erscheint Regisseur Jürgen Böttcher zwar nicht im Film, ist als Interviewer aber indirekt präsent (s. S. 34 ff.).

Der Brite Richard Leacock war strikt gegen jede Einmischung und verfocht ein »Direct Cinema« mit einer unauffälligen, flexiblen Handkamera bei gleichzeitiger Tonaufnahme. Leacock gründete in den frühen 1960er-Jahren die Firma *Drew Associates* mit, zu der D. A. Pennebaker stieß, bekannt für seine Tournee-Doku über Bob Dylan (USA 1967, S. 190 f.).

Inhalt und Form – oder: Politik und Ästhetik

Eine Kernfrage lautet: Kann ein Dokumentarfilm überhaupt frei von einer Stellungnahme sein? Und wenn er schon nicht vom Filmemacher zu trennen ist: Darf dieser Partei ergreifen? »Dokumentarfilm ist per se politisch. Wie könnte eine Gattung, die die Wirklichkeit hinter den Schlagzeilen zeigt und reflektiert, nicht politisch sein?«, fragt Dokumentarfilmer Claas Danielsen – und umreißt damit die drei Funktionen des Dokumentarfilms: informieren, reflektieren, sich engagieren.

Es stellt sich die Frage, ob dokumentarische Aufnahmen ansprechend gestaltet sein dürfen. »Formalismus« lautet in diesen Fällen oft der Vorwurf. Der Soziologe Siegfried Kracauer äußerte bereits 1926 in seiner *Theorie des Films* die Befürchtung, dass filmende »Pädagogen« die »Ästhetiker« in eine Zwangsjacke stecken könnten. Doch Kurzfilme wie WAS WEISS DER TROPFEN DAVON (D 2007, Regie: Jan Zabeil, S. 46 ff.) oder MA'RIB (D 2008, Regie: Rainer Komers, S. 50 ff.) überzeugen nicht nur durch ihre sozial relevanten Inhalte, sondern auch durch ihre anspruchsvollen Kadrierungen.

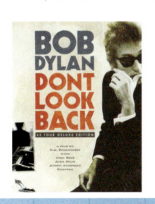

1967: DONT LOOK BACK, »Direct Cinema«-Musik-Doku von D. A. Pennebaker

1984: Gbanga-Tita von Thierry Knauff, ein »ethnografischer« Film über einen Erzähler aus Afrika

2007: WAS WEISS DER TROPFEN DAVON von Jan Zabeil, poetische Sozialstudie über Reinigungskräfte im Bundestag

2008: MA'RIB von Rainer Komers, Reisereportage ohne Worte über eine südarabische Oase

Das frühe »Kino der Attraktionen«

Die Zugankunft in La Ciotat (1895) von Auguste und Louis Lumière – die Anfänge des Dokumentarfilms

Filmplakat, Paris 1895

> L'arrivée d'un train à La Ciotat, Frankreich 1895 | sw | 0:50 Min.
> Regie: Auguste und Louis Lumière
> Kamera: Louis Lumière
> Empfehlung Sek. 1: ab Kl. 5
>
> Ein Zug mit Güter- und Personenwaggons fährt, gezogen von einer Dampflok, in den Bahnhof von La Ciotat ein, eine Küstenstadt in Südfrankreich, und hält dort an. Der Bahnsteig, gesäumt von Wartenden, belebt sich durch die aus- und einsteigenden Passagiere, bis der Film abrupt endet.

Heranbrausender Zug, Passagiere auf dem Bahnsteig. Zugankunft in La Ciotat, 1895

Als die Brüder Lumière am 28. Dezember 1895 erstmals ihre »lebenden Fotografien« im Grand Café in Paris vorführten, war auch der Magier und spätere Regisseur Georges Méliès anwesend. Er schrieb: »Das Schauspiel verblüffte uns maßlos und ließ uns alle fassungslos zurück.« Vor der einfahrenden Lok soll das Publikum sogar in Panik aufgesprungen und zurückgewichen sein.

Attraktion für den Zuschauer

Wie sehr die Filmpioniere die Wirkung auf den Zuschauer eingeplant haben, wird an der Perspektive mit den extrem fluchtenden Schienen deutlich. Offensichtlich war die Kamera auf dem Bahnsteig nah am Gleis postiert. Zwar stand sie starr auf einem Stativ, doch weil die Lok den »Kader«, den Bildausschnitt, durchfährt, kommt es zu kontinuierlich wechselnden Einstellungsgrößen. Auch die Reisenden werden vom Bildrand mal umrahmt und mal angeschnitten – ein lebendiges Wechselspiel.

Der Filmhistoriker Tom Gunning hat die frühen Filme als »Kino der Attraktionen« beschrieben, das sich von narrativen Filmen darin unterscheidet, dass es noch nicht die Illusion eines in sich geschlossenen filmischen Universums enthält, sondern auf den Reiz des Bewegtbildes an sich setzt. Ist dieses wie bei einem Bühnenbild frontal abgefilmt, spricht man von einem »Tableau« (pl. Tableaux, Abb. S. 23 links u. 286).

Eine Frühform des Dokumentarfilms

Die Brüder Lumière bezeichneten ihre Filme als »Actualités«, als »Nachrichten«. Dies deutet den dokumentarischen Charakter einiger ihrer Streifen an (ein Gegenbeispiel ist DER BEGOSSENE GÄRTNER, s. S. 56 ff.).

Zum Dokumentarfilm gehört eigentlich, dass nichts inszeniert ist. Allerdings hat man im Film Mitglieder der Familie Lumière entdeckt. Zudem ist nicht nachvollziehbar, dass niemand die Kamera auf dem Bahnsteig bemerkt haben soll. Ob die Lumières die Mitwirkenden vorher instruiert haben?

Von den Actualités zur Wochenschau

Auch andere Pioniere verlegten sich auf Attraktionen und Aktualitäten. So war der amerikanische Erfinder Thomas Alva Edison mit seinen – von Kameramann Dickson gefilmten – Tableaux vom SCHLANGENTANZ der Tänzerin Annabelle Moore erfolgreich, der damals als erotisch galt (Abb. unten).

Den Auftakt zu vielen weiteren Reisereportagen bildet ein 50 Sekunden langer Streifen, den Louis Lumière mit seinem »Cinématographe« vom Ende eines Zuges drehte, der den Bahnhof von Jerusalem verlässt (Abb. oben Mitte).

Oben: **Frühe Kamerafahrt.** Louis Lumière: ABFAHRT AUS JERUSALEM IM ZUG, 1896

Rechts: **Der »Cinématographe«**, ein Holzkasten mit Objektiv, gleichzeitig Aufnahme-, Kopier- und Projektionsgerät. Für die Vorführung wurde wie hier eine »Laterna Magica« als Lichtquelle hinter den vorderen (Kamera-)Teil gesetzt.

Er zeigt verschiedene Bevölkerungsgruppen und ist der erste »Phantom Ride«: eine Kamerafahrt vom Zug aus. Zu den deutschen Pionieren gehört der Optiker und Feinmechaniker Oskar Messter aus Berlin, der 1896 einen eigenen Filmprojektor konstruierte und vermarktete. Messter erlangte die Gunst von Kaiser Wilhelm II. und begeisterte das Publikum mit seinen bewegten »Kaiserbildern«. Im Oktober 1914 führte er die erste »Wochenschau« auf, die dokumentarische Bewegtbilder aus dem im August ausgebrochenen Ersten Weltkrieg enthielt.

ANREGUNGEN ZUM GESPRÄCH

1. Welche gestalterischen Kriterien waren für die »Actualités«, die aus nur einer Einstellung bestehen, wichtig?
2. Betrachten Sie auf der Webseite des Institut Lumière (www.institut-lumiere.org) die Filme von 1895. Welche sind inszeniert, welche eher dokumentarisch?
3. Worin ähneln viele kurze Filme, die heute mit Handy-Kameras gemacht werden, der Machart der frühen Filme?

ANREGUNG ZUR PRODUKTION

Entwickeln Sie eine Filmidee mit einer Modelleisenbahn.

Tableau. ANNABELLE SERPENTINE DANCE von William Dickson für die Thomas A. Edison Company, USA 1895

»Kaiserbild«. Oskar Messters erste Aufnahme von Kaiser Wilhelm II., entstanden bei dessen Besuch der Vulkanwerft zu Stettin am 4. Mai 1897

Doyen des deutschen Films. Oskar Messter eröffnete 1896 das erste Kino in Berlin und zeigte 1903 erste »Tonbilder« mit dem von ihm erfundenen »Biophon«, einer Kombination aus Filmprojektor und Grammophon. Von 1909 bis 1918 produzierte er über 350 Spielfilme und machte die Schauspielerin Henny Porten zum Star. Als er sich zurückzog, ging sein Unternehmen in der UFA (Universum Film AG) auf.

Dadaistischer Blick auf die Inflation in der Weimarer Republik

INFLATION (1928) von Hans Richter – die Darstellung der Wirtschaftskrise in einem Essayfilm

Titelei von INFLATION, 1928, und durch die Luft schwirrende Zahlen. Motion stills

Vorspann: der Essay- und Experimentalfilm INFLATION. Mit Prismaeffekt vervielfältigte Gesichter und das Negativ eines Automobils. Motion stills aus INFLATION, 1928

Ursprünglich diente INFLATION nur als Auftakt zu dem Langfilm DIE DAME MIT DER MASKE. Dieser handelt von einer jungen, während der Inflation verarmten Adeligen, die zur Schauspielerin wird, ihre große Liebe findet und wieder zu Reichtum gelangt. Hans Richters Vorspann lieferte hierzu den historischen Kontext und wurde ab 1929 auch als eigenständiger Kurzfilm gezeigt.

Experimentelle Mittel

Die verstörende Wirkung von INFLATION ergibt sich nicht nur aus dem Inhalt, der Wirtschaftskrise der Weimarer Republik von 1923. Verstörend sind auch die verschiedenen Mittel der Verfremdung, die Richter einsetzt. So werden Gesichter durch Prismaeffekte vervielfältigt, andere Gegenstände – z. B. ein Automobil – erscheinen im Negativ mit umgekehrten Tonwerten. Zudem sind viele Filmbilder durch Überblendungen miteinander verzahnt.

Hauptfilm: DIE DAME MIT DER MASKE (D 1928, Regie: Wilhelm Thiele). Wladimir Gaidarow und Arlette Marchal als Liebespaar. INFLATION war unter der Bezeichnung INFLATIONSBILD am Filmanfang zu sehen.

INFLATION | D 1928 | sw | 2:39 Min.
Regie, Gestaltung: Hans Richter
Kamera: Charles Métain
Produktion: Ufa
Empfehlung: ab Kl. 8

Geldscheine und Zahlen wirbeln durch die Luft, ein Arbeitsloser muss betteln, während ein Unternehmer Zigarre paffend seinen Reichtum vermehrt. Überblendungen und Mehrfachbelichtungen, Negativ- und Prismaeffekte verleihen dem Kurzfilm eine experimentelle Form.

Der Essayfilm als Mittel der Aufklärung

Der Zuschauer konstruiert daraus den Kausalzusammenhang: Kapitalisten bereichern sich in der Krise auf Kosten anderer Menschen. Damit erweist sich INFLATION als früher »Essayfilm« (franz. essai: Versuch). Zwischen Spielfilm und Dokumentarfilm angesiedelt, will der Essayfilm aufklären und auf Missstände hinweisen. Er tut dies subjektiv, symbolisch und assoziativ, ohne Rücksicht auf eine Kontinuität von Raum und Zeit.

Der Kapitalist und der Arbeitslose im Kurzfilm INFLATION, 1928.

Dada: Kritik der Kunst – Kunst der Kritik

Richters Mittel erinnern an diejenigen, die auch von der Antikunstrichtung »Dada« eingesetzt wurden. Dada entstand 1916 aus Protest gegen den Ersten Weltkrieg, und zwar in Zürich, in der neutralen Schweiz, wo sich Künstler aus vielen Ländern trafen. Sie brachen mit traditionellen Verfahren, indem sie Versatzstücke der Wirklichkeit zu Collagen und Montagen zusammenfügten. Einige Dadaisten, darunter George Grosz, gingen zum »Verismus« über und übten in scharfen Beobachtungen Gesellschaftskritik. Hans Richters Kurzfilm INFLATION kommt zu ähnlichen Aussagen wie die Zeichnung *Besitzkröten* von George Grosz, jedoch mit filmischen Mitteln. Richter beschreibt sie selbst im Zitat rechts.

Reiche, Arme, Kriegskrüppel, Arbeiter und Soldaten. George Grosz: Die Besitzkröten, 1920/21. Federzeichnung, 52,7 x 41 cm. Scottish National Gallery of Art, Edinburgh

Einzelne, an sich zusammenhanglose Szenen können miteinander durch ein Leitmotiv verbunden werden. Hier ist es der eindringliche Rhythmus der wachsenden Zahl. Der Vorgang der Inflation wird so nicht reproduziert, sondern aus seinen geistigen Elementen heraus neu geschaffen, auf eine Weise, wie nur der Film es kann. Zu den stärksten künstlerischen Mitteln des Films gehört die Möglichkeit, Assoziationen zu bilden. ... Wir müssen uns darüber klar sein, dass jede Art von Kombination aufeinanderfolgender Bilder eigenartige, und zwar sehr starke psychische Wirkungen hervorruft.

Hans Richter

Inflationswährung. Geldscheine aus der Zeit der Weimarer Republik, 1923

Kinder basteln mit Banknoten. Im Jahr 1923, als 1 Liter Milch 26 Milliarden Mark kostete, war die Währung kaum noch das bedruckte Papier wert.

Die Hyperinflation von 1923

Unter einer »Inflation« (lat.: Aufblasen) versteht man eine stete Erhöhung der Preise, unter einer »Hyperinflation« einen rasanten, unkontrollierbaren Anstieg. Schon im Lauf des Ersten Weltkriegs (1914–1918) verfünffachte sich die in Deutschland umlaufende Geldmenge, um die Kriegskosten damit zu finanzieren. Nach der Niederlage blähte sich die Geldmenge weiter auf, wozu vor allem die Forderungen der siegreichen Kriegsgegner nach hohen Reparationszahlungen beitrugen (»Londoner Ultimatum«, 1921). Der verschuldete Staat ließ die Notenpressen immer mehr Geld drucken. Im November 1923 druckte die Reichsbank sogar einen Geldschein über 100 Billionen (100.000.000.000.000) Mark.

Die Preise stiegen ins Uferlose, die Reallöhne sanken, Ersparnisse waren nichts mehr wert, große Teile der Bevölkerung verarmten. Es kam zu politisch chaotischen Zuständen, bis die Währungsreform vom November 1923 eine neue Währungsordnung schuf, welche die Inflation beendete. Während der Geldverfall unzählige Menschen in den Ruin stürzte, gab es auch Profiteure, die gezielt hohe Schulden aufnahmen (z.B. für Immobilien) und diese mit entwertetem Geld zurückzahlten. Am meisten aber profitierte der Staat, dessen Kriegsschulden in Höhe von 164 Milliarden Mark sich schlagartig auflösten. Am Ende der Inflation war der Papierwert der Inflationsscheine größer als der darauf genannte Wert. So verwendete man die Scheine zu anderen Zwecken.

Filmstandbilder aus INFLATION. *Reihe links, oben:* geldgierige Hände. *Mitte:* Makler an der Börse. *Unten:* ein einstürzendes Gebäude

Hans Richter, Avantgardist der Filmkunst

1888 in Berlin geboren, studierte Hans Richter Architektur und Kunst in Berlin und Weimar. Er schloss sich den Expressionisten an, bevor er 1916, mitten im Ersten Weltkrieg, zur Gruppe der Dadaisten in Zürich stieß. Nach Kriegsende engagierte er sich in revolutionären Künstlervereinigungen.

Inspiriert durch die Zusammenarbeit mit dem schwedischen Künstler Viking Eggeling kam Richter 1921 zu seinem ersten abstrakten Film RHYTHMUS 21, dessen Formen in Bewegung den geometrischen Stil des Konstruktivismus aufgreifen. 1928 schuf er mit INFLATION seinen ersten Streifen aus Realfilmaufnahmen.

1931 siedelte Richter nach Moskau über, wo er an deutsch-russischen Produktionen mitarbeitete. Nach der Machtergreifung der Nazis 1933 emigrierte er über Holland und Frankreich nach New York und dozierte dort am City College. Mit seinen Freunden aus dem Kreis der Dadaisten und Surrealisten drehte er 1944 in den USA DREAMS THAT MONEY CAN BUY. Nachdem er früher bereits filmtheoretische Schriften veöffentlicht hatte, wurde Hans Richter als Autor nun zum Chronisten der Dada-Bewegung. Er verstarb 1976 in Minusio in der Schweiz.

Avantgarde-Filmer der 1920er-Jahre. Links Hans Richter; in der Mitte Sergej M. Eisenstein, Regisseur des Revolutionsfilms PANZERKREUZER POTEMKIN (UdSSR 1925), rechts Man Ray, der u.a. dadaistische Filme herstellte. Foto aus Man Rays Atelier, Paris 1929

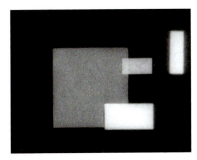

Abstrakter Film. Hans Richter: RHYTHMUS 21

ANREGUNGEN ZUM GESPRÄCH

1. Die Montage löst laut Richter Assoziationen aus. Welche werden durch die Motion stills aus INFLATION geweckt?
2. Unterscheiden Sie dokumentarische und erfundene Anteile in INFLATION.
3. Welche zusätzlichen Mittel setzt der Essayfilm ILHA DAS FLORES (S. 38) ein?
4. Vergleichen Sie Richters Filmbilder mit der Zeichnung von George Grosz (S. 25).
5. Informieren Sie sich über die Inflation in Deutschland von 1914 bis 1923. Sind die Aussagen in Richters Film und Grosz' Zeichnung historisch richtig?
6. Charakterisieren Sie die hier angesprochenen Stilrichtungen Expressionismus, Dada, Konstruktivismus und Verismus (Spielart der Neuen Sachlichkeit).

ANREGUNG ZUR PRODUKTION

Setzen Sie die filmische Eigenschaft, durch die Kombination von Bildern Assoziationen auszulösen, für einen eigenen Essayfilm ein.

Künstler im Knast. Nach dem Ersten Weltkrieg (1914–18) gründete Hans Richter radikale Künstlerbünde mit. 1919 beteiligte er sich am Aufbau der sozialistischen Münchener Räterepublik. Als diese nach nur wenigen Wochen blutig niedergeschlagen wurde, landeten er und sein Bruder im Gefängnis. Ihrer Mutter gelang es dank guter Beziehungen zum Bayerischen Staatsministerium, sie dort wieder herauszuholen.

Symphonie der Industrie

PHILIPS RADIO (1931) von Joris Ivens – ein Fabrikporträt als Kunstwerk

Filmplakat von Anneke van der Feer, 1931

Der Mensch, ein Werkzeug. Ein Glasbläser bei der Herstellung von Radioröhren, auf seine formalen Qualitäten hin betrachtet. PHILIPS RADIO, 1931. Motion still

Niederlande 1931 | sw | 36 Min.
Drehbuch und Regie: Joris Ivens
Kamera: Joris Ivens, Jean Dréville, John Fernhout, Mark Kolthoff
Musik: Lou Lichtveld
Schnitt: Joris Ivens, assistiert von Helen van Dongen
Empfehlung: ab Kl. 8

PHILIPS RADIO, der erste Tonfilm in den Niederlanden, ist das Porträt einer modernen Fabrik mit beeindruckenden Aufnahmen vom Fertigungsprozess, von den beteiligten Maschinen und Menschen. Er rückt die Ästhetik der industriellen Form in den Mittelpunkt.

PHILIPS RADIO ist ein Film mit Brückenfunktionen: Er stellt den Übergang vom Stumm- zum Tonfilm dar, er war ursprünglich ein Werbefilm, der zum Dokumentarfilm wurde, und er ist ein Wendepunkt im Gesamtwerk des niederländischen Filmemachers Joris Ivens.

»... mit den Augen eines Künstlers«
1930 erhielt Ivens, bekannt geworden durch seinen Film DIE BRÜCKE (Abb. S. 32 o. links), einen Auftrag von den Philips-Werken in Eindhoven: »Betrachten Sie die Fabrik mit den Augen eines Künstlers. Was auch immer im Werk Sie reizen mag – gehen Sie hin und machen Sie einen Film darüber.«

Der Auftraggeber war an der Darstellung des technischen Fortschritts interessiert, nicht aber an den Lebensumständen der Arbeiter. Aufnahmen außerhalb der Fabrik waren unerwünscht. So entstand ein Film mit meisterhaften Kadrierungen von Maschinen- und Produktdetails, Industriearchitektur, Fließbändern und Transportwagen.

Zwar zeigt Ivens auch die Menschen bei der Arbeit, oft jedoch nur ihre geschäftigen Hände im Bildausschnitt. Die sozialdemokratische Tageszeitung »Het Volk« monierte, der Mensch stehe zu wenig im Mittelpunkt (s. Zitat unten). Ivens ästhetisierte den Arbeiter genauso wie die Maschine – der Mensch erscheint als Werkzeug, nicht als Individuum; Körperlinien sind Elemente der Gestaltung. Ausgerechnet die Filmsequenz mit der schwersten körperlichen Arbeit wirkt gleichzeitig auch komisch: wenn die Glasbläser in größter Hitze ihre Backen aufblasen (Abb. links und S. 31).

Er hat gezeigt, dass er aus der Kamera herausholen kann, was in ihr steckt, und mehr als das! Aber ... Ivens hat in den Philips-Fabriken keine Menschen gesehen. Seine Kamera hat die nüchterne Betriebsamkeit (herrlich, der kalte Anfang im Filmprojektionsraum!) und die gefühllose Macht der Maschinen registriert, ohne Augen für die Menschen hinter den Maschinen zu haben.

»Het Volk«, 29. Sept. 1931

Dynamische Diagonalen. Kasimir Malewitsch: Suprematistische Malerei, 1915/16. Öl auf Leinwand, 49 x 44,5 cm. Wilhelm-Hack-Museum, Ludwigshafen

Konstruktivismus und Neue Sachlichkeit

Aus Hunderten von Übersichts-, vor allem aber Nah- und Detaileinstellungen setzt sich das Bild der Fabrik zusammen – eine »Analytische Montage« wie sie die jungen Künstler in der 1922 gegründeten Sowjetunion entwickelten, die ihre Werke analog zur Formung der neuen Gesellschaft ebenfalls »konstruieren« wollten. Die von dynamischen Schrägen geprägten, abstrakten Kompositionen tauchten erstmals bei Kasimir Malewitsch auf, der seinen Stil »Suprematismus« nannte. Unter der Bezeichnung »Konstruktivismus« wurde er zur vorherrschenden Kunstform, welche die traditionelle, figürliche Bildsprache des untergegangenen Zarenreiches ablöste und als politisch linksorientiert galt. Das Plakat für PHILIPS RADIO von Anneke van der Feer, einer Freundin von Joris Ivens, ist ein Beispiel für den neuen Stil. Zwar können Realaufnahmen mit der Kamera kaum völlig abstrakt sein, doch fanden Fotografen und Filmer eigene Wege, wie sich Motive abstrahieren und verfremden ließen: durch Betonung der grafischen Strukturen, Helldunkelkontraste, extreme Perspektiven und schräge Positionen der Kamera – und durch die Montage. Für die Fotografie fand Werner Graeff die Stilbezeichnung »Das Neue Sehen«, während man beim Film von »Avantgarde« spricht.

In PHILIPS RADIO weist manche unterkühlte Aufnahme auch eine Nähe zur »Neuen Sachlichkeit« auf: nicht zum sozialkritisch-»veristischen« Werk eines George Grosz (s. S. 25), sondern zu dem eines Carl Grossberg, der seine vom Industrie-Hightech inspirierten Gemälde 1929 in Amsterdam ausstellte.

Konstruktivistische Komposition im Film. Detail einer Maschine in PHILIPS RADIO (NL 1931, REGIE: Joris Ivens). Motion still

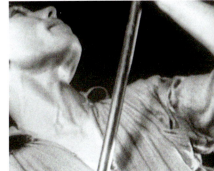

Extreme Perspektive, Schräglinien, grafische Strukturen: Merkmale des Konstruktivismus

Nüchterne Ästhetik der Industrieform: Merkmal der Neuen Sachlichkeit. Motion stills

Der Komponist Lodewijk »Lou« Lichtveld bei der Arbeit

Handschriftliche Partitur für PHILIPS RADIO von Lou Lichtveld, 1931. Ausschnitt aus Blatt 4 (von insgesamt 155). Filmstelle: 00:40–01:01 Min. Die Eintragungen lauten (ohne Zahlen):
Zeile 1: temps | Ouvriers rentrant le soir, dehors | Façade de fabrique | Ouvriers quittant le terrain | Automobile quittant le terrain | Ouvrier marchant
Zeile 2: mesure | riten. [ritenuto] poco | accel. [accelerato] poco
Zeile 3: mixer | en plein air pas loin |plus rapproché | très doux
Zeile 4: hommes et femmes marchant dans la rue | hommes criants. bruits de wagons, de pas, etc. | bruit d'auto passant
Zeile 6: Orch. [orchestre] tacet | tacet | tacet
Zeile 8–10: trp [trompette] | viol [violine] | vcle [violoncelle]

»Symphonie industrielle«

Ende der 1920er-Jahre setzte sich der »Lichtton« durch, bei dem Bild- und Tonspur auf einen Filmstreifen kopiert werden (s. S. 153). Obwohl PHILIPS RADIO als Stummfilm begonnen worden war, entschied sich Ivens 1931 dazu, einen Tonfilm daraus zu machen. Er wandte sich an den Musiker und Schriftsteller Lou Lichtveld. Dieser ging nach Berlin, wo er Oskar Fischinger konsultierte, den Pionier des abstrakten Musikfilms. Inspirieren ließ sich Lichtveld auch durch Walter Ruttmann, der die Musik in MELODIE DER WELT (D 1929) kontrapunktisch zu den Bildern eingesetzt hatte. Ivens machte sich gleichzeitig in Paris mit der Aufnahmetechnik in den Tobis-Studios vertraut, da sich einzelne Geräusche im Lärm der Fabrik nicht »angeln« ließen. Im Mai 1931 versammelte sich ein kleines Orchester im Studio, dirigiert von Armand Bernard. Als Sprecher wurde der als Imitator bekannte Eddie Startz engagiert. Zur Erzeugung der Fabrikgeräusche lagen u.a. Sauerstoffflasche, Säge, Ankerwinde, Mühlstein, Rollschuhe und Ketten bereit. Alles musste synchron aufgenommen und gemischt werden, da es noch keine getrennten Tonspuren gab. Vier Tage benötigten die Takes, die man in kleinen Abschnitten aufnahm und jeweils kurz probte. So entstand, wie die Kritik schrieb, eine »Symphonie industrielle«.

Sprache, Geräusche, Effekte – und Stille

Aus der Stummfilmzeit haben sich viele Zwischentitel erhalten, z.B. Lampenbläserei, Kontrolle der Radioröhren oder Lautsprecher-Test. Das gesprochene Wort kommt kaum vor. Am Anfang kündigt Startz auf Holländisch an: »Jetzt der Philips Film«, später legt er einem Arbeiter das einzige lippensynchrone Wort »Zwei« in den Mund (bei 16:45). Zu den Glasbläsern atmet Startz schwer. Dabei fällt auf, wie asynchron der Ton oft läuft. Die Erklärung: Der besonders anfangs im schnellen Rhythmus geschnittene Film, der bei den Glasbläsern etwas ruhiger wird, war mit 18 Bildern pro Sekunde gedreht worden, der neue Lichtton aber lief mit 24 Bildern! Die Asynchronität von Ton und Bild und der Collagecharakter des Soundtracks vermitteln oft den Eindruck eines Orchesters beim Einspielen – oder besser: eines Radios auf Sendersuche.

Die Klänge unterstreichen das Geschehen auf der Bildebene, fast wie beim »Mickey mousing«. Es pfeifen und stampfen die Maschinen, es quietschen die Räder und heulen die Sirenen. Ab und an kehrt Stille ein, etwa bei Außenaufnahmen, aber auch bei – an sich geräuschvollen – Innenraumszenen. Die Anweisung in der Partitur hierzu lautet »tacet« (lat., schweigt).

Schräge Filmmusik

Die Musik komponierte Lichtveld vor allem für Klavier, Geige, Cello, Violoncello, Klarinette, Trompete, Saxofon und Trommel. Stilistisch ist sie von der französischen »Groupe des Six« inspiriert, die romantische und impressionistische Kompositionen ablehnte und sich beim Jazz und der Dancehall-Musik inspirierte.

Der klare Klang der Musik in Philips Radio korrespondiert mit der Hightech-Ästhetik auf der Bildebene. So wird das schimmernde Glas der Röhren von einem Piano-Arpeggio begleitet, während das Pizzicato eines Cello zu einer Stanzmaschine erklingt.

Am Ende dominiert die Musik und es schwirren kreisförmige Gebilde wie in einem »Lautsprecher-Ballett« (Karel Dibbets) durch die Luft.

Einspielung der Geräusche für Philips Radio im Tobis Tonstudio in Epinay bei Paris, 1931. *Von links:* Regisseur Joris Ivens, der deutsche Toningenieur Kretsch, der französische Tonmischer Leblond, kniend Ivens' Assistent Mark Kolthoff.

Die meiste Zeit und Anstrengung erforderten die kombinierten Aufnahmen, bei denen die Fabrikgeräusche und die Musik simultan und komplementär klingen mussten. Der Dirigent schaut etwas nervös, mit all den zischenden und stampfenden Friedensstörern hinter ihm, und blickt ein wenig vorwurfsvoll zum Komponisten, der es billigt, dass seine Musik von einer solchen Kakophonie an Geräuschen gestört wird. Aber der Regisseur lächelt ergeben. Die Wirkung ist besser als erwartet, da der Tonmixer die zwei Arten von Begleitmusik exzellent auszubalancieren versteht.   *Lou Lichtveld*

Kontroverse um die Glasbläser

Die Firma war mit dem Film zufrieden, der Firmengründer Gerard Philips soll bei der Premiere Tränen in den Augen gehabt haben. Das Unternehmen wollte aber die Sequenz mit den Glasbläsern herausschneiden, wohingegen die Presse die Menschen in Philips Radio eher vermisste. Ivens wehrte sich gegen die Zensur in einer teilweise über Rechtsanwälte geführten Korrespondenz.

Glasbläser. Beim Publikum beliebt, von der Firma zensiert

Die Entwicklung bei Joris Ivens: Vom Formalismus der filmischen Avantgarde hin zum Sozialistischen Realismus.
Links: Spiel mit der Ästhetik und den grafischen Strukturen der eisernen Zugbrückenarchitektur in Rotterdam, aus DIE BRÜCKE (NL 1928)
Rechts: Der Mensch im Mittelpunkt. Aufnahmen einer mehrköpfigen, in Armut lebenden Bergarbeiterfamilie im Film BORINAGE (B 1934)

Politischer Wandel = Stilwechsel

Von der Sowjetunion aus hatte der Konstruktivismus, gefördert vom obersten Volkskommissar Lenin, einen weltweiten Siegeszug angetreten. Er galt als progressiv und entwickelte sich zur Sprache der filmischen »Avantgarde«. Doch unter Lenins Nachfolger Stalin tat das sowjetische Zentralkomitee ihn als »Formalismus« ab und gab 1932 doktrinär den »Sozialistischen Realismus« vor.

Re-Inszenierung. Nachgestellte Demonstration der Bergarbeiter mit »Rotfront«-Faust und Karl-Marx-Porträt. Aus BORINAGE (B 1934, Regie: Joris Ivens, Henri Storck)

Joris Ivens und die Kamera als Waffe

Am Werk von Joris Ivens lässt sich dieser Stilwechsel beobachten. 1898 in Nijmegen in den Niederlanden geboren, gehört Ivens zu den bedeutendsten, von der Filmgeschichtsschreibung meistbeachteten Dokumentarfilmern – vielleicht auch, weil er aufgrund seiner politischen Parteinahme umstritten war. Sohn eines Kaufmanns für Fotobedarf, unternahm Ivens mit 13 Jahren erste Filmexperimente. Er studierte Fototechnik in Berlin und stieß mit dem Kurzfilm DE BRUG (DIE BRÜCKE, 1928), in dem die Konstruktion einer Eisenbrücke im Mittelpunkt steht, zur internationalen »Avantgarde«, die sich formal-ästhetisch mit der visuellen Wirklichkeit auseinandersetzte (Abb. o. links).

In PHILIPS RADIO (1931) verband Ivens seine gestalterischen Interessen bereits mit Beobachtungen der Arbeitswelt. Anfang bis Mitte der 1930er-Jahre lebte er in der Sowjetunion und wandte sich dem Sozialistischen Realismus zu: Der Mensch steht nun im Mittelpunkt, politische Agitation ist das Ziel (KOMSOMOL, HELDENLIED, 1933). Folgerichtig rückte Ivens 1934 in BORINAGE (ELEND IN DER BORINAGE, Abb. o. rechts) die Lebensbedingungen der Bergarbeiter in Belgien in den Fokus, wobei nachgestellte Szenen zu der Diskussion Anlass gaben, ob es sich hier nicht um einen »synthetischen« Film handelt (vgl. S. 20).

Von den Zielen des Kommunismus überzeugt, wurde Ivens zum »Filmer an den Fronten der Weltrevolution« (Klaus Kreimeier). 1936 drehte er THE SPANISH EARTH (SPANISCHE ERDE, 1936) über den Bürgerkrieg in Spanien, wo er sich auf die Seite der von General Franco gestürzten republikanischen Regierung stellte. Viele Künstler und Intellektuelle engagierten sich in »Internationalen Brigaden«, darunter der Schriftsteller Ernest Hemingway, der den Kommentar zu THE SPANISH EARTH verfasste, den

Schauspieler Orson Welles sprach. Von 1936 bis 1945 lebte Ivens in den USA, wo er u.a. ein Regierungsprogramm dokumentierte: die Elektrifizierung der Farmen auf dem Land (POWER AND THE LAND, 1940). Als das faschistische Japan China okkupierte, reiste Ivens 1938 nach Asien (THE 400 MILLION, 1939). Nach dem Ende des Zweiten Weltkriegs (1939–1945) war er hauptsächlich für staatliche Studios in Osteuropa tätig. Für die DEFA in der DDR schuf er u.a. das 90-minütige LIED DER STRÖME (1954) mit Aufnahmen aus 32 Ländern. Anfangs gefeiert, wurde er in der DDR zur unerwünschten Person, als er sich 1968 vom sowjetischen Kommunismus distanzierte. 1961 schuf Ivens das CARNET DE VIAJE (REISETAGEBUCH) über die Revolution auf Kuba, danach unterstützte er im Vietnamkrieg den Vietcong. Von seinem gefahrvollen Leben berichtete er 1969 in der Autobiografie *Die Kamera und ich*. Zwischen 1971 und 1977 war Ivens mit seiner dritten Ehefrau, der Tontechnikerin Marceline Loridan, einer Vertreterin des »Cinéma vérité«, erneut in China, um einen 763-minütigen (!), 12-teiligen Dokumentarfilm über die chinesische Kulturrevolution unter Mao Tse-tung zu drehen. Er überließ seine Kamera oft Einheimischen, um mit deren Augen zu sehen. Im Alter von 90 Jahren stellte Ivens mithilfe von Marceline Loridan seinen letzten, überraschend poetischen Film fertig, UNE HISTOIRE DE VENT (EINE GESCHICHTE ÜBER DEN WIND), inspiriert von der chinesischen Mythologie. Bei der Premiere in Rotterdam im Januar 1989 wurde Ivens von Königin Beatrix begleitet, die ihn auch zum Ritter schlug. Im

Kameraden im Spanischen Bürgerkrieg. Schriftsteller Ernest Hemingway (links) und Joris Ivens vor dem zerschossenen Auto des Filmteams, Guadalajara 1937

Juni 1989 verstarb er in Paris. Nach ihm wurde der *Joris Ivens Award* des Internationalen Dokumentarfilm-Festivals in Amsterdam benannt.

Ein Filmemacher muss empört und entrüstet sein über menschenunwürdige Zustände, bevor er die richtige Kameraeinstellung finden kann, mit der er den Schmutz fotografiert und die Wahrheit.
Joris Ivens

ANREGUNGEN ZUM GESPRÄCH
1. Hatte Ivens in PHILIPS RADIO tatsächlich keinen Blick für die Menschen?
2. Pro und Kontra: War es legitim vom Auftraggeber, Aufnahmen der Arbeiter außerhalb der Fabrik zu untersagen?
3. Analysieren Sie Lichtvelds Partitur.
4. Diskutieren Sie: Sind Formalismus und Realismus ein Widerspruch?
5. Wie weit darf ein Dokumentarfilmer gehen? Soll er nur »Chronist« sein, darf er re-inszenieren oder gar agitieren?
6. Betreiben Sie Recherchen zur Politik Stalins und Maos. Lässt sich Ivens' Einsatz für deren Regimes rechtfertigen?
7. Welche Brennpunkte der Welt sollte ein Dokumentarfilmer heute besuchen?
8. Vergleichen Sie das Bild aus BORINAGE (S. 32 o.) mit den dort entstandenen »realistischen« Bildern Vincent van Goghs.

ANREGUNGEN ZUR PRODUKTION
1. Wie hätten Ivens' Aufnahmen außerhalb der Philips-Werke aussehen können? Fertigen Sie hierzu ein Exposé an.
2. Wo gibt es »menschenunwürdige Zustände« (Ivens) in Ihrer Umgebung? Überprüfen Sie, ob und wie sich darüber ein Kurzfilm machen ließe.

Briefmarke, Niederlande 1995, mit Foto von Ivens beim Dreh von PHILIPS RADIO

Streit um eine Briefmarke. Joris Ivens blieb sein Leben lang Staatsbürger der Niederlande, obwohl er seit 1934 nicht mehr dort lebte. Sein Heimatland bereitete ihm wegen des politischen Engagements oft Probleme bei Reisepassanfertigungen. 1995 aber gab die niederländische Post zum 100-jährigen Jubiläum des Films eine Briefmarke heraus, auf der Ivens mit Kamera zu sehen ist. Der Fraktionsführer der Liberalen (VVD) im niederländischen Parlament, Frits Bolkestein, wehrte sich vehement gegen diese Briefmarke, da er keine Lust habe, die Rückseite von Ivens zu lecken.

Unbeschwerter Sommer

Barfuss und ohne Hut (1964) von Jürgen Böttcher – Jugendträume in der DDR

Titelei von Barfuss und ohne Hut, 1964

Der Film zeichnet ein heiteres Bild. Dies liegt nicht nur an den stimmungsvollen Aufnahmen, sondern auch an der Musik, die streckenweise live vor der Kamera gespielt wird und sich »off-screen« durch den Soundtrack zieht. Die Lieder sind vorzugsweise englischsprachig – darunter *Summertime, When the Saints* und *Down by the Riverside* – und auch die Kleidung scheint westlich orientiert: Die Männer tragen Bluejeans und knappe Badehosen, die Mädchen Einteiler oder Bikinis und, wenn es kühler wird, Keilhosen und Pullover.

Zu reinen Beobachtungen mit der Kamera kommen rhythmisch hineingeschnittene Interview-Passagen, in denen sich die Jugendlichen vor dem Mikrofon äußern, ohne dass ein Fragesteller sichtbar wird. So scheinen sich die Interviewten mit ihren stellenweise philosophischen Äußerungen, in der Mehrzahl über berufliche Wünsche, direkt an die Zuschauer zu wenden.
Die Freiheit des Strandlebens steht im Kontrast zu den Bedingungen, die der Alltag nach den Ferien wieder an die Jugendlichen stellen wird.

DDR 1964 | sw | 26 Min.
Buch und Regie: Jürgen Böttcher
Kamera: Christian Lehmann
Schnitt: Charlotte Beck
Musik: Gerhard Rosenfeld
Redaktion: Bodo Schulenburg
Produktion: DEFA-Studio für Dokumentarfilme
FSK: ab 0 J. | Empfehlung: ab Kl. 8

Sommer 1964. Am Ostseestrand von Prerow auf dem Darß in Mecklenburg-Vorpommern verbringen Jugendliche ihre Ferien. Sie spielen Gitarre, toben im Wasser herum oder liegen verliebt im Sand. Es gibt eine Strandhochzeit, Oldtimer-Autos, die am Meer entlangfahren, und Musik am Lagerfeuer. Vor der Kamera sprechen einige der jungen Leute nachdenklich über ihre beruflichen Träume.

Paradiesische Zustände. Unbeschwertes Herumtoben und Streichespielen im Wasser lassen die Sorgen des Alltags einen Sommerurlaub lang in den Hintergrund treten.

Berufswünsche und -perspektiven

Die jungen Leute im Film befinden sich alle in der Ausbildung. Einer lernt als »Rangierer bei der Bahn«, wo für die »Jugendlichen viel getan wird«, und möchte nach drei Jahren Armee »Fahrdienstleiter auf dem Stellwerk« werden (8. Min.). Ein Student der »Ingenieurpädagogik« an der TH Karl-Marx-Stadt (seit 1990 Chemnitz) wird später Elektrotechnik unterrichten. Er fand seine Schulzeit »hart und dogmatisch« und will mit seinen Schülern lieber »über politische Fragen offen reden« (10. Min.). Eine Lehramtstudentin dagegen nimmt sich ihre einfühlsamen früheren Lehrer zum Vorbild (11. Min.).
Eine angehende Erdkundelehrerin möchte den Kindern »viel von den Menschen, Städten und Ländern erzählen« (11. Min.). Ein »Berufskraftfahrer-Lehrling« hofft, dass er nach der Lehre mit dem »Facharbeiter-Brief in der Tasche« die Ingenieurschule in Zwickau besuchen darf (12. Min.). Eine Mathematikstudentin, die schon eine Lehre als »Handelskaufmann« absolviert hat, möchte später forschen und »mal in einem Atomkraftwerk arbeiten« (13. Min.). Ein Mädchen namens Marlies wurde nicht zum Grafikstudium zugelassen und bereitet sich in einem »Zeichenzirkel« in Potsdam erneut auf die Eignungsprüfung vor (14. Min.). Ihre Nachbarin wollte eigentlich Lehrerin werden, musste aber wie die anderen Abiturienten ihres Jahrgangs erst eine Lehre machen, hat deshalb »Gebrauchswerber« gelernt und darf bald in einem »Sprachheil-Internat« anfangen (15. Min.) Ein »Autoschlosser-Lehrling« will aus Abenteuerlust zur Marine und »ein bisschen rumkommen in der Welt« – selbstkritisch anmerkend, dass er sich wegen seiner Leistungen noch »auf den Hosenboden setzen« muss (20. Min.).

Zum Bildungssystem in der DDR

Die beruflichen Wege der Jugendlichen erklären sich aus dem Schulsystem in der DDR. Die meisten haben die allgemeinbildende, 10-klassige »Polytechnische Oberschule« (POS) hinter sich, die 1959 als einheitlicher Schultyp eingeführt wurde. Danach konnte man eine Lehre beginnen, an eine (Berufs-)Fachschule gehen oder – wenn man neben Russisch eine weitere Fremdsprache belegt hatte – die Erweiterte Oberschule (EOS) besuchen und das Abitur machen. Dies wurde jedoch nur knapp 10 % eines Jahrgangs ermöglicht, wobei politische »Zuverlässigkeit« und eine Herkunft der Eltern aus der »Arbeiterklasse« die Auswahl begünstigten. Etwa 5 % eines Jahrgangs gelangten zur Abiturprüfung über eine Berufsschule, die nach der 10. Klasse drei Jahre lang neben der Berufsausbildung besucht werden konnte.
Außer den Abiturienten waren auch junge Facharbeiter zum Studium berechtigt, die einen einjährigen »Vorkurs zum Erwerb der Hochschulreife« an einer Universität mitgemacht hatten. Ihre Wahl war auf technische und betriebswirtschaftliche Studienrichtungen und auf das Lehramt an der POS begrenzt. Zum Unterricht gehörte jeweils auch die ideologische Schulung. Junge Männer mussten vor dem Studium ihren Wehrdienst bei der Nationalen Volksarmee leisten. Im Film aber sind sie frei, »barfuß und ohne Hut«.

Die Jungen und ihre Berufe. *Von links:* Der Student der Ingenieurpädagogik, der Berufskraftfahrer-Lehrling, der Rangierer (hinten), der Autoschlosser-Lehrling. Sie waren bis zur 10. Klasse auf einer Schule.

Die Mädchen und ihre Berufe. *Von links:* die Zeichnerin Marlies, die Mathematikstudentin und die angehende Sprachheilerin

Träumerei im Sand beim Musikhören

Folksänger »Rocko«, der gern Musik studieren möchte und Lieder neu interpretiert: »Meine Art steckt da drin.« (6. Min.)

Sommerliebe. Der angehende Ingenieurpädagoge und die Zeichnerin

Ein Film aus der Zeit des Kalten Kriegs

Unbeschwertes Strandleben an der Ostsee kann man sich heute noch ganz ähnlich vorstellen. Doch die Rahmenbedingungen waren andere in der DDR, die schon 1952 einen »antifaschistischen Schutzwall« als befestigte innerdeutsche Staatsgrenze errichtet hatte, um die drohende »Republikflucht« zu verhindern. Sichtbarster Ausdruck dafür war die 1961 gebaute »Berliner Mauer«. Der Grenzwall teilte nicht nur Deutschland in Ost und West, sondern war genereller Ausdruck des »Kalten Kriegs« zwischen den Ost- und Westmächten nach Ende des Zweiten Weltkriegs (1939–1945), bis 1989 die Mauer fiel. Für die Jugendlichen im Film bedeutete dies, dass die Reisemöglichkeiten und auch die Freiheit in der Meinungsäußerung eingeschränkt waren.

BARFUSS UND OHNE HUT entstand aufgrund eines Vorschlags des Regisseurs Jürgen Böttcher. Obgleich der Kurzfilm vom staatlichen Filmstudio der DDR, der DEFA (Deutsche Film AG) in Babelsberg, finanziert wurde, taten sich die Verantwortlichen mit Böttchers Blick auf die Jugend der DDR schwer und unterbanden die Aufführung.

Jürgen Böttcher alias Strawalde

Wer Jürgen Böttcher sagt, muss auch Strawalde sagen: Unter dem einen Namen gilt der 1931 im sächsischen Frankenberg geborene Künstler als bedeutendster Dokumentarfilmer der DDR, unter dem anderen ist er als Maler bekannt. Das Pseudonym wählte er nach dem Ort seiner Kindheit, Strahwalde in der Oberlausitz.

Böttcher hatte zunächst von 1949 bis 1953 im zerstörten Dresden Kunst studiert und gab dort später selbst Malunterricht an der Volkshochschule, wo A. R. Penck zu seinen Schülern gehörte. Da seine zeichenhaften Bilder dem offiziell in der DDR geforderten Sozialistischen Realismus nicht entsprachen und kaum einmal ausgestellt werden durften, ging Böttcher 1955 an die Filmhochschule in Babelsberg und studierte Regie.

Von 1961 bis 1990 war er als fester Regisseur im DEFA-Studio für Wochenschau und Dokumentarfilm tätig. Mit seinen Filmen aus dem Alltag und dem Arbeitsleben in der DDR eckte er im eigenen Land an, im westlichen Ausland aber fand er Anerkennung. So war er oft auf den *Kurzfilmtagen Oberhausen* vertreten.

Beim Dokumentarfilm, wie ich ihn verstehe, gibt es nur den Moment. Es gibt ein Gegenüberstehen. Ich vergleiche das gern mit der Liebe. Der Dokumentarfilm, wie ich ihn verstehe, kann diesen Kristallisationspunkt zeigen, wo Menschen aufeinandertreffen und eine Fremdheit überwunden wird durch ein staunendes Gegenüber, in dem jeder etwas gibt und zurückerhält. Der Dokumentarfilm zeigt eben den Moment, der ist. Da ist ein Flackern drin. Dieses Staunen an der Existenz des anderen. Dokumentarfilm ist das Mittel, das das in einer objektiveren Weise aufzeichnet. Dennoch ist es nicht ganz objektiv. Denn jede Einstellung, der Rhythmus, das Umfeld, in dem man ein Ereignis aufnimmt, all das gehört in Bereiche

> **Reaktionen** auf BARFUSS UND OHNE HUT seitens der Abnahmekommission im Jahr 1964, überliefert von Jürgen Böttcher: »Das ist nicht die Ostsee und die DDR, bei uns gehen die Jungen nicht mit Nietenhosen ins Meer. Das ist vielleicht die Côte d'Azur oder Sopot in Polen, aber nicht die DDR.«

Maler und Filmemacher Jürgen Böttcher alias Strawalde in seinem Atelier

Für BARFUSS UND OHNE HUT schrieb man Böttcher vor, die Jugendlichen nur zum Thema Arbeit zu befragen. Sein einziger Spielfilm, JAHRGANG 45 von 1966, landete »im Panzerschrank« (Böttcher). Als Maler Strawalde kam er im Westen nach der Wende 1989 zu Erfolg. Seine Kunstwerke finden sich heute u.a. in der *Neuen Nationalgalerie* und dem *Reichstagsgebäude* Berlin, im *Albertinum* und im *Residenzschloss* Dresden, in der *Albertina* in Wien, im *Museum Ludwig* in Köln, in der *Public Library* in Boston und in der *Bibliothèque nationale* in Paris. Böttchers Langfilmdokumentation DIE MAUER (1990) wurde als bester Dokumentarfilm mit dem Europäischen Filmpreis ausgezeichnet. 1992 erhielt der Filmemacher für sein Lebenswerk vom Bundesinnenminister das »Filmband in Gold«. Der französische Präsident François Mitterrand verlieh ihm 1994 für sein künstlerisches Gesamtwerk den Titel »Officier de l'ordre des arts et des lettres«. 2001 erhielt Böttcher das Verdienstkreuz der Bundesrepublik Deutschland, 2006 die Goldene Kamera auf der Berlinale. Jürgen Böttcher lebt und arbeitet in Berlin-Karlshorst.

ANREGUNGEN ZUM GESPRÄCH

1. An welchen Stellen wird erkennbar, dass der Regisseur das Geschehen vor der Kamera beeinflusst hat?
2. Entspricht die Atmosphäre im Film dem von Böttcher im Interview geäußerten Dokumentarfilmkonzept?
3. Warum durfte BARFUSS UND OHNE HUT in der DDR nicht gezeigt werden? Analysieren Sie die Äußerungen und das Verhalten der Jugendlichen.
4. Vergleichen Sie das Schulsystem in der DDR mit dem in Ihrem Bundesland.
5. Wie könnte ein Film über das Strandleben der Gegenwart aussehen?

ANREGUNGEN ZUR PRODUKTION

1. Rollenspiel: Der Regisseur vor der Auswahlkommission (s. Kasten o. links).
2. Verfassen Sie eine fiktive Biografie zu einem der Jugendlichen im Film.
3. Befragen Sie Gleichaltrige für einen Interviewfilm zu ihren Zukunftsplänen.

der Kunst. Andererseits gibt es auch Bereiche, die nicht mit dem normalen Charakter von Kunst zu bezeichnen sind. Etwas Technisches kommt hinzu. Diese ziemlich deckungsgleiche Wiedergabe. Die aber viele Möglichkeiten der persönlichen Gestaltung hat. Und es sind nicht nur die Leute, auf die man trifft, die man filmt. Auch das Team hat etwas ungeheuer Anrührendes. In welcher Weise sich der Kameramann, der Assistent, der Tonmeister beteiligen. Es kommt darauf an, wie man zusammen empfindet. ... Klaus Wildenhahn hat einmal gesagt, im besten Falle sei Film für ihn ein gemeinsamer Tanz. Das ist sehr schön gesagt.

Jürgen Böttcher im Interview mit Christoph Hübner

Von Reichen und Armen, Tomaten und Schweinen
Die Blumeninsel (1989) von Jorge Furtado – ein Essayfilm über die Verschwendung von Lebensmitteln

Film still aus Die Blumeninsel, 1989

Ilha das Flores | Brasilien 1989 | 12:30 Min.
Drehbuch, Regie: Jorge Furtado
Kamera: Sergio Amon, Roberto Henkin
Musik: *O Guarani* von Carlos Gomes
Schnitt: Giba Assis Brasil
Produktion: Casa de Cinema de Porto Alegre, Brasilien
FSK: ab 6 J. | Empfehlung: ab Kl. 7

Auf einer Plantage in Belém Novo, einem wohlhabenden Stadtteil von Porto Alegre im Süden Brasiliens, pflanzt Herr Suzuki, ein Japaner, Tomaten und liefert sie gegen Geld an einen Supermarkt, wo Dona Anete, eine Parfümvertreterin, ein paar davon einkauft. Sie möchte aus ihnen eine Sauce zu einem Schweinefleischgericht zubereiten, hält eine der Tomaten aber für verdorben und wirft sie in den Abfalleimer. Dessen Inhalt wird zur »Ilha das Flores«, der »Blumeninsel«, transportiert, einer Müllkippe von Porto Alegre. Dort werden die Lebensmittelreste an Schweine verfüttert. Für ein paar Minuten darf auch die arme Bevölkerung, darunter Frauen und Kinder, ins Gehege, um Nahrung zu sammeln.

Assoziationsmontage in Bild und Text

Pausenlos kommentiert von einem Sprecher, der mit sachlich-unbeteiligter Stimme Informationen im Lexikonstil aneinanderreiht, zeigt der Film im Schnitttempo eines Musikclips ca. 300 Bilder, die zum Themenfeld Mensch, Geld und Nahrung gehören – eine scheinbar ziellose Assoziationskette, die das Surfen in der Hypertextstruktur des Internets vorwegnimmt und deshalb moderner denn je wirkt.

Was zunächst lustig erscheint, schlägt immer wieder ins Schockierende um: als deutlich wird, dass der Mensch trotz seiner Intelligenz Vernichtungskriege führt oder Konzentrationslager baut und dass sich die arme Bevölkerung aus Porto Alegre in Brasilien von Lebensmittelresten auf einer Müllkippe ernährt, die zynisch »Blumeninsel« heißt.

Experimental-, Doku- und Essayfilm

Die Blumeninsel kann als Experimentalfilm gelten, wechseln sich doch eigens dafür gedrehte, teilweise gebetsmühlenartig wiederholte Realfilmteile mit animierten Grafiken aus Lexika und mit Zitaten aus Dokumentarfilmen ab. Da Filmemacher Jorge Furtado mit diesen Mitteln auf Missstände hinweisen will, kommt Ilha das Flores dem Essayfilm, einer Variante des Dokumentarfilms, nahe. Dieser erlaubt offensichtlich Freiheiten, wie ein Satz im Abspann verrät: »In Wahrheit wurde ein größerer Teil auf der *Ilha dos Marinheiros* [Insel der Seeleute] gedreht, 2 km von der *Ilha das Flores* entfernt.«

Tomatenplantage in Belém Novo. Herr Suzuki, ein Brasilianer japanischer Abstammung, bei der Ernte. Motion stills

  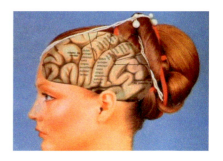

Korrespondenz von Bild- und Tonebene.
Der gesprochene Kommentar (s. Text rechts) wird in rascher Abfolge von entsprechenden Bildern illustriert. Motion stills

* Teleencephalon = Endhirn, Großhirn

Menschliche Wesen sind Säugetiere, Zweibeiner, die sich von anderen Säugetieren wie dem Wal oder anderen Zweibeinern wie dem Huhn hauptsächlich in zwei Merkmalen unterscheiden: das hoch entwickelte Telegehirn* und den Greifdaumen. Das hoch entwickelte Telegehirn ermöglicht es den menschlichen Wesen, Informationen zu speichern, zu verknüpfen, zu verarbeiten und zu verstehen. Der Greifdaumen erlaubt den menschlichen Wesen die Zangenbewegung der Finger, was wiederum eine präzise Handhabung möglich macht. Die Verbindung des hoch entwickelten Telegehirns mit der Fähigkeit zur Zangenbewegung der Finger gab dem menschlichen Wesen die Möglichkeit, unzählige Verbesserungen auf seinem Planeten durchzuführen, unter anderem … [Sprechpause, im Bild die Explosion einer Atombombe] … den Tomatenanbau. Die Tomate ist im Gegensatz zum Wal, zum Huhn, zum Japaner eine Pflanze. Sie entstammt der Familie der Nachtschattengewächse und wird wegen ihrer nahrhaften Qualitäten seit 1800 angebaut. Die Erde produziert etwa 61 Millionen Tonnen pro Jahr. […] Herr Suzuki ist Japaner, also ein menschliches Wesen. Dennoch pflanzt Herr Suzuki die Tomaten nicht, um sie zu essen. Fast alle Tomaten, die Herr Suzuki anbaut, werden im Tausch gegen Geld an einen Supermarkt geliefert. Das Geld wurde vermutlich auf Initiative vom König von Lybien, dem Großkönigreich Kleinasiens, im 7. Jahrhundert v. Chr. erfunden. Christus war Jude. Die Juden haben ein hoch entwickeltes Telegehirn und einen Greifdaumen, sind also menschliche Wesen [im Bild: Szenen aus Konzentrationslagern der Nationalsozialisten]. Bis zur Erfindung des Geldes beruhte die Wirtschaft auf dem Direkttausch. Die Schwierigkeit, die einem Huhn entsprechende Menge Tomaten zu ermitteln, sowie die Probleme des direkten Tauschs von Hühnern gegen Wale waren die wichtigsten Gründe für die Erfindung des Geldes. Seit dem 3. Jahrhundert v. Chr. kann jede Handlung und jedes Erzeugnis, das von menschlichen Wesen hervorgebracht wird, als Ergebnis der Verbindung von Anstrengung des Vorderhirns und des Greifdaumens gegen Geld getauscht werden. […]   *Der Kommentar aus dem Off ab der 2. Min.*

Die narrativen Anteile in Ilha das Flores
Sieht man von den vielen inhaltlichen Exkursen ab, ergibt sich als »roter Faden« der Weg der Tomaten von der Plantage in den Supermarkt, wo Dona Anete ein paar davon einkauft, beim Kochen für die Familie zubereitet und Teile wegwirft. Die Abfälle gelangen auf die Müllkippe, wo sie von Schweinen und armen Menschen verzehrt werden.

Der Weg der Tomate vom Supermarkt über Dona Anetes Küche bis zur Müllkippe

Karte von Südamerika. Der Film spielt in Porto Alegre, Brasilien.

Die Millionenstadt Porto Alegre
Der Ort des Films, Porto Alegre (übersetzt: »Fröhlicher Hafen«), ist die Hauptstadt des brasilianischen Bundesstaates Rio Grande do Sul und und einer der Austragungsorte der Fußball-Weltmeisterschaft 2014. Zur Entstehungszeit des Films, 1989, hatte Porto Alegre schon über eine Million Einwohner und produzierte, wie der Sprecher im Kurzfilm erklärt, »etwa 500 Tonnen Abfall am Tag«. Die Einwohnerzahl ist bis 2010 auf 1 400 000 Menschen angewachsen. Obwohl Porto Alegre nach einer Vergleichsstudie der Vereinten Nationen (UNO) die beste Lebensqualität unter den lateinamerikanischen Großstädten aufweist, hungern hier die Armen.

Hunger, Überfluss und Verschwendung
Sieben Milliarden Menschen leben auf dem Planeten Erde, von denen eine Milliarde hungert. Die Unterernährung ist vor allem in den Entwicklungsländern stark verbreitet, wo laut Weltgesundheitsorganisation (WHO) etwa ein Viertel aller Kinder unter fünf Jahren unterernährt ist. Alle vier Sekunden stirbt ein Mensch auf der Welt vor Hunger. Vor diesem Hintergrund erscheint es entsetzlich, dass in Deutschland 21 % aller Lebensmittel in den Müll gelangen (s. Grafik S. 41).

Auch wenn man von den Ländern in Südamerika kaum von vergleichbaren »Überflussgesellschaften« sprechen kann, kommt es offensichtlich auch dort zu Verschwendungen. Die Schere zwischen Arm und Reich geht hier noch stärker auseinander als in den Industrienationen. Umso schlimmer, dass hier ebenfalls verzehrbare Lebensmittel fortgeworfen werden, ja dass überhaupt so viel Abfall entsteht.

Auszeichnungen für ILHA DAS FLORES

Best Short Film und acht weitere Preise auf dem Gramado Film Festival, 1989 | Silberner Bär für den besten Kurzfilm, Berlinale 1990 | Margarida de Prata der Brasilianischen Bischofskonferenz, 1990 | Ausgewählt als einer der 100 wichtigsten Kurzfilme des 20. Jahrhunderts für Europäische Kritiker, 1995 | Bester brasilianischer Kurzfilm und Dokumentarfilm nach Meinung der User der *Internet Movie Database* (fortlaufendes Votum)

Jorge Furtado – »Cineasta gaúcho«

Im Jahr 1959 in Porto Alegre in Brasilien geboren, studierte Jorge Furtado Medizin, Psychologie, Kunst und Journalismus. Anschließend war er als Autor, Reporter, Moderator, Cutter und Produzent für den TV-Sender *Educativa* tätig. Von 1984 bis 1987 leitete er als Direktor das Museum für gesellschaftliche Kommunikation *Hippólito José da Costa*. Furtado schuf zahlreiche Werbespots, u.a. für die brasilianische Arbeiterpartei *Partido dos Trabalhadores*, betätigte sich als Drehbuchautor für *Globo Television* und gab Kurse in Drehbuchschreiben an verschiedenen Filmhochschulen. Zahlreiche seiner Kurzfilme wurden prämiert. Als Autor und Regisseur ist er an Langfilmen beteiligt und schreibt Bücher für die Fernsehserien AGOSTO (August) und MEMORIAL DE MARIA MOURA (Denkmal für Maria Moura). Furtado bezeichnet sich als »Cineasta gaúcho«, als »Filme machenden Cowboy«.

Filmemacher Jorge Furtado

Das brasilianische Kino wird aus Steuergeldern finanziert. Mit dem Geld für einen Kurzfilm ließen sich vier Sozialwohnungen bauen; mit dem Geld für einen Kinofilm ein Krankenhaus. Kino in Brasilien wird für die Reichen vom Geld der Armen gemacht.

Jorge Furtado

ANREGUNGEN ZUM GESPRÄCH

1. Analysieren Sie die Art der Montage in DIE BLUMENINSEL. Welche Teile gehören nicht zur eigentlichen Narration (lat., Erzählung), dem Weg der Tomate?
2. Der Vorspann enthält die provokative Einblendung: »Es gibt keinen Gott.« Sehen Sie darin einen Zusammenhang mit dem Inhalt des Films?
3. Was halten Sie davon, dass große Teile des Films gar nicht auf der »Blumeninsel« gedreht wurden?
4. Was meint Regisseur Jorge Furtado, wenn er sich als »Cineasta gaúcho« bezeichnet? Beziehen Sie in Ihre Überlegungen sein Statement oben ein.
5. Erarbeiten Sie Merkmale des »Essayfilms«. Ziehen Sie den Kurzfilm INFLATION (s. S. 24 ff.) zum Vergleich heran.
6. Thema: Hunger und Armut. Recherchieren Sie, wo es Gemeinsamkeiten und Unterschiede zwischen Ländern in Südamerika und Deutschland gibt.
7. Thema: Verschwendung in Deutschland (s. Grafik rechts). Diskutieren Sie Möglichkeiten der Abhilfe.

ANREGUNGEN ZUR PRODUKTION

1. Fertigen Sie in Teams mit verteilten Aufgaben ein Filmprotokoll an, anhand dessen sich das folgende, in ILHA DAS FLORES verwendete Bildmaterial analysieren lässt: die für die Haupthandlung gedrehten Realfilmteile, die Zitate aus anderen Filmen (im Fachjargon: »Klammerteile«), die animierten Collagen, die Lexikonillustrationen, die Grafiken und die Texteinblendungen.
2. Projekt: Lassen Sie sich von DIE BLUMENINSEL zu einem eigenen »Essayfilm« zum Thema »Verschwendung« in Ihrem Umfeld anregen.
3. Teamarbeit: Verfolgen Sie mit der Filmkamera den Weg eines Gegenstands vom Kauf bis zu seiner Verwertung, Aussortierung oder Verschwendung.

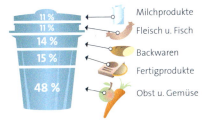

21 % der eingekauften Lebensmittel werden **weggeworfen**, das entspricht 27 % der Ausgaben für Lebensmittel. Dies sind 6,6 Mio. t oder 80 kg pro Kopf und Jahr. **Davon:**

- 11 % Milchprodukte
- 11 % Fleisch u. Fisch
- 14 % Backwaren
- 15 % Fertigprodukte
- 48 % Obst u. Gemüse

Verschwendung in Deutschland
(Quelle: Save Food Studie)

DVD zum *Grundkurs Film 3 – Kurzfilme!*

Eine Erzählung aus dem afrikanischen Regenwald

GBANGA-TITA, DIE GÖTTLICHE KALEBASSE (1994) von Thierry Knauff – Film als Medium der Ethnografie

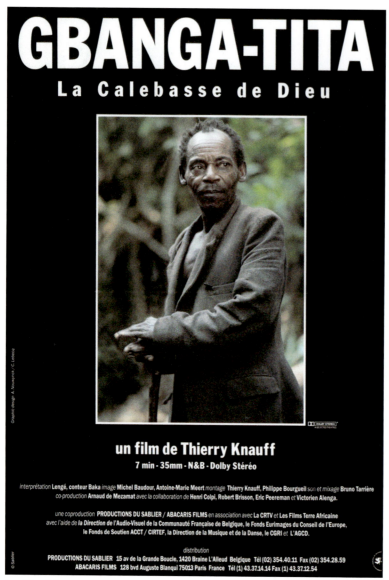

Das Filmplakat, 1994, zeigt trotz des schwarzweißen Films ein Farbfoto.

Belgien/Frankreich/Kamerun 1994 | sw | 6 Min.
Drehbuch und Regie: Thierry Knauff
Kamera: Antoine-M. Meert, Michel Badour
Musik: Baka (Trad.) | Ton: Bruno Tarrière
Schnitt: Thierry Knauff, Philippe Bourgueil
Produktion: Sablier / Abacaris Films
FSK: ab 0 J. | Empfehlung: ab Kl. 5

Im Regenwald von Kamerun tritt Lengé auf, der letzte Erzähler seines Volks, der Baka-Pygmäen. Mit 43 Jahren der Älteste des Stammes, spricht er vom tragischen Schicksal zweier Kinder, die im Fluss ertranken, als sie Gbanga-Tita, der göttlichen Kalebasse, folgten.

Gut viereinhalb Minuten lang dauert der Vortrag von Lengé, dem Geschichtenerzähler. Die Kamera konzentriert sich in einer langen, ungeschnittenen Einstellung, einer »Plansequenz«, auf das Gesicht des Pygmäen. Es handelt sich um eine »Großaufnahme« (engl.: Close up), die den Kopf in den Fokus rückt und ihn etwas anschneidet, wobei der Hintergrund – technisch bedingt – unscharf verschwimmt.
Auch wenn sich Lengés Kopf innerhalb des »Kaders« (des Bildrahmens) leicht bewegt, bleibt die Kamera immer bei ihm. Jede mimische Regung ist sichtbar, was den Betrachter emotional beteiligt. Als »Momente der Anmut« hat Filmemacher Thierry Knauff seine Aufnahmen von Lengé selbst bezeichnet.

Das Sichtbare und das Unsichtbare

Trotz der Konzentration der Kamera auf Lengés Gesicht erfährt der Zuschauer viel über die Umgebung. An den Blicken Lengés ist erkennbar, dass seine Zuhörer im Halbkreis um ihn stehen oder sitzen. Indem er seine Augen zu den Seiten und nach unten richtet, fordert er sie zur Konzentration und zum Mitmachen auf. So spielt in die Wahrnehmung des Films nicht nur das Sichtbare, sondern auch das Verborgene hinein, von Filmtheoretiker André Bazin als »Cadre« (franz.: Bildrahmen, Kader) und »Cache« (Versteck) bezeichnet. Was sich im Cache befindet, beflügelt die Fantasie des Zuschauers. In der zweiten Hälfte des Vortrags, als Lengé in einen Sprechgesang übergeht, dürfen die Zuhörenden im Refrain mitsingen. Es sind Kinder, welche die Geschichte schon einmal gehört haben müssen. Der erzählte Mythos ist Teil ihres ethnischen Erbes. Es geht darin nicht nur um die verschwundene Kalebasse (ein Gefäß aus Kürbis) und das Schicksal zweier ertrinkender Kinder, sondern auch um einen Schöpfungsmythos, die Entstehung der Wasserschildkröte.

So war es – so ist es. Die Kinder sind fort. Ihr Onkel schickt sie zum Fluss und sagt: »Geht zum Fluss und holt mir Wasser zum Trinken. Mir ist so heiß und ich bin durstig, denn es ist Mittag.« Die beiden Kinder gehen zum Fluss. Sie erreichen ihn dort, wo er am breitesten ist. Eines von ihnen bückt sich, um mit der Kalebasse des Onkels Wasser zu schöpfen. Doch die Kalebasse rutscht ihm aus den Händen und treibt auf dem Fluss davon. Der ältere Junge sagt zu seinem Bruder: »Geh und sag dem Onkel, dass seine Kalebasse in den Fluss gefallen ist.«

Der Kleine läuft also zu seinem Onkel und beichtet ihm alles. Der Onkel wird böse. Kombas Zorn ist fürchterlich. Er nimmt einen Stock und schlägt das Kind. Gemeinsam kehren sie zum Fluss zurück. Grollend befiehlt der Onkel: »Geht jetzt! Geht! Und kehrt ja nicht ohne meine Kalebasse zurück!« Die Kinder finden eine Pirogge. Eines springt vorne, das andere hinten hinein. Weinend fahren die Kinder davon. Schnell paddeln sie den Fluss hinab.

Von der Strömung fortgetragen, treibt die Kalebasse weit fort. Dies ist die Kalebasse des Onkels. Oh; Tiefe des Flusses. – *Singt lauter!* – Die Kalebasse treibt fort, den Strom hinab. Der kleinere ruft: »Paddel! Paddel fester! Vielleicht kriegen wir sie noch! Paddel!« – *Möge euer Lied schön sein.* – Die Kinder auf dem Fluss bemühen sich! – *Schlagt die Paddel!* – Die Kalebasse jedoch gerät in seinen Strudel und die Kinder werden in die Tiefe gezogen. Dies ist die Kalebasse des Onkels. Oh, Tiefe des Flusses! Oh, Kalebasse des Onkels! Oh, Abgrund des Flusses! Oh, Schlund des Flusses! So war es – so ist es.

Das war die Geschichte der Kinder, die die Kalebasse des Onkels suchten. Komba verwandelte sie in Wasserschildkröten. Jene Schildkröten, die in unseren Flüssen leben und »hm hm hm« machen! So verstehen wir die Geheimnisse des Flusses. Dies ist die Geschichte der ertrunkenen Kinder, die Geschichte der göttlichen Kalebasse. So war es – so ist es.

Lengé

Lengé, der Erzähler. Das Gesicht bleibt den ganzen Film über im Bildkader sichtbar. Der Fokus – der Schärfepunkt – ist auf ihn gerichtet, während sich der Hintergrund in einer malerisch wirkenden Unschärfe auflöst. Ab der Hälfte seines Vortrags geht Lengé teilweise in eine Art Gesang über und fordert die Zuhörenden mit Blicken und Worten zum Mitsingen auf.

Lengé ist ein Baka-Pygmäe aus dem Südosten von Kamerun:

Film als Ethnografie

GBANGA-TITA wurde ursprünglich als Bestandteil eines längeren ethnografischen Films über die Baka-Pygmäen im Regenwald von Südost-Kamerun gedreht. Die »Ethnografie« (griech., Völkerbeschreibung) ist eine Methode der »Ethnologie«, der völkerkundlichen Wissenschaft. Ziel ist es, fremde Kulturen vor Ort zu erforschen und zu verstehen. Die Ergebnisse dieser »Feldforschung« werden in Texten festgehalten oder mit modernen Medien aufgezeichnet.

Bei den Pygmäen – die Bezeichnung stammt vom griechischen Wort »pygmaios« für »Fäustling« ab – handelt es sich um keine ethnische Einheit. Zählte man früher alle Völker, deren durchschnittliche Körpergröße unter 150 cm liegt, zu den Pygmäen, so wird der Begriff heute speziell für die zentralafrikanischen Gesellschaften mit kleinem Wuchs verwendet, die als Jäger und Sammler im Regenwald leben. Eine große Gruppe bilden die Baka, der Stamm von Lengé, dem Erzähler im Film.

Die Pygmäen sind vom Aussterben bedroht, es leben heute nur noch etwa 150 000 bis 200 000 von ihnen. Der Kurzfilm GBANGA-TITA von Thierry Knauff ist daher ein wertvolles »documentum« (lat., Zeugnis).

Das Kongobecken in Zentralafrika. Hierzu gehören mehrere Länder, auf welche sich die meisten Stämme der Pygmäen verteilen.

Auszeichnungen für GBANGA-TITA
Großer Preis der Internationalen Jury, 40. Kurzfilmfestival Oberhausen, 1994 | Quality Award Centre national du cinéma et de l'image animée CNC, Paris, 1995 | Golden Olymp, Washington Olympia Festival, 1994 | Spezialpreis »François Ode«, Hamburg International Film Festival, 1995 | Grand Prix, Flanders International Film Festival, Ghent, Belgien 1995 | Preis der Stadt Freiburg, Ökomedia International Film Festival, Freiburg, 1995 | Prix à la Qualité, Französische Gemeinschaft von Belgien, 1996 | Grand Prix Flickerfest, Int. Film Festival of Sydney, 1996

ANREGUNGEN ZUM GESPRÄCH
1. Beschreiben Sie die mimischen Regungen im Gesicht von Lengé.
2. Nennen Sie Gründe, warum GBANGA-TITA in Schwarzweiß gedreht wurde.
3. Deuten Sie den von Lengé erzählten Mythos. Welche Bedeutung besitzt er für die Zuhörenden, die Baka-Pygmäen?
4. Berichten Sie von weiteren Ihnen bekannten Schöpfungsmythen.
5. Erläutern Sie die Funktion eines ethnografischen Dokumentarfilms. Was gehört dazu, was eher nicht?
6. Welche Maßnahmen könnten das Überleben der Pygmäen sichern?

ANREGUNGEN ZUR PRODUKTION
1. Rekonstruieren Sie in einer Skizze die Dreharbeiten zu GBANGA-TITA, bei denen nicht nur Lengé und seine Zuhörer, sondern auch das Filmteam mit dem Regisseur, dem Kameramann und dem Toningenieur vor Ort gewesen sein müssen.
2. Fassen sie in wenigen Sätzen zusammen, wie Knauffs Regieanweisungen gelautet haben könnten.

Dokumentarist mit Wurzeln in Afrika

Thierry Knauff wurde 1957 in Léopoldville geboren, das damals noch zu Belgisch-Kongo gehörte und im Zuge der Unabhängigkeitserklärung 1966 in Kinshasa umbenannt wurde, drittgrößte Stadt in Afrika, Hauptstadt der Demokratischen Republik Kongo. Er studierte Literatur und Romanische Sprachen in Louvain, Belgien, und Regie an der Filmhochschule INSAS (*Institut National Supérieur des Arts et du Spectacle*) in Brüssel. 1985 gründet er seine eigene Firma, die *Productions du Sablier* in Brüssel. Außergewöhnlich an meist schwarzweißen Dokumentarfilmen von Thierry Knauff ist, dass sie nicht einfach sach-

Dokumentarfilmer Thierry Knauff

liche Reportagen darstellen, sondern poetische Kraft besitzen.
Für seine Kurzfilme international vielfach ausgezeichnet, realisierte Knauff von 1993 bis 2000 seinen ersten Langspielfilm WILD BLUE.

Produktionsfoto, während der Dreharbeiten entstanden. Der Erzähler Lengé, umringt von seinen Zuhörern. Im Film sind diese niemals zu sehen, sondern nur aus dem Off zu hören.

3. Betreiben Sie »Feldforschung« mit der Kamera. Besuchen Sie in kleinen Teams Menschen in der Umgebung und bitten Sie sie, eine Geschichte zu erzählen, die den Menschen erhalten bleiben sollte.

Überleben im Film. Lengé, der Erzähler, verstarb nur wenige Wochen nach den Dreharbeiten. Seine Kunst der Rhetorik bewahrt der Dokumentarfilm.

Politik, Poesie und Philosophie

Was weiss der Tropfen davon (2007) von Jan Zabeil – Deutschland aus der Perspektive von Migranten

Filmplakat, 2007

Deutschland 2007 | Farbe | 12 Min.
Konzept, Regie und Kamera: Jan Zabeil
Montage: Florian Miosge
Ton, Musik: Uwe Bossenz
Regieassistenz: Kristof Kannegießer
Titeldesign: Martin Eichorn
Herstellungsleitung: Holger Lochau
Produktion: HFF »Konrad Wolf«, Potsdam-Babelsberg
FSK: ab 0 J. | Empfehlung: ab Kl. 8

Berlin, Bundestag. Wenn morgens die Reinigungskolonnen die Gebäude betreten, entfaltet sich eine eingespielte Choreografie von Wisch- und Putzbewegungen über Fluren, Fenster und Treppen. Die meisten Reinigungskräfte sind Immigranten. Zwei von ihnen, João Baroso und Nihat Arslan, erzählen von ihrer Sicht auf das Gebäude, auf Deutschland und die Politik. So entstehen Innen- und Außenansichten von poetischer und philosophischer Qualität.

In der Schaltzentrale der Macht

Der Kurzfilm von Jan Zabeil führt den Zuschauer in das Innere des politisch bedeutendsten Ortes in Deutschland, das ehemalige Reichstagsgebäude in Berlin. Dieses war 1894, zur Zeit Kaiser Wilhelms II., eingeweiht worden, es hatte die Weimarer Demokratie (1918–1933) und die Diktatur des Nationalsozialismus (1933–1945) erlebt und war nach dem Zweiten Weltkrieg als Museum genutzt worden, bevor es im Zuge der Wiedervereinigung Sitz des Deutschen Bundestags wurde. Seit 1999 werden hier wieder Politik und Gesetze gemacht.

Der englische Architekt Sir Norman Foster setzte der altehrwürdigen Neorenaissance-Architektur die Kuppel aus Stahl und Glas auf, die heute als ein Symbol des wiedervereinten Deutschlands dient. Das Innere dieses und der benachbarten Gebäude wurde mit kostbaren, kühlen Materialien renoviert.

Sachliche Strenge. Die neuen architektonischen Elemente im Bundestag in Berlin, dem renovierten Reichstagsgebäude, bestehen aus edlen, aber kühlen Materialien. Im benachbarten Paul-Löbe-Haus, das 1700 Räume hat, dominieren lange Gänge, Treppen und Rollbänder.

Film als Assoziationsraum

Jan Zabeils Kurzfilm ist geprägt von langen, formal strengen Kameraeinstellungen, die dem Betrachter Zeit geben, Assoziationen zu entwickeln. Während ein Spielfilm eine durchschnittliche Einstellungsdauer von unter 10 Sekunden aufweist – Actionfilme haben oft weniger als 2 Sekunden –, liegt die Länge in diesem Film bei ca. 20 Sekunden.
Dem entspricht, dass als Einstellungsgröße oft die »Totale« zum Einsatz kommt, die einen informativen Charakter aufweist. Diese filmsprachlichen Mittel setzten schon die »Autorenfilmer« der 1960er-Jahre gegen die Machart des Hollywoodfilms ein: Film sollte aufklären, nicht durch schnelle Schnittfolgen überwältigen.
Dass die Kamerabilder so lange tragen, führt Jan Zabeil auf den aufwendigen Montageprozess von Bild und O-Ton im Zusammenspiel mit dem minimalistischen Soundtrack von Uwe Bossenz zurück: »Uwes Musik hat uns in der Montage geholfen, die Bilder stehen lassen zu können, sie war sehr wichtig für den Rhythmus und die Struktur des Filmes. Durch die Musik entsteht eine sphärische Ebene, die der visuellen Wahrnehmung gut tut.«

Mittel der Emotionalisierung

An zwei Mitglieder des Reinigungsteams rückt die Kamera näher heran: João Baroso und Nihat Arslan. Während sie ihre Arbeit verrichten, sind ihre Stimmen als »Voice over« aus dem Off zu hören. Die »Nah«-Einstellung und der »innere Monolog« sind es auch, die dem Film bei aller beobachtenden Distanz eine emotionale Note verleihen.
Als sich João Baroso, der 1990 aus dem kriegsgeplagten Angola nach Berlin gekommen war, um die Stelle bewarb, hatte er nicht gewusst, wo er eingesetzt werden würde. Den Dreharbeiten stand er anfangs skeptisch gegenüber, doch dann äußerte er, was er »auf dem Herzen« hatte. Obwohl er sich laut eigener Aussage nicht für Politik interessiert, brachte ihn der geschichtsträchtige Ort zum Nachdenken über seine Situation und das Leben in Deutschland.

João Baroso bei der Arbeit im Bundestag

I ch gucke immer auf die Uhr. So ist das Leben hier in Deutschland! Alles ist nur Uhr-Gucken. Alles muss sauber, alles muss in Ordnung sein. ... Es ist nicht einfach hier in Deutschland, aber ich habe keine Wahl. Da, wo ich herkomme, gibt es viele Probleme: Krieg, Hunger, Krankheit usw. Und hier ist es okay, das Leben ist gut. Ich bin da, ich habe eine Frau, zwei Kinder, das Leben geht weiter. ... Deutschland ist zu Ende. Schade, solch gute Leute, aber sie werden sterben. Ich weiß nicht warum, aber sie kriegen keine Kinder. Sie arbeiten, arbeiten, arbeiten, aber wofür?

João Baroso

Farbkontraste. Kugellampen von Jorge Pardo, eine gelbe Kehrmaschine vor der untergehenden Sonne auf dem Dach des Reichstagsgebäudes und das Abendrot, das sich in der Kuppel spiegelt, setzen den unterkühlten Aufnahmen wärmere Farben entgegen.

Ricarda Huch (1864–1947), Schiftstellerin, Philosophin und Historikerin

Foto: Stefan Römer

Joseph Kosuth (*1945), Konzeptkünstler, ließ die Sätze von Ricarda Huch verlegen.

Kunst im Bundestag

Mit dem Umbau kamen 1999 auch über 30 neue Kunstwerke in den Bundestag. Im Paul-Löbe-Haus, in dem die Ausschüsse des Bundestags arbeiten, findet sich eine zweiteilige Arbeit des amerikanischen Konzeptkünstlers Joseph Kosuth mit dem Titel *Was ist das Leben?*, bestehend aus Edelstahlbuchstaben, die in die Steinplatten des Bodens eingelegt sind. Kosuth zitiert auf der einen Seite einen Ausschnitt aus dem *Zauberberg* (1924) von Thomas Mann und auf der anderen, spiegelbildlich angebracht, Zeilen aus dem Roman *Erinnerungen von Ludolf Ursleu dem Jüngeren* (1893) der Dichterin Ricarda Huch.
Nihat Arslan reinigt im Film die schier endlosen Buchstabenreihen, voller Hingabe, doch ohne sich ihrer Bedeutung bewusst zu sein – obgleich sie sowohl sein Leben als auch seine aktuelle Tätigkeit zu kommentieren scheinen.

Denn was ist das Leben des Menschen?
Wie Regentropfen, die vom Himmel auf die Erde fallen,
durchmessen wir unsere Spanne Zeit,
vom Winde des Schicksals hin und her getrieben.
Der Wind und das Schicksal haben ihre unabänderlichen Gesetze,
nach denen sie sich bewegen;
aber was weiß der Tropfen davon,
den sie vor sich her fegen?
Er rauscht mit den anderen durch die Lüfte,
bis er im Sande versickern kann.
Aber der Himmel sammelt sie alle wieder an sich
und gießt sie wieder aus,
und sammelt und vergießt wieder und wieder
immer dieselben und doch andere.

*Ricarda Huch (aus dem Roman:
Erinnerungen von Ludolf Ursleu dem Jüngeren, 1893)*

Pflege der Literatur. Nihat Arslan beim Reinigen der Metallbuchstaben, die Konzeptkünstler Joseph Kosuth mit dem Text von Ricarda Huch im Paul-Löbe-Haus installierte.

Ich habe versucht, es zu lesen, aber ich kann ja auch nicht so gut deutsch, deswegen weiß ich nicht ganz genau, was es ist. Es ist sicher etwas Gutes. Es ist aus Edelstahl und bei Edelstahl muss man gut aufpassen. Wenn man mit einfachem Wasser darauf geht, bleiben Wassertropfen zurück. »M«, »n« oder »a«, die sind gut, »e« ist ein bisschen schwer zu putzen.   *Nihat Arslan*

Preise für Was weiss der Tropfen davon
Silver Sterling Short Award, American Film Institute Silverdocs, USA 2008 | Film Language Research Prize, Brazilian Student Film Festival FBCU, 2009 | Bester Kurzfilm, Achtung Berlin – new Berlin Film Award 2007 | Findlings-Preis & Lobende Erwähnung, Filmkunstfest-MV, Schwerin 2008 | Kurzfilm des Monats 03/2008 & Prädikat »Besonders wertvoll«, Filmbewertungsstelle Wiesbaden 2008 | Lobende Erwähnung, 30. Filmfest Biberach 2008

Filmemacher mit technischem Know-how
Jan Zabeil, 1981 in Berlin geboren, studierte von 2003 bis 2009 Kamera an der Hochschule für Film und Fernsehen (HFF) »Konrad Wolf«. Nach seinem ersten längeren, einstündigen Dokumentarfilm Hör ich auf getreu zu sein, drehte er 2009/10 seinen ersten Kinofilm Der Fluss war einst ein Mensch in Botswana, Afrika, der 2011 den renommierten »Kutxa-New Directors Award« in San Sebastián erhielt. Vielseitig qualifiziert, ist Jan Zabeil in Berlin als Regisseur, Kameramann und Cutter tätig.

Jan Zabeil an der 16-mm-Kamera

ANREGUNGEN ZUM GESPRÄCH
1. Inwieweit ist Jan Zabeils Film sachlich-dokumentarisch, inwieweit ergreift er Partei für die im Film porträtierten Personen? Was sagt es über seine Haltung aus, dass er eben nicht wie erwartet »Leute in Anzügen« gefilmt hat?
2. Untersuchen Sie die Filmbilder hier auf formale Gestaltungsmerkmale.
3. Welche Mittel hat Jan Zabeil für seinen Kamerafahrten eingesetzt?
4. Warum hat Joseph Kosuth gerade den Text von Ricarda Huch für seine Buchstabeninstallation im Paul-Löbe-Haus des Bundestags ausgewählt?
5. Beschreiben Sie, auf welche Weise Humor in Zabeils Film entsteht.
6. Stimmen Sie João Barosos Aussage über Deutschland zu, es sei alles nur »Uhr-Gucken«? Welche Auswirkungen hat dies auf das Gemeinwesen? Wie würde es sich ändern, wenn das Leben bedächtiger verliefe?
7. Nihat Arslan hatte sich vor dem Dreh mit dem Sinn der Sätze von Ricarda Huch noch nicht ausführlich beschäftigt. Wie wichtig ist die Kunst im Bundestag, wie wichtig ist Kunst überhaupt für den Menschen – kann er ohne sie existieren?

Ich hatte als Beleuchter bei einer Sendung gearbeitet, die im Bundestag gedreht wurde. Wir drehten frühmorgens, teilweise auf dem Dach des Reichstagsgebäudes, und überall im Hause fiel mir die große Zahl an Reinigungskräften auf. Ich bin davon ausgegangen, im Gebäude der deutschen Politik viele Leute in Anzügen zu sehen, die von Meeting zu Meeting eilen, herumstehen und debattieren. Aber wo waren sie? Sie waren weniger präsent als die multikulturellen Putzkolonnen, die sich in ihren Schichten abwechselten und mit ihren Wägelchen auf und ab fuhren.
Mich faszinierte es, dieselben Leute am selben Ort zu sehen, die jeden Tag dasselbe tun. Dieses kalte und gläserne Gebäude wird täglich sauber gemacht, obwohl es eigentlich gar nicht dreckig ist.
Ironie entsteht dadurch, dass diese vermeintlich deutsche Tugend von Gründlichkeit und Ordnung in diesem Falle von Menschen aus anderen Kulturkreisen ausgeführt wird – mit schwarz-rot-goldenen Putzwedeln bewaffnet.
Jan Zabeil

ANREGUNGEN ZUR PRODUKTION
1. Aus welchen Gründen könnte João Baroso den Dreharbeiten anfangs skeptisch gegenübergestanden haben? Schreiben Sie seine Gedanken als inneren Monolog nieder.
2. Drehen Sie in Teams Videoporträts von Menschen unterschiedlicher Herkunft. Einigen Sie sich auf eine vergleichbare Fragestellung und Form und montieren Sie Ihre Bilder zu einem Film.

Was macht eigentlich ... João Baroso? Beeindruckt von der Meinungsfreiheit hierzulande, die er in vielen Ländern Afrikas vermisst, begann João Baroso selbst zu filmen und gründete einen Verein zur Förderung junger afrikanischer Kunst. Nach zwei Jahrzehnten in Deutschland reiste er 2008 wieder nach Angola, um seinen Bruder und die im Krieg verschollenen Eltern zu suchen.

Reise ohne Worte in eine arabische Oase

Ma'rib – traces of stones (2008) von Rainer Komers: Filmische Erkundung aus Bildern und Tönen

Filmpostkarte, 2008

Ma'rib – traces of stones | Deutschland 2008 | Farbe | 30 Min.
Regie & Kamera: Rainer Komers
Assistenz: Sadiq Al-Warafi
Ton: Michel Klöfkorn
Montage: Bert Schmidt
Mischung: Tilo Busch
Produktion: Rainer Komers Film zusammen mit ZDF/3sat
Redaktion: Inge Classen
FSK: ohne Altersbeschränkung
Empfehlung: ab Kl. 7

Ma'rib ist eine südarabische Oase und Stadt im Jemen mit glorreicher Vergangenheit. Der Film zeigt den heutigen Alltag und das Leben in der kargen Wüstenlandschaft.

Auf den Spuren der Steine

Der Kurzfilm Ma'rib gehört zu einer »Tetralogie«, einer vierteiligen Reihe von Filmen über Orte, die im Lauf der Geschichte durch Krieg und Naturkatastrophen zerstört wurden. Jeder Ort ist mit einem der vier Elemente verbunden, Ma'rib mit dem Element »Erde«: mit Staub, Sand und Steinen.

In der jemenitischen Oase folgt Filmemacher Rainer Komers den »traces of stones«, den Spuren der Steine, wie der englische Untertitel lautet. Gemeint sind damit auch die von Menschenhand gestalteten Steine. So erinnert in Ma'rib ein Schuttkegel aus Überresten an die ruhmreiche, untergegangene Stätte. Einem Märchen aus 1001 Nacht entspricht die Oase Ma'rib trotz ihrer wohlklingenden Bezeichnung heute jedoch nicht mehr. Im staubigen Umfeld der früheren Hauptstadt von Saba – dem Reich der legendären Königin von Saba – trifft die von Archäologen ausgegrabene Antike auf eine Gegenwart, die nach europäischen Maßstäben unterentwickelt ist.

So führt der Film in eine andere Welt, in der Männer Waffen und Frauen Schleier tragen und der Mensch noch im engen Kontakt mit den Tieren und der Natur lebt.

Archäologe bei der Arbeit in Ma'rib

50 DOKUMENTARFILM

Bild und Ton als Gestaltungselemente

Die Bildebene ist geprägt von sicherem Gespür für ausgewogene Kompositionen (»Kadrierungen«) und für scheinbar unwichtige, gleichwohl bedeutsame Details, die in einer assoziativen Montage zusammengeführt werden.
Bereits der erste Besuch der Oase Ma'rib stellte Rainer Komers vor die Frage, wie er die Tonebene gestalten könne. Er beschloss, auf Dialoge und Kommentare ganz zu verzichten – und die Töne und Bilder so zu verdichten, dass der Zuschauer eigene Vorstellungen gewinnen kann. Jeglicher Ton im Film ist »on screen« und wurde als »O-Ton« geangelt. So lebt der Film auch von den Geräuschen: dem Heulen des Windes, dem Knattern der Motoren, dem Blöken der Schafe oder dem Quietschen der Ölmühlen. Sprache kommt nur als zufällige Äußerung oder als Gesang im Bild vor. Im nebenstehenden Text legt Rainer Komers die Überlegungen zur Konzeption seines Kurzfilms dar.

Arbeitstier. Zwar werden in Ma'rib gerade Hochspannungsmasten für eine Überlandleitung montiert, doch noch treiben Kamele die zahlreichen Sesamölmühlen an.

Als Pasolini seinen Film ERotische Geschichten aus 1001 Nacht machte, besuchte er Sana'a, die Hauptstadt des Jemen. Überwältigt von ihrer Schönheit genauso wie vom verheerenden Zustand ihrer antiken Gebäude, schuf er 1971 den Kurzfilm Die Mauern von Sana'a als Appell an die UNESCO, die architektonischen Schätze der Altstadt zu bewahren und zu schützen. Der Appell war erfolgreich, 1986 wurde Sana'a von den Vereinten Nationen zum Kulturerbe ausgerufen, und Länder wie Italien, Deutschland und Norwegen begannen die Restaurierung bedrohter Gebäude zu unterstützen.
Dank Pier Paolo Pasolinis Initiative bekam ich 1991 zum ersten Mal die Chance, als Kameramann in den Jemen zu reisen. Vier Jahre lang fotografierte ich die Restaurierung der Altstädte von Sana'a and Shibam, Hadramout. Im Januar 2003 fuhr ich nach Ma'rib, in die frühere Hauptstadt des Königreichs Saba, um einen konventionellen Dokumentarfilm vorzubereiten, wobei ich ein Projekt deutscher Archäologen als Scharnier zwischen der Antike und der Gegenwart, zwischen Arabien und Europa benutzen wollte. Schon bald nachdem ich die ersten Stammesangehörigen in der Oase Ma'rib traf, wurde mir klar, dass es für mich als Ausländer unmöglich sein würde, in den Charakter und die Regeln ihrer traditionellen Gemeinschaft Eingang zu finden, geschweige denn, sie zu verstehen, und dass ein auf Dialogen basierender Dokumentarfilm nichts außer verbalen Banalitäten bringen und diese stolzen und aufrechten Menschen der Wüste mit ihrer großartigen Geschichte in schlaffe, plappernde Zwerge verwandeln würde. Also entschloss ich mich, eine Komposition aus Bildern und Tönen zu schaffen – ohne Interviews, Dialog oder Text.

Rainer Komers

Begleiter beim Dreh. Rainer Komers wird von einem Bauern des Stammes der Bani Ashraf zum Drehort geführt.

Teamwork. Rainer Komers und Tonmann Michel Klöfkorn im Jemen

Der Künstler als Dokumentarist

Rainer Komers wurde 1944 in Guben in Nordrhein-Westfalen geboren. Sein erster künstlerischer Schwerpunkt bestand im Entwerfen von Plakaten. Er lehrte Siebdruck an der Kunstakademie Düsseldorf und nahm ebendort ein Filmstudium auf, das er durch ein Gaststudium der Fotografie an der Universität Essen ergänzte.

Film- und Kameraprojekte führten ihn nach Alaska, Bosnien, Ecuador, Frankreich, Indien, Japan, Jemen, Lettland, Litauen, Polen und Russland. Seine Filme wurden von nationalen und internationalen TV-Sendern ausgestrahlt. In ihnen gehen soziologische Erkundungen des harten Alltags und am Rande beobachtete, poetische Details eine kunstvolle Symbiose ein. Rainer Komers leitet Filmseminare an zahlreichen Hochschulen. Er lebt in Mülheim an der Ruhr und in Berlin.

ANREGUNGEN ZUM GESPRÄCH

1. Information oder Komposition? Was stand bei der Gestaltung der Bildebene im Vordergrund?
2. Listen Sie die Geräusche in Maʿrib auf, beschreiben und kategorisieren Sie sie.
3. Informieren Sie sich zur Geschichte und zur aktuellen Situation im Jemen. Auf welche Aspekte konzentriert sich der Film von Rainer Komers?
4. Inwiefern kann sich der Zuschauer bei einem Dokumentarfilm eine Meinung bilden, wenn der Kommentar fehlt?

ANREGUNG ZUR PRODUKTION

Erstellen Sie einen Kurzfilm, in dem ein Ort durch Geräusche auf der Tonebene charakterisiert wird. Bilden Sie hierfür kleine Teams mit entsprechenden Aufgabenverteilungen.

Geografische Lage von Maʿrib im Jemen

Vergesslicher Scheich. Als Rainer Komers Scheich Abdulla nach den Namen seiner 16 Kinder von 2 Frauen fragte, musste dieser schon beim fünften Sohn seinen ältesten um Hilfe bitten. Die Mädchen blieben namenlos und hießen schlicht »Töchter«.

Festivalauftritte von Maʿrib (Auswahl)
Big Sky Documentary Film Festival, Missoula, USA 2008 | Intern. Kurzfilmtage Oberhausen, Deutschland 2008 | FeScanCor, Santiago de Chile 2008 | Planet in Focus, Toronto, Kanada 2008 | Dok Leipzig 2008 | Invideo, Mailand 2008 | Festival Dei Popoli, Florenz, Italien 2008 | Camerimage, Łodz, Polen 2008 | London Int. Documentary Festival 2009 | Doxa, Vancouver, Kanada 2009 | Int. Millenium Festival, Brüssel, Belgien 2009 | Docupolis 9, Barcelona, Spanien 2009 | dokumentART, Neubrandenburg/Szczecin, Polen 2010 | Guangzhou Documentary Film Festival, Volksrepublik China 2010 | Kuala Lumpur Film Festival, Malaysia 2010

Arbeit und Bildung.
Oben: Backen von Fladenbrot.
Mitte: Ausstreuen von Körnern.
Unten: Mädchen beim Schreiben in der Schule. Motion stills

 Rainer Komers Film, Mülheim

SPIELFILME

Inszenierungen der Wirklichkeit 54
DER BEGOSSENE GÄRTNER von Louis Lumière (F 1895) 56
DER GROSSE EISENBAHNRAUB von Edwin S. Porter (USA 1903) 58
DIE FOLGEN DES FEMINISMUS von Alice Guy (F 1906) 60
DER TRAMP von Charlie Chaplin (USA 1915) 64
DER ROTE BALLON von Albert Lamorisse (F 1956) 70
ZWEI MÄNNER UND EIN SCHRANK von Roman Polanski (PL 1958) 72
SCHWARZFAHRER von Pepe Danquart (D 1992) 76
SNIPERS ALLEY von Rudolf Schweiger (D 2002) 80
SPIELZEUGLAND von Jochen Alexander Freydank (D 2008) 84

On the road again. Charlie Chaplin in THE TRAMP, Schlusseinstellung (USA 1915)

Inszenierungen der Wirklichkeit: Kurzspielfilme

Kurzspielfilme machen nicht nur die Mehrzahl der Filme auf den Festivals aus, sie weisen auch die meisten »Genres« und »Subgenres« auf (vgl. S. 11). Charakteristisch für sie ist, dass sie »narrativ« (lat., erzählend) sind und als »Realfilm« mit der Kamera gedreht wurden. Damit lassen sie sich von den ebenfalls erzählerisch angelegten Filmen anderer Machart unterscheiden, vor allem den narrativen Animationsfilmen (s. S. 85 ff.).

Eines ihrer Merkmale ist die »Mise en scène« (franz.: Inszenierung), die Gestaltung mit Maske, Kostüm, Kulisse, Licht und Schauspielführung vor dem Einsatz der Kamera (der »Mise en cadre«, Bildgestaltung). Aufgrund der Kürze muss beim Kurzspielfilm jedes Detail besonders stimmig sein, von der Story über die Ausstattung bis hin zu den Charakteren.

Katrin Heinrich unterscheidet zwischen einer »äußeren Kürze«, die in der knappen Erzählzeit bzw. Filmdauer begründet ist, und einer »inneren Kürze«, gekennzeichnet durch eine inhaltliche Reduktion bei gleichzeitiger Intensivierung, von Mara Mattuschka »poetische Verdichtung« genannt (s. S. 13).

Montagestrukturen, Erzählzeit und erzählte Zeit

Der erste Spielfilm, DER BEGOSSENE GÄRTNER der Brüder Lumière (F 1895, s. S. 56 f.), besteht aus einer einzigen, 50-sekündigen Aufnahme ohne Schnitt, einer »Plansequenz« (franz. plan: Einstellung). Als die Kurzfilmlängen zunahmen, fügte man mehrere Einstellungen zueinander: Die Montage wurde erfunden, das wichtigste filmsprachliche Mittel neben der Einstellungsgröße (s. Grafik S. 12). Diese beiden und die Möglichkeit des Ortswechsels sind es, die den Spielfilm von der Theateraufführung unterscheiden.

Meist erfolgt der Handlungsablauf chronologisch, wie in Alice Guys FOLGEN DES FEMINISMUS, einer Kurzfilmkomödie mit Rollentausch zwischen Frauen und Männern (F 1906, s. S. 60 ff.), oder in DER ROTE BALLON von Albert Lamorisse, einem Märchen über die Freundschaft zwischen einem Jungen und seinem luftgefüllten, runden Freund (F 1956, s. S. 70 f.). Diese Spielfilme verwenden die »Ellipse« (griech., Auslassung), mit der Zeiträume gerafft und übersprungen werden können, was erhebliche Unterschiede zwischen der »Erzählzeit« (der Filmlänge) und der »erzählten Zeit« (dem Zeitraum der Handlung) zur Folge haben kann. Chronologisch lässt sich indessen auch in »Echtzeit« erzählen, wie im Kurzspielfilm SCHWARZFAHRER von Pepe Danquart (D 1992/93, s. S. 76 ff.).

Schon 1903 setzte DER GROSSE EISENBAHNRAUB von Edwin S. Porter (s. S. 58 f.) Maßstäbe in der Entwicklung der »Parallelmontage«, einem Erzählmuster, das noch heute bei fast allen Langfilmen Verwendung findet. Hierbei laufen zwei gleichzeitige, an verschiedenen Orten stattfindende Handlungen aufeinander zu.

1895: DER BEGOSSENE GÄRTNER der Brüder Lumière, der erste inszenierte Film

1903: DER GROSSE EISENBAHNRAUB von Edwin S. Porter, Begründer des Western-Genres, erster Film mit Parallelmontage

1906: DIE FOLGEN DES FEMINISMUS, Stummfilm von Alice Guy, erste Regisseurin der Filmgeschichte

1915: THE TRAMP, Charlie Chaplins tragikomische »Heldenreise«

Angesichts der gebotenen Kürze besitzen Kurzspielfilme kaum einmal aufwendige Montagestrukturen. Ausnahmen bestätigen die Regel: Jochen Alexander Freydanks SPIELZEUGLAND (D 2008) entfaltet in zwölf Minuten eine Handlung in der Vergangenheit als Parallelmontage auf zwei Zeitebenen, die in eine »Last minute rescue« (engl., Rettung in letzter Minute) mündet und am Ende einen Zeitsprung über sieben Jahrzehnte vollzieht (s. S. 84 ff.). Hier weichen die »Story« (engl., Geschichte) – die in Realität linear-kausal ablaufenden Ereignisse – und der »Plot« (engl., Handlungverlauf) – die kunstvolle Anordnung der Handlungsteile – stark voneinander ab. Filmische Narrationen mit noch komplizierterer Struktur erfordern entweder einen Langfilm (vgl. hierzu *Grundkurs Film 1*, S. 130 ff.), oder sie tendieren zum Experimentalfilm, wie in diesem Buch der Kurzfilm TRUE von Tom Tykwer (s. S. 172 ff.).

Muster und Modelle der Dramaturgie

Die Montagestruktur wirkt sich gleichzeitig auf die Dramaturgie (griech. drama: Handlung) aus, die Gestaltung des Spannungsbogens. Literaturwissenschaftler Gustav Freytag kam zu einem fünfstufigen Modell aufgrund der Analysen zahlreicher Dramen seit der Antike (s. S. 118).
Laut Drehbuchautor Syd Field wohnt den meisten Spielfilmen ein einfaches dreiteiliges Muster inne, das er mit »Plot points« (engl., Wendepunkte) bzw. »Pinches« (engl., Kniffe) anreichert (vgl. hierzu S. 57 u. S. 165). Die klassischen, von Freytag und Field aufgezeigten Strukturen finden sich in Roman Polanskis Film ZWEI MÄNNER UND EIN SCHRANK (PL 1958, S. S. 72 ff.) ebenso wie in Rudolf Schweigers SNIPERS ALLEY (D 2002, s. S. 80 ff.), ja sie lassen sich selbst in Experimentalfilmen nachweisen, z. B. in FAST FILM von Virgil Widrich (A/Lux 2003, S. 164 ff.).

Die Dramaturgie von Kurzspielfilmen ist selten so differenziert, dass sich in ihnen ein detailliertes Modell wie das der »Heldenreise« spiegelt, wie sie zuerst der amerikanische Mythenforscher Joseph Campbell als Grundmuster beschrieben hat. Gleichwohl lassen sich in Charlie Chaplins TRAMP (USA 1915) Elemente einer Heldenreise finden (s. S. 64 ff.).

Wer erzählt die Geschichte?

Wie im Langfilm kann es im Kurzspielfilm entweder eine »personale« oder eine »auktoriale Erzählperspektive« geben: Die eine zeigt die Sicht einer im Film agierenden Figur, die andere die eines Erzählers, der nicht Teil der »Diegese« (griech., Erzählung), der Filmwelt, ist. Oft klärt sich dies über die Kameraführung, denn als Zuschauer erlebt man die Geschichte immer aus der Perspektive der Kamera.
In Stummfilmen übernehmen Texteinblendungen teilweise die Funktion eines auktorialen Erzählers, heute tritt dieser als »Voice over« (engl., darüber gelegte Stimme) mit einem gesprochenen Kommentar in Erscheinung, bei Kurzspielfilmen jedoch eher selten. Auch für die bei vielen Langfilmen zu beobachtenden »Story twists« (engl., überraschende Wendungen am Filmende) fehlt den »Shorts« oft schlichtweg der Platz. Kurzspielfilme kommen eben schneller zum Ziel!

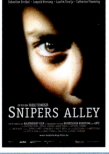

1956: DER ROTE BALLON von Albert Lamorisse, ein Großstadtmärchen

1958: ZWEI MÄNNER UND EIN SCHRANK, Roman Polanskis wortlos-absurdes Filmtheater

1993: SCHWARZFAHRER von P. Danquart, gegen Rassendiskriminierung

2002: SNIPERS ALLEY von Rudolf Schweiger: junge UN-Soldaten im Konflikt

2008: SPIELZEUGLAND von J. A. Freydank, ein Film über Zivilcourage in der NS-Zeit

Die Anfänge des Spielfilms

DER BEGOSSENE GÄRTNER (1895) von Louis Lumière – eine Plansequenz mit Spannungsbogen

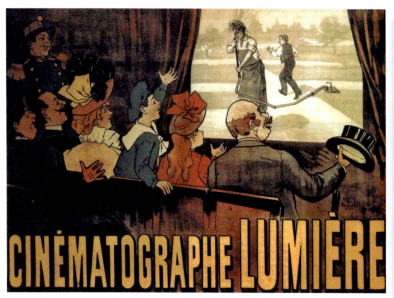

Kinoplakat von Marcelin Auzolle, Paris 1896 (zweites Plakat der Filmgeschichte)

L'ARROSEUR ARROSÉ | Frankreich 1895 | sw | 0:50 Min.
Regie: Louis Lumière
Empfehlung Sek. 1: ab Kl. 5

Ein Gärtner (François Clerc) bewässert ein Beet, heimlich kommt ein Junge (Benoît Duval) von rechts ins Bild und tritt auf den Schlauch. Als der Wasserstrahl unterbrochen wird, schaut der Gärtner verwundert in die Düse. In diesem Moment hebt der Frechdachs seinen Fuß, das Wasser schießt heraus und fegt dem Gärtner den Hut vom Kopf. Der Junge nimmt nach links hinten Reißaus, doch der Gärtner verfolgt ihn, zieht ihn am Ohr herbei und versohlt ihn, woraufhin sich der Schlingel nach rechts aus dem Bild verzieht.

Die Filmerfinder Auguste (1862–1954) und Louis Lumière (1864–1948)

Die erste Filmkomödie der Welt

Unter dem Titel LE JARDINIER ET LE PETIT ESPIÈGLE gehörte der – später so benannte – BEGOSSENE GÄRTNER (L'ARROSEUR ARROSÉ) zu dem Programm mit zehn Kurzfilmen, welches die Brüder Lumière erstmals am 28.12.1895 im Keller des Grand Café in Paris aufführten. Inspiriert von einer Karikatur des Zeichners Herrmann Vogel, gilt der Kurzfilm als der erste, bei dem ein Geschehen nicht einfach dokumentarisch abgelichtet, sondern inszeniert wurde. Als erster Spielfilm ist er zugleich die erste Filmkomödie der Geschichte. Später kam für ähnliche Filme voller Streiche und Missgeschicke der Begriff »Slapstick« auf.

Plansequenz: Einstellung ohne Schnitt

Mit einer einzigen Aufnahme gedreht, weist der Film keinen Schnitt auf. Eine solch lange Einstellung wird »Plansequenz« genannt. Da eine starre Kamera auf einem Stativ eingesetzt wurde, bleibt der Raumausschnitt wie bei einer Theateraufführung durchgehend gleich. In Bewegung waren nur die Personen – heute würde man die Handelnden vermutlich mit einer »bewegten Kamera« verfolgen.
Erst nach 1900 wird das Filmgeschehen durch mehrere Einstellungen »aufgelöst«, die sich aus verschiedenen Perspektiven, Einstellungsgrößen und Räumen zusammensetzen.

Anfang: EXPOSITION

Mitte: KONFRONTATION

Schluss: AUFLÖSUNG

Plot point I

Plot point II

Das »Paradigma der dramatischen Struktur« (nach Syd Field) in einfacher Form, angewandt auf DER BEGOSSENE GÄRTNER, 1895. Die als »Plansequenz« gefilmte Handlung lässt sich in drei Phasen einteilen, »Plot points« zeigen die Wendepunkte an (vgl. S. 165).

Handlungsablauf mit Wendepunkten

Je länger die Plansequenz, desto gründlicher will durchdacht sein, was von dem Geschehen vor der Kamera innerhalb des »Kaders« zu sehen sein soll (franz. cadre: Rahmen, Bildausschnitt). Ohne Dramaturgie kein Spannungsbogen: So kurz DER BEGOSSENE GÄRTNER auch ist, scheint er bereits einen Aufbau zu haben, den der amerikanische Drehbuchautor Syd Field als »Paradigma (Grundmuster) der dramatischen Struktur« bezeichnet. Demnach bedarf es bestimmter »Plot points« (engl., Wendepunkte), durch welche die Handlung vorangetrieben wird und die den Ablauf des Geschehens inhaltlich unterteilen: in »Exposition« (Anfang), »Konfrontation« (Mitte) und »Auflösung« (Schluss). Wären die zugehörigen Phasen länger, würde man von »Akten« sprechen.

Die Brüder Lumière, Filmerfinder

Der Dreh fand im Garten der Lumières in Lyon-Monplaisir statt. Schauspieler waren ihr eigener Gärtner und ein Schreinerlehrling aus ihrer Fabrik in Lyon, wo ca. 300 Arbeiter Fotomaterial produzierten. In der Konkurrenz der Filmerfinder setzten sie sich mit Ihrem »Cinématographe« (Abb. S. 23) durch, der nicht nur filmen, sondern auch projizieren konnte, während der amerikanische Erfinder Edison Guckkästen für Einzelbetrachter konstruierte. Sie verkauften ihr Patent 1897 an Charles Pathé, der Filme weltweit vermarktete.

Ideendiebstahl. Der Erfolg von L'ARROSEUR ARROSÉ verleitete einige Filmpioniere, eigene Streifen mit demselben Titel zu drehen, u. a. Alice Guy und Georges Méliès (s. S. 60 und 140). Es gab damals noch kein Copyright, das davor schützte.

ANREGUNGEN ZUM GESPRÄCH

1. Vergleichen Sie die Darstellung im Filmplakat mit dem Filmgeschehens in den Motion stills oben. Was hat der Plakatgestalter alles verändert?
2. Berichten Sie von Filmen, auf die das Paradigma der dramatischen Struktur nach Syd Field zutrifft.

ANREGUNGEN ZUR PRODUKTION

1. Wie ließe sich DER BEGOSSENE GÄRTNER in verschiedene Einstellungen auflösen? Fertigen Sie ein Storyboard an und drehen Sie danach die moderne Fassung des einminütigen Kurzfilms.
2. Drehen Sie einen Film mit starrer Kamera, innerhalb deren gleichbleibender »Kadrierung« Dinge oder Personen auftauchen und wieder verschwinden.

Die Erfindung der Filmerzählung

DER GROSSE EISENBAHNRAUB (1903) von Edwin S. Porter – Parallelmontage, Stopptrick und Farbe im Film von früher

Filmplakat, USA 1903

THE GREAT TRAIN ROBBERY | USA 1903 | sw | teilweise koloriert | Länge 12 Min.
Regie: Edwin S. Porter
Drehbuch: Scott Marble, Edwin S. Porter
Kamera: Edwin S. Porter, Blair Smith
Empfehlung: ab Kl. 7

Vier Banditen überfallen erst den Telegrafenbeamten am Bahnhof und kapern dann einen Zug. Während der Fahrt sprengen sie einen Tresor, rauben später die Passagiere aus und flüchten. Doch der vom befreiten Telegrafisten alarmierte Sheriff und seine Helfer verfolgen und töten sie beim finalen »Shootout«.

Für damalige Verhältnisse war DER GROSSE EISENBAHNRAUB ein Langfilm: Er läuft 12 Minuten und setzt sich aus 20 Einstellungen von 10 Schauplätzen zusammen. Damit besiegelte Regisseur Edwin S. Porter das Ende der einminütigen »Tableaux« (franz., Bildtafeln) der Frühzeit des Films (Abb. S. 23 u. 286). Und begründete ein neues Genre: den Western mit der finalen Schießerei. Zwar steht die Kamera meist starr auf einem Stativ, doch die galoppierenden Pferde sorgen für Dynamik. Während der Ereignisse auf dem Zug kommt es zu aufregenden Kamerafahrten. Vor allem aber kombiniert Porter räumlich entfernt liegende Szenen. Er gilt deshalb als Erfinder der »Parallelmontage«.

Parallelmontage: Hin- und Herspringen (engl.: »Cross cutting«) zwischen gleichzeitig an verschiedenen Orten stattfindenden Ereignissen, die aufeinander zulaufen und sich am Ende treffen, oft verbunden mit einer Rettung in letzter Minute (»Last minute rescue«)

Ebene der Guten. Der Telegrafist wird von seiner Tochter entdeckt und befreit.

Gemeinsame Ebene der Guten und der Bösen. Der Telegrafist wird am Bahnhof überfallen.

Ebene der Bösen. Die Banditen entern den Zug, sprengen den Tresor, berauben die Reisenden.

Stopptrick. Auf der Zugfahrt ringt ein Bandit den Heizer nieder. Die Kamera wurde kurz angehalten und der Schauspieler des Heizers gegen eine Puppe ausgetauscht, die von der Lok geworfen wurde. Im Film fällt der Trick trotz eines kleinen Sprungs in der Landschaft nicht auf.

E. S. Porter, Pionier der Filmsprache

Von Beruf Elektriker, widmete sich der 1870 geborene Edwin Stanton Porter seit 1896 der Filmtechnik. Als Filmvorführer reiste er u. a. durch die West Indies und durch Südamerika. Seit 1899 arbeitete Porter für den Erfinder Thomas A. Edison und produzierte in dessen Studios in New York Trickfilme und Komödien. Mit LIFE OF AN AMERICAN FIREMAN und THE GREAT TRAIN ROBBERY erneuerte er 1903 das filmische Erzählen und sorgte für große Erfolge in den neuen »Nickelodeons« (s. S. 208). 1909 gründete Porter seine eigene Filmgesellschaft *Rex*, drei Jahre später wechselte er zur *Famous Players Film Company*. Zwischen 1917

Erfinder der Filmerzählung: Edwin S. Porter

und 1925 stand er der *Precision Machine Company* vor, die Projektoren herstellte, danach betätigte er sich als Erfinder für Kameramechanik. Edwin S. Porter starb 1941 in New York City.

ANREGUNGEN ZUM GESPRÄCH

1. Untersuchen Sie den Spannungsaufbau im EISENBAHNRAUB mithilfe des Modells von Gustav Freytag (S. 118).
2. Welche Wirkung sollte die teilweise Kolorierung des Films mit sich bringen?

ANREGUNGEN ZUR PRODUKTION

1. Entwerfen Sie eine Parallelmontage mit »Last minute rescue«.
2. Lassen Sie Motive mittels Stopptrick verschwinden und wieder erscheinen.

Farbe im Film. Die schwarzweißen Filmbilder wurden früher entweder mit dem Pinsel einzeln handkoloriert oder im Tauchbad eingefärbt (»viragiert«). 1912 gelangen Léon Gaumont die ersten Aufnahmen im »Dreifarbverfahren«.

Der Telegrafist holt den Sheriff und dessen Männer aus dem Saloon.

Beim Verfolgungsritt kommt es zur Schießerei. Die Banditen können zunächst entkommen.

Die Beute wird aufgeteilt.

Der Sheriff und seine Leute schleichen sich heran und erschießen im »Final shootout« alle Gangster.

Die berühmte, oft kopierte letzte Einstellung, ohne Bezug zur Story: Ein Bandit zielt auf den Zuschauer.

DVD zum *Grundkurs Film 2 – Filmzitate*

Dem anderen Geschlecht den Spiegel vorhalten

DIE FOLGEN DES FEMINISMUS (1906) von Alice Guy, der fast vergessenen Pionierin des Films

Rollentausch. *Links:* Die Männer schmücken sich mit Blumen im Haar und schminken sich vor dem Ausgehen. *Rechts:* Auf der Straße befehden sich zwei Frauen wegen eines Mannes.

Links: Die Frau des Hauses raucht und trinkt, während die Männer bügeln und nähen. *Rechts:* Als sie nach Hause kommt, bedrängt sie ihn, obwohl er sich ziert, mit Küssen und zieht ihm die Jacke aus. Motion stills aus DIE FOLGEN DES FEMINISMUS, 1906

Die Folgen des Feminismus (Les Résultats du féminisme) | F 1906 | sw | 6 Min.
Drehbuch und Regie: Alice Guy
Kamera: Anatole Thiberville
Produktion: Léon Gaumont
Empfehlung Sek. 1: ab Kl. 5

Männer verhalten sich »weibisch« und Frauen rüpelig – Letztere besetzen sogar die Kneipe, während die Männer die Kinder ausführen. Am Ende allerdings erobern die Männer ihr Lokal.

Verkehrte Welt. *Links:* Die Frauen haben die Kneipe besetzt. *Rechts:* Während ein Weib vor der Kneipe sitzt, tratschen die Männer und gehen mit den Kindern spazieren..

Links: Als das Kneipenweib leugnet, etwas mit dem Baby im Kinderwagen zu tun zu haben, begehren die Männer auf. *Rechts:* Die Männer erobern das Lokal zurück. Motion stills

Eine Frau führt Regie

Nur wenige Frauen hatten früher die Chance, beim Film Verantwortung zu übernehmen. Als erste Regisseurin der Filmgeschichte gilt die Französin Alice Guy. Ob sie mit ihrem Film auch ihr eigenes Ausbrechen aus vorgegebenem Rollenverhalten humorvoll reflektiert? Nachdem sie über Jahrzehnte in Vergessenheit geraten war, wurde Alice Guy vor allem von Filmhistorikerinnen wiederentdeckt und zur Leitfigur für die Sache der Frau erkoren. Sie selbst hatte schon 1914 einen Aufsatz in der amerikanischen Zeitschrift *Moving Pictures World* veröffentlicht, in dem sie sich über die Qualifikation von Regisseurinnen äußert (s. Text rechts).

Titelei des Kurzfilms von Alice Guy

Es war für mich lange Zeit ein Quell der Verwunderung, dass nicht viel mehr Frauen die wunderbare Gelegenheit ergriffen haben, die ihnen die Filmkunst bot, um als Filmregisseurin ihren Weg zu Ruhm und Glück zu machen. Von allen Künsten gibt es wahrscheinlich keine, in der sie solch hervorragenden Gebrauch von Talenten machen können, die ihnen viel mehr zu eigen sind als einem Mann und die zur Perfektion dieser Kunst so notwendig sind. Ich zweifle keinen Augenblick daran, dass Frauen der Erfolg in vielen Bereichen ..., wo über Jahrhunderte hinweg allein Männer tätig waren, immer noch schwergemacht wird. ...

Nicht nur kann eine Frau ebenso gut wie ein Mann Regie führen, sondern sie ist aufgrund ihrer ureigensten Natur in vieler Hinsicht eindeutig überlegen, denn vieles von dem, was man über Dramaturgie und Dekorationen wissen muss, fällt durchaus in ihren Bereich als Vertreterin des anderen Geschlechts.

Ungebührliches Verhalten. In Alice Guys Film MADAME A DES ENVIES (MADAME VERSPÜRT GELÜSTE, 1906) stiehlt eine schwangere Frau einem Mädchen den Lutscher und leckt genüsslich daran.

In Gefühlsdingen ist sie eine Autorität. Für Jahrhunderte hat sie ihnen freien Lauf gelassen, während der Mann vor allem darauf bedacht war, sie zu kontrollieren. Sie hat ihr Feingefühl über Generationen hinweg entwickelt, während sie von ihren männlichen Gefährten vor der Welt beschützt wurde, und sie ist auf natürliche Weise religiös. In Herzensangelegenheiten wird ihre Überlegenheit anerkannt, und ihre Intuition und große Sensibilität in diesen Dingen geben ihr einen wunderbaren Vorsprung beim Entwickeln der Dramaturgie der Liebe, die in fast jeder der für die Leinwand geschriebenen Geschichten eine überaus wichtige Rolle spielt. All die unterschiedlichen Qualitäten, die sie besitzt, kommen unmittelbar beim Führen der Schauspieler mit ins Spiel …

Es gibt nichts im Zusammenhang mit der Inszenierung eines Filmes, was eine Frau nicht ebenso leicht wie ein Mann machen könnte, und es gibt keinen Grund, warum sie nicht jede technische Seite dieser Kunst vollkommen meistern könnte.

Alice Guy: Die Stellung der Frau in der Produktion von Filmen, 1914

Herausbildung der Filmsprache

Während ihre frühen Filme abgefilmten Theaterstücken ähnelten, sogenannten »Tableaux« (Abb. S. 286), die sie mit gleichbleibender Einstellung und starrer Kamera drehte, entwickelte Alice Guy im Lauf der Zeit immer mehr Mittel der Filmerzählung, die auch Schauplatzwechsel einbezogen. In MADAME A DES ENVIES setzte sie als Erste die Nahaufnahme von Personen ein (Abb. oben). Auch die Laufzeiten ihrer Filme nahmen zu: Der erste lange Spielfilm von Alice Guy, LA VIE DU CHRIST (DAS LEBEN CHRISTI, F 1906), hat 25 Szenen und eine Länge von 34 Minuten!

Um diese Zeit kolorierte Alice Guy einige Filme und begann sogar, »Phonoscènes« (franz., Klangszenen) herzustellen, frühe Tonfilme, deren Soundtrack von Wachswalzen abgespielt wurden. Nicht jeder Streifen aus der sogenannten »Stummfilmzeit« war tatsächlich stumm!

Alice Guy führt Regie, 1906. Für den Dreh der Oper *Mignon* ließ die Regisseurin (in der Mitte als Rückenfigur) im »Chronophone-Studio« der Fa. Gaumont, Paris, Grammophone mit Schalltrichtern aufstellen. Die Sängerinnen und Sänger bewegten nach den Klängen von Schallplatten die Lippen, sodass die Musik bei den späteren Filmaufführungen wieder synchron abgespielt werden konnte. Oben sind absenkbare Kulissenteile zu sehen, rechts und links je 24 Kohlenbogenlampen. Collection Musée Gaumont

Alice Guy, die Frau der 1000 Filme

1873 in Saint-Mandé bei Paris geboren, wuchs Alice Guy zeitweise bei ihren französischen Eltern in Chile auf, wo ihr Vater eine Buchhandelskette besaß. Es gibt Vermutungen, dass ihr leiblicher Vater ein chilenischer »vaquero« (span., Cowboy) war.

Ihre Schulausbildung erhielt Alice Guy in der Nähe ihrer Großmutter in einem Kloster in der Schweiz. Da die Familie verarmte, fing sie 1895 als Sekretärin bei der neu gegründeten *Société Léon Gaumont et compagnie* in Paris an, die ab 1896 den »Chronophotographe Demenÿ-Gaumont« baute, eine Kamera, die auch als Projektor fungierte. Guy bat ihren Chef Léon Gaumont, mit dem sie 1895 eine Filmvorführung der Gebrüder Lumière gesehen hatte, sie selbst einen Film drehen zu lassen. So schuf sie 1896 ihren ersten, einminütigen Kurzfilm LA FÉE AUX CHOUX (DIE KOHL-FEE).

Alice Guy war damit nicht nur die erste Filmemacherin der Welt, sie leitete von 1897 bis 1906 auch die Filmproduktion bei *Gaumont* und errichtete ein eigenes Studio. 1907 heiratete sie den elf Jahre jüngeren Herbert Blaché, der die neue *Gaumont*-Filiale in den USA übernahm. 1908 brachte sie eine Tochter und 1912 einen Sohn zur Welt. Gleichwohl gründete sie 1910 die Firma *Solax Studios* in New Jersey, deren Geschäfte ihr Mann führte, während sie die künstlerische Leitung innehatte. Bis 1914 produzierte die *Solax* über 300 erfolgreiche Filme, bei mehr als 40 davon führte Alice Guy-Blaché Regie. Ihre Studios bildeten das Zentrum der Filmproduktion in Nordamerika, bevor Hollywood um 1915 die führende Rolle übernahm.

Herbert Blaché wirtschaftete die 1914 in *Blaché Features* umbenannte Firma herunter und brannte mit einer Schauspielerin nach Hollywood durch. Alice Guy inszenierte daraufhin wenig erfolgreiche Abenteuerfilme für andere Studios. 1922 wurde sie von ihrem Mann geschieden und ging mit den Kindern nach Frankreich zurück, wo sie Vorträge hielt und Drehbücher schrieb.

Viele der fast 1000 Filme, bei denen sie Regie geführt oder die sie produziert hatte (nur ca. 150 haben sich erhalten), wurden männlichen Regisseuren zugeschrieben. 1953 aber wurde Alice Guy-Blaché für ihre Verdienste in die französische Ehrenlegion aufgenommen. Sie schrieb ihre Memoiren und kehrte 1964 in die USA zurück, wo sie 1968 verstarb.

Filmpionierin Alice Guy, Foto: Apeda Studios, New York, 1907. Collection Alliguet

---

ANREGUNGEN ZUM GESPRÄCH
1. Wodurch entsteht der Humor in Alice Guys Film DIE FOLGEN DES FEMINISMUS?
2. Diskutieren Sie das Frauen- und Männerbild, das sich im Film und im Text von Alice Guy spiegelt.
3. Informieren Sie sich über die gesellschaftliche Stellung und die Rechte der Frau nach 1900 (z. B. das Frauenwahlrecht). Kann Alice Guy als Vorkämpferin für die Gleichberechtigung der Frauen gelten?
4. Welche geschlechtsspezifischen Verhaltensweisen gibt es heute?
5. Berichten Sie über Ihnen bekannte Regisseurinnen und deren Filme. Lassen sich Merkmale einer weiblichen Filmsprache erkennen?

ANREGUNGEN ZUR PRODUKTION
1. Ein Atelierleiter hatte Probleme damit, Alice Guy als Chefin zu akzeptieren, und sabotierte die Produktion. Entwickeln Sie daraus ein Rollenspiel.
2. Experiment mit der Lippensynchronizität: Unterlegen Sie Dialoge zwischen Personen mit den Stimmen des jeweils anderen Geschlechts.

> **Der Film, ein Trick?** Alice Guy schildert in ihrer Autobiografie, dass die ersten am Kauf von Filmkameras interessierten Kunden befürchteten, dass die Filme, die ihnen in der Fabrik Gaumont vorgeführt wurden, auf einem Schwindel beruhten. Deshalb schauten sie hinter die Leinwand, um sich zu vergewissern, dass die Szene nicht von Komplizen live gespielt wurde.

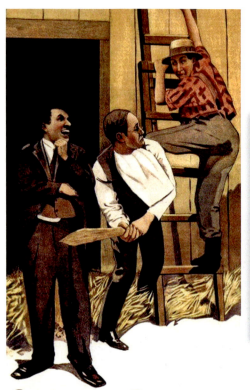

Ein tragikomischer Held

DER TRAMP (1915) von Charlie Chaplin – die Erfindung einer Filmfigur

THE TRAMP | USA 1915 | sw, teilweise viragiert | 26:20 Min.
Drehbuch, Regie, Schnitt: Charles Chaplin
Kamera: Harry Ensign
Produktion: Jess Robbins
FSK: ab 6 J. | Empfehlung Sek. 1: ab Kl. 5

Ein Landstreicher tauscht das Sandwich des kleinen Tramp (Charlie Chaplin) gegen einen Ziegelstein aus, sodass dieser Gras essen muss. Als der Landstreicher der Tochter (Edna Purviance) eines Farmbesitzers (Ernest Van Pelt) das Geld rauben will, das ihr der Vater für Besorgungen mitgegeben hat, verteidigt sie der Tramp mit dem Ziegelstein. Er bekommt einen Job auf der Farm, stellt sich dabei aber ungeschickt an und kabbelt sich mit dem Knecht (Paddy McGuire). Er macht scheinbar gemeinsame Sache mit drei Einbrechern (Leo White, Lloyd Bacon, Bud Jamison), verjagt sie aber letztlich vom Hof. Dabei wird er vom Farmer versehentlich angeschossen und lässt sich von der Tochter pflegen. Nachdem deren gut aussehender Verlobter (Lloyd Bacon in einer Doppelrolle) eingetroffen ist, macht sich der traurige Held mit dem Watschelgang wieder auf den Weg.

Filmplakat von Morgan, USA 1915. Der Farmbesitzer bestraft seinen Arbeiter, obwohl Charlie derjenige war, der ihm einen Streich gespielt hat.

Protagonisten. Der Tramp (Charlie Chaplin), die Farmerstochter (Edna Purviance) und der Farmbesitzer (Ernest Van Pelt)

Antagonisten. Drei Räuber (Leo White, Lloyd Bacon, Bud Jamison), der Verlobte (L. Bacon)

Mann mit vielen Gesichtern

Sein Outfit als »Vagabund« – so die deutsche Übersetzung der Bezeichnung »Tramp« – mit Melone, Zweifingerschnauzbart, beuteliger Hose, engem Jackett, Bambusstöckchen und übergroßen Schuhen hatte sich Chaplin schon 1914 für den Film KID AUTO RACES AT VENICE zugelegt. Darin hatte er aber eine reine Nervensäge gespielt, die sich einem Filmteam bei einem Kinderautorennen ständig in den Weg stellt. In THE TRAMP, immerhin schon Chaplins 41. Film, kommt dagegen erstmals auch seine romantische Seite zum Vorschein. Doch der Tramp ist kein friedlicher Menschenfreund. Er piesackt den Farmarbeiter (seinen komischen »Sidekick«) mit der Mistgabel und schiebt die Schuld gern auf ihn, wenn ihm selbst ein Missgeschick passiert ist – und das ist oft der Fall, denn von Farmarbeit hat er keine Ahnung. Er verbrüdert sich mit den drei Ganoven, die die Farm ausrauben wollen, wechselt dann aber wieder die Fronten. Als ihm allerdings der Verlobte der Farmerstochter beim Abschied Geldscheine zustecken will, lehnt er dankend ab und bewahrt so seine Würde.

Der »Sidekick« (engl., komischer Gefährte). Der Farmarbeiter (Paddy McGuire), der vom Tramp (Charlie Chaplin) wiederholt mit der Mistgabel gepiekst wird und ihn seinerseits mit Weißmehl pudert (10. Min.).

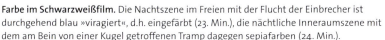

Farbe im Schwarzweißfilm. Die Nachtszene im Freien mit der Flucht der Einbrecher ist durchgehend blau »viragiert«, d.h. eingefärbt (23. Min.), die nächtliche Innenraumszene mit dem am Bein von einer Kugel getroffenen Tramp dagegen sepiafarben (24. Min.).

Das Filmgenre des »Slapsticks«

Die Situationskomik in DER TRAMP entsteht durch zahlreiche Streiche, Sticheleien und Missgeschicke, typische Merkmale für das Genre des »Slapsticks« (engl., Schlagstock). Dieses hat seine Vorläufer im italienischen Volkstheater um 1600, der *Commedia dell'arte*, wo sich die Figur des Harlekins auf der Bühne alles erlauben durfte und seine »spatola« (Narrenpritsche) für laut rasselnde, aber harmlose Schläge einsetzte.

1 Auf der Landstraße. Der Tramp wird fast vom Auto überfahren (1. Min.).

2 Er rettet die Farmerstochter nacheinander vor drei Räubern (ab 3. Min.).

3 Der Tramp nimmt kurz ihr Geld, gibt es ihr aber gleich wieder zurück (4. Min.).

4 Im Farmhaus. Wegen Brandblasen am Po kann Charlie sich nicht setzen (8. Min.).

5 Wiederholt spielt er dem Farmarbeiter Streiche, hier mit einem Ei (ab 9. Min.).

6 Sogar in das Buch eines entrückten Geistlichen lässt er ein faules Ei fallen (12. Min.).

7 Charlie soll Farmarbeiten verrichten – und melkt die Kuh am Schwanz (16. Min.).

8 Er willigt scheinbar ein, den drei Räubern gegen Beteiligung zu helfen (18. Min.).

9 Beim Einbruch zieht er einem von ihnen aber den Hammer über den Kopf (22. Min.).

10 Vom Farmer aus Versehen angeschossen, lässt Charlie sich verwöhnen (22. Min.).

11 Der Verlobte der Farmerstochter erscheint und bietet Geld, Charlie lehnt ab (26. Min.).

12 Traurig zieht der Held von dannen – und fängt bald wieder an zu hüpfen (27. Min.).

Das Modell der Heldenreise

Charlies Abenteuer erinnern an die »Heldenreise«, wie sie der amerikanische Literaturwissenschaftler Joseph Campbell erstmals in den 1940er-Jahren in einem Modell vorgestellt hat. Das von ihm aufgestellte, idealtypische Erzählmuster, das auf den Analysen zahlreicher Mythen und Erzählungen beruht, ist später auf den Film übertragen worden, u. a. vom amerikanischen Drehbuchautor Christopher Vogler.

Die deutsche Filmwissenschaftlerin Michaela Krützen hat die Heldenreise mit dem dramaturgischen Modell von Syd Field (s. S. 57, 165) kombiniert. Es integriert »Wendepunkte« und differenziert zwischen einer vertrauten« und einer »unvertrauten Welt« ebenso wie einer »äußeren« und einer »inneren Reise«. Nicht alle Stationen sind in jedem Film passgenau vorhanden, doch eine Überprüfung, inwieweit die Ereignisse in einem Film dem abstrakten Modell entsprechen, kann zu Erkenntnissen darüber verhelfen, wie die Filmerzählung aufgebaut ist.

Charlie, der Tramp, ist natürlich kein strahlender, sondern eher ein tragikomischer Held. Er hat sowohl lustige Seiten als auch negative Eigenschaften. Am Ende bekommt er nicht, wie erhofft, die Farmerstochter, sondern muss sich allein wieder auf den Weg machen. Ob sich die Filmstandbilder auf den Seiten 64–68 dennoch einigen Stationen in Michaela Krützens erweitertem Modell der Heldenreise zuordnen lassen?

Analysemodell für Filmerzählungen, in dem die Filmwissenschaftlerin Michaela Krützen u. a. die »Heldenreise« und das »Paradigma der dramatischen Struktur« (S. 57) kombiniert. Begriffserklärungen: Status quo (lat.) = gegenwärtiger Zustand | initial (lat.) = anfänglich | Etablierung (franz.) = Festlegung | Deadline (engl.) = zeitliche Frist | final (lat.) = abschließend, endgültig | Epilog (griech.) = Nachwort, Nachspiel

Die Hauptfigur verlässt in der ersten Phase der Erzählung die ihr vertraute Umgebung und betritt eine ihr unbekannte Welt. Dieser Aufbruch kann freiwillig geschehen oder erzwungen werden, zufällig passieren oder gezielt angestrebt werden. Beim Wechsel von der einen in die andere Welt trifft die Figur auf Gegenspieler, die sie von diesem Entschluss abbringen wollen.

In der zweiten Phase einer Erzählung muss die Hauptfigur sich bewähren. Sie bewältigt verschiedene Aufgaben und lernt sukzessive, sich in einer ihr fremden Welt zurechtzufinden. Dabei wird sie von Gegnern bedroht und von Beratern unterstützt. Auf dem Höhepunkt dieser Phase bewältigt die Hauptfigur eine besondere, für sie existenzielle Prüfung.

In der dritten Phase bewältigt die Hauptfigur die zu lösende Aufgabe in einer finalen Auseinandersetzung. Sie kehrt in ihre gewohnte Welt zurück oder wendet sich endgültig von ihr ab.

Michaela Krützen

Paraderolle. Charlie Chaplin als Tramp

The Making of the Tramp

Charlie Chaplin war mit der Londoner Theatertruppe von Fred Karno auf Tournee in den USA, als Mack Sennett ihn zum Film holte. Der Regisseur, der in Kalifornien Komödien produzierte, gab Chaplin einen Vertrag für ein Jahr, in dem 36 Kurzfilme entstanden. Anfang 1914 trat Charlie Chaplin seine neue Stelle an. Hatte er bei Karno noch aufwendig an den Sketches für die Bühne feilen können, so arbeitete er für Sennett vor der Kamera schnell und ohne Drehbuch. Doch brachten Chaplin gerade diese Arbeitsumstände auf die Idee zum kleinen Tramp, wie er in seiner Autobiografie schildert (s. Text unten). Im Gegensatz zum Abschiedsbrief des kleinen Tramp im Film ist sie in fehlerfreiem Englisch geschrieben!

I was in my street clothes and had nothing to do, so I stood where Sennett could see me. ... »We need some gags here,« he said, then turned to me. »Put on a comedy make-up. Anything will do.«
I had no idea what make-up to put on. I did not like my get-up as the press reporter [in the movie MAKING A LIVING]. However, on the way to the wardrobe I thought I would dress in baggy pants, big shoes, a cane and a derby hat. I wanted everything a contradiction: the pants baggy, the coat tight, the hat small and the shoes large. I was undecided whether to look old or young, but remembering Sennett had expected me to be a much older man, I added a small moustache, which, I reasoned, would add age without hiding my expression.
I had no idea of the character. But the moment I was dressed, the clothes and the make-up made me feel the person he was. I began to know him, and by the time I walked on to the stage he was fully born. When I confronted Sennett I assumed the character and strutted about, swinging my cane and parading before him. Gags and comedy ideas went racing through my mind.

Charlie Chaplin: My Autobiography, 1964

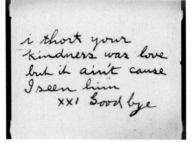
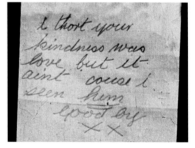

Der Abschiedsbrief des Tramps an die Farmerstochter. Der Brief kommt zweimal im Film vor: zuerst, als der Tramp ihn schreibt (25. Min.), dann, als die Farmerstochter ihn liest (26. Min.). Dass er jedesmal anders aussieht und unterschiedliche orthografische Fehler aufweist, kann als unfreiwilliger »Goof« (engl.: Murks, Filmfehler) gelten.

Waisenkind und Weltstar: Charlie Chaplin

Charles Spencer Chaplin Jr., 1889 in London geboren, war der zweite Sohn eines Varietésängers und einer Tänzerin. Die Mutter wurde psychiatrisch behandelt, der Vater starb 1901 nach Alkoholmissbrauch. Der kleine Charles lebte zeitweilig im Waisenhaus und auf der Straße. Sein älterer Halbbruder Sydney holte ihn zur Music-Hall-Gruppe *The Eight Lancashire Lads*. 1914 startete Charlie in den USA seine Karriere als Schauspieler und Regisseur für wechselnde Filmstudios. Auf Unabhängigkeit bedacht, gründete er 1919 mit Kollegen die Filmgesellschaft *United Artists*.

In seinem ersten abendfüllenden Spielfilm THE KID (1921) reflektierte Chaplin die eigene Kindheit. Er selbst hielt GOLDRAUSCH (1925, s. *Grundkurs Film 2*) für seinen besten Film, einen Oscar erhielt er 1929 für THE CIRCUS. Viele Welterfolge folgten, u.a. LICHTER DER GROSSSTADT (1931) und MODERNE ZEITEN (1936). Chaplins erster Tonfilm war DER GROSSE DIKTATOR (1941), eine Hitler-Parodie und Anklage gegen Nazi-Deutschland. In RAMPENLICHT (1952) erwies er dem Londoner Variété seiner Kindheit die Ehre.

Stets mit den einfachen Leuten sympathisierend, wurde Chaplin in den USA zur Zeit der »McCarthy-Ära« des Kommunismus bezichtigt. Er durfte seit 1952 nicht mehr einreisen und setzte seine Arbeit in Europa fort. 1972 erhielt er jedoch für sein Lebenswerk in Los Angeles den Ehren-Oscar. Mit 88 Jahren entschlief Chaplin 1977 in Vevey, seinem Wohnort am Genfer See.

Wohlfahrtsbriefmarke, Deutschland, 2001

Gründungsmitglieder der »United Artists«, 1919. Schauspielerin Mary Pickford, Regisseur David Wark Griffith und die Schauspieler Charlie Chaplin und Douglas Fairbanks

ANREGUNGEN ZUM GESPRÄCH

1. Zählen Sie »Slapstick«-Szenen (s. S. 65) in DER TRAMP auf.
2. Charakterisieren Sie den Tramp, auch anhand seines Abschiedsbriefes (S. 68).
3. Finden Sie mithilfe von Chaplins Text (S. 68) Gründe für die Bestandteile des Tramp-Outfits heraus.
4. Inwieweit trifft das Analysemodell von Michaela Krützen auf DER TRAMP zu?
5. Recherchieren Sie: Warum ließen die USA Chaplin nicht mehr einreisen?

ANREGUNG ZUR PRODUKTION

Wie könnte es mit dem Tramp weitergehen? Verfassen Sie ein Kurzfilm-Exposé.

Der Tramp und die Frauen. Auf der Suche nach einer Hauptdarstellerin traf Charlie Chaplin 1915 die 19-jährige Büroangestellte Edna Purviance in einem Café in San Francisco. Sie war einem befreundeten Schauspieler durch ihre Schönheit aufgefallen – und dadurch, dass sie manchmal eine Ente an der Leine spazieren führte. Außer in THE TRAMP sollte sie noch in 34 Chaplin-Filmen auftreten. Bis 1917 waren die beiden auch ein Liebespaar. – Seine erste Ehe ging Chaplin 1918 ein, insgesamt war er viermal verheiratet. Mit 54 Jahren ehelichte er die 18-jährige Oona O'Neill, Tochter des Literatur-Nobelpreisträgers Eugene O'Neill, die acht seiner elf Kinder zur Welt brachte.

Ein Märchen aus der Metropole Paris

Der rote Ballon (1955) von Albert Lamorisse – eine Erzählung in Bildern

Filmplakat, Frankreich

Le Ballon Rouge | Frankreich 1955 |
Farbe | 34 Min.
Drehbuch, Regie: Albert Lamorisse
Kamera: Edmond Séchan
Musik: Maurice le Roux
Schnitt: Pierre Gillette
FSK: ab 6 J. | Empfehlung Sek.1: ab Kl. 5

Im Stadtviertel Ménilmontant von Paris findet ein kleiner Junge (Pascal Lamorisse) ohne Freunde und Geschwister einen roten Ballon, der ihm nicht mehr von der Seite weicht. Das sorgt für Aufsehen und auch Ärger im Autobus, in der Schule und in der Kirche. Als eine neidische Bande den Ballon zerstört, fliegen Pascal unzählige andere, bunte Ballons zu – und tragen ihn davon.

Die Protagonisten

Dieser Film hat zwei Hauptdarsteller. Der eine ist der kleine Pascal, gespielt vom 5-jährigen Sohn des Regissseurs Albert Lamorisse. (Seine jüngere Schwester Sabine bekam eine Nebenrolle: Sie trägt einen blauen Ballon die Straße entlang.) Der andere Hauptdarsteller ist der gasgefüllte Ballon, der seinen eigenen Willen hat. Da er nicht sprechen kann, bedarf es auch bei den Menschen fast keiner Dialoge: In ihrer Mimik spiegelt sich ihr Erstaunen; mit entsprechender Gestik sperrt der Schulrektor Pascal in sein Büro. Es scheint sogar, als ob auch die Dinge – die Autos, die Straßenlaternen, ja die ganze Stadt Paris – eine Geschichte erzählen.

Szenen aus Der rote Ballon
1 Pascals Ballon darf nicht mit in den Bus.
2 Vor Regen schützt er ihn unter Schirmen.
3 Der Ballon folgt ihm überallhin (s. das schwarzweiße Foto auf S. 71 oben).
4 Die Jungenbande kreist Pascal ein.
5 Nachdem ein Nachbarjunge den roten Ballon mit einer Zwille beschossen und dieser sein Leben ausgehaucht hat, versammeln sich viele bunte Ballons um Pascal und schweben mit ihm über Paris.

Auszeichnungen für Le ballon rouge
Goldene Palme, Cannes 1956 | Oscar, Bestes Originaldrehbuch 1956 | Prix Louis Delluc 1956 | Großer Preis Cinéma Français, Paris 1956 | Goldmedaille, Tokio 1956 | Preis der London Film Academy, 1956 | Bester ausländischer Film, Mexiko 1956 | Preis der Kritik, New York 1957 | Nominierung für den Goldenen Löwen, Filmfestspiele Venedig 1960

Farbtupfer im Alltagsgrau
Verwitterte Mauern, enge Gassen, die Strenge der Mutter oder des Direktors der Schule – all dies zeigt Facetten der sozialen Realität der Zeit. Hierzu bieten nicht nur die Ballons einen formalen, farblichen Kontrast. Auch die zauberhafte Story, die märchenhafte Freundschaft zwischen dem Ballon und dem Jungen, bringt Poesie ins triste Alltagsgrau, weshalb der Film oft in der Tradition des »Poetischen Realismus« gesehen wird.

ANREGUNGEN ZUM GESPRÄCH
1. Inwiefern eignet sich gerade ein Ballon dazu, menschliche Züge verliehen zu bekommen?
2. Begründen Sie die Farbe des Ballons.
3. Bewerten Sie es, dass der Regisseur eigene Kinder als Schauspieler einsetzte.
4. Berichten Sie von Situationen, in denen jemand – wie Pascal im Film – von einer Bande verfolgt wurde.

ANREGUNGEN ZUR PRODUKTION
1. Am Filmende schwebt Pascal an den bunten Ballons davon. Schreiben Sie ein Exposé für ein »Sequel« des Films.
2. Finden Sie Mittel, mit denen sich Dinge wie von Zauberhand bewegen lassen, und entwickeln Sie daraus eine Filmidee.

Making of. Der Ballon hing beim Dreh an dünnen Schnüren von einer langen, im Film nicht sichtbaren Teleskopstange herab, mit der seine Bewegungen wie von Zauberhand gesteuert werden konnten. Hier fliegt er Pascal hinterher (s. Abb. 3, S. 70).

Poetischer Realismus: 1933 in Frankreich aufgekommene, pessimistisch gestimmte Richtung, die sich der einfachen Bevölkerung widmet. Auch wenn Film aufgrund seiner fotografischen Wiedergabe immer ein Spiegel der optischen Wirklichkeit ist, entscheiden erst Inhalt und Erzählweise, ob er auch realistisch, d.h. Spiegel einer sozialen Realität ist. *Grundkurs Film 1*

Albert Lamorisse, Kinderfilm-Regisseur
Der 1922 in Paris geborene Albert Lamorisse, gelernter Fotograf, produzierte seit den späten 1940er-Jahren kurze Kinderfilme, aus denen auch Kinderbücher hervorgingen. Die ersten waren Bim, der Esel (F 1950) und Der weisse Hengst (Crin blanc, F 1952). Der rote Ballon wurde 1956 zu einem Welterfolg. Danach wagte sich Lamorisse an Langfilme und schuf Die Reise im Ballon (F 1960) und Fifi, die Feder (F 1965). Als der Regisseur, der Flugaufnahmen liebte, 1970 Bode Saba – Wind der Wüste drehte, einen Dokumentarfilm über den Iran, kam er bei einem Hubschrauberabsturz ums Leben.

Der Regisseur und sein Hauptdarsteller. Albert Lamorisse mit seinem Sohn Pascal

Neue Version. Der chinesische Regisseur Hou Hsiao Hsien schuf 2007 als Variante den Film Le voyage du ballon rouge mit Juliette Binoche und Simon Iteanu.

Der rätselhafte Sinn des Sinnlosen

Zwei Männer und ein Schrank (1958) von Roman Polanski – absurdes Filmtheater ohne Worte

Die zwei Männer (Jakub Goldberg, Henryk Kluba), erschöpft an den Schrank gelehnt

Dwaj ludzie z szafa | Polen 1958 | sw | 13:54 Min.
Drehbuch, Regie: Roman Polanski
Assistenz: Andrzej Kostenko, Ryszard Barski
Kamera: Maciej Kijowski
Kameraassistenz: Jakub Dreyer
Schnitt: Peter R. Adam
Musik: Krzysztof T. Komeda
Musikeinspielung: Sekstet K. Komedy
Produktion: Polnische Film Akademie Lodz
Empfehlung: ab Kl. 8

Am Strand von Sopot in Polen steigen zwei Männer (Jakub Goldberg, Henryk Kluba) mit einem Kleiderschrank aus der Ostsee. Sie schleppen ihn an den Strand und irren mit ihm durch die Stadt. Die Menschen reagieren auf sie neugierig, befremdet, ängstlich, verärgert oder auch aggressiv. An Nebenschauplätzen werden Verbrechen begangen. Nach ihrer abenteuerlichen Odyssee landen die Männer wieder am Strand und verschwinden in der Ostsee.

Absurdes Ereignis. Was macht ein Kleiderschrank am Strand?

Berühmte Studentenarbeit

Zwei Männer und ein Schrank von Roman Polanski, ein Zwitter zwischen Spiel- und Experimentalfilm, gibt Rätsel auf: Wieso schleppen zwei clownsähnlich gekleidete Männer einen Kleiderschrank mit Spiegel aus dem Meer, wo dem antiken Mythos nach eigentlich die Liebesgöttin Venus den Fluten entsteigen sollte? In 96 Einstellungen reiht der Kurzfilm – für viele Cineasten der berühmteste, den je ein Filmstudent vor Abschluss seiner Ausbildung geschaffen hat – Szenen aneinander, die nur als »absurd« bezeichnet werden können (lat., widersinnig, sinnlos).

Preise für Zwei Männer und ein Schrank
Bronzemedaille, Internationaler Wettbewerb für Experimentalfilme, Weltausstellung Brüssel 1958 | Golden Gate Award, San Francisco Film Festival 1958 | Ehrendiplom, Westdeutsche Kurzfilmtage Oberhausen 1959

Storyboard von Roman Polanski (S. 2) und die zugehörigen Film stills (rechts). Übersetzung: 3. Gegenschuss. Die zwei Männer betreten das Bild und blicken sich an. 4. Der Große schüttelt Wasser aus dem Ohr. Auf der linken Seite des Bildes die Reflektion des Mannes. 5. Der Kurze springt auf einem Bein und schüttelt Wasser aus seinem Ohr. Er schaut nach rechts zum Großen – er nähert sich ihm (Schwenk nach rechts). Sie beginnen zu tanzen.

Vom Storyboard zum Film

Der Film kommt ohne Dialoge aus und wird durch die Pantomime der Protagonisten getragen. Umso genauer hat der Regisseur seinen Film mit einem Storyboard aus etwa 100 gezeichneten »Panels« (engl., Bildfelder) vorbereitet. Neben den Zeichnungen stehen Beschreibungen der jeweiligen Handlungen und Hinweise zur Kameraführung.

Das jazzige Piano des Komponisten Krzysztof Komeda, der für Polanski auch später noch viele Filmmusiken schreiben sollte, treibt die Handlung voran.

Filmszenen. 1 Der Schrank passt nicht in die Straßenbahn. | 2 Eine junge Frau (Barbara Kwiatkowska) wendet sich ab. | 3 Der Schrank wird in ein Restaurant getragen. | 4 Eine Straßengang nähert sich den Schrankträgern (in der Mitte: Roman Polanski). | 5 Bei der Schlägerei zerbirst der Spiegel hinter einem der beiden Männer (Jakub Goldberg). | 6 Sie tragen den Schrank vorsichtig an den Sandkuchen eines Jungen vorbei zurück ins Wasser.

Absurdes Theater, absurder Film

Allenthalben stoßen die beiden Männer auf Ablehnung, die in den Aggressionen eines Trupps von Schlägern kulminiert (unter ihnen Polanski selbst). Nachdem diese schon eine Katze gesteinigt haben, kommt es zur Prügelei mit den Schrankträgern. Dabei geht der Spiegel zu Bruch. Den beiden Männern bleibt offenbar nur der Rückzug ins Meer.

In der Zeit der Verzweiflung nach dem Zweiten Weltkrieg zeitgleich mit Stücken des »Absurden Theaters« von Autoren wie Samuel Beckett (*Warten auf Godot*, 1953) oder Eugène Ionesco (*Die Nashörner*, 1958) entstanden, stellt der Film Fragen nach der Natur des Menschen und dem Sinn seiner Handlungen.

Dramatische Biografie: Roman Polanski

Schon mit vier Jahren musste der 1933 als Sohn jüdischer Migranten in Paris geborene Roman Polanski mit seiner Familie wegen des in Frankreich aufkommenden Antisemitismus nach Polen fliehen. Doch marschierte hier 1939 die Deutsche Wehrmacht ein und entfachte damit den Zweiten Weltkrieg. Polanskis Eltern wurden verhaftet, die Mutter starb 1942 im Konzentrationslager. Der Junge entkam 1943 aus dem Krakauer Ghetto und überlebte den Krieg, getarnt als Katholik »Roman Wilk«.

1948 entkam Polanski einem Mordanschlag. Er holte seine Schulbildung nach, studierte Kunst in Krakau und von 1955 bis 1959 Regie an der *Staatlichen Hochschule für Film, Fernsehen und Theater* in Lodz. 1959 heiratete er Barbara Kwiatkowska (s. Abb. o. rechts); die Ehe wurde 1962 geschieden. In diesem Jahr erschien Polanskis erster, erfolgreicher Spielfilm DAS MESSER IM WASSER. 1963 emigrierte er nach Hollywood, wo er mit den Psychothrillern EKEL (1965) und ROSEMARIES BABY (1968) internationale Erfolge landete. Es folgten der makabre Krimi WENN KATELBACH KOMMT (1966) und der grotesk-komische Gruselschocker TANZ DER VAMPIRE (1967).

1968 wurde Polanskis zweite, hochschwangere Ehefrau, die Schauspielerin Sharon Tate, von einer Sekte in Los Angeles ermordet – der Horror aus ROSEMARIES BABY holte den Regisseur ein. Erst 1971 trat er mit der Verfilmung des Shakespeare-Stücks MACBETH wieder an die Öffentlichkeit. Mit dem »Neo-Noir«-Krimi CHINATOWN schuf er 1974 einen seiner größten Erfolge. In DER MIETER (1976) spielte Polanski selbst die von Wahnvorstellungen geplagte Hauptfigur. Die Liste seiner folgenden Filmerfolge umfasst TESS (1979), FRANTIC (1988) und BITTER MOON (1991).

Die *Académie Française* zeichnete Polanski 1999 für sein Lebenswerk mit dem »Prix René Clair« aus; für den Holocaustfilm DER PIANIST (2002, s. *Grundkurs Film 2*, S. 236 ff.) erhielt er die »Goldene Palme« von Cannes und den Regie-»Oscar«. Seine Verfilmung von Charles Dickens Roman OLIVER TWIST (2005) lässt autobiografische Bezüge erkennen. 2009 wurde Polanski wegen eines internationalen Haftbefehls in der Schweiz arrestiert, gegen den Willen der US-Justizbehörden aber freigelassen: Er war 1977 in Los Angeles wegen Vergewaltigung einer 13-Jährigen angeklagt und in einem Staatsgefängnis psychisch untersucht worden, aber nach Europa entflohen, da er seit 1975 die französische Staatsbürgerschaft besitzt.

2010 erhielt Roman Polanski, der 1992 die Schauspielerin Emmanuelle Seigner geheiratet hatte und zwei Kinder hat, für THE GHOSTWRITER auf der *Berlinale* den Regiepreis.

Bei den Dreharbeiten von ZWEI MÄNNER UND EIN SCHRANK, 1958. Regisseur Roman Polanski im Anzug (rechts) mit Regieassistent Andrzej Kostenko (links) und Kameramann Maciej Kijowski auf dem »Dolly«, dem Kamerawagen

K urzfilme sind für mich entweder Cartoons oder dokumentarisch. Wenn Menschen in einem Kurzfilm reden, dann erwartet man, dass das zwei Stunden so weitergeht. Es ist unnatürlich, der Form unangemessen.
Roman Polanski

ANREGUNGEN ZUM GESPRÄCH
1. Erörtern Sie Sinn und Aussage des Kurzfilms von Roman Polanski.
2. Deuten Sie die Symbolik des Schranks und des Spiegels im Film.
3. Konzertflügel oder Kleiderschrank? (siehe Kasten rechts.) Welche Gegenstände wären noch denkbar gewesen?
4. Ein »Cartoon« ist ein (komisches) Bild ohne Worte. Stimmen Sie Polanski zu, dass ein Kurzfilm wie ein Cartoon ohne Dialoge auskommen sollte?
5. Informieren Sie sich über das »Absurde Theater« zur Zeit der Filmentstehung. Diskutieren Sie die künstlerischen Möglichkeiten von Literatur, Theater und Film.
6. Auch Tomer Eshed drehte seinen ersten erfolgreichen Film vor dem Studienabschluss (s. S. 132 ff.). Vergleichen Sie die filmischen Möglichkeiten früher und heute.

ANREGUNGEN ZUR PRODUKTION
1. Künstlerische Performance: Schleppen Sie einen scheinbar sinnlosen Gegenstand durch die Stadt und dokumentieren Sie die Reaktionen der Passanten.
2. Fertigen Sie ein Exposé für einen Film ohne Dialoge.

Vom Konzertflügel zum Kleiderschrank. Ursprünglich wollte Roman Polanski die beiden Männer einen Flügel schleppen lassen. Er hatte dann aber die Sorge, dass dieser als eine Metapher für Kunst verstanden werden könnte – und entschied sich für einen Kleiderschrank mit Spiegel.

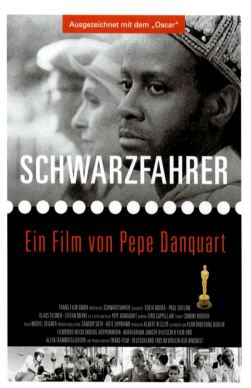

Cover-Motiv zum Film-Portfolio
SCHWARZFAHRER – Aspekte der Filmanalyse

Deutschland 1992/93 | sw | 12:30 Min.
Drehbuch, Regie: Pepe Danquart
Kamera: Ciro Cappellari
Schnitt: Simone Bräuer
Musik: Michel Seigner
Produktion: Trans-Film Gmbh
Empfehlung: ab Kl. 7

In einer Berliner Straßenbahn beleidigt eine ältere Frau mit einer laut vor sich hin gesprochenen Hasstirade gegen Ausländer den jungen, neben ihr sitzenden Schwarzen – bis dieser sich auf humor- und wirkungsvolle Weise zur Wehr setzt: Er isst einfach ihre Fahrkarte auf.

Wer zuletzt lacht ...

SCHWARZFAHRER (1992/93) von Pepe Danquart – ein Schwarzweißfilm gegen den täglichen Rassismus

»Sie Flegel! Warum setzen Sie sich nicht woanders hin? Es gibt doch genug Plätze hier!«, giftet die alte Frau, als der Schwarze sich nach der höflichen Frage, ob der Platz neben ihr frei sei, hinsetzt. »Warum kommt ihr überhaupt alle hierher? Hat euch denn jemand eingeladen? Wir haben es alleine geschafft. Wir brauchen keine Hottentotten, die uns nur auf der Tasche herumliegen. Jetzt, wo wir selber so viele Arbeitslose haben. Und dann arbeiten die alle noch schwarz. ... Als ob nicht die Italiener und Türken schon genug wären. Jetzt kommt auch noch halb Afrika.« Über fünf Minuten zieht sich der hasserfüllte Monolog.

Großstadtlegende mit Hintergrund

Im Berliner Osten kurz nach dem Fall der Mauer gedreht, dokumentiert SCHWARZFAHRER den »täglichen Rassismus«, so Regisseur Pepe Danquart. »Es passiert überall: in der Provinz wie in den Metropolen – es passiert öffentlich, verdeckt, im kleinen und im großen Maßstab, dass Menschen als zweitrangig, minderwertig behandelt und in ihrer Würde oder körperlichen Unversehrtheit verletzt werden.« Dem authentischen Stoff fügte er eine fiktionale Spielhandlung mit überraschendem Ausgang hinzu. Zugrunde liegt eine jener »Großstadtlegenden«, von der Danquart über eine Freundin aus Basel gehört hatte: Jemand habe den Fahrschein eines Platznachbarn verschluckt.

Filmstart. Ein heißer Tag im Sommer 1992 in Berlin. Blick von oben auf den S-Bahnhof Hackescher Markt, Bilder von Zügen, eilenden Menschen und einem Zeitungsverkäufer.

Schlusseinstellung

»Der Neger hier hat ihn eben aufgefressen«, meint die Alte zum Kontrolleur, der daraufhin erwidert: »So eine blöde Ausrede habe ich überhaupt noch nie gehört.« Sie muss mit ihm aussteigen.

Eine Filmerzählung in Echtzeit

Die Handlung in SCHWARZFAHRER, die 10,5 Minuten dauert, hat einen linear-chronologischen Verlauf. Sie enthält keine Rückblenden oder Zeitsprünge.

In der Nähe der Haltestelle versucht ein Motorradfahrer (Stefan Merki) im Anzug vergeblich, sein Bike zu starten. Er steigt in die ankommende Straßenbahn.

Auch ein Schwarzer (Paul Outlaw) nimmt die Straßenbahn und setzt sich neben eine ältere Frau (Senta Moira). Diese beginnt, laut über Ausländer herzuziehen.

Auf den Sitzen gegenüber eine Mutter, die gleichgültig bleibt, und ihr Sohn, der neugierig schaut.

Andere Passagiere reagieren zustimmend, unbeteiligt oder stirnrunzelnd, ohne jedoch das Wort zu ergreifen.

Zwei türkische Jungen flirten mit zwei Mädchen. Der eine schimpft laut, als die alte Frau auch Türken beleidigt.

Weitere Reisende dösen, ein beim ersten Halt zusteigender junger Mann hört Walkman.

Zentraler Handlungsort: die Straßenbahn auf ihrer Route

Der Schwarze reißt der Alten blitzschnell den Fahrschein aus der Hand und isst ihn auf. Dem Schaffner zeigt er seinen Fahrausweis.

Auch ein Kontrolleur (Klaus Tilsner) steigt zu und lässt sich die Fahrscheine zeigen. Der Motorradfahrer flucht: »So ein Scheißtag.«

Die an der zweiten Station einsteigenden Kinder spielen laut Gameboy.

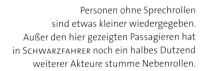

Personen ohne Sprechrollen sind etwas kleiner wiedergegeben. Außer den hier gezeigten Passagieren hat in SCHWARZFAHRER noch ein halbes Dutzend weiterer Akteure stumme Nebenrollen.

Filmen auf engstem Raum. Kameramann Ciro Cappellari und Pepe Danquart

Kameraarbeit auf engstem Raum
Der spannenden Dramaturgie entsprechen die gezielt eingesetzten filmsprachlichen Mittel in SCHWARZFAHRER. Die Enge im Straßenbahnwagen und das Drehen während des Fahrbetriebs brachte technische und organisatorische Herausforderungen mit sich, über die Pepe Danquart im Interview berichtet.

Einen Film mit 25 Personen in einem Raum zu drehen ist extrem schwierig. Es kommt dauernd zu Achsensprüngen. Wie komme ich von der einen Person zur anderen? Wie schneide ich so, dass Homogenität entsteht, dass die Kamera sich durchschwebt? ... Es gibt in SCHWARZFAHRER eine sehr bewegte Kamera. Als die Leute einsteigen, gibt es einen kleinen Hub von 20 cm, das macht viel aus. Als sich die Kamera innen befindet und Paul Outlaw den Wagen betritt, fährt sie gleichzeitig ein Stück zurück. Das spürt man kaum, ist aber trotzdem eine Bewegung.

Was ich sehr liebe, ist eine ganz kleine Verschiebung der Kamera, die oft eine größere Lebendigkeit als eine feste Kamera mit sich bringt. Schon die »Schulterkamera« lebt durch das Atmen des Kameramanns, auch wenn sie sehr ruhig gehalten wird. Das wirkt anders, als wenn sie auf einem Stativ steht. ... Ich glaube, wir haben damals den Osten 30 Mal umfahren, denn einmal eingestiegen, kann man die Straßenbahn nicht wieder zurückfahren, weil hinten die anderen Straßenbahnen standen. Das heißt, wir fuhren immer die ganze Strecke ab. Für bestimmte Teile des Films hatten wir ein stillgelegtes Gleis. Aber bei der Ein- und Aussteigeszene und allem, was an den Haltestellen passiert, gab es immer Stau – es mussten drei, vier, fünf Straßenbahnen warten. Ich hatte immer einen Vorlauf von einer halben Stunde, und dann ging es weiter, weil sonst der gesamte Verkehr blockiert gewesen wäre. Wir mussten präzise arbeiten.

Pepe Danquart im Interview

Auszeichnungen für SCHWARZFAHRER
Über 200 Festivalauftritte, über 20 Auszeichnungen, u.a. Publikumspreise auf den Kurzfilmfestivals in Hamburg, München, Bamberg und Augsburg, 1993 | Panoramapreis Berlinale, Berlin 1993 | Kritikerpreis, Cannes 1993 | New York Shorts Festival 1993 | Clermont-Ferrand 1993 | best live action short film, Melbourne International 1993 | Film Festival San Francisco 1993 | Goldene Scheibe, Dänemark 1993 | Sheik Sensi Thin, Montreal International Film Festival 1993 | Espiga de Oro, Valladolid 1994 | First Prize Nordic Filmfestival, Skandinavien 1993 | Grand Prize »Golden Dutt« Kairo International Film Festival, 1993 | Short Film Festival Tokyo 1994 | Oscar als bester Kurzspielfilm, Los Angeles 1994

Die komplette Filmcrew VON SCHWARZFAHRER, 1992

Filmemacher mit sozialem Engagement

Geboren 1955 in Singen am Bodensee, studierte Pepe Danquart nach Reisen durch Asien und Indien, auf denen er mit der Armut in der Dritten Welt konfrontiert wurde, ab 1975 Kommunikationswissenschaften an der Pädagogischen Hochschule in Freiburg und schloss 1981 mit dem Diplom ab.

Schon 1977 gründete er mit Mirjam Quinte und Bertram Rotermund die Medienwerkstatt Freiburg (MWF), der sich Michael Schlömer, Wolfgang Stickel und sein Zwillingsbruder Didi Danquart, heute ebenfalls Regisseur, anschlossen. Die MWF verstand sich als »Gegenöffentlichkeit« gegen die herrschende Berichterstattung und drehte mehr als 30 dokumentarische Filme, u.a. über den Widerstand gegen den Bau des Kernkraftwerks in Wyhl. Vom öffentlich-rechtlichen Fernsehen anfangs ungeliebt, erhielt die MWF dafür 1983 den nationalen Dokumentarfilmpreis der deutschen Filmkritik.

SCHWARZFAHRER markiert in Danquarts Schaffen den Wendepunkt vom Dokumentar- zum Spielfilm. Die Verleihung des »Oscars« ebnete den Weg zu Langfilmen, für die Danquart ebenfalls vielfach ausgezeichnet wurde, u.a. dreimal mit dem Deutschen Filmpreis. Hierzu gehören Spielfilme und auch Langfilmdokumentationen, vor allem die »Sport-Trilogie«, bestehend aus HEIMSPIEL (2000), HÖLLENTOUR (2004) und AM LIMIT (2007). Sein Politikerporträt JOSCHKA UND HERR FISCHER kam 2011 heraus. Pepe Danquart war von 1984 bis 1986 als Dozent an der Deutschen Film- und Fernsehakademie Berlin tätig und wurde 2008 als Professor an die Hochschule der Bildenden Künste in Hamburg berufen. Seither lebt und arbeitet er dort, in Berlin und in Freiburg.

Oscar-Verleihung. Pepe Danquart, Senta Moira, Paul Outlaw. Los Angeles 1994

> Mich interessiert nicht so sehr, was zwischen den beiden Hauptdarstellern passiert. Wirklich interessant ist, dass da 25 Leute in einem Raum zuhören, die gar keine Angst haben müssten einzugreifen – es war doch eine alte Frau! Es ist ein Unterschied, ob jemand jemanden mit dem Messer bedroht. Es wäre ein Leichtes für jeden gewesen, der dort saß, zu intervenieren. Das taten sie aber nicht, und deshalb ist die eigentliche Message dieses Films: Courage zeigen, wenn es Übergriffe gibt! *Pepe Danquart*

ANREGUNGEN ZUM GESPRÄCH

1. Wie viele Schwarzfahrer gibt es? Erläutern Sie das Wortspiel im Filmtitel.
2. Nennen Sie Gründe, warum Pepe Danquart seinen Film in Schwarzweiß gedreht hat.
3. Wenden Sie das »Paradigma der dramatischen Struktur« nach Syd Field (S. 57) auf SCHWARZFAHRER an.
4. Welche Funktion kommt den Personen zu, die in Nahaufnahme gezeigt werden, aber stumm bleiben?
5. Fertigen Sie ein Protokoll zur Kameraarbeit in SCHWARZFAHRER an.
6. Haben Sie selbst schon einmal Fälle von »täglichem Rassismus« erlebt? Berichten Sie über Ihre Beobachtungen und Erfahrungen.

ANREGUNGEN ZUR PRODUKTION

1. Versetzen Sie sich in eine der mitfahrenden Personen im Film, stellen Sie das Geschehen aus ihrer Perspektive dar.
2. Lassen Sie sich von dem Foto rechts zu einer Kurzgeschichte inspirieren, in deren Mittelpunkt die beiden Jungen stehen.

> **Überzeugungstäter.** Aufgrund eines Kameradefekts waren alle Filmaufnahmen für SCHWARZFAHRER unbrauchbar geworden. Pepe Danquart war von seinem Stoff so überzeugt, dass er das Team zu einem zweiten Dreh motivierte und selbst für die Finanzierung aufkam.

»Echte« Schwarzfahrer in Istanbul

UN-Blauhelme in Konfliktsituationen

SNIPERS ALLEY (2002) von Rudolf Schweiger – ein Film mit offenem Ende über Soldaten im Auslandseinsatz

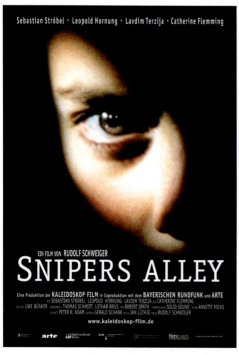

Filmplakat, 2002

Deutschland 2002 | Farbe | 14 Min.
Regie: Rudolf Schweiger
Drehbuch: Jan Lüthje
Kamera: Gerald Schank
Schnitt: Peter R. Adam
Musik: Annette Focks
Produzent: Rudolf Schweiger
Produktion: Kaleidoskop Film, BR, arte
FSK: ab 12 | Empfehlung: ab Kl. 8

Zwei deutsche UN-Blauhelmsoldaten, Charly und Tom, sichern aus einem Unterstand heraus eine Landezone für Hubschrauber, die Lebensmittel in ein vom Bürgerkrieg geplagtes Dorf transportieren. Als bei einer Hubschrauberlandung Bewohner herbeieilen, feuert ein Heckenschütze (engl.: sniper) aus einem der Häuser auf die Wehrlosen. Eine junge Frau namens Jana sinkt getroffen zu Boden. Gegen den Befehl seines Vorgesetzten verlässt Charly die Deckung, eilt der Frau zu Hilfe – und wird selbst von einer Kugel getroffen. Nun rennt Tom los, um den Heckenschützen zu stellen. Als er ihn im Visier seines Gewehres hat, sieht er, dass es ein 13-jähriger Junge ist. Dieser legt seine Waffe nieder. Wird Tom ihn gehen lassen?

Historischer Hintergrund

Den historischen Hintergrund für den Film boten die kriegerischen Konflikte auf dem Balkan in den 1990er-Jahren, in denen auch Deutschland erstmals wieder nach dem Zweiten Weltkrieg Soldaten in den Auslandseinsatz schickte, vorerst im Rahmen von UN-Mandaten. »Sniper Alley« hieß eine Gasse in Sarajevo, der Hauptstadt von Bosnien-Herzegowina, in der zahlreiche Menschen durch Heckenschützen umkamen.

Kontrollposten der UNHCR, der Flüchtlingshilfe der Vereinten Nationen

Zwei deutsche UN-Soldaten im Krisengebiet auf dem Balkan: Charly (links, Leopold Hornung) und Tom (Sebastian Ströbel)

Die Filmhandlung in SNIPERS ALLEY. 1 Charly wird von Tom aufgezogen, weil er einen Liebesbrief nach Hause schreibt. | 2 Ein Hubschrauber bringt Hilfsgüter. | 3 Eine junge Frau namens Jana (Catherine H. Flemming) nähert sich verbotenerweise der Landezone. | 4 Sie wird vom Sniper angeschossen. | 5 Charly und Tom geraten aneinander, weil Charly den Posten verlassen will, um Jana zu helfen. | 6 Charly springt über den Sandsackverhau. | 7 Entsetzt beobachtet er, wie Jana stirbt. | 8 Jana blickt Charly an. | 9 Dieser rennt zu ihr – und wird von einer Kugel getroffen. | 10 Nun verlässt auch Tom den Posten. | 11 Der Sniper flieht aus dem Haus. | 12 Tom stellt den Sniper. | 13 Der Sniper dreht sich um – es ist ein Junge (Iadwim Terzija). | 14 Tom senkt das Gewehr. | 15 Der Junge legt seine Waffe nieder und geht.

Kameramann Gerald Schank filmt Tom.

Vom Drehbuch zur Filmversion
SNIPERS ALLEY hat ein sogenanntes »offenes Ende«, das Fragen aufwirft: War es richtig, den Sniper laufen zu lassen? Wird dieser geläutert sein – oder in Zukunft weiter morden?

Auch im Drehbuch kommt der Junge ungeschoren davon. Drehbuchautor Jan Lüthje, der heute als Videojournalist tätig ist, hatte allerdings noch eine weitere Szene vorgesehen: Im Schlussbild des mehrfach überarbeiteten Drehbuchs überlebt Charly und kann mit Toms Hilfe zum Kontrollposten zurückkehren. Regisseur Rudolf Schweiger entschied sich jedoch zum Verzicht auf dieses »geschlossene« Ende.

Drehbuchautor Jan Lüthje

Realitätsnahe Schilderung
SNIPERS ALLEY wurde auf dem UN-Truppenausbildungsplatz Bonnland bei Hammelburg in Franken gedreht, den die Bundeswehr zur Verfügung stellte, dem Regisseur ansonsten aber freie Hand ließ. Während der Dreharbeiten wohnten die Darsteller in einer Kaserne, um Einblick in das Leben der Soldaten zu bekommen. Der Kurzfilm gilt als sehr realitätsnah.

SNIPERS ALLEY ist als kritischer, problematisierender Kommentar über die – zu diesem Zeitpunkt noch äußerst ungewohnte – Beteiligung deutscher Soldaten bei UN-Einsätzen in Krisengebieten gedacht. Mittlerweile hat die Bundeswehr das Pozenzial des Films erkannt und setzt ihn bei Schulungen zur politischen Bildung und zur Vorbereitung von Soldaten vor deren Einsatz in Krisengebieten ein.

```
11.  BILD

GELÄNDE VOR DEM KONTROLLPOSTEN                               A/T

Ein leichter Wind ist aufgekommen, krümmt die Gräser und wirbelt
den Staub auf. Tom erreicht Charly, der zusammengekrümmt neben
dem Körper der toten Frau am Boden sitzt. Auch der Hund ist bei
ihm und blickt schwanzwedelnd zu Tom auf. Charlys Haare sind
schweißnass, und er zittert am ganzen Körper, steht offenbar
unter Schock. Er grinst Tom blöde an. Tom beugt sich über ihn,
und man sieht, dass die Kevlar-Weste Charly das Leben gerettet
hat.

                    CHARLY:
                    Der Hund hat Hunger.

                    TOM:
                    Ganz ruhig jetzt. Nicht sprechen!

Tom zieht Charly hoch und legt ihm den Arm um die Schulter.

                    CHARLY:
                    Wir müssen den Hund füttern!
                    (Er kichert)

                    TOM(stockend):
                    Das werden wir, Junge. Das werden wir.

DIE KAMERA BEGIBT SICH IN EINE SUPERTOTALE POSITION.
Tom führt Charly behutsam zurück zum Sandsackverhau. Der Hund
folgt den beiden. Aus der Ferne, vom Rollfeld her, nähert sich
ein Fahrzeug dem Kontrollposten.

ABSPANN
(z.T. über das Schlußbild)
```

Letzte Drehbuchseite. Das Schlussbild im Drehbuch von Jan Lüthje unterscheidet sich vom tatsächlichen Ende im Film. (A/T = Arbeitstitel)

> **Auszeichnungen für Snipers Alley**
> Ostfriesischer Kurzfilmpreis, Internationales Filmfest Emden 2003 | Friedrich-Wilhelm-Murnau-Preis, 2004 | Preis des Präsidenten des Italienischen Senats, 14. Internationales Militärfilmfestival, Bracciano, Italien 2003 | Verleihung des Prädikats »wertvoll« durch die Filmbewertungsstelle Wiesbaden FBW

Regisseur mit politischem Interesse
Rudolf Schweiger, 1963 in München geboren, ist Drehbuchautor, Regisseur und Produzent in einer Person. 1988 nahm er das Studium der Kunstgeschichte, Theaterwissenschaften und Psychologie an der Ludwig-Maximilans-Universität München auf, das er 1993 abschloss. 1999 gründete er eine eigene Firma, die *Kaleidoskop Film & Fernsehproduktion e.K.* Seine vor dem Hintergrund des Balkankonflikts handelnden Spielfilme führten ihn zunehmend zu Dokumentationen über Krisengebiete und über Sicherheitspolitik. Rudolf Schweiger sucht beständig nach sozialkritischen Stoffen und hat ein Faible für geschichtliche Themen. So drehte er Die Weisse Rose (D 2003), eine Dokumentation über den Widerstand in der NS-Zeit, oder auch Verdun – Auf den Spuren einer Schlacht (F/D 2006), ein Film über die Gräuel des Ersten Weltkriegs.

Besprechung. Regisseur Rudolf Schweiger geht am Set von Mörderischer Frieden eine Szene mit Schauspieler Adrian Topol durch.

ANREGUNGEN ZUM GESPRÄCH
1. War Charlys Entscheidung, Jana zu Hilfe zu eilen, richtig?
2. Schildern Sie Toms inneren Konflikt, als er auf den Sniper zielt.
3. Der im Drehbuch erwähnte Hund gehörte der erschossenen Jana. Welche Bedeutung kommt ihm zu?
4. Erläutern Sie die Funktion vom 11. »Bild« im Drehbuch, auch hinsichtlich Kameraführung und -position.
5. Für welche Szenen wurden Nah- und Großaufnahmen eingesetzt (s. S. 273)?
6. Sowohl Tom als auch Charly geraten in ein »Dilemma«: Wie sie sich auch entscheiden, es führt zu einem unerwünschten Ergebnis. Berichten Sie von Erfahrungen mit ähnlichen Situationen.
7. Betreiben Sie Recherchen zum Balkan- bzw. Kosovokrieg. Zeigen Sie die Zusammenhänge von Snipers Alley und Mörderischer Frieden mit den historischen Ereignissen auf.
8. *Sniper Alley* heißt auch ein Video Game. Beziehen Sie Stellung dazu.

ANREGUNGEN ZUR PRODUKTION
1. Rollenspiel: Der Regisseur und der Drehbuchautor tauschen in einer Diskussion mit der Filmcrew Argumente für ihr jeweiliges Ende aus.
2. Entwickeln Sie das offene Ende von Snipers Alley weiter: Wie wird sich der Junge verhalten, was wird Tom tun?
3. Entwerfen Sie ein Exposé zu einer Story, in der ein Dilemma für Spannung sorgt. Spielen Sie verschiedene Handlungssträngen durch und verfilmen Sie ggf. zwei unterschiedliche Enden.

> **Vom Kurzfilm zum Langfilm.** Die Story von Snipers Alley wurde von Jan Lüthje und Rudolf Schweiger weitergesponnen und kam 2007 unter dem Titel Mörderischer Frieden mit neuer Besetzung als 91-minütiger Langfilm heraus. Tom und Charly sind hier Soldaten der KFOR-Friedenstruppe im Kosovo, die im Konflikt zwischen Serben und Albanern moderieren sollen, dabei aber selbst in Verwicklungen geraten.

Filmplakat, 2007

Zivilcourage in der NS-Zeit

SPIELZEUGLAND (2007) von Jochen Alexander Freydank – ein Kurzspielfilm über eine lebensrettende Notlüge

Filmplakat, 2007

Deutschland 2007 | Farbe | 14 Min.
Drehbuch: Johann A. Bunners und Jochen Alexander Freydank
Regie: Jochen Alexander Freydank
Kamera: Christoph »Cico« Nicolaisen
Musik: Ingo Ludwig Frenzel
Schnitt: Anna Kappelmann
Produktion: Mephisto Film
Empfehlung: ab Kl. 7

Deutschland, 1942. Der 6-jährige Heinrich Meißner lebt mit seiner Mutter im selben Mietshaus wie die jüdische Familie Silberstein. Deren Sohn David ist sein bester Freund. Herr Silberstein erteilt den beiden Klavierunterricht. Als sich die Silbersteins auf die Deportation vorbereiten müssen, flunkert Frau Meißner Heinrich vor, die Nachbarn würden ins »Spielzeugland« reisen. Dort will Heinrich auch hin. Er reißt aus, darf aber nicht in den Lastwagen steigen, in dem die Silbersteins abtransportiert werden. Seine Mutter sucht ihn verzweifelt. Zwei SS-Männer bringen sie zum Bahnhof, wo sie in einem Waggon David entdeckt. Sie gibt ihn als ihren Sohn aus.

Von der Idee zum Film

Als Regisseur Jochen Alexander Freydank seinem Sohn die grausamen Bilder in den Nachrichten erklären sollte, griff er zu einer Notlüge – und kam auf die Idee zu seinem Kurzfilm SPIELZEUGLAND. Er und der Drehbuchautor Johann A. Bunners, der sich mit der Zeit des Zweiten Weltkriegs beschäftigte, beschlossen, gemeinsam ein Drehbuch zu verfassen. Als historischer Film, der eine aufwendige Ausstattung erfordert, war SPIELZEUGLAND nicht sofort zu realisieren. Auch machte die inhaltliche Problematik die Finanzierung des Films nicht gerade einfach. So dauerte es vier Jahre von der Idee bis zur Fertigstellung. Nachdem der Film in Deutschland anfangs weniger Beachtung gefunden hatte, sorgten internationale Preise wie der »Oscar« aber auch hier für die nötige Anerkennung.

Historischer Hintergrund: der Holocaust

Die Geschichte, die SPIELZEUGLAND erzählt, ist in der Zeit der nationalsozialistischen Diktatur in Deutschland angesiedelt. Nachdem die Nazis 1933 die Macht ergriffen hatten, begannen sie mit der Verfolgung politisch andersdenkender und »nicht-arischer« Menschen, insbesondere Juden. Im Zuge der sogenannten »Reichskristallnacht« im November 1938 wurden 1400 Synagogen zerstört und Zehntausende Juden in Konzentrationslager verschleppt. Nach Kriegsbeginn 1939 setzte der systematische »Holocaust« (griech., vollständige Verbrennung) ein, der auf die besetzten Länder in Europa ausgedehnt wurde. Bis Kriegsende im Frühjahr 1945 wurden während dieses größten Völkermords der Geschichte 6 Millionen Juden bei Massenerschießungen getötet, in Gettos zusammengepfercht oder in ungeheizten Viehwaggons in Konzentrationslager (KZ) transportiert, wo sie vergast und verbrannt wurden.

Vor diesem Hintergrund wird das Schicksal erkennbar, dass der Familie Silberstein im Film droht, als die Nazis sie abholen: Das »Spielzeugland« ist in Wirklichkeit ein Konzentrationslager.

Kinder im KZ Ausschwitz, wo 1,1 Millionen Menschen ermordet wurden, am 27.1.1945, dem Tag der Befreiung durch die Rote Armee

Im Zentrum: zwei Kleinfamilien

SPIELZEUGLAND handelt vom Schicksal zweier kleiner Familien. Die eine besteht aus Marianne Meißner und ihrem Sohn Heinrich; der Vater ist nicht präsent. Die Aktivitäten der Meißners treiben die Handlung voran: Nachdem Marianne Heinrich belogen hat, will dieser auch ins »Spielzeugland« – und zwingt seine Mutter zu der verzeifelten Suche, die schließlich in die nächste Lüge mündet. Die andere Familie sind die Silbersteins, Menschen jüdischen Glaubens. Der Vater ist der Klavierlehrer der beiden Jungen, er wird als feiner, gebildeter Mensch dargestellt. Sein Sohn David ist Heinrichs »Blutsbruder«. Die Familie Silberstein ist Beschimpfungen und tätlichen Angriffen der Nazis ausgesetzt. Sie verhält sich passiv und duldsam und wird am Ende deportiert.

Heinrich Meißner und seine Mutter Marianne (Cedric Eich und Julia Jäger). Sie bewohnen eine Altbauwohnung. Der Vater und Ehemann scheint im Krieg zu sein.

David Silberstein und seine Eltern (Tamay Bulut Özvatan; Claudia Hübschmann und Torsten Michaelis). Sie wohnen im selben Haus übereck, die Jungen unterhalten sich aus den Fenstern.

Der Blockwart (Klaus-Jürgen Steinmann). Er hat Heinrichs Teddy in der Hand und erscheint dadurch wie ein Kinderschänder.

Der Schutzpolizist (Jürgen Trott). Er bietet keinerlei Hilfe an, sondern macht abfällige Bemerkungen über Kinder und Juden.

Die Vertreter der Staatsmacht

Bei ihrer Suche nach Heinrich trifft Frau Meißner auf die Repräsentanten des Staates: angefangen beim Blockwart, der Heinrichs Teddy gefunden hat, über den Schutzpolizisten, der zynische Bemerkungen macht, bis zu zwei Schergen der SS (»Schutzstaffel«).

1925 als Leibwache für Adolf Hitler gegründet, bildete die SS eine ihm direkt unterstellte Organisation innerhalb der NSDAP, der Nationalsozialistischen Deutschen Arbeiterpartei. Sie diente der Durchsetzung der NS-Rassentheorie und war für zahllose Kriegsverbrechen, insbesondere den Holocaust, maßgeblich verantwortlich. Im Film halten die SS-Männer Frau Meißner zunächst für eine Jüdin und suchen nach einem gelben »Davidstern« auf ihrer Kleidung.

Zwei SS-Männer. Sie kontrollieren Marianne Meißner am Bahnhof. Links: Scharführer Werner (Gregor Weber), Mitte: Obersturmführer Falke (David C. Bunners).

Nazi mit zwei Gesichtern. SS-Obersturmführer Falke kann auch charmant werden. Als klar wird, dass Frau Meißner keine Jüdin ist, hilft er ihr bei der Suche nach Heinrich.

Die Kunst der Montage im Film

SPIELZEUGLAND besteht aus 16 »Szenen« auf zwei Zeitebenen. Die eine Ebene spielt an einem Wintertag im Jahr 1942, dem Tag der Deportation der Familie Silberstein. Die andere Ebene, hier gekennzeichnet durch blau unterlegte Bildunterschriften, enthält Rückblenden zum Tag davor. Die Handlungsstränge nähern einander zeitlich an. Hinzu kommt als 17. Szene ein Sprung über mehrere Jahrzehnte in die Gegenwart.

Szene 1 (Min. 0.00–0.16). Rückblende: Die Kamera fährt eine Klaviertastatur ab, auf der vier Kinderhände spielen. *Einblendung des Vorspanns: »Mephisto Film zeigt einen Film von Jochen Alexander Freydank«*

Szene 2 (Min. 0.16–1.10). Frau Meißner bemerkt, dass ihr Sohn Heinrich weg ist. Sie eilt aus dem Haus und sieht, dass die Wohnung der Silbersteins verwüstet wurde. *Einblendung: »Spielzeugland«*

Szene 6 (Min. 2.49–3.17). Frau Meißner fragt einen Polizisten nach Heinrich, doch der kann die »Bengel« nicht unterscheiden. Außerdem habe man »nur Juden zum Bahnhof gebracht«.

Szene 7 (Min. 3.18–4.21). Heinrich trifft im Treppenhaus Herrn Silberstein mit Blut an der Schläfe, der behauptet, er sei »an der Ecke mit einem Nashorn zusammengestoßen«. Heinrich verrät ihm, dass er mit auf die Reise gehe.

Szene 8 (Min. 4.20–5.19). Heinrich hat einen Koffer mit ins Bett genommen, darin auch die Noten. Die Mutter macht ihm vor den »riesengroßen« Teddys im Spielzeugland Angst.

Szene 12 (Min. 7.30–8.19). Heinrich bekommt am Morgen mit, wie die Silbersteins deportiert werden. Er rennt hinterher und verliert dabei seinen Teddy.

Szene 13 (Min. 8.21–9.32). Die SS-Männer lassen Waggon 3 öffnen: Er ist voller Menschen mit gelbem Davidstern auf der Kleidung. Frau Meißner entdeckt die Silbersteins – und fordert David auf: »Heinrich! Komm zu mir, Junge.«

Szene 14 (Min. 9.33–10.05). Heinrich wird am Besteigen des Lastwagens gehindert, in den die Silbersteins verladen wurden. »Es gibt doch kein Spielzeugland!«, ruft David ihm zu.

Szene 3 (Min. 1.09–1.58). Heinrich und David erhalten Klavierunterricht in der Wohnung der Silbersteins. Empörte Nachbarn rufen: »... Geklimper! Judenpack!«

Szene 4 (Min. 2.01–2.18). Vor dem Haus trifft Frau Meißner auf den Blockwart, der Heinrichs Teddy gefunden hat. Eine Nachbarin kommt hinzu. Die Silbersteins seien am Morgen abgeholt worden: »Ist ja auch besser für den Heinrich.«

Szene 5 (Min. 2.19–2.47). Frau Meißner erklärt Heinrich, dass Silbersteins bald »verreisen« – ins »Spielzeugland«. Heinrich will mit, die Mutter verbietet es. »Papa hätte es mir erlaubt!«

Szene 9 (Min. 5.19–5.55). Am Bahnhof wird Marianne Meißner von zwei SS-Männern aufgehalten, die sie als »Judensau« beschimpfen und ihren Pass kontrollieren.

Szene 10 (Min. 5.55–7.08). Heinrich lockt David abends mit Morsezeichen ans Fenster und sagt ihm, er wolle mitkommen, doch David erwidert, dass dies nicht ginge. Heinrich enttäuscht: »Wir sind doch Blutsbrüder!«

Szene 11 (Min. 7.09–7.29). Die SS-Männer zeigen sich jetzt hilfsbereit und suchen mit Marianne Meißner nach Heinrich. Sie eilen die Viehwaggons des schwer bewachten Deportationszuges entlang.

Szene 15 (Min. 10.05–11.19). David darf den Zug verlassen. Obersturmführer Falke vergleicht sein und Frau Meißners Gesicht noch auf Ähnlichkeit: »Ganz die Mutter!« Die beiden können gehen.

Szene 16 (Min. 11.19–11.39). Nach dieser »Last minute rescue« Davids ist auch Heinrich wieder zu Hause. Marianne Meißner zieht die Vorhänge zu. Die beiden Jungen simulieren das Klavierspielen auf dem Tisch – man darf sie nicht zu zweit hören.

Szene 17 (Min. 11.40–12.21). Vier alte Männerhände spielen Klavier. Es ist der Straßenlärm von New York zu hören. Auf dem Flügel die Familienfotos von David und Heinrich (siehe hierzu S. 90). – *Abspann*

Filmmusik, die verbindende Klammer

Ein tragendes Element in SPIELZEUG-LAND ist die Musik: Das gemeinsame Klavierspiel verbindet David und Heinrich schon im Alter von 6 Jahren (Szene 1 und 3). Als Heinrich seinen Ausreißversuch vorbereitet (Szene 8), packt er dasselbe Notenheft in seinen Koffer, das Jahrzehnte später auf dem Flügel liegen wird, auf dem beide als alte Männer ihr Stück von damals spielen (Szene 17). Die erste und die letzte Einstellung, welche jeweils die vier Hände beim Klavierspiel zeigen, »verklammern« Anfang und Ende der Erzählung.

Wenn die Quelle der Musik wie in SPIELZEUGLAND im Film zu sehen ist, spricht man im Englischen von »Source music«. Sie ist in SPIELZEUGLAND aber nicht nur »on screen« zu hören, sondern auch »off screen«, oder kurz: Sie erklingt aus dem »Off«, wie in Szene 16, in der die Jungen das Klavierspielen auf dem Küchentisch simulieren.

Die Filmmusik geht auf ein Leitmotiv zurück, die traditionelle jüdische Hymne *Hine Ma Tov*, die einen Psalm (ein geistliches Lied) aus der Bibel zitiert. König David singt in Psalm 133: »Hine ma tov uma naim shevet achim gam yachad!« – »Sieh doch, wie schön und angenehm es ist, wenn Brüder [Menschen] in Frieden zusammen leben!« Als aus dem Off zu hörender, choralartiger Gesang erklingen diese Zeilen im Übergang von Szene 9, in der Heinrich nachts seinen Teddy an sich drückt, zu Szene 10, mit der auf den Zug umgeschnitten wird, in dem die Juden abtransportiert werden.

Die jüdische Hymne *Hine Ma Tov* erklingt, begleitet von Kinderlachen, während der Schlusseinstellung von Szene 9 aus der Ferne. Es ist, als ob Heinrich ihr lausche.

Der Abbruch des Liedes erfolgt am Anfang von Szene 10 durch das Pfeifen des von Soldaten bewachten Zuges, mit dem Juden deportiert werden.

Arrangement von Ingo Ludwig Frenzel zur jüdischen Hymne *Hine Ma Tov*

Das emotionalisierende Lied *Hine Ma Tov*, das die Stimmung und die völkerverbindende Aussage des Films widerspiegelt, hat der Filmmusikkomponist Ingo Ludwig Frenzel neu arrangiert, der auch für viele Langfilme die Musik geschrieben hat (z. B. für GOETHE!, D 2010, Regie: Phillip Stölzl). Die besondere Herausforderung bestand hier darin, dass die Klavierszenen schon zu einer anderen Musik abgedreht worden waren, sodass die neue Musik synchron zu den bereits aufgenommenen Fingerbewegungen komponiert werden musste. Die Melodie von *Hine Ma Tov* taucht auch im Abspann wieder auf, vor allem in den Spitzentönen innnerhalb einer Figuration, die nach vier Takten einsetzt. Sie wird danach weitergesponnen. Auch am Schluss, nach dem Doppelstrich, gibt es Umspielungen der Melodie von *Hine Ma Tov*, abwechselnd in d-Moll und g-Moll.

Komponist Ingo Ludwig Frenzel im Studio während der Aufnahmen zum Kinofilm GOETHE! (D 2010, Regie: Phillip Stölzl)

Die Filmmusik im Abspann von SPIELZEUGLAND, komponiert von Ingo Ludwig Frenzel

Großes Kino, kleines Budget

Trotz eines relativ niedrigen Budgets wurde SPIELZEUGLAND professionell auf 35-mm-Film gedreht. Er orientiert sich auch in seiner Ästhetik an den Maßstäben des großen Kinos. Einstellungsfolgen sind so gefilmt und mit »unsichtbaren Schnitten« im »Continuity style« aneinandergesetzt, dass für den Zuschauer die Illusion entsteht, mitten im Geschehen zu sein. Der Erzählfluss wird durch die Rückblendenstruktur jedoch gezielt wieder aufgebrochen.

Das »Neue Sehen«

Auffallend sind einige Kadrierungen mit extremen Kameraperspektiven, z.B. aus der »Froschperspektive« und als »Top shot« (direkt von oben). Damit greift der Film teilweise auch Vorlieben auf, die die Fotografie und den Film der 1920er- und 30er-Jahre prägten und die als »Neues Sehen« bezeichnet wurden. So wirkt SPIELZEUGLAND auch in der Art, wie er »fotografiert« ist, authentisch.

Die Kamera ist in SPIELZEUGLAND häufig in Bewegung – ein Zeichen für aufwendige Dreharbeiten, da vor Kamerafahrten oft Schienen für einen »Dolly« verlegt und Markierungen angebracht werden müssen (s. Abb. oben). Besonderen Aufwand erfordert die »Kranfahrt«. In SPIELZEUGLAND wird sie z. B. in den Szenen mit der Dampflok eingesetzt.

Dreharbeiten für die Schlusseinstellung. Die Kamera steht auf einer kleinen Kamerabühne mit Rädern vor dem zu filmenden Flügel. Der Weg der Kamera wurde auf dem Boden rot markiert. Von vorn kommt abgeschwächtes Tageslicht. Die Szene wird zusätzlich künstlich ausgeleuchtet: rechts der Hauptscheinwerfer mit Diffusor für weiches Führungslicht, links eine Reflektorfolie, in der Mitte ein nach unten auf die Fotos gerichtetes Aufhelllicht.

Das Resultat, eine Kombination aus Kamerafahrt und -schwenk. Bei der Schlusseinstellung (Szene 17) fährt die Kamera zunächst über die alten, am Piano spielenden Hände, und schwenkt anschließend hoch zu Davids und Heinrichs Familienfotos, die neben dem Notenheft aus ihrer Kindheit auf dem Flügel stehen.

Extreme Kameraperspektiven.
Links: Kameramann Christoph Nicolaisen, einer der Co-Produzenten von SPIELZEUGLAND, beim Kadrieren einer Einstellung des schneckenförmigen Treppenhauses aus der Froschperspektive. *Rechts:* das gefilmte Bild mit Frau Meißner im Treppenhaus zu Beginn ihrer Suche in Szene 2

Das Szenenbild – ein Zauberkunststück

Für historische Genauigkeit sorgt das Produktionsdesign. Szenenbildnerin Maja Zogg, für die SPIELZEUGLAND eine »Herzensangelegenheit« war, hatte einen knappen Monat Zeit, um Locations zu suchen und die Drehorte »authentisch« herzurichten. Wegen des geringen Budgets wurden die meisten Requisiten im Bekanntenkreis ausgeliehen. Stellenweise musste Maja Zogg regelrecht zaubern, wofür sie auf ihre Erfahrungen am Theater zurückgreifen konnte. So wurde die Raufasertapete in dem Raum, der zum Wohnzimmer der Silbersteins werden sollte, mit Schablonentechnik so übermalt, dass man die Reliefstruktur nicht mehr sah. Der Look des Fliesenbodens dagegen wurde in Stempeltechnik erzeugt. Sabine Schröder beschreibt die Arbeit von Maja Zogg.

Szenenbildnerin Maja Zogg am Modell

Wandbild. Die übermalte Raufasertapete im Musikzimmer der Silbersteins

Die Szenenbildnerin Maja Zogg stöbert nach Requisiten und Ideen für Filmkulissen auf Müllhalden, in verlassenen Fabrikgebäuden, in Wohnungen und Museen, aber auch ganz konventionell in Büchern. ... Maja Zogg ist auch die Frau hinter den Kulissen des jetzt mit dem Oscar ausgezeichneten Kurzfilms SPIELZEUGLAND des Berliner Regisseurs Jochen Alexander Freydank. Sie war dafür zuständig, die Kulissen möglichst glaubwürdig zu erstellen. Keine leichte Aufgabe ...

Das geringe Budget des ausgezeichneten Streifens erforderte Improvisation bei der Kulissengestaltung. Geld für Straßenszenen und angefertigte historische Tapeten gab es nicht, das Budget betrug lediglich 30.000 Euro. Als Alternative zu einer Straßenszene diente daher der Schulhof des Carl-von-Ossietzky-Gymnasiums in Pankow. Dort befinden sich aber hässliche Graffiti an einer Wand. Zogg gelang es, sie mit Sandstein-Farbtönen in verschiedener Hell-Dunkel-Stufen »wegzuzaubern«. ...

Wenn Maja Zogg über die Arbeit an SPIELZEUGLAND redet, ist ihr die Begeisterung anzusehen. »Die Arbeit mit dem Regisseur Jochen Alexander Freydank und seinem Team hat einfach gestimmt.«

Sabine Schröder

Der Schein der Authentizität. *Links:* Das Musikzimmer im Look der 1940er-Jahre kurz vor Drehbeginn. Es wird im Verlauf des Films zerstört. *Rechts:* Mitarbeiter Daniel Ben Sorge beim Stempeln der im Film echt wirkenden Fliesen des Küchenbodens.

Der Dreh mit den Locations

Wegen des geringen Budgets konnten die Dreharbeiten insgesamt nur fünf Tage in Anspruch nehmen – und dies, obwohl das Gesetz vorsieht, dass Aufnahmen mit Kindern nicht über drei Stunden am Tag hinausgehen dürfen!

Bei der Wahl der Drehorte (engl.: locations) für die Außenaufnahmen von SPIELZEUGLAND war – wie oft bei historischen Filmen – Fantasie gefragt. Da Filme in der Vorstellung des Zuschauers Orte zusammenfügen können, die in der Realität weit auseinanderliegen, konnten die Szenen 11, 13 und 15, die am Bahngleis spielen, in Berlin-Basdorf gedreht werden, während als Bahnhofshalle das Rathaus von Berlin-Neukölln diente (Szene 9). Die beiden Wohnungen dagegen, die in SPIELZEUGLAND vorkommen, waren in Wirklichkeit eine einzige.

Innen- und Außendreh. Oben links: **Als Bahnhofshalle** diente das Rathaus Berlin-Neukölln. *Oben rechts:* **Der** Zug – eine Leihgabe der »Berliner Eisenbahnfreunde« – wurde dagegen in Berlin-Basdorf gefilmt. *Unten:* Der Kamerakran fuhr auf einem Nebengleis.

Auszeichnungen für SPIELZEUGLAND
52. Semana Internacional de Cine de Valladolid, Spanien 2007 | Bermuda shorts award, Bermuda International Film Festival, 2008 | Publikumspreis, LA Jewish Film Festival, USA 2008 | Publikumspreis, Short Shorts Film Festival, Japan 2008 | Murnau-Kurzfilmpreis 2008 der Friedrich Wilhelm Murnau Stiftung | APEC award in Gold, Giffoni Filmfestival, Italien 2008 | Publikumspreis, Goldenes Einhorn, Alpinale Vorarlberg, Österreich 2008 | Bester Kinder/Jugendfilm, Odense Film Festival, Dänemark 2008 | Publikumspreis, Palm Springs International Festival of Short Films, USA 2008 | Hauptpreis, Sedici corto – International Film Festival Forli, Italien 2008 | best short film, Asheville Film Festival, USA 2008 | Bester Film u. 20 Minuten, Victoria Independent Film Festival, Australien 2008 | Publikumspreis, Anchorage International Film Festival, USA 2008 | 2. Preis Fachjury, 2. Preis Publikum, Bamberger Kurzfilmtage, Deutschland 2009 | Publikumspreis beim San Diego Jewish Film Festival, USA 2009 | Oscar für den besten Short Film (Live Action), 81st Annual Academy Awards, Los Angeles, USA 2009 | Publikumspreis, Pittsburgh Jewish Film Festival USA, 2009 | World cinema best short, Phoenix Film Festival, USA 2009 | Best narrative short film, Kansas Film Festival, USA 2009 | Bester Film, Beste Musik, Lenola International Film Festival, Italien 2009 | 2. Publikumspreis, Shorts at Moonlight, Deutschland 2009 | Publikumspreis beim Hong Kong Jewish Film Festival, 2009 | Publikumspreis beim Washington Jewish Film Festival, USA 2009

J. A. Freydank, konsequenter Filmemacher
Intensiv, vier Jahre lang, arbeitete Jochen Alexander Freydank, der 1967 in Ost-Berlin geboren wurde, für seine 14 Minuten Film. Unbeirrrt hatte er auch sein Berufsziel Regisseur im Auge behalten.
Nach dem Abitur hatte er zunächst ein Volontariat beim Fernsehen der DDR absolviert, das er wegen des Dienstes in der Nationalen Volksarmee (NVA) unterbrechen musste, später aber beim Jugendfernsehen fortsetzte. Freydank eignete sich hierbei Kenntnisse im Filmschnitt an. Der Fall der Mauer zerstörte 1989 die Strukturen in der DDR – Freydanks Herzenswunsch, Regisseur zu werden, blieb bestehen.
Von Filmhochschulen mehrfach abgelehnt, betätigte er sich u.a. als Cutter. Möglichkeiten, Regie zu führen, nahm er bei Stücken für kleinere Theater wahr, bei Werbe- und Kurzfilmen. Produzenten für größere Projekte waren nicht zu finden, doch Freydank schrieb nun erfolgreich Drehbücher für TV-Serien, als Erstes für OP RUFT DR. BRUCKNER.
Um seine eigenen Filmideen realisieren zu können, gründete er 1999 die Firma *Mephisto Film*. Fördermittel waren zwar auch für SPIELZEUGLAND nicht auf Anhieb zu bekommen, aber Freydank setzte den Film, von dessen Bedeutung er überzeugt war, schließlich unbeirrt mit »low budget« (engl., geringe Finanzmittel) um.
Die Auszeichnungen, mit denen SPIELZEUGLAND dann vor allem im Ausland überhäuft wurde, brachten Freydank mehr Unabhängigkeit und erlaubten es ihm, ein eigenes Langfilmprojekt zu einem Kafka-Roman anzugehen. Heute führt er u.a. bei renommierten TV-Sendungen wie dem TATORT Regie.

Oscar-Preisträger. Regisseur Jochen Alexander Freydank mit seinen Schauspielern Julia Jäger und Tamay B. Özvatan am Flughafen Berlin-Tegel nach der Rückkehr aus Los Angeles

Der Preis des Erfolgs. Nachdem SPIELZEUGLAND für den »Oscar« nominiert worden war, bekam Jochen Alexander Freydank vom früheren Oscar-Preisträger Florian Gallenberger den Tipp: »Denk an die Stretchlimo.« – »Die Stretchlimo?« – »Ja. Sonst kommst du nicht mehr weg. Taxis gibt es da nicht, es ist ja alles abgesperrt.« Freydank mietete einen Lincoln Sedan, mit dem er aber so langsam vorankam, dass er ausstieg – und zu Fuß zur Preisverleihung im »Kodak Theatre« ging.

Im Interview mit Christian Bauer und Peter Meyer erläutert Regisseur Freydank, worum es ihm in seinem Film geht.

Es geht um Lügen, es geht um Wahrheit, es geht darum, wie verhält man sich als »einfacher« Mensch in Zeiten einer Diktatur. Ich habe Schwierigkeiten damit, dass Widerstand in Deutschland oft nur auf Stauffenberg reduziert wird. Es gab wesentlich mehr Widerstand. Es war nämlich auch manchmal die kleine Putzfrau um die Ecke. ... auch heute gibt es ja immer wieder Situationen, in denen man sich verhalten muss. Und wenn den Leuten permanent gesagt wird, das machen die da »oben«, sprich irgendwelche Offiziere, Politiker – wo kriegst du dann im Kleinen den Mut her, dich zu wehren? Es war mir einfach sehr, sehr wichtig, ein solches Beispiel zu zeigen. Abgesehen davon ist eine wichtige Frage des Films natürlich: Wie ehrlich kann man einem Kind gegenüber sein? Wie ehrlich muss man sein? Es gibt Gesellschaftsstrukturen, die bringen einfach Menschen in solche furchtbaren Zwangslagen. Und deshalb ist es wichtig, Filme darüber zu machen.

Jochen Alexander Freydank

ANREGUNGEN ZUM GESPRÄCH

1. Finden Sie Gründe, warum die Story in SPIELZEUGLAND nicht chronologisch erzählt wird (s. S. 86–87).
2. Untersuchen Sie die Funktionen der zeichenhaften Elemente im Film: Wofür stehen z. B. Notenheft, Teddy, Uniformen, Hakenkreuz und Davidstern?
3. Warum gibt Frau Meißner David als ihren Sohn aus? Hat sie alles geplant? Sind Lügen moralisch zu rechtfertigen?
4. Recherchieren Sie den vollständigen Liedtext von *Hine Ma Tov* und beziehen Sie diesen auf den Film.
5. Analysieren Sie das neue musikalische Arrangement von *Hine Ma Tov* und die Abspannmusik hinsichtlich der Variationen des Ausgangsliedes.
6. Recherchieren Sie, in welcher Phase des Holocaust das Geschehen in SPIELZEUGLAND angesiedelt ist.
7. Berichten Sie von Menschen, die mit Zivilcourage gegen tätliche Angriffe und Diskriminierungen vorgehen.
8. Worauf führen Sie es zurück, dass SPIELZEUGLAND es in Deutschland eher schwer hatte, realisiert und anerkannt zu werden? Ziehen Sie hierzu die Liste der Auszeichnungen heran (S. 93).

Produktionsfoto am Set von SPIELZEUGLAND

ANREGUNGEN ZUR PRODUKTION

1. Schreiben Sie die Gedanken von Davids Eltern beim Abschied nieder.
2. Wie haben Heinrich und David den Krieg überlebt und die Jahrzehnte danach verbracht? Verfassen Sie ihre fiktiven Biografien.
3. Entwickeln Sie eine Filmstory aus der Perspektive von Heinrichs Teddy.
4. Listen Sie Möglichkeiten auf, das Nummernschild des Oldtimers oben im Film nicht sichtbar werden zu lassen.
5. Führen Sie Kameraexperimente mit extremen Perspektiven durch und halten Sie stichwortartig fest, für welche Art von Situationen sie sich eignen.

ANIMATIONSFILME

Die Beseelung der Einzelbilder   96
GERTIE THE DINOSAUR VON WINSOR MCCAY (USA 1914)   98
PAPAGENO von Lotte Reiniger (D 1935)   102
NEIGHBOURS von Norman McLaren (CDN 1952)   108
EINMART von Lutz Dammbeck (DDR 1980)   112
BALANCE von Christoph und Wolfgang Lauenstein (D 1989)   116
WALLACE & GROMIT: THE WRONG TROUSERS von Nick Park (GB 1993)   122
ANDERS ARTIG von Christina Schindler (D 2002)   124
MUTO von Blu (RA 2008)   130
OUR WONDERFUL NATURE von Tomer Eshed (D 2008)   132

Kinoplakat für Filme von Lutz Dammbeck im Klubkino Thalia, Babelsberg, 1982

Die Beseelung der Einzelbilder: Animationsfilme

Der Begriff »Animation« leitet sich vom lateinischen »animatio« ab, das »Belebung, Beseelung« bedeutet. Im Gegensatz zum Realfilm – auf Englisch als »live action« bezeichnet – handelt es sich beim Animationsfilm nicht um ein Abfilmen von Aktionen vor der Kamera, sondern um die schrittweise Erzeugung von Einzelbildern, die, montiert man sie Bild für Bild hintereinander, einen Bewegungseindruck hervorrufen. Der gemeinsame Nenner aller Animationsfilme liegt also in der technischen Verwandtschaft.

Die technischen Voraussetzungen

Die wichtigste Animationstechnik ist das »Stop-motion«-Verfahren (engl., Anhalten der Bewegung), auf Deutsch »Stopptrick« genannt. Ob Puppen,- Sach- oder Legetrick, Knetanimation, Brickfilm oder Pixilation – bei allen Verfahren werden im Prinzip unbewegte Motive abfotografiert, bis zur nächsten Aufnahme leicht verändert und erneut abgelichtet. Bei der Filmbetrachtung ist der Stillstand zwischen den Frames aufgrund der »Trägheit des Auges« nicht wahrnehmbar. Die Unterschiede von »Phase« zu »Phase« müssen jedoch möglichst gering sein, wenn der Ablauf reibungslos wirken soll.

Während ein Realfilm aus 25 fps (engl.: frames per second, Bilder pro Sekunde) und ein Video aus 24 fps besteht, können für eine Animation schon acht Aufnahmen genügen, die jeweils dreimal wiederholt werden, woraus sich eine Sekunde Laufzeit ergibt (= Standdauer 0,125 Sek. pro Bild). Geläufiger ist das »Shooting on twos«, für das 12 fps hergestellt werden, von denen jeder zweimal gezeigt wird (»Double frame-Technik«).

Highlights der Stop-motion-Animation

Die prägende Persönlichkeit in der Geschichte der Animation war der Anglo-Amerikaner James Stuart Blackton. Zusammen mit Albert E. Smith gründete er 1897 die *Vitagraph Company of America*. Die beiden schufen 1898 den Puppentrick THE HUMPTY DUMPTY CIRCUS – und begründeten damit ein Genre des Animationsfilms. Über neun Jahrzehnte später gewannen die Brüder Christoph und Wolfgang Lauenstein für ihre Puppenanimation BALANCE (D 1989, s.S. 116 ff.), die eine Schicksalsgemeinschaft am Abgrund zeigt, den begehrten Oscar.

Blackton war es auch, der das Stop-motion-Prinzip in die Knetanimation einbrachte, mit weitreichenden Folgen für die Zukunft der »Claymation« (engl. clay: Lehm, Ton). Die von Nick Park und seiner Firma Aardman Animations seit 1989 aus Plastilin modellierten Figuren WALLACE & GROMIT sind sogar zu Kinohelden geworden (s. S. 122 f.).

Der Spanier Segundo de Chomón erstellte schon 1908 mit

1914: GERTIE THE DINOSAUR von Winsor McCay

1928: STEAMBOAT WILLIE, vertonter Zeichentrick von Disney und Up Iwerks

1935: PAPAGENO von Lotte Reiniger, ein Silhouettenfilm zur Mozart-Musik

1952: NEIGHBOURS von Norman McLaren, ein Pixilationsfilm über einen Nachbarstreit

1981: EINMART von Lutz Dammbeck, Zeichen- und Flachfigurentrick über einen Ausbruchsversuch

EL HOTEL ELÉCTRICO für das Studio Pathé in Paris den ersten bedeutenden »Sachtrickfilm« aus magisch bewegten Dingen, was die Werbung bald aufgriff (s. S. 210 f.). Eine Unterform der »Objektanimation« ist der »Brickfilm« (engl. brick: Baustein) aus Legosteinen. Ein rasantes Beispiel stellt der Musicclip zu FELL IN LOVE WITH A GIRL (USA 2002) von Michel Gondry dar.

Werden Bewegungen von Personen aus Einzelfotos animiert, spricht man von »Pixilation« (engl. pixilated: verrückt, angeheitert). Diese ähnelt dem Realfilm, bevorzugt aber skurrile Aktionen, z. B. Schwebeeffekte. Norman McLaren schuf mit NEIGHBOURS den bedeutendsten Pixilationsfilm (CDN 1952, s. S. 108). In seinen Filmen kommt auch die »Go-Motion«-Technik vor: Hierfür werden Bewegungen abgefilmt, aus denen im Schnittprogramm einzelne Frames wieder entfernt werden.

Tricktechniken in 2D

Im Gegensatz zu den »Stop-motion-Verfahren« handelt es sich beim »Zeichentrickfilm« um eine Animation auf der Fläche, ob nun als Zeichnung oder als Malerei (z. B. bei der Öl-auf-Glas-Animation). Wieder war es Blackton, der 1906 die ersten animierten Kreidezeichnungen auf einer Tafel fertigte – und er war es auch, der Winsor McCay 1914 bei GERTIE THE DINOSAUR zur Seite stand, dem ersten »Zeichentrickfilm« mit eigens entworfenem »Character« (engl., Persönlichkeit, s. S. 98 f.).

Hatte McCay für seinen 12-minütigen Film noch 10 000 Einzelblätter gezeichnet, so erlaubte die von Earl Hurd 1914 zum Patent angemeldete »Cel Animation« eine ökonomischere Arbeitsweise. Sie wurde bei STEAMBOAT WILLIE (USA 1928), einem der ersten Mickey-Mouse-Filme mit Ton, von Walt Disney und Up Iwerks eingesetzt und fand bei Disneys ZAUBERLEHRLING (USA 1940, S. 180 ff.) zu einem Höhepunkt. Der Street-Artist Blu arbeitet allerdings noch mit Einzelzeichnungen, trotz der oft haushohen Formate (MUTO, 2008, s. S. 130 f.).

Ein weiterer Erfinder des Zeichentricks, der Franzose Emile Cohl (FANTASMAGORIE, F 1908), experimentierte u. a. mit dem »Legetrick« und der »Silhouettenanimation«, welche die Deutsche Lotte Reiniger ab den 1920er-Jahren perfektionierte (PAPAGENO, D 1935, s. S. 102 ff.). Lutz Dammbeck wiederum kombiniert in EINMART, einer Fluchtfantasie, den Zeichen- und den »Flachfigurentrick«, bei dem gezeichnete Elemente vor Hintergründen verschoben werden (DDR 1981, s. S. 112 ff.).

Animation im Computerzeitalter

Die Gegenwart des Animationsfilms ist vom Computer geprägt, der selbst in Christina Schindlers klassisch wirkendem Zeichentrick ANDERS ARTIG zum Einsatz kam (D 2002, S. 124 ff.).

Größte Erfolge feiert heute die »Computer Generated Imagery« (engl., im Computer erstellte Bildwelten, CGI) mit ihren körperhaft modellierten, plastisch wirkenden Figuren, wie sie von Firmen wie *Pixar* und *DreamWorks* entwickelt wurden. Tomer Eshed setzte sie in seiner Lehrfilm-Satire OUR WONDERFUL NATURE kreativ ein (D 2008, s. S. 132). »Die Produktionsgeschwindigkeit und relativ niedrige Kosten«, stellte Gil Alkabetz fest, »ermöglichen flexible Gedankengänge.«

1960   1965   1970   1975   1980   1985   1990   1995   2000   2005   2010

1989: BALANCE, Puppenanimation von C. und W. Lauenstein

1993: WALLACE & GROMIT, THE WRONG TROUSERS, »Claymation« von Nick Park

2002: ANDERS ARTIG von Christina Schindler, Zeichentrick mit Computeranteilen

2008: MUTO von Blu, eine Street-Art-Animation im Großformat

2008: OUR WONDERFUL NATURE von Tomer Eshed, eine Satire in 3D

Die Anfänge des Zeichentrickfilms
GERTIE THE DINOSAUR (1914) von Winsor McCay – Animation mit der »Pose-to-pose«-Methode

Filmplakat von Winsor McCay, 1914

USA 1914 | sw | 12 Min.
Drehbuch, Regie, Animation, Produktion: Winsor McCay
Filmtechnik: Vitagraph Studios
FSK: ab 6 J. | Empfehlung Sek. 1: ab Kl. 5

Der erste Teil besteht aus einem Realfilm: Der Zeichner Winsor McCay landet mit Freunden aufgrund einer Autopanne im Naturkundemuseum. Mit seinem Kollegen George McManus wettet er vor dem Skelett eines Brontosauriers, dass er diesen zum Leben erwecken kann. Sechs Monate lang zeichnet er 10 000 Einzelbilder, die danach mit einer Filmkamera abfotografiert werden. Als die Animation beendet ist, führt McCay sie den Freunden beim Dinner vor. Er zeichnet zuerst die Saurierdame »Gertie« auf eine Art Flipchart, dann eine Felsenlandschaft mit See. Nun folgt der animierte Teil: Gertie kommt schüchtern aus ihrer Höhle, sie verspeist einen Stein und einen Baum, sie begrüßt auf McCays Wunsch das Publikum, führt Kunststücke vor und tänzelt. Als sie sich von anderen vorzeitlichen Tieren ablenken lässt und ein Mammut in den See wirft, schimpft McCay mit ihr, worauf sie zu weinen beginnt. McCay kann sie besänftigen, und Gertie trinkt durstig den See leer. Nun erscheint McCay selbst als Dompteur mit Peitsche auf der Leinwand – und reitet auf Gertie davon. McCay hat die Wette gewonnen, McManus aber muss das Essen zahlen.

Ein Realfilm als Rahmenhandlung. 1 Die Reifenpanne vor dem Naturkundemuseum. | 2 Das Dinosaurierskelett, das zur Wette anregt. | 3 McCays Assistent lässt einen Stapel Zeichnungen fallen. | 4. Ein halbes Jahr später: das Treffen der Freunde und die Vorführung beim Essen im Restaurant. McCay beginnt vor den Gästen zu zeichnen.

Übergang in die Animation – und zurück in die reale Welt. 5 McCay vor der Zeichenfläche im Restaurant. | 6 Die Animation beginnt: Gertie verbeugt sich, tanzt und weint. | 7 McCay erscheint in der Animation und reitet auf Gertie. Sie verlassen zusammen das Bild. | 8 George McManus gratuliert zur gewonnenen Wette.

Auch wenn Gertie the Dinosaur nicht der erste Zeichentrickfilm überhaupt ist, gilt er doch als derjenige, für den erstmals ein »Charakter« mit Gefühlen und einer eigenen Persönlichkeit entwickelt wurde: die Dino-Dame Gertie, der erste animierte Star der Leinwand!

Gertie auf der Schaubühne ...

Seit 1906 trat Winsor McCay, der als Karikaturist bekannt war, in sogenannten »Chalk talks« in »Vaudeville«-Theatern auf, auf Schaubühnen, wo er zu seinen Vorträgen zeichnete. 1911 führte er hierbei seinen ersten Zeichentrickfilm vor, Little Nemo in Slumberland, mit einer ähnlichen Rahmengeschichte wie Gertie the Dinosaur, der schließlich im Januar 1914 in Chicago Premiere hatte. McCay interagierte hier live mit seiner Schöpfung: Im Smoking, mit der Peitsche in der Hand, forderte er Gertie zu Tricks auf und warf ihr scheinbar einen Apfel zu, der auf der Leinwand in eine animierte Frucht überging.

... und in der Filmversion

Für die reine Kinovorführung wurde die Rahmenhandlung mit dem Museumsbesuch und der daraus folgenden Wette als Realfilm nachgedreht, ebenso die Szene in McCays Arbeitsräumen. Auf seinem Schreibtisch stapeln sich die auf dünnes Reispapier gezeichneten Blätter. Sein Assistent John A. Fitzsimmons, ein Kunststudent aus der Nachbarschaft, der die Hintergründe kopierte, die von Bild zu Bild gleich blieben, kann gar nicht alle auf einmal tragen – und lässt aus Versehen einen Stapel fallen.

Vom Vortrag zum Zwischentitel

Während McCay bei seinen Live-Auftritten den Film direkt komentieren konnte, war dies bei der reinen Filmversion, die in zahlreichen Kopien von William Fox, dem Gründer der Fox Film Corporation (später 20th Century Fox) vertrieben wurde, nicht möglich. Deshalb wurden Zwischentitel eingeblendet, wie sie in der »Stummfilmzeit« üblich waren.

> "Gertie,—yes, her name is Gertie,—will come out of that cave and do everything I tell her to do."
> GERTIE

Ein Zwischentitel in Gertie the Dinosaur

Das Abfotografieren der Gertie-Zeichnungen auf Film (an der Kamera hinten James Stuart Blackton). Motion still

Vom »Split System« zum Film

Seine Methode, von einer Bewegung zur nächsten zu kommen, nannte der Zeichner das »McCay Split System« (engl. split: Aufteilung). Auf die Hintergründe zeichnete er z.B. zuerst den Anfang, dann die Mitte und das Ende einer Bewegung und erst danach die Zwischenphasen, die er »Inbetweens« nannte. Wegen der »Key poses«, der Schlüsselpositionen, spricht man heute von »Pose-to-pose«-Methode. An den Ecken finden sich Passermarken. Indem McCay das Reispapier auf Karton montierte, konnte er die Bewegungsabläufe wie bei einem Daumenkino überprüfen. Die Übertragung auf Film besorgte James Stuart Blackton, der schon 1900 eigene Versuche mit Animationen durchgeführt hatte. Ursprünglich Reporter und Jahrmarktzeichner wie McCay, hatte Blackton 1897 die *Vitagraph Company of America* gegründet, nachdem er vom Erfinder Thomas Alva Edison überredet worden war, ihm dessen Erfindung, einen Filmprojektor, abzukaufen. Blackton fotografierte mit der Einzelbildschaltung seiner Kamera jedes der 10 000 von McCay gezeichneten Blätter der Reihe nach ab.

So inspirierend Winsor McCay auf spätere Zeichner wirkte, so unwirtschaftlich war sein Verfahren, jedes Blatt neu zu zeichnen. Schon 1914 ließ sich der Karikaturist Earl Hurd die »Cel Animation« patentieren, bei der Folien auf Hintergründe gelegt werden, die nur einmal gezeichnet werden müssen (s. S.188).

Auszeichnungen für GERTIE THE DINOSAUR
1991 Aufnahme als besonders erhaltenswerter Film in das »National Film Registry« der USA, als erster Kurzfilm und als dritter Zeichentrickfilm nach den Disney-Langfilmen SCHNEEWITTCHEN UND DIE SIEBEN ZWERGE und FANTASIA (S. 188)

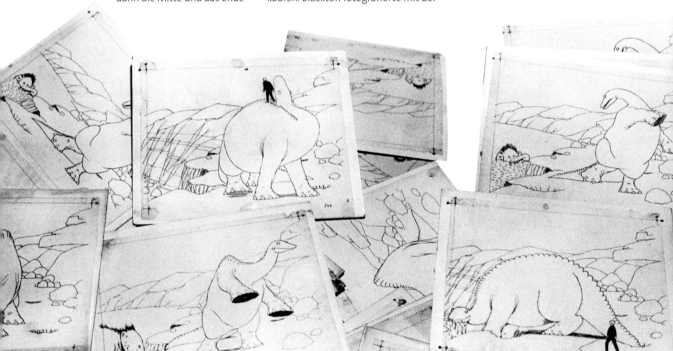

Originalzeichnungen für GERTIE THE DINOSAUR. Von 10 000 Blättern haben sich nur etwa 400 erhalten. La Cinématèque québécoise

Little Nemo. Von McCay erfundene Comic-Figur, deren Träume er in Comic strips vorstellte. Für Little Nemo stand McCays kleiner Sohn Robin Modell.

Pionier des Zeichentricks: Winsor McCay

Winsor McCay, 1867 Kanada geboren, sollte Wirtschaft am Michigan State Normal College studieren, nahm aber lieber privaten Zeichenunterricht. Seit 1889 in Chicago, schuf er im Auftrag der *National Printing and Engraving Company* Holzschnitte für Zirkus- und Theaterplakate. Bald wurde er Comiczeichner in Cincinnati und begann seine Zeichnungen im dortigen *Enquirer* zu veröffentlichen. Bekannt wurde seine Figur Little Nemo, ein kleiner Junge, den er in seiner Traumwelt zeigte. Erfolgreich war McCay seit 1906 auch als Vaudeville-Redner (s. Text S. 14) und ab 1911 als Zeichentrickfilmer. Sein zweiter Dinosaurier-Film, GERTIE ON TOUR, ist nur als Fragment erhalten.

McCay starb 1934 in Brooklyn. Nach ihm ist der »Winsor McCay Award« benannt, der jährlich bei den »Annie Awards« in Los Angeles einem Animationskünstler für sein Lebenswerk verliehen wird.

Winsor McCay auf dem französischen Plakat für seinen Animationsfilm LITTLE NEMO, 1911

Patentklau. Als Winsor McCay an GERTIE arbeitete, gab er einem jungen Mann namens John Randolph Bray ein Zeitungsinterview und erläuterte dabei ausführlich seine Arbeitsweise. Kurz darauf meldete Bray ein Patent auf McCays Erfindung an und gründete eine wirtschaftlich sehr erfolgreiche Animationsfilmfabrik. Obwohl McCay es versäumt hatte, selbst ein Patent anzumelden, da er sich lieber der Kunst widmete, verklagte er Bray und erhielt bis 1932, wo das Patent auslief, Tantiemen von ihm. Bray selbst verdiente gut mit der »Cel Animation«, dessen Patent er sich mit Earl Hurd teilte (s. S. 188).

> When Gertie was lying on her side I wanted her to breathe and I tried my watch, and also stopwatch, to judge how long she was inhaling and how long it took her to exhale. I could come to no exact time until one day I happened to be working where a large clock with a big second dial accurately marked the intervals of time. I stood in front of this clock and inhaled and exhaled and found that, imitating the great dinosaur, I inhaled in four seconds and exhaled in two.
>
> *Winsor McCay*

ANREGUNGEN ZUM GESPRÄCH
1. Erläutern Sie anhand des englischen Textes (rechts), wie McCay zu seiner natürlichen Darstellung der Atembewegungen Gerties kam.
2. Warum gibt es in GERTIE THE DINOSAUR nur Umrisszeichnungen?
3. 10 000 Zeichnungen für knapp 4 Minuten Animation – berechnen Sie die Anzahl der Bilder für eine Sekunde Film.

3. Worin besteht das Umständliche von McCays »Split System«, worin der Vorteil der »Cel Animation« (s. S. 188)?
4. Verspricht das Kinoplakat für GERTIE zu viel? Legen Sie die Unterschiede zwischen dem Plakat und dem tatsächlichen Zeichentrickfilm dar.
4. Kennen Sie weitere Dinosaurierfilme? Worin unterscheiden sich diese von GERTIE THE DINOSAUR?

ANREGUNGEN ZUR PRODUKTION
1. Rollenspiel: McCay verteidigt seine Erfindung gegen John Randolph Bray vor Gericht.
2. Versuchen Sie, einen einfachen Bewegungsablauf nach dem »Split System« zu zeichnen und zu animieren.

DVD Milestone Master Edition: *Winsor McCay*

Eine »Filmfantasie« zur Musik von Mozart

Papageno (1935) von Lotte Reiniger – ein Silhouettenfilm zu einer Märchenoper

Papageno und Pagagena, Scherenschnitt von Lotte Reiniger

Deutschland 1935 | sw | 10:52 Min.
Drehbuch, Regie, Animation: Lotte Reiniger
Produktionsleitung: Carl Koch
Assistenz: Arthur Neher
Musik aus: *Die Zauberflöte* (1791) von Wolfgang Amadeus Mozart zusammengestellt von Peter Gellhorn
Musikalische Leitung: Nils Lieven
Empfehlung: ab 10 | Kl. 5

Der Vogelfänger Papageno ist einsam und sehnt sich nach einer Gefährtin. Da nutzt es auch nichts, dass sich seine Vögel ihm zuliebe in kleine Frauenfiguren verwandeln. Als aber eines Tages die hübsche Papagena auf dem Rücken eines Straußenvogels geritten kommt, verlieben sich die beiden ineinander. Allerdings flieht die Geliebte schon bald wieder vor einer riesigen Schlange. Papageno will sich das Leben nehmen, woran ihn aber seine drei Papageien hindern. Mit seinem Spiel auf der Panflöte lockt er Papagena schließlich zurück. Das Paar bekommt viele kleine Papagenas und Papagenos, die aus straußengroßen Eiern schlüpfen und tanzen.

»Ich bin ein Märchenfan«, sagte Lotte Reiniger von sich. Die Figur des Papageno entnahm die Scherenschnittkünstlerin der Märchenoper *Die Zauberflöte*, zu welcher Wolfgang Amadeus Mozart 1791 die Musik komponierte, während der mit ihm befreundete Sänger, Dichter und Theaterbesitzer Emanuel Schikaneder das Libretto (ital., Büchlein) schrieb.

Lotte Reiniger machte aus dem Papageno eine »Filmfantasie«, wie die Titelei verrät. Zwar hielt sich die Künstlerin eng an die Vorlage, nahm aber auch kleine Veränderungen vor: Während der Papageno – laut Schikaneder ein »merkwürdiges Wesen, halb Mensch, halb Vogel« – in der Oper von drei schutzengelartigen Knaben gerettet wird, sind es im Film drei lustige Papageien (Abb. S. 103).

Lotte Reinigers »Mozartfimmel«

In Papageno verband Lotte Reiniger die Vorliebe für Märchen mit ihrem »Mozartfimmel«. Schon 1930 hatte sie den Silhouettenfilm Zehn Minuten Mozart geschaffen, dessen Soundtrack ebenfalls Mozart-Musik enthält, *Eine kleine Nachtmusik* und *Cosi fan tutte*.

Wie bei diesem Film, so hat Lotte Reiniger auch für Papageno alle Figuren als »Silhouetten« aus schwarzer Pappe geschnitten, diese auf eine von unten durchleuchtete Glasplatte gelegt, die Bewegungen in Phasen unterteilt, mit der Einzelbildschaltung der Filmkamera abfotografiert und somit animiert.

Die Filmhandlung. Papageno ist einsam. Seine Vögel verwandeln sich in kleine Frauen. Endlich bringt ein Vogel Strauß die schöne Papagena.

Eine Schlange bedroht das junge Glück und Papagena flieht auf ihrem Strauß. Papageno will sich in den Tod stürzen, doch seine drei Papageien fangen ihn im letzten Moment auf. Papagena kehrt zurück und das glücklich vereinte Paar bekommt viele Kinder.

Mozart, das musikalische Wunderkind

Wolfgang Amadeus Mozart, dessen Werke Lotte Reiniger so liebte, gilt als der kompletteste Komponist der Musikgeschichte. 1756 in Salzburg geboren, besuchte er nie eine Schule, bekam aber Musikunterricht von seinem Vater, dem Hofgeiger und Komponisten Leopold Mozart. Mit drei Jahren begann er Klavier zu spielen und mit fünf erste Stücke zu komponieren. Schon als Knabe gab Mozart Konzerte in Europas Metropolen. Für verschiedene Höfe tätig, schuf er Opern, Sinfonien, Serenaden, Sonaten, Lieder, Quartette, Chöre, Messen und Divertimenti. Er verstarb 1791, nur zwei Monate nach der Uraufführung der Zauberflöte, im Alter von 35 Jahren aus bis heute ungeklärten Gründen.

Die Zauberflöte gehört zu den weltweit bekanntesten Opern überhaupt. Selbst wer sie noch nicht gesehen hat, kennt die Arie *Der Vogelfänger bin ich ja,* mit der auch Lotte Reinigers PAPAGENO beginnt. *Die Zauberflöte* steht in der Tradition der volksnahen Wiener »Kasperl- und Zauberopern«, die in der zweiten Hälfte des 18. Jahrhunderts aufkamen. Darin siegt stets die Liebe. Oft wird *Die Zauberflöte* eigens für Kinder und Jugendliche inszeniert oder als Marionettentheater aufgeführt.

Mozart-Briefmarke der Deutschen Bundespost, 1991, zum 200-jährigen Jubiläum der Märchenoper *Die Zauberflöte*. Links auf der Marke das Plakat zur Uraufführung der Oper, rechts ein Mozart-Porträt

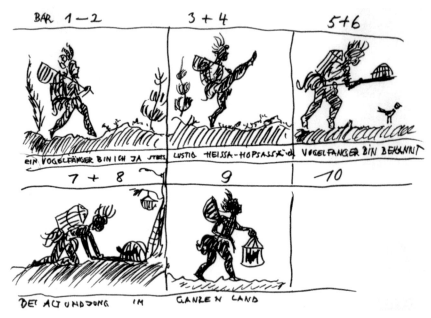

Storyboard. Zeichnungen von Lotte Reiniger für Papagenos erste Bewegungen (Bar = Takt)

Von der Zeichnung zur Silhouette

Als talentierter Zeichnerin fiel es Lotte Reiniger nicht schwer, die Handlung in einem »Storyboard« vorzubereiten. Auf der Grundlage detaillierter Zeichnungen schnitt sie dann ihre Silhouetten – eine schwierige Kunst, da ein Scherenschnitt nicht nur genaue Beobachtung erfordert, sondern auch auf die grafischen Mittel verzichten muss, die Figuren sonst plastisch erscheinen lassen. Eine Silhouette stellt somit eine große Abstraktion vom Naturvorbild dar. Benannt ist sie nach dem französischen Finanzminister Étienne de Silhouette, der es den Mitgliedern des Königshofs um 1750 verboten haben soll, teure Porträts malen zu lassen. So kamen die billigeren Scherenschnitte in Mode, die bald zu einer Jahrmarktsattraktion wurden.

Die Filmstelle zum Storyboard. Der gezeichnete Papageno ist per Scherenschnitt in eine Silhouette umgewandelt worden (s. S. 105). Er bewegt sich in einer Landschaft, deren Vordergrund ebenfalls aus schwarzem Karton ausgeschnitten wurde, während die weiter hinten liegenden Pflanzen und Landschaftsteile aus Transparentpapier bestehen. Je mehr Teile davon übereinandergelegt werden, desto dunkler erscheint der dabei entstehende Grauton.

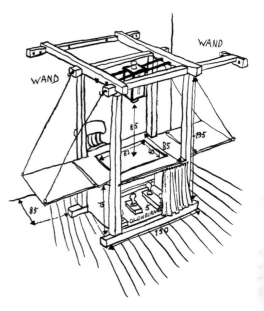

Entstehung der Papageno-Silhouette. Nach einer Zeichnung schneidet Lotte Reiniger die einzelnen Körperteile aus, verbindet sie mit Draht und klopft und walzt die Gelenke flach.

Von der Silhouette zum Tricktisch

Die Figuren für den Silhouettenfilm wurden von Lotte Reiniger in einzelne Gliedmaßen aufgeteilt, wobei es, ähnlich wie bei einem Hampelmann, Überlappungen an den Stellen gibt, an denen die beweglichen Gelenke sitzen. Sie bestehen aus Drahtschlaufen, die Lotte Reiniger mithilfe eines Hämmerchens und einer Walze möglichst flach hält. Die Animation erfolgt an einem Tricktisch mit Glasscheibe, die von unten durchleuchtet wird. Die Fotografien werden von einer oben angebrachten Kamera gemacht. Setzte Lotte Reiniger noch eine Filmkamera mit Einzelbildschaltung ein, so kann man heute einen digitalen Fotoapparat verwenden.

Tricktisch, gezeichnet von Lotte Reiniger (Zahlen sind cm-Angaben)

Die Papageno-Silhouette auf dem Tricktisch. Lotte Reiniger legt Hintergrund und Figur auf die von unten illuminierte Glasplatte und erläutert, wie die Animation zustande kommt. Motion stills aus: Ein Scherenschnittfilm entsteht (GB 1971, Regie: John Isaacs)

Von der Musik zur Animation

Während die Musik zu einem Film sonst meist nachträglich geschrieben wird, existierte sie hier vorher – die Animation musste sich also nach ihrem Takt, dem Rhythmus und der Aussage richten. PAPAGENO kann deshalb auch zur Kategorie der »Musikfilme« gezählt werden. In einem fiktiven Interview beschrieb Lotte Reiniger, was dies für sie bedeutete.

> Unendlich viele mathematische Berechnungen waren nötig, um die endlosen Papageno-Papagena-Dialoge anzupassen (die vom musikalischen Standpunkt aus nicht gekürzt werden können) und dies alles in eine Handlung zu übersetzen, deren Wirkung so leicht und zerbrechlich sein sollte, wie die Musik es auch ist. Die erfolgreiche Vollendung dieses schwierigen Unterfangens hat meinen ganzen kompositorischen Stil verändert. Davor hatte ich einen Film damit begonnen, die Handlung zu erarbeiten und dann nach der passenden Musik zu suchen. Heute suche ich zuerst nach der Musik und füge dann die passende Handlung ein.
>
> *Lotte Reiniger, Gespräch mit einem Bekannten, 1936*

»Zaubernde Hände«: Lotte Reiniger

Schon als 12-Jährige fertigte Lotte Reiniger, die 1899 in Berlin geboren wurde, ihre ersten Scherenschnitte für eine Schultheateraufführung. Ermutigt von Paul Wegener, einem der frühen deutschen Filmstars, nahm sie 1916 Schauspielunterricht an der *Max-Reinhardt-Schule* am Deutschen Theater. Für Wegeners Filme gestaltete sie Titelsilhouetten, zudem schnitt sie Schauspielerporträts. Schon mit ihrem ersten Silhouettenfilm DAS ORNAMENT DES VERLIEBTEN HERZENS (1919) führte sie den traditionellen Scherenschnitt zu einem neuen künstlerischen Ausdruck.

1919 lernte Lotte Reiniger ihren späteren Mann Carl Koch kennen, mit dem sie zeitlebens eng zusammenarbeitete. Nach Werbefilmen für Julius Pinschewer (s. S. 210 ff.) und kurzen Märchenverfilmungen (ASCHENPUTTEL, 1922) wagten sich Lotte Reiniger und Carl Koch, unterstützt von Walter Ruttmann und Berthold Bartosch, an den ersten abendfüllenden Silhouettenfilm, DIE ABENTEUER DES PRINZEN ACHMED (1926), der drei Jahre Arbeit und 96 000 Einzelaufnahmen erforderte.

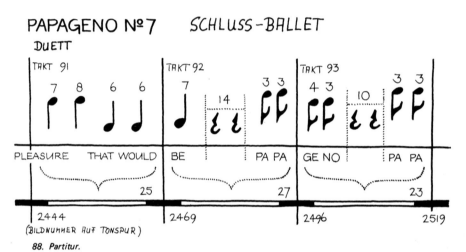

88. Partitur.

89. Skizziertes Spiel der Figuren im Takt (vgl. Abb. 88).

»Musicboard« von Lotte Reiniger für die Planung der taktgenauen Abstimmung von Musik und animierter Bewegung am Beispiel des »Schlussballetts«

Am nächsten Film, Dr. Doolittle und seine Tiere (1928), waren so namhafte Komponisten wie Paul Dessau, Kurt Weill und Paul Hindemith beteiligt. Für die Musikfilme Harlekin (1931), Carmen (1933) und Papageno (1935) verwendete Lotte Reiniger klassische Musik.

Das Paar verband eine enge Freundschaft mit dem Schriftsteller Bertold Brecht. In der Nazizeit (1933–1945) waren ihre Filme zwar nicht verboten, wurden aber auch nicht mehr gefördert. 1935 zog das Ehepaar nach London, wo neue Filmvorhaben und Ausstellungen warteten. Koch führte Drehbuch- und Produktionstätigkeiten an der Seite des namhaften französischen Regisseurs Jean Renoir aus, der Lotte Reinigers »zaubernde Hände« bewunderte. 1942 zog das Paar nach Berlin zurück, um dort Entwürfe für Theaterkulissen auszuführen. Ab 1944 fertigte Lotte Reiniger verstärkt Silhouettenfilme zu Märchen. 1949 siedelten die Eheleute wieder nach London, 1962 wurden sie englische Staatsbürger. Nach Carl Kochs Tod im Jahre 1963 wandte sich Lotte Reiniger intensiv dem Schattenspiel für das englische Kinderfernsehen zu. Sie wurde zu Vorträgen und Workshops in viele Länder eingeladen. 1981 verstarb sie in Dettenhausen bei Tübingen. Ihr Nachlass wird im Stadtmuseum Tübingen aufbewahrt.

Ehrungen für Lotte Reiniger (Auswahl)
Silver Dolfin, Erster Preis für Fernsehkurzfilme, Filmfestspiele Venedig, 1955 | Filmband in Gold, Berlinale 1972 | Großes Bundesverdienstkreuz 1979

Lotte Reiniger am Tricktisch. Produktion von Die Abenteuer des Prinzen Achmed, 1925. Oben Carl Koch, rechts zwei Mitarbeiter

ANREGUNGEN ZUM GESPRÄCH
1. Beschreiben Sie das Zusammenspiel von Musik und Scherenschnittformen.
2. Wie gelingt es Lotte Reiniger, mit flachen Elementen einen filmischen Tiefenraum zu erzeugen?
3. Welche dramatische Struktur könnte Papageno zugrunde liegen? (siehe S. 57, 67, 118 und S. 165)
4. Worin besteht die Modernität von Lotte Reinigers Filmen?

ANREGUNG ZUR PRODUKTION
Suchen oder komponieren Sie selbst eine kurze Perkussion, zu der sie eine (figürliche oder abstrakte) Scherenschnittanimation herstellen, die als »Loop« ablaufen kann.

Nachfolger. Mit seinem Silhouettenfilm Kirikou, der farbige 3-D-Hintergründe hat, ist der französische Filmemacher Michel Ocelot 1998 bekannt geworden.

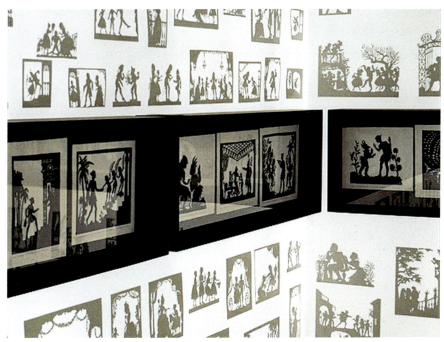

Tübinger Stadtmuseum, Blick in die ständige Lotte-Reiniger-Ausstellung

Stop motion für den Frieden
Neighbours (1952) von Norman McLaren – ein Pixilationsfilm als Ausdruck eines Bruderkriegs

Exposition in Neighbours. Zwei Nachbarn (Jean-Paul Ladouceur und Grant Munro) vor ihren Papphäusern. Die Schlagzeile der einen Zeitung: »Peace Certain If No War«, die der anderen: »War Certain If No Peace«.

Kanada 1952 | Farbe | 8 Min.
Drehbuch, Regie, Produktion, Soundtrack: Norman McLaren
Empfehlung: ab 12 J. | Kl. 7

Auf der Grundstücksgrenze zweier friedlich nebeneinander lebender Nachbarn wächst eines Tages eine Blume, die sie in einen regelrechten Rausch versetzt. Jeder beansprucht die Blume für sich, ein Zaun wird errichtet. Es kommt zu einem Kampf, bei dem sich die beiden gegenseitig umbringen. Wie von Zauberhand wächst auf jedem Grab eine Blume.

Der Handlungsablauf in Neighbours. Die beiden Nachbarn schnuppern an der soeben aus dem Boden gewachsenen Blume und heben ab. Sie beginnen, sich um die Blume zu streiten: Der eine errichtet einen Zaun, dessen Verlauf der andere anzweifelt. Er zieht eine neue Grenzlinie zwischen den Grundstücken. Es werden Latten aus dem Zaun gebrochen, mit denen die Männer immer auf den anderen einschlagen, am Ende mit Kriegsbemalung. Nachdem sie einander umgebracht haben, wachsen zwei Gräber aus dem Boden, um die sich die Latten zu einem Zaun schließen, woraufhin aus jedem Grab eine Blume sprießt.

Illusion des Fliegens. Die Männer wurden für diese Pixilation mehrfach auf dem Höhepunkt eines Sprungs abfotografiert.

Die Kunst der Pixilation

Norman McLaren, Pionier des Animationsfilms, erfand mit Grant Munro den Ausdruck »Pixilation« für fotografische Trickfilme (engl. pixilated: angeheitert, leicht verrückt). NEIGHBOURS gilt als erster bedeutender Pixilationsfilm. Das Verfahren beruht auf Einzelfotos von Personen oder auch Dingen, die sich beim Abspielen slapstickartig bewegen, in der Luft schweben, über den Boden gleiten oder sich auflösen. Die Filmkamera wird dafür auf Einzelbildschaltung gestellt – daher auch der Ausdruck »Stop motion«. Heute kann man die Aufnahmen digitaler Fotoapparate im Videoschnittprogramm zusammenfügen.

In NEIGHBOURS sind nur wenige Stellen tatsächlich pixiliert. Der größere Teil besteht aus »Realfilm«, der stellenweise im Zeitraffer oder rückwärts abläuft.

»Synthetic sound«

Eine Tonspur aus schrägen Geräuschen unterstreicht das sonderbare Geschehen in NEIGHBOURS. McLaren machte sich hier die Technik des »Lichttons« zunutze, seit den 1920er-Jahren die verbreitetste Art der Tonaufzeichnung. Der Lichtton besteht aus einer Spur auf dem Filmstreifen zwischen den Einzelbildern

Lichtton: optische Spur im Film (Montage)

und der Perforation. Beim Abtasten des Films leuchtet eine kleine Lampe durch diese Tonspur. Je nach Amplitude und Frequenz des aufgezeichneten Signals wird mehr oder weniger Licht hindurchgelassen. Dieses fällt auf eine Fotodiode auf der anderen Seite, die es in eine Wechselspannung umwandelt, welche verstärkt und den Lautsprechern zugeführt wird.

McLaren war per Zufall auf den »synthetic sound«, den künstlichen Ton, gestoßen: Aus Versehen war im Schneideraum ein Messer in seiner Hand gegen den Filmstreifen gekommen, der daraufhin merkwürdige Töne hervorbrachte. Viele Tonspuren zeichnete er fortan von Hand – bei NEIGHBOURS sind sie einbelichtet. McLaren verwendete hierfür ein System von 72 Karten mit Mustern wie in dem Beispiel oben.

Gleiten wie von Zauberhand. Szene aus NEIGHBOURS, in der einer der Männer vor Ekstase auf dem Rücken über den Boden rutscht

Umstrittene Szene. Die brutale Ermordung von Frau und Kind des Gegners. Szenenfoto während des Drehs von Neighbours

Einmal Zensur – und wieder retour

1953 wurde Neighbours mit dem »Oscar« ausgezeichnet. Doch die Verbreitung des Films stockte, weil er, so heiter er auch beginnt, gegen Ende extreme Gewaltszenen enthält. Vor allem diejenige, in der die beiden Männer des anderen Frau und Kind brutal ermorden, stieß auf Widerstände und wurde zensiert. Terence Dobson erläutert im Text rechts die Hintergründe und die Folgen.

Die weite Verbreitung in der Folge der Oscar-Verleihung brachte auch Probleme mit sich. Einige Vertriebe wollten den preisgekrönten Film zwar haben, aber ohne die gewalttätigen Sequenzen. Die Filmstelle, welche die brutalen Angriffe auf die zwei Mütter und ihre Babys zeigt, wurde herausgeschnitten, nachdem Vertriebe in den USA und Europa (genauer: Italien) sich geweigert hatten, den Film in seiner originalen Fassung zu akzeptieren. Einige Aspekte dieser Zensur sind bemerkenswert. Die Entfernung der extrem brutalen und schockierenden Szenen schwächt die pazifistische Aussage des Films. Da die Szenen das Schicksal Unschuldiger darstellen, war überdies die Moral des Films getilgt. Gingen die Widerstände gegen diese Szenen auf Sorgen über die Gewaltdarstellung zurück, oder waren sie ein Versuch, die Botschaft des Film verstummen zu lassen? Zweifellos das erstere, denn es ist kaum vorstellbar, dass Kriegsbefürworter unter den Zensoren so feinsinnig sein würden, den Film nur partiell zu zensieren. Deshalb ist es ironisch, dass die Entfernung der vermeintlich überbrutalen Szenen nur die Intensität des Films als Statement gegen den Krieg reduzierte.

McLaren nahm eine pragmatische Haltung zu diesem Streitpunkt ein. Er glaubte, dass es besser sei, den Film in der beschnittenen Form in Umlauf zu bringen, als gar nicht. Er hatte selbst Vorbehalte gegenüber den verletzenden Szenen gehabt, nicht wegen ihrer Gewalttätigkeit, sondern weil die Frauen und Kinder im Film sonst nicht auftauchen und ihr Erscheinen das zerstörte, was McLaren die klassische Einheit des Stückes nannte. Deshalb autorisierte er die Verbreitung der gekürzten Version. Obwohl er ihre Verteilung an Schulen nicht bereute, meinte er später während der kritischen Stimmung um den Vietnamkrieg, dass er bei der Entfernung der Szenen mit den unschuldigen Opfern falsch gehandelt habe. Also fügte er sie wieder ein.

Terence Dobson

Die Koreanische Halbinsel, seit dem Krieg (1950–53) in Nord- und Südkorea geteilt

Historischer Hintergrund: Bruderkrieg

Neighbours hat sein Urbild in einer biblischen Geschichte, nämlich der von Kain und Abel, die auch der Koran erzählt (dort jedoch ohne Namen). Das alte Menschheitsthema des Brudermords war kurz vor der Entstehung von Neighbours wieder aktuell geworden: Am 25. Juni 1950 hatten Nord- und Südkorea einen Krieg begonnen, der fast vier Millionen Menschen das Leben kostete. Er führte zu der bis heute anhaltenden Spaltung des Landes in die Demokratische Volksrepublik Korea (Nordkorea) und die Republik Korea (Südkorea).

Zuvor schon, am 1. Oktober 1949, hatte Mao Tse-tung in China die Volksrepublik ausgerufen und einen kommunistischen Staat zu errichten begonnen. Maos »Rotchina« stand im Koreakrieg Nordkorea bei, während der Süden vor allem von den UNO-Truppen und den USA unterstützt wurde – ein »Stellvertreterkrieg« der Großmächte auf koreanischem Boden.

Preise für Neighbours (Auswahl)
Spezialpreis 5. Canadian Film Awards, Toronto, Kanada 1952 | Oscar für den besten Kurzanimationsfilm, Los Angeles 1953 | Award of Merit Adult Education Section, 3. Boston Film Festival, Boston, USA 1953 | Golf von Salerno, Grand Trophy, 8. Documentary Film Festival Salerno, Italy 1954 | Ehrenurkunde für Filmproduktion im Allgemeinen, 2. International Review of Specialized Cinematography, International Institute of Educational, Scientific and Social Cinematography, Rom, Italien 1955 | Ehrendiplom, 3. International Review of Specialized Cinematography Rom, Italien 1957 | Neighbours ist der größte Vertriebserfolg des National Film Board of Canada (NFB).

Sozial engagierter Filmemacher
Norman McLaren (1914–1987), gebürtiger Schotte, studierte an der *Glasgow School of Art* und ging nach ersten Kurzanimationen 1936 als Kameramann nach Spanien, wo er im Spanischen Bürgerkrieg auf der Seite der Republikaner aktiv war. Mit Beginn des Zweiten Weltkriegs emigrierte McLaren 1939 nach New York City, von wo er zwei Jahre später nach Montreal, Kanada zog, um für das *National Film Board* (NFB) tätig zu werden. Hier schuf oder perfektionierte McLaren zahlreiche Animationstechniken, ob nun gegenständlich oder abstrakt (s. S. 152 ff.). Von August 1949 bis April 1950 war McLaren in China tätig. Im Auftrag der UNESCO unterrichtete er Künstler vor Ort, damit sie der analphabetischen Bevölkerung in Animationsfilmen Hygienemaßnahmen zeigen konnten.
Vor seiner Rückkehr erlebte McLaren in China noch die Anfänge von Maos Revolution, für die er Sympathien hegte, bis der Koreakrieg ausbrach (s. S. 110). Die Entwicklung schockierte McLaren. Er beschloss, »einen wirklich starken Film über Antimilitarismus und gegen den Krieg zu machen« – Neighbours entstand. 1952/53 arbeitete McLaren erneut für die UNESCO in Indien, um sich danach ganz seiner künstlerischen Arbeit für das NFB zu widmen.

Botschafter des Animationsfilms. Norman McLaren, der 1949/50 im Auftrag der UNESCO, der Kulturorganisation der UNO, in China tätig war, bei der Präsentation seines Berichts im Hauptquartier in Paris

ANREGUNGEN ZUM GESPRÄCH
1. An welchen Stellen arbeitete der Filmemacher mit Stop-motion-Technik, an welchen mit Realfilm, wo mit Zeitraffer?
2. Nennen Sie Gründe, warum McLaren gerade die Pixilation für die todernste Thematik des Brudermords einsetzte.
3. Wofür steht die Blume in Neighbours?
4. Pro und Kontra: Was halten Sie davon, dass die schlimmste Gewaltszene aus dem Film herausgeschnitten und später wieder eingefügt wurde?
5. Um Besitz streiten sich Männer auch im Kurzfilm Balance (s. S. 116 ff.). Vergleichen Sie ihn mit Neighbours.
6. Wie aktuell ist das Thema des Films, der Streit zwischen Nachbarn?

ANREGUNGEN ZUR PRODUKTION
1. Führen Sie einfache Versuche mit der Technik der Pixilation durch: Gleiten Sie zu mehreren Personen magisch auf Stühlen durch den Raum, schweben Sie in der Luft etc.
2. Entwickeln Sie daraus die Idee zu einem Kurzfilm, der Realfilm-Teile und Pixilationen enthält. Bereiten Sie diesen mit einem Storyboard vor.
3. Analysieren Sie, mit welchen einfachen Mitteln Norman McLaren Kulissen hergestellt hat, und lassen Sie sich davon zu einem Produktionsdesign für Ihren Film inspirieren.
4. Kombinieren Sie die Bewegungen von Personen mit denen von Objekten, die sich magisch zu bewegen scheinen.

Tipps und Hinweise zur Pixilation
Bei Stop-motion-Aufnahmen von Personen ein Stativ benutzen | Intervalle bei Bewegungen oder Verschiebungen von Objekten (»Phasen«) möglichst kurz halten | Im Fotoapparat eine relativ kleine Auflösung wählen, am besten in der Datenmenge und dem Seitenverhältnis, das auch danach im Videoschnittprogramm benutzt wird | Für eine Sekunde Film mindestes 8 Einzelfotos anfertigen, von denen jedes im Schnittprogramm dreimal wiederholt wird (= Standdauer 0,125 Sek.) | Geschmeidiger wirken 12 fps (frames per second), die zweimal wiederholt werden (»Double-Frame«-Technik).

National Film Board of Canada: *Norman McLaren – the master's edition*

Der Traum vom Fliegen und Freisein

Einmart (1981) von Lutz Dammbeck – ein Zeichen- und Flachfigurentrick mit komplexer Symbolik

Filmplakat, DDR 1981

DDR 1981 | Farbe | 15 Min.
Drehbuch, Zeichnungen: Lutz Dammbeck
Kamera: Hans Schön
Animation: Ingrid Gubisch
Schnitt: Eva d'Bomba
Musik: Thomas Hertel
Produktion: DEFA-Studio für Trickfilme
Empfehlung: ab 14 J. | Kl. 8

Ein Kopffüßler sucht einer öden Landschaft zu entfliehen. Es wachsen ihm Flügel, die ihn zu einer gläsernen, seine Welt überspannenden Kuppel tragen. Beim Sprungversuch in die Freiheit stürzt er ab.

Eine traumgleiche Szene prägt den Filmanfang: Das Negativ einer Mondkarte geht in das eines menschlichen Auges über, ein »leinwandfüllendes, buñuelsches Auge«, wie Künstler Lutz Dammbeck selbst sagt (zu Buñuel vgl. S. 144). Auf der Tonebene ist eine Klangcollage zu hören, u.a. murmelt eine weibliche Stimme, jeder Ruhezustand sei relativ. Überblendung zu gezeichneten Augen, über die sich Flugaufnahmen einer rennenden Rinderherde legen, die im Filmverlauf mehrfach auftauchen werden.

Flachfigurentrick mit Raumwirkung

Die darauf folgende Animation ist mit kraftvollem Strich und in düsteren Farben gestaltet. Die Technik besteht aus klassischem Zeichentrick in Kreide, Aquarell- und Fotofarben. Kombiniert ist er mit dem Flachfigurentrick, bei dem einzelne Elemente auf Hintergründen, »Prospekte« genannt, verschoben werden. Da sie sehr plastisch gezeichnet sind, bleibt die räumliche Wirkung stets erhalten. Die raue Struktur der Kartons, die bis zu 2 m breit waren, bestimmt die Ästhetik der Zeichnungen mit, deren Anfertigung 30 Tage in Anspruch nahm.

Rahmenmotive. Eine Mondkarte geht in das Negativ eines Auges über und dieses in die geschlossenen Lider des Einmart, überblendet mit Flugaufnahmen einer Rinderherde.

Endzeitlandschaft. Der erwachte Einmart erblickt versteinerte Körperfragmente.

Flug- und Fluchtversuch des Einmart

Als Wesen aus Kopf und Armen robbt der »Einmart« durch eine von Körperteilen übersäte, surreale Landschaft. Hier tentakeln Gehirn- und Darmwindungen über den Boden, Pflanzenstängel mit roten Fingernägeln peitschen weibliche

Surreale Motive. Ein Lippenpaar (an ein Sofa des Surrealisten Dalí erinnernd), die peitschenartige Pflanze und die Brüste, zwei Augäpfel

  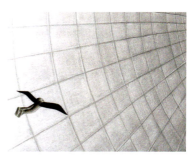

Flügelwesen. Der Vogelmensch weckt Ängste und Wünsche im Einmart, dem Beine und Flügel wachsen. Sein Flug endet an der Glaskuppel.

Grenzüberschreitung. Flügellos fliegende Menschen jenseits der Kuppel, der zögerliche Einmart und sein missglückter Sprungversuch

Absturz. Der Einmart prallt auf dem Boden auf und versteinert. Der Traum ist beendet.

Brüste, ein unheimlicher Vogelmensch demonstriert seine Flugkunst. Dem Einmart wachsen Beine und Flügel, er fliegt los und stößt auf eine Glaskuppel. Als er Menschen auf der anderen Seite flügellos durch die Lüfte ziehen sieht, schlüpft er durch die Wand. Doch ihm schwinden die Flügel, er traut sich den Sprung nicht wirklich zu, fällt zurück, prallt auf und versteinert.

Interpretationsansätze I: Der Einmart

Das Motiv des Kopffüßlers geht auf Fabelwesen im mittelalterlichen Versroman *Herzog Ernst* zurück, weist aber auch Parallelen zu Figuren des deutschen Pop-Künstlers Horst Antes auf. Den Namen Einmart entnahm Dammbeck einem Mondkrater, den der »Hofastronom« Georg Christoph Einmart im 17. Jahrhundert nach sich benannt hatte.

II Parabel auf die Situation in der DDR

EINMART wird oft als Gleichnis der Situation in der Deutschen Demokratischen Republik (DDR) gedeutet. Der Staat, der von 1949 bis 1990 bestand, behinderte das freie Reisen und schützte sich vor der »Republikflucht« durch die Mauer, von der heute noch Reste in Berlin zu sehen sind: Symbol der Teilung Deutschlands und des »Eisernen Vorhangs« zwischen Ost und West.

Als eine der »kompaktesten Unmöglichkeiten der DEFA-Filmgeschichte« (Claus Löser) gilt es, dass Lutz Dammbeck seine regimekritische Animation im staatlichen »DEFA-Studio für Trickfilme« überhaupt realisieren konnte.

III Der mythologische Bezug: Ikaros

Dammbecks Kurzfilm weist auch eine zeitlos-mythologische Dimension auf. Dem griechischen Mythos zufolge konstruierte Architekt Daidalos für sich und seinen Sohn Ikaros Flügel aus Federn und Wachs, um von der Insel Kreta zu fliehen, wo sie König Minos im Labyrinth des Minotauros gefangen hielt. Die Flucht gelang, aber Ikaros flog zu hoch, das Wachs seiner Flügel schmolz in der Sonne und er stürzte ins Meer.

IV Der Schneider von Ulm

Schon 1979 hatte Lutz Dammbeck den Legetrickfilm DER SCHNEIDER VON ULM geschaffen, der von Albrecht Ludwig Berblinger handelt, einem Schneider, der vom Fliegen träumte und einen Hängegleiter konstruierte. 1811 wollte König Friedrich I. von Württemberg, sein Sponsor, eine Vorführung sehen, Berblinger sollte sich von der Adlerbastei in die Lüfte erheben. Als er zögerte, gab ihm ein Gendarm einen Stoß und Berblinger stürzte in die Donau. Er wurde verspottet – und stürzte auch beruflich und gesellschaftlich ab.

V Filmquellen: Tarkowski und Kluge

Die Luftaufnahmen mit den rennenden Tieren in EINMART stammen aus einem Film des sowjetischen Regisseurs Andrej Tarkowski von 1969 über ANDREJ RUBLJOW, den russischen Ikonenmaler. Darin legt ein Mann eine Bruchlandung mit einem zusammengeflickten Ballon hin. Inspiriert wurde Dammbeck auch durch ARTISTEN IN DER ZIRKUSKUPPEL: RATLOS (1968) von Alexander Kluge, einen Film über das Scheitern von Künstlern und ihren hochfliegenden Plänen.

VI Geisteswissenschaftliche Dimension

Durch sein Studium der Schriften des Soziologen Max Weber (1864–1920) gelangte Dammbeck zu Erkenntnissen über Bürokratie, Macht und Herrschaft. Beeindruckt war er ebenso vom Geschichtsphilosophen Oswald Spengler (1880–1936), der 1918 in *Der Untergang des Abendlandes* darlegte, wie Hochkulturen aufblühen und wieder vergehen.

EINMART erweist sich so als generelles Gleichnis vom Scheitern und vom Risiko, das jede Zukunftsvision mit sich bringt.

Absturz im Mythos. Bernhard Heisig: Der Tod des Ikaros, 1979, Öl auf Leinwand, 77 x 125 cm. Museum am Dom, Würzburg

Gescheiterter Flugpionier. Der »Schneider von Ulm«, Erfinder eines Hängegleiters. Briefmarke der DDR, 1990

Ballonfahrt mit Bruchlandung. Filmquelle für EINMART. Szene aus ANDREJ RUBLJOW (UdSSR 1969, Regie: Andrej Tarkowski)

Reaktionen auf EINMART. Offiziell nicht verboten, galt EINMART wegen der Fluchtfantasien in der DDR doch als »konterrevolutionär«. Wer – wie der Leipziger Bezirksverband der Bildenden Künstler im Jahr 1982 – den Film zeigte, war Repressalien ausgesetzt. Mit Erfolg lief EINMART später bei den *Internationalen Kurzfilmtagen Oberhausen* in der BRD.

Lutz Dammbeck, Grenzgänger der Kunst
Der gebürtige Leipziger Lutz Dammbeck, Jahrgang 1948, absolvierte neben dem Abitur eine Lehre zum Schriftsetzer und studierte dann an der *Hochschule für Grafik und Buchkunst* in Leipzig. 1972 erhielt er sein Diplom für den Entwurf eines Animationsfilms und stellte beim *DEFA-Studio für Trickfilme* in Dresden erste Entwürfe vor. Nach dem Wehrdienst war er ab 1974 als freier Künstler in Leipzig tätig, schuf Animations- und Experimentalfilme und eignete sich ein breites Repertoire an Techniken an. So entstand 1981 gleichzeitig zu EINMART der Experimentalfilm HOMMAGE À LA SARRAZ, bei dem Dammbeck »Non-Camera«-Animationstechniken einsetzte, indem er das Zelluloidmaterial zerkratzte und bemalte. Mit seinen »Mediencollagen« ging Dammbeck 1984 zu einer Kombination aus Filmprojektion im Raum, Malaktion und Tanzperformance über.
Stets auf der Höhe der Avantgardekunst der Zeit, waren Dammbeck und der freigeistige Bohème-Kreis, in dem er sich bewegte, den DDR-Oberen so suspekt, dass man den Grenzgänger der Kunst 1986 nach Hamburg ziehen ließ. Dort erhielt er 1992/93 eine Gastprofessur, seit 2000 lehrt er an der *Hochschule*

Avantgardekünstler in Bewegung. Lutz Dammbeck im Fotonegativ

für Bildende Künste Dresden. Zu Dammbecks zahlreichen Auszeichnungen gehören Preise für Kinder- und für Dokumentarfilme, als besonders renommiert gelten der »European Media Award« (für DAS NETZ, 2004) und der »Käthe-Kollwitz-Preis« (2005). Im unten folgenden Zitat umreißt Lutz Dammbeck sein künstlerisches Konzept.

ANREGUNGEN ZUM GESPRÄCH
1. Legen Sie die Mittel der Animation in EINMART anhand einzelner Szenen dar.
2. Deuten Sie die Symbolik im Film: das Mond- und das Augen-Negativ, den Einmart und seinen Namen, die Körperteile, den Vogelmenschen etc.
3. EINMART wird als Kommentar zur DDR verstanden. Lässt sich die Situation im Film auch anderweitig interpretieren? Gehen Sie u. a. den Hinweisen auf Max Weber und Oswald Spengler nach.
4. Recherchieren Sie zur Geschichte der DDR. Hat sich für die Menschen mit dem Fall der Mauer die Sehnsucht des Einmart erfüllt?

ANREGUNG ZUR PRODUKTION
Experimentieren Sie mit der Technik der Flachfigurenanimation vor gezeichneten Hintergründen.

D as Unbewusste sammelt, deswegen kann ich in die Kiste greifen und es passt immer zueinander. Das ist mein Arbeitsprinzip. Ich bin ein Monteur, kein Deuter des Weltgeistes. Das verdichtet sich dann zu größeren Bildern, Dramaturgien und Filmen.
Lutz Dammbeck

Hollywood-Variante. Mit der Idee der Welt unter der Kuppel nimmt EINMART den Kinofilm DIE TRUMAN SHOW (USA 1998) vorweg, eine Mediensatire von Peter Weir. Darin lebt der Versicherungsangestellte Truman Burbank (Jim Carey) seit seiner Kindheit in der künstlichen Kleinstadt Seahaven unter einer riesigen Kuppel, nur um für eine Reality Show täglich von TV-Kameras beobachtet zu werden. Als er dies im Alter von 29 Jahren entdeckt, flieht er in die wirkliche Welt.

Das Ende seiner Welt. Truman Burbank entdeckt die bemalte Himmelskuppel. Motion still aus DIE TRUMAN SHOW (USA 1998, Regie: Peter Weir)

Schicksalsgemeinschaft am Abgrund

BALANCE (1989) – eine Puppenanimation als Parabel über die Habgier

DVD-Cover, 1989

D 1989 | Farbe | 8 Min.
Buch, Regie und Kamera: Christoph und Wolfgang Lauenstein
FSK: ab 6 J. | Empfehlung: ab Kl. 5

Auf einer schwebenden Plattform befinden sich fünf grau gekleidete männliche Figuren mit maskenartigen Gesichtern. Sie unterscheiden sich nur durch die Zahlen auf ihren Rücken: 23, 35, 51, 75 und 77. Um nicht in den Abgrund zu stürzen, muss jede Figur darauf achten, im Zusammenspiel mit den anderen das Gleichgewicht zu wahren, da sich die Platte mit jeder Positionsverlagerung gefährlich neigt. Die Männer werfen Angeln aus, und einer von ihnen hat plötzlich eine schwere Truhe am Haken, aus der leise Musik erklingt. Sobald eine der Figuren einen Schritt auf die Truhe zumacht, müssen sich die anderen in die entgegengesetzte Richtung verlagern, damit der schwebende Mikrokosmos nicht in Schieflage gerät und die Kiste oder die Personen nicht über den Rand hinaus rutschen. Bald entsteht ein rücksichtsloser Kampf um die Schatztruhe, bei dem alle bis auf eine Figur in den Abgrund stürzen. Am Ende verklingt die Musik.

BALANCE zählt zu den bedeutendsten Animationskurzfilmen überhaupt: Im Jahr 1990 bekam er den »Oscar« als »bester animierter Kurzfilm« verliehen. Er ist in der Dauerausstellung im *Haus der Geschichte* in Bonn zu sehen, wird von der *Bundeszentrale für politische Bildung* empfohlen und dürfte besonders im Bildungsbereich einer der meistdiskutierten Filme sein.

Existenzielle Fragen
Der Film wirft zahlreiche wichtige Fragen auf: Darf Besitz über das Gemeinwohl gestellt werden? Welche Bedeutung haben Rücksichtnahme und Verantwortung in der Gemeinschaft auch für die eigene Person? Wie kann es innerhalb einer Gruppe zu einer solchen Dynamik kommen, dass sie sich selbst auslöscht?

Die Ausgangssituation. Eine schwebende Plattform, darauf fünf sich ähnelnde Figuren mit Angeln

Design, Filmlook und Soundtrack
Seine besondere Wirkung erhält BALANCE durch das karge, von allem Unwesentlichen befreite Produktionsdesign. Bild für Bild auf 16-mm-Film belichtet, besitzt BALANCE noch den körnigen »Look« von Zelluloid-Filmen. Auffallend ist die fahle Farbigkeit. Ursprünglich sollten alle Motive bis auf das Rot der Truhe schwarzweiß sein, doch die Filmkopien brachten keine neutralen Grauwerte mit sich. (Für eine spätere, remasterte Fassung wurde eine Viragierung in Blau vorgenommen.) BALANCE kommt ganz ohne Dialoge aus. Der Soundtrack lebt von knarrenden Geräuschen, die an Schiffsplanken erinnern, von Echolot-Klängen und von der Swing-Musik, die leise und verzerrt aus der Truhe erklingt.

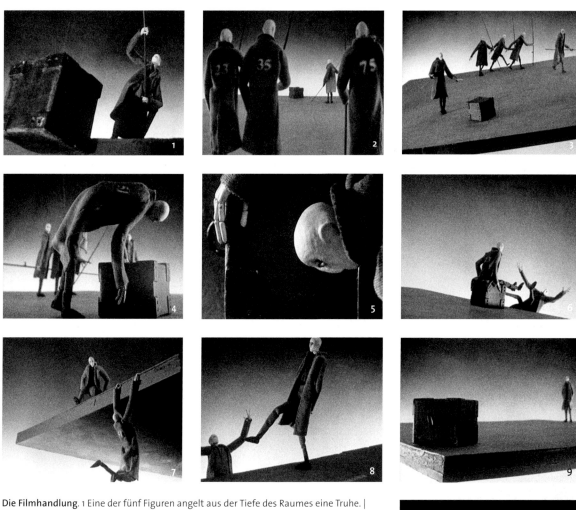

Die Filmhandlung. 1 Eine der fünf Figuren angelt aus der Tiefe des Raumes eine Truhe. | 2 Die anderen beobachten dies aufmerksam. | 3 Die Plattform gerät aus dem Gleichgewicht, wenn sie sich nähern, deshalb weichen sie zurück. | 4 Figur Nr. 75 untersucht die Truhe näher und zieht sie an einem daran befestigten Griff auf. | 5 Er lauscht versunken der Swing-Musik, die leise aus der Truhe erklingt. | 6–8 Auch die anderen Gestalten wollen die Truhe haben. Es entbrennt ein erbitterter Kampf, bei dem immer mehr Figuren von der Plattform stürzen. | 9 Ein Mann hat die Truhe zum Schluss für sich allein. | 10 Der Sieger kann sich ihr jedoch nicht nähern, ohne das prekäre Gleichgewicht zu zerstören und selbst abzustürzen.

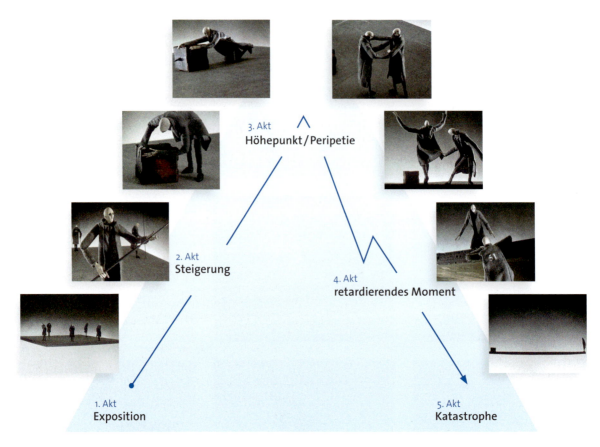

Die Struktur des klassischen Dramas nach Gustav Freytag

Die Struktur des Dramas

Schon 1863 hat der deutsche Schriftsteller und Literaturwissenschafter Gustav Freytag in seinem Buch *Die Technik des Dramas* die Theorien des »geschlossenen« Dramas von der Antike bis in das 19. Jahrhundert zusammengefasst. Er kam zu einem Modell mit fünf Akten, das vereinfacht in dem Schaubild einer Pyramide und etwas differenzierter als Spannungskurve dargestellt werden kann. Dieses Modell lässt sich auch in der dramatischen Struktur vieler »narrativer« Filme (lat., erzählerischer Filme, Spielfilme) wiederfinden.

Der 1. Akt enthält die »Exposition« (lat., Einführung). Die Personen und der Ort der Handlung werden vorgestellt. Der kommende Konflikt zeichnet sich im Keim ab.

Der 2. Akt zeigt eine »steigende Handlung« und weist ein »erregendes Moment« auf. Es kommt zu Intrigen. Der »Protagonist« und der »Antagonist« (griech., Hauptperson und Gegenspieler) stoßen aufeinander.

Der 3. Akt enthält den »Höhepunkt« der Entwicklung, an dem es zur »Peripetie« (griech., unerwartete Wendung) kommt. Der Held macht eine entscheidende Auseinandersetzung durch, er erlebt Sieg oder Niederlage, Absturz oder Erhöhung.

Der 4. Akt beinhaltet eine »fallende Handlung«, wobei die Spannung noch einmal dadurch erhöht wird, dass es ein »retardierendes Moment« (lat., verzögerndes Moment) in der Handlungsentwicklung gibt.

Der 5. Akt bringt eine »Lösung«, ob nun in einer Katastrophe, z.B. als Untergang des Helden (wie in einer Tragödie) oder in Form eines Sieges und der Verklärung des Protagonisten (wie im Schauspiel).

Das Produktionsdesign von BALANCE. *Links:* eine kleine, rötlich schimmernde Truhe mit einem Griff an der Seite zum Aufziehen. Die Hände der Figuren weisen skelettartige Formen auf. *Mitte:* Alle Figuren ähneln einander und sind uniform gekleidet, so stecken die Füße in gleich aussehenden, geschnitzten Holzschuhen. *Rechts:* Die Köpfe erinnern an Schädelformen, ihre Augen bestehen aus Glasperlen, deren Position sich verändern lässt. Die graue Kleidung aus Wolle lässt die Figuren anonym und trist erscheinen. Motion stills

Die Puppenanimation

Bei BALANCE handelt es sich um eine Puppenanimation, zusammengesetzt aus 11000 Einzelbildern. Anders als bei einer Knetanimation lassen sich hier nicht alle Details verändern, sondern nur – wie bei einer Spielpuppe – die Winkel der Gliedmaßen zueinander. Daher steckt im Inneren ein Skelett mit Gelenken, die »Armatur« oder auch »Armierung«, die in der Regel aus Metall besteht. Manchmal wird sie noch mit Schaumstoff oder Watte ausstaffiert. Köpfe und Hände können aus Pappmaché, Gips oder, wie bei BALANCE, aus Holz sein. Die starren Gesichter erhalten durch bewegliche Augen eine gewisse Mimik. Oft tauscht man Köpfe auch ganz aus, um verschiedene Gemütszustände oder Sprechbewegungen auszudrücken. (»Replacement animation«).

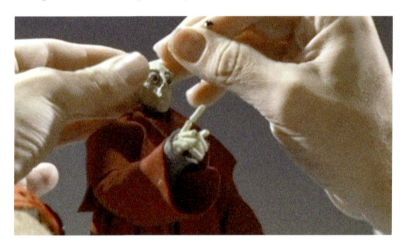

Manuell und digital. *Mitte:* Für eine Sequenz des Kinofilms THE FALL (IND, GB, USA 2006, Regie: Tarsem Singh) verändert Wolfgang Lauenstein die Position der Glasperlenaugen mit einer Nadel. *Rechts:* Die Einzelfotos werden in einen Computer übertragen.

Absurdes Theater. *Warten auf Godot* von Samuel Beckett. Inszenierung: Harald Fuhrmann, Theater Baden-Baden, 2010. Bühnenbild: Timo Dentler, Okarina Peter. Von links: Max Ruhbaum, Sebastian Mirow

Dimensionen der Interpretation

Die künstlerische Bedeutung von BALANCE lässt sich nicht nur auf die formal-ästhetische Qualität des Films zurückführen, sondern auch auf die Stimmigkeit von Form und Inhalt.

Bevor die Lauensteins die Idee zu ihrem Film bekamen, hatten sie die Überlegung angestellt: »Was ist das Sujet, das am besten zu einem Stopptrick-Film passt?« Sie beschäftigten sich mit Philosophie und Literatur, wobei sie besonders vom Schriftsteller Samuel Beckett und seinem absurden Theater fasziniert waren. Auch Becketts Stück *Warten auf Godot*, das 1953 uraufgeführt wurde, spielt an einem undefinierbaren Ort und enthält ein karges Bühnenbild. Doch haben nicht nur die von Beckett hervorgerufenen Bilder die Lauensteins zu ihrem Film angeregt. Auch umgekehrt scheint die Schräge der Plattform in BALANCE inspirierend auf eine moderne Inszenierung von *Warten auf Godot* gewirkt zu haben (s. Abb. oben).

BALANCE ist jedoch nicht einfach eine filmische Adaption Becketts. Für Filmexperte Harald Hackenberg berührt BALANCE »Dimensionen des Existenzialismus«, jener Weltanschauung, wonach der Einzelne über sein Handeln frei und selbstbestimmt entscheiden kann und seine Existenz selbst entwirft. Zudem sieht er in BALANCE das Axiom des Kommunikationswissenschaftlers Paul Watzlawick bestätigt, wonach jeder »Bestandteil eines interdependenten Systems« sei und »nicht nicht-kommunizieren« könne.

So scheint der Kurzfilm für viele Interpretationen offen. »Was den Inhalt von BALANCE angeht, so war uns klar, dass wir eine Geschichte über eine universelle Gesetzmäßigkeit erzählen«, berichten die Filmemacher. »Aber was dann später alles hineininterpretiert worden ist, das haben wir zu dem damaligen Zeitpunkt gar nicht gesehen.«

Ob sie mit der unten wiedergegebenen Interpretation des amerikanischen Filmkritikers Jason Sondhi einverstanden wären, der auf die politische Situation zur Entstehungszeit von BALANCE hinweist und darin den Streit gegensätzlicher Gesellschaftssysteme erkennt?

Der Film behandelt aus moralischer Perspektive das Dilemma von Menschen, die in einer Gemeinschaft miteinander auskommen müssen. Wie bei einer Geschichte aus der Spieltheorie könnten alle Männer, wenn sie nur kooperieren würden, die Truhe gemeinsam genießen, doch ihr Egoismus wird ihnen zum Verhängnis.

Kommen wir zu einem größeren Bedeutungszusammenhang, zur Zeit und zum Ort der Filmentstehung: Deutschland 1989. Dann wird einem bewusst, dass man eine Reihe zusätzlicher Lesarten und Deutungsschichten gewinnt. Ist die Tatsache, dass die Männer mit Ausnahme der Nummern identisch sind, nicht ein schlüssiges Sinnbild für die Anonymität, die von den Menschen in einer kommunistischen Gesellschaft erwartet wird – dass sie alle gleich und daher austauschbar sind?

Die Zusammenarbeit, die sie anfangs an den Tag legen, ist vielleicht ein Hinweis auf den Sozialismus. Und die Truhe? Was bedeutet die Musik, die sie spielt, die Tänze, zu denen sie anregt? Radio Freies Europa pflegte während des Kalten Kriegs amerikanische Musik in die kommunistischen Länder zu senden, wie den Jazz, den man aus der Truhe kommen hört. Vielleicht ist die Truhe ein Symbol für die Möglichkeiten außerhalb des geschlossenen Systems, die dieses unweigerlich unterwandern.

So erweist sich die Parabel über den Egoismus auch als Allegorie über die deutsche Gesellschaft und den sowjetischen Kommunismus zur Zeit seines Untergangs. Wer trägt die Schuld am traurigen und ironischen Ende in BALANCE? Die Männer, denen es nicht gelingt, das zu tun, was für sie am besten wäre? Oder das System, das diese menschliche Qualität nicht zulässt?

Jason Sondhi

Auszeichnungen für BALANCE (Auswahl)
Prädikat »besonders wertvoll«, Filmbewertungsstelle Wiesbaden FBW 1989 | 1. Publikumspreis, Kurzfilmfestival Hamburg 1989 | Filmband in Silber, Kategorie Kurzfilm, Deutscher Filmpreis 1989 | 1. Preis der Jury, Filmfestival Uppsala 1990 | 1. Publikumspreis, Filmfestival Uppsala 1990 | 2. Preis, Kategorie Animationsfilm, Internationales Filmfest Bilbao, 1990 | FIPRESCI-Preis, Internationales Filmfest Annecy, 1989 | Oscar für den besten Kurzanimationsfilm, Los Angeles 1990

Spezialisten des Animationsfilms
Christoph und Wolfgang Lauenstein sind Zwillingsbrüder, die an verschiedenen Hochschulen Visuelle Kommunikation studierten (Wolfgang in Hamburg, Christoph in Kassel) und durch die Arbeit an BALANCE wieder zusammenkamen. Ihr Film entstand im Keller des Elternhauses in Hildesheim. Wegen des großen Erfolgs beendeten die Lauensteins ihr Studium vorzeitig. Heute haben sie sich mit ihrer eigenen Firma in Hamburg auf animierte Werbespots für große Unternehmen spezialisiert.

Filmemacher mit Studio in Hamburg. Die Zwillingsbrüder Christoph und Wolfgang Lauenstein

ANREGUNGEN ZUM GESPRÄCH
1. Charakterisieren Sie die Filmfiguren und ihr Verhalten.
2. Interpretieren Sie die räumliche Situation mit der schwebenden Plattform.
3. Inwieweit erscheinen Ihnen die auf S. 120 vorgestellten Ausdeutungen plausibel? Könnte der Film nicht auch eine Kapitalismus-Kritik beinhalten?
4. Ordnen Sie die Motion stills auf S. 117 den fünf Akten nach Gustav Freytag zu. Welches Bild zeigt die »Peripetie« an?
5. Analysieren Sie die filmsprachlichen Mittel anhand der Motion stills.
6. Beschreiben und bewerten Sie die Vorgehensweise der Lauensteins.
7. Berichten Sie über andere Ihnen bekannte Situationen, in denen ein Gleichgewicht aus den Fugen geraten ist.

ANREGUNGEN ZUR PRODUKTION
1. Durch welches Verhalten hätte eine alle zufriedenstellende Situation erreicht werden können? Verfassen Sie ein Exposé für eine veränderte Dramaturgie des Films ab dem Auftauchen der Truhe – lassen Sie die Figuren z. B. noch einmal angeln. Berücksichtigen Sie dabei das Schema von Gustav Freytag (S. 118).

D as Verrückte war, dass es gar kein Drehbuch gab. Wir haben sehr unkonventionell gearbeitet und haben das auch genossen. Wir kannten die Gesetzmäßigkeit: dass ein Schritt einer Figur für die anderen eine Auswirkung hat, und dass diese, um weiter existieren zu können, es ausgleichen müssen, ob sie wollen oder nicht. Wir wussten wirklich nicht, wie der Film endet. Wir wussten aber, dass er eine immens lange Zeit braucht und haben gesagt: In der Zeit werden wir so in das Sujet hineintauchen, dass wir das ideale Ende noch finden werden.

Christoph Lauenstein

2. Formulieren Sie einen inneren Monolog der letzten Figur, der auch Möglichkeiten ins Auge fasst, die eigene Position zu verändern.
3. Erfinden Sie ein neues Ende, indem Sie der Truhe ein bislang unbekanntes Geheimnis entlocken.
4. Projekt: Entwickeln Sie in Zeichnungen ein »Character design« für eine eigene Puppenanimation zum Thema »Streit«. Modellieren oder schnitzen Sie hierfür im Team Ihre Figuren (ca. 15 bis 25 cm Höhe). Setzen Sie in Kleingruppen einzelne Szenen oder Sequenzen filmisch in Stop-motion-Technik um und fügen Sie Ihre Teile anschließend zu einem Kurzfilm zusammen.

Museumswürdig. Die Puppen und Requisiten aus dem Film BALANCE befinden sich heute im *Filmmuseum Düsseldorf*. Der Kurzfilm selbst wird in der Ausstellung im *Haus der Geschichte* in Bonn nonstop aufgeführt.

DVD Katholisches Filmwerk KFW

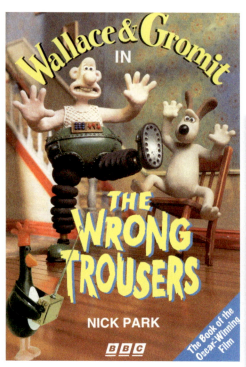

Cover des Buchs zum Film, 1994

Krimikomödie in Claymation
WALLACE & GROMIT – DIE TECHNO-HOSE (1993): ein Actionfilm aus Plastilin

WALLACE & GROMIT IN THE WRONG TROUSERS
GB 1993 | Farbe | 29 Min.
Regie: Nick Park
Drehbuch: Nick Park, Bob Baker
Animation: Nick Park, Steve Box
Kamera: Tristan Oliver, Dave Alex Riddett
Musik: Julian Nott
Schnitt: Helen Garrard
Produktion: Peter Lord, David Sproxton
Studio: Aardman Animations
Empfehlung: ab 10 J. | Kl. 5

Wallace, der verschuldete Erfinder, schenkt seinem Hund Gromit zum Geburtstag eine roboterartige »Techno-Hose« mit Saugfüßen. Gromit ist nicht begeistert, auch nicht von dem neuen Untermieter, dem Pinguin Feathers McGraw, der ihm das Zimmer wegnimmt. Gromit zieht aus und entdeckt Feathers auf einem Fahndungsplakat, mit rotem Gummihandschuh auf dem Kopf als Hahn verkleidet. Feathers programmiert die Techno-Hose um, steckt den schlafenden Wallace hinein und bringt ihn per Fernsteuerung dazu, mit den Saugfüßen von der Decke hängend einen riesigen Diamanten aus dem Museum zu stehlen. Gromit eilt seinem Herrn zu Hilfe. Nach einer wilden Verfolgungsjagd auf einer Spielzeugeisenbahn fängt Gromit Feathers in einer Milchflasche. Wallace streicht eine Belohnung ein, Feathers muss in den Zoo.

Kleine Skulpturen in Bewegung
Der actionreiche Kurzfilm von Nick Park lebt von den humorvollen »Characters« (engl., Persönlichkeiten) ebenso wie von der Perfektion in der Animationstechnik, der »Clay animation« oder kurz »Claymation«. In Handarbeit, manchmal mithilfe eines Modellierholzes, entstehen dabei kleine Skulpturen, die mittels Stop motion animiert werden. Da auch die Requisiten und Kulissen meist speziell für den Film hergestellt werden, können drei Sekunden Film einen ganzen Tag Arbeit in Anspruch nehmen.

Verfolgungsjagd. Wallace und Gromit jagen Feathers. Die Kamera wurde mit dem Zug bewegt und auf eine lange Belichtungszeit gestellt, sodass der Hintergrund in den Einzelfotos verschwimmt.

Preise für Die Techno-Hose (Auswahl)
British Academy Film Award, London, England 1994 | Oscar für den besten animierten Kurzfilm, Academy Awards, Los Angeles, USA 1993

Nick Park und *Aardman Animations*
1958 im englischen Preston, Lancashire, geboren, experimentierte Nick Park bereits im Alter von 13 Jahren mit Animationsfilmen. 1985 stieß er zur Firma *Aardman Animations* in Bristol. Durch seine Animationsteile im Musikclip zu Peter Gabriels Song *Sledge Hammer* (GB 1986) machte er sich einen Namen.
Park verwendet mit Vorliebe das aufwendige Stop-motion-Verfahren der »Claymation«, wobei er Plastilinfiguren auf Armierungen aus Draht und Kunststoff modelliert. Als aufmerksamer Beobachter menschlicher und tierischer Verhaltensweisen erfand Park den liebenswert-schrulligen Erfinder Wallace und dessen klugen Hund Gromit ebenso wie Shaun, das neugierige Schaf. Dreimal wurde Park für seine detailliert gestalteten Kurzfilmanimationen, die der Gesellschaft einen Spiegel vorhalten, mit einem »Oscar« ausgezeichnet: 1991 für Creature Comforts, 1994 für Wallace & Gromit – Die Techno-Hose und 1995 für Wallace & Gromit – Unter Schafen.
Im Jahr 2000 feierten Park, *Aardman* und *DreamWorks Pictures* mit dem ersten Langfilm Chicken Run – Hennen rennen große Kinoerfolge. 2006 erhielt ihr Claymation-Langspielfilm Wallace & Gromit – Auf der Jagd nach dem Riesenkaninchen einen Oscar. 2006 wandte man sich auch der Computeranimation und 2011 der 3-D-Animation zu.

ANREGUNGEN ZUM GESPRÄCH
1. Benennen Sie komische Elemente in Wallace & Gromit – Die Techno-Hose.
2. Finden Sie Gründe für die großen Kinoerfolge der *Aardman*-Knetanimationen.

ANREGUNGEN ZUR PRODUKTION
1. Projekt: Entwerfen Sie in kleinen Teams eigene Charaktere aus Knetmasse und entwickeln Sie für diese kurze Storys von einer bis drei Minuten, die später zu einem thematisch zusammenhängenden Episodenfilm kombiniert werden können.
2. Gestalten Sie hierfür auch das Produktionsdesign bzw. die Requisiten.
3. »Drehen« Sie Ihre Filmbeiträge mit Einzelfotos in Stop-motion-Technik (s. S. 111), setzen Sie die Aufnahmen im Schnittprogramm zusammen und vertonen Sie sie mit Geräuschen nach.

Claymation-Rezepte. Einfache Knetmasse lässt sich folgendermaßen mischen: 400 g Mehl, 200 g Salz und 2 TL Alaunpulver/Weinsteinsäure vermischen, 1/2 l kochendes Wasser, 3 EL Öl und Lebensmittelfarbe hinzugeben und gut durchkneten.
Plastilin, das im Detail besser formbar ist, erhält man auf folgende Weise: 100 g Bienenwachs im Wasserbad schmelzen lassen, 300 ml Sonnenblumenöl hinzuführen und verrühren, bis es sich im Wachs gelöst hat. Lebensmittelfarbe dazugeben, das Gemisch in einen Eimer umfüllen und 500 bis 600 g Tonmehl einrühren.
Beide Mischungen und die einmal angelegten Figuren sollten zur Aufbewahrung stets luftdicht in einer Plastikbox verschlossen werden.

Simulation. Nick Park führt einen Sprung mit der Stoppuhr in der Hand durch, um die Bewegungen der Techno-Hose für die Animation zu messen. An der Wand das Storyboard für den Film

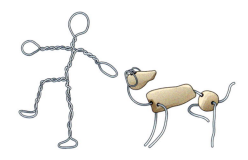

Armierung. Plastilinfiguren werden über einer »Armierung«, einem Gerüst, modelliert. Diese kann aus (mit einer Bohrmaschine am Schraubstock) gedrilltem Draht bestehen oder auch Gelenke mit geschraubten Verbindungen aufweisen.

Die Fabel vom einfarbigen Chamäleon

Anders artig (2002) von Christina Schindler – ein handgezeichneter, am Computer animierter Zeichentrick

DVD-Cover-Design von Anders Artig, 2002

Deutschland 2002 | Farbe | 6:30 Min.
Idee, Buch, Regie: Christina Schindler
Art Direction: Herdis Albrecht
Animation: Ulf Grenzer, Nadja Sasse
Musik: Rainald Hahn
Schnitt: Tilmann Kohlhaase
Produktion: Christina Schindler
Co-Produktion: ZDF und Matthias-Film
FSK: ab 0 J. | Empfehlung Sek. 1: ab Kl. 5

Ein frisch geschlüpftes Chamäleon ist zum Erstaunen der anderen rot und kann sich der Umgebung farblich nicht anpassen. Zudem ernährt es sich vegetarisch. Als sich ein Adler aus der Luft auf das rote Tier stürzen will und dann doch ein normales Chamäleon greift, geben die anderen dem roten die Schuld. Verfolgt von der Meute, hetzt dieses versehentlich zum Adlerhorst, wo gerade das soeben gefangene Chamäleon an die Adlerküken verfüttert werden soll. Vor Schreck lässt der Adler die Beute fallen und flieht mit seiner Brut aus dem Nest. Das gerettete Chamäleonkind aber läuft fröhlich mit seinem neuen roten Freund davon.

Die Filmemacherin Christina Schindler hat ihre Tierfabel mit einem »Storyboard« aus insgesamt 45 »Panels« (Bildfeldern) vorbereitet. Sie selbst spricht von einem »Storyboard-Exposé«, da sie nicht jede kleine Veränderung, sondern den Handlungsablauf insgesamt visualisiert hat. Ausgeführt sind die Zeichnungen mit Fineliner, Bunt- oder Pastellstiften und Aquarellfarben. Die beiden ersten Panels sind querformatiger als die anderen, was einen »Schwenk« über die Szene im späteren Film anzeigt.

Storyboard, Zeichnungen 1 und 2 ▶
Der Text dazu lautet:

»Aus den Eiern im Nest schlüpfen vier Chamäleonkinder.

Aus dem dreieckigen Ei kommt mit Hilfe einer Motorsäge ein rotes Chamäleon zum Vorschein.«

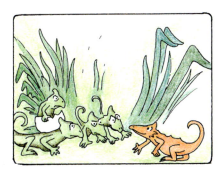

◀ **Storyboard,** Zeichnungen 3 und 4

»Zwischen Farnwedeln und Sauerklee nehmen die Tiere grasgrüne Farbe an – bis auf das letzte Tier: Es bleibt feuerrot.«

Storyboard, Zeichnungen 21–24, 26 u. 28 ▶

»... Nach dem Essen dösen die Tiere auf den warmen Kieselsteinen. Der Rote übt Brustschwimmen.

Sie schrecken auf durch den Schrei des Adlers.

Hämisch blinzeln die zusammengerollten Tiere zum Roten. Sie erwarten nun die gerechte Strafe für den Unangepassten.

Das feuerrote Tier steht zitternd im Wasser. Nirgends kann es sich verstecken. ...

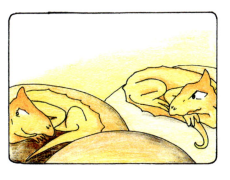

... Der Greifvogel verzieht bei seinem An--blick angewidert den Schnabel und stürzt sich zur Überraschung aller auf einen Artgenossen, der wie ein Stein aussah.

... Hasserfüllt gehen sie auf den Roten los. Sie machen ihn für das Unglück verantwortlich.«

◀ **Storyboard,** Zeichnungen 33–36

»Es geht über Stock und Stein durch die verschiedenst farbigen Landschaften immer höher und höher, bis sie zu einem Felsvorsprung kommen.

Im Adlernest soll gerade das erbeutete Chamäleon verfüttert werden.

Der Rote tapst in Todesangst mitten durchs Nest.
Vor Schreck lässt der Adler seine Beute fallen.

Er gerät noch mehr aus der Fassung, als er die Meute sieht. Blind vor Wut stolpern auch sie durch den Horst.«

Der Zeichenstil in Storyboard und Film
Auch wenn die Storyboard-Zeichnungen dem fertigen Filmbild (links) in den Bildkompositionen sehr entsprechen, unterscheiden sie sich doch im Zeichenstil. In beiden Fällen hat Animationsfilmerin Christina Schindler Konturlinien eingesetzt. Doch während sie für die farbige Ausgestaltung des Storyboards vor allem zu Buntstift und Pastell griff, entschied sie sich bei der Filmfassung für eine Mischtechnik: Die Filmbilder haben nämlich einerseits traditionell handgefertigte Anteile, welche auch farbliche Nuancen und Übergänge beinhalten, sie weisen andererseits aber auch Flächen auf, die im Computerprogramm farbig gefüllt wurden.

Im Adlerhorst. Film still aus ANDERS ARTIG mit manuellen und Computeranteilen

Der Aufbau des Filmbilds in Ebenen. Links der handgemalte Hintergrund für das Filmbild rechts, dessen figürliche, sich im Mittelgrund bewegende Elemente mithilfe des Computers bearbeitet wurden. Im Vordergrund eine weitere manuell angefertigte Ebene.

Making-of ANDERS ARTIG

Die Hintergründe wurden von Christina Schindler manuell angefertigt und anschließend eingescannt. Das Umfeld, in dem die Tiere agieren, ist dabei meist weniger ausdifferenziert (wie in der Abb. oben links das untere Drittel). Im Bildbearbeitungsprogamm legte die Künstlerin darüber weitere Ebenen an. So besitzen die Figuren mindestens eine eigene Ebene, meist im Mittelgrund. Bei vielen Szenen legt sich davor noch eine Ebene mit Pflanzendetails, die unten oder seitlich vom Bildrand angeschnitten ist, ein sogenanntes »Repoussoir« (franz., Blickbarriere), das zusätzliche Raumtiefe schafft.

So konnte Christina Schindler sich im weiteren Arbeitsablauf auf die mittlere Ebene konzentrieren, auf der die Bewegungen stattfinden. Deren Phasen gestaltete sie am Computer aus. Für jeden einzelnen »Frame« des Films wurden die Ebenen dann zu einem Bild zusammengeführt und abgespeichert.

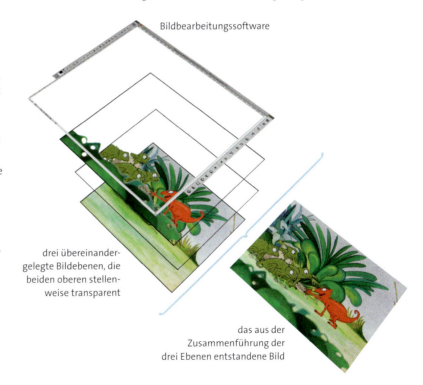

Computerarbeit. Die Ebenen werden übereinandergelegt und teilweise farbig gefüllt. Jede »Phase« wird auf eine Ebene reduziert und als »Frame« (engl., Einzelbild) abgespeichert.

Vier verschiedene Happy Ends

Das Ende im Film sieht so aus: Nachdem das rote Chamäleon das gefangene Tier gerettet hat, wird dieses von den anderen gefeiert. Danach wendet sich das befreite Tier seinem Retter zu und wird selbst kurz rot. Fröhlich tollen die beiden davon – der Beginn einer wunderbaren Freundschaft.

Dieses Ende stand nicht von Anfang an fest. Christina Schindler hatte sich sogar vier Enden überlegt: Drei davon hat sie schriftlich notiert, das vierte gezeichnet. Eine der textlich festgehaltenen Varianten ist rechts nachzulesen.

Ob der Film auch so viel Erfolg gehabt hätte, wenn das Ende so – oder wie im Storyboard unten – ausgefallen wäre?

Storyboard, Zeichnungen 41–45

»Der gerettete Kumpel umarmt ihn überschwänglich.

Nach dem Essen liegen die Chamäleons auf gelben Kieselsteinen und dösen. Eingerollt sehen sie selbst wie Steine aus, während das rote Tier im Wasser steht und versucht, seine rote Farbe abzuwaschen [Abb. S. 125] … Der herunterstürzende Greifvogel verzieht beim Anblick des Roten angewidert den Schnabel und stürzt sich nicht wie erwartet auf ihn, sondern auf einen Artgenossen, der wie ein Kieselstein aussah.

Verdattert blicken die Tiere dem laut schreienden Kumpel hinterher. Aus ihrem Erstaunen wird Wut. Hasserfüllt gehen sie auf das rote Tier los, dem sie die Schuld für das Unglück ihres Freundes geben.

Das rote Chamäleon flüchtet zweibeinig in schnellen Schritten. Hinter ihm läuft die hetzende Meute. Es geht über Stock und Stein, über Äste und Felsen, über Wurzeln und Steine immer höher, bis sie auf einem Felsvorsprung zum Adlerhorst kommen. Dort soll gerade das erbeutete Tier verfüttert werden. Das rote Chamäleon tapst in Todesangst direkt durch das Nest. Blind vor Wut laufen seine Artgenossen ebenfalls durch den Horst. Der verschreckte Greifvogel lässt vor Erstaunen das Beutetier fallen. Das Tier flüchtet.

Die Chamäleons scheinen von allem nichts zu bemerken, sie hetzen immer noch dem Roten hinterher. Es geht nun abwärts. Sie kommen immer näher und schnappen schon nach dem Schwanz des Roten. Da erreichen sie ein Klatschmohnfeld. Der Rote versteckt sich zwischen den Blüten. Auf der Suche nach ihm verfärben sich die anderen ebenfalls rot. Nun beschuldigen sie sich gegenseitig, der Ausreißer zu sein. Sie beißen, kratzen und treten sich.

Die keilende Meute wird von Weitem vom Roten beobachtet. Nachdenklich sitzt er im Klatschmohnfeld, als eine schrille Autohupe ihn aufschreckt. In einem kleinen Spielzeugauto mit lauter Radiomusik brausen unzählige grellbunte Chamäleons herab. Vor ihm halten sie mit quietschenden Reifen. Freudig nehmen sie ihn in ihre Mitte. Das kleine Auto saust mit einer Staubwolke in Richtung Horizont davon.

Christina Schindler, Exposé

Doch plötzlich rumort es im Bauch des Roten.

Seine Haut bricht auf und wie aus einer Hülle kommt ein völlig anderes Tier zum Vorschein.

Das ehemalige ›Chamäleon‹ fliegt davon. Seine neuen Freude winken ihm nach.«

Auszeichnungen für Anders Artig
Verleihung des Prädikats »besonders wertvoll« durch die FBW Wiesbaden 2002 | Pulcinella Award, Cartoon on the Bay, 2002 | EMIL Sonderpreis 2002 | Murnau Kurzfilmpreis 2003 | Kite Award, Buenos Aires 2003 | Best Animated Short, Wisconsin International Children's Film Festival 2003 | Mini Prix Jeunesse, Österreich 2004

Die Deutsche Film- und Medienbewertung (FBW) in Wiesbaden-Biebrich prüft auf Beschluss der Kultusministerkonferenz seit 1951 Filme auf ihre künstlerische, dokumentarische oder filmhistorische Bedeutung. Für herausragende Leistungen vergibt die FBW die Prädikate »wertvoll« und »besonders wertvoll«. Diese dienen Filminteressierten, ob nun Erwachsenen oder Kindern, zur Orientierung bei der Auswahl aus dem Kino- und DVD-Angebot. Der Zeichentrickfilm Anders Artig von Christina Schindler erhielt 2002 das höchste Prädikat »besonders wertvoll«.

Animationsfilmerin aus Passion
Christina Schindler, Jahrgang 1962, studierte Grafik an der *Hochschule für Bildende Künste* in Kassel mit Schwerpunkt Animationsfilm. Dabei entdeckte sie den »Spaß an gezeichneter Bewegung, aber auch am Erzählen, am Fabulieren von Geschichten«. Ab 1988 produzierte Christina Schindler in eigener Regie Kinderfilme. Eine Rolle spielt in ihren Filmen stets, wie Friedemann Schuchardt erkannt hat, »das charmant Umstürzlerische und auch das kleine Chaos«. Seit 1993 lehrt Christina Schindler an der *Hochschule für Fernsehen und Film* (HFF)

Christina Schindler beim Film-Workshop in Potsdam-Babelsberg, 2002 wurde sie dort zur Professorin im Studiengang Animation berufen.

Ich würde sagen, die ersten Animationsfilme sind in meinem Matheheft entstanden. Wenn ich mich im Unterricht langweilte, malte ich kleine Daumenkinos. Da mir aber die technischen Möglichkeiten und auch das Wissen fehlten, hatte ich das Filmemachen nicht beruflich verfolgt. Ich wollte eigentlich Illustratorin werden und hatte an der Hochschule Visuelle Kommunikation mit dem Schwerpunkt freie Grafik und Illustration belegt. Im Studium bin ich dann durch Zufall in der Animationsfilmklasse von Professor Jan Lenica gelandet. … Ich war in Flamme gesetzt und habe gespürt, das ist mein Medium. Es hat nur auf mich gewartet, entdeckt zu werden, das war wie eine Sucht, und ich wusste, ich musste das machen.
Christina Schindler im Interview mit Friedemann Schuchardt

ANREGUNGEN ZUM GESPRÄCH
1. Durch welche Verhaltensweisen und äußeren Merkmale unterscheidet sich das rote Chamäleon von den anderen?
2. Beschreiben Sie die Funktionen der Stoyboard-Zeichnungen.
3. Vergleichen Sie die Storyboard-Zeichnungen mit den Film stills. Worin ähneln, worin unterscheiden sie sich?
4. Interpretieren Sie den Filmtitel und umreißen Sie die »Moral« der Erzählung von Christina Schindler.
5. Diskutieren Sie die verschiedenen, von der Filmemacherin in Betracht gezogenen Enden für Anders Artig.
6. Berichten Sie von selbst erlebten Situationen, in denen Außenseiter in eine Gruppe integriert wurden.

ANREGUNGEN ZUR PRODUKTION
1. Beschreiben Sie in einem Aufsatz die Abenteuer, die das normale und das rote Chamäleon gemeinsam erleben.
2. Projekt: Fertigen Sie einen Animationskurzfilm zu einer Tierfabel. Teilen Sie die Arbeit an den Hintergründen, Vordergründen und handelnden Personen in Teams auf. Wählen Sie bei wenig Zeit das Verfahren des Legetricks anstelle des Zeichentricks.

Der Garten als Quelle der Inspiration.
In dem Frühjahr und Sommer, in welchem Christina Schindler die Zeichnungen für ihren Film Anders Artig anfertigte, hatte sie kaum Zeit, im Garten zu arbeiten, wo die Kräuter zu wuchern begannen. Auf der Suche nach Bildmotiven für den Hintergrund wurde sie dafür mitten in dem dort blühenden Löwenzahn fündig. Auch der ausgeblühte meterhohe Dill fand Eingang in den Film.

Bundesverband Jugend und Film (BJF): *Trickfilme von Christina Schindler*

Street Art Animation

Muto von Blu, 2008 – XXL-Wandmalerei in permanenter Mutation

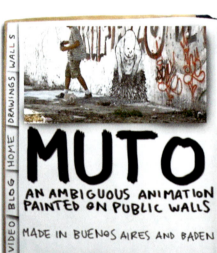

Skizzenbuch von Blu, Website blublu.org, Menü für Muto, 2008. Rechts: Motion stills

Argentinien 2008 | Farbe | 7:26 Min.
Animation, Schnitt: Blu
Assistenz: Sibe
Musik: Andrea Martignoni
Produktion: Mercurio Film
Empfehlung: ab 13 J. | Kl. 7

Über die Wände und Straßen von Buenos Aires, der Hauptstadt Argentiniens, kriechen Figuren, gemalt aus weißen Flächen und schwarzen Linien. Aus Hunderten von abfotografierten Gemälden ergibt sich, im Schnittprogramm montiert, ein Zeichentrick, dessen schmutzige Spuren und wackelige Kameraführung der glatten Ästhetik à la Walt Disney entgegengesetzt sind.

»Muto« ist italienisch und bedeutet als Verbform »ich verwandle mich«, als Adjektiv »sprachlos, stumm«. Von Geräuschen und Effekten untermalt, werden in Muto laufend Dinge verschlungen oder neu geboren. Die Größeren fressen die Kleinen, Figuren platzen auf und bringen merkwürdige Wesen hervor. Ein Kopf wird zu einem geometrischen Körper, aus einer Diamantform entwickelt sich ein Roboter.

Endlosmetamorphose

Zu sehen ist aber nicht einfach das »Making of« eines Einzelgemäldes, das wie von Zauberhand entsteht, nein, die seltsamen Gebilde sind in permanenter Veränderung begriffen und kriechen über Fassaden und Straßen – eine »Endlosmetamorphose« (Franziska Seyboldt). Um seine Motive hervorzuheben, grundiert der Animationskünstler Blu die Flächen meist mit Weiß. Die dunklen Linien der Figuren löscht er immer wieder aus, zurück bleiben malerische Spuren.

Wechsel von Motiv, Perspektive und Einstellungsgröße. Eine Hand greift nach einer Figur, halbiert sie und holt einen Diamanten hervor.

Ortswechsel. Die Hand bringt den Diamanten an einen anderen Ort, wo er zum Roboterwesen mutiert. Die Kamera wandert stets mit.

Blu, der anonyme Street Artist

1999 trat der Italiener Blu erstmals in Bologna mit gesprühten Graffiti ins Rampenlicht, hält aber wie der Engländer Banksy seine Identität geheim. Seinen eigenen Stil entwickelte er 2001, als er zu Wandfarben griff. Mit Farbrollen auf Teleskopstangen gelingen ihm riesige Formate. Seine Metamorphosen sind unwirklich-surrealistisch, die Motive erinnern an den Pop-Künstler Keith Haring, die »unsaubere« Zeichentechnik an William Kentridge.

Blu arbeitet oft mit anderen Graffiti-Künstlern, z. B. Ericailcane, zusammen, er führt ein nomadisches Leben von Festival zu Festival und war in vielen Ländern Europas, in Zentral- und Südamerika und im Westjordanland tätig. Vom Kunstmarkt anerkannt, erhielt er 2008 den Auftrag, die Fassade der *Tate Modern Gallery* in London zu bemalen.

ANREGUNGEN ZUM GESPRÄCH

1. Beschreiben und deuten Sie die Wesen und ihre Metamorphosen in Muto.
2. Rekonstruieren Sie den Arbeitsprozess anhand der Spuren und Auslöschungen in den Abbildungen oben.
3. Berechnen Sie die Phasen bzw. Anzahl der Fotos, die für Muto nötig waren.
4. Wie machen sich Tageszeit und Wetterwechsel während der langwierigen Arbeit in den Einzelfotos bemerkbar?
5. Pro und Kontra: Soll Street Art durch Galerien kommerzialisiert werden?

ANREGUNG ZUR PRODUKTION

Eine Wandanimation in der Größe von Muto, für die Blu zwischen Herbst 2007 und Frühjahr 2008 in Buenos Aires lebte, um sich ganz darauf zu konzentrieren, bedarf der genauen Planung. Bauen Sie das Modell einer Häuserlandschaft (z. B. aus Kartons), über deren Wände sich eine Animation erstreckt.

Weltweiter Erfolg. Auch wenn Muto Preise auf den klassischen Filmfestivals gewonnen hat – darunter 2009 den Grand Prix beim *Festival du Court Métrage* in Clermont-Ferrand – geht seine Popularität doch vor allem auf das Internet zurück, wo über 10 Millionen Menschen den Kurzfilm gesehen haben.

Signatur. Blu bringt sein Logo an.

Wasserspitzmäuse als Kampfsportler
OUR WONDERFUL NATURE (2008) von Tomer Eshed – eine »Mockumentary« in 3D

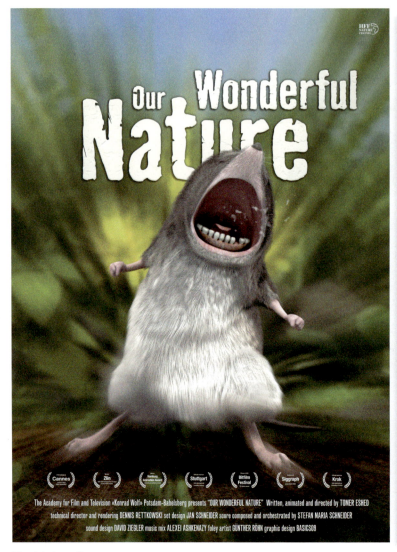

Filmplakat, 2008

D 2008 | Farbe | 5:10 Min.
Drehbuch, Regie, Animation: Tomer Eshed
Technischer Direktor, Rendering, Compositing: Dennis Rettkowski
Set Design: Jan Schneider
Text: Alex Eshed
Sprecher: John Berwick
Musik: Stefan Maria Schneider
Sounddesign: David Ziegler
Musikmischung: Alexei Ashkenazy
Foley Artist: Günther Röhn
Produktion: Hochschule für Film und Fernsehen (HFF) »Konrad Wolf«
FSK: ab 6 J. | Empfehlung Sek. 1: ab Kl. 6

Der »HFF Nature Channel« zeigt eine idyllische Wiesenlandschaft in Mitteleuropa. Ein englischer Sprecher stellt mit sonorer Stimme wie in einem BBC-Lehrfilm die Flora und Fauna an einem Bachlauf vor. Der Fokus richtet sich auf die Spezies der Wasserspitzmaus. Es ist Paarungszeit und eine männliche Maus hat das Auge auf ein Weibchen geworfen – doch da taucht ein Rivale auf. In Zeitlupe beharken sich die Gegner wie Kampfsportler in Eastern-Filmen, während die Kamera sie umkreist. Wie im richtigen Hollywood-Kino wähnt der eine den anderen schon erledigt, als dieser noch einmal angreift. Der Held bekommt das wankelmütige Weibchen. Der Lohn für den Kampf auf Leben und Tod: eine Paarung in Mäuseechtzeit.

Ein fiktiver Naturlehrfilm

OUR WONDERFUL NATURE wirkt anfangs wie ein Naturlehrfilm, der die Schönheit der Schöpfung preist. Er ist aber eine »Mockumentary« (engl. to mock: verspotten), die Parodie eines Dokumentarfilms. Der Spott – die »Satire« – ergießt sich nicht nur über die Machart der Natur-, sondern auch über bestimmte Hollywood-Filme, inklusive deren »Story twists« (engl., unerwartete Wendungen).

Heile Welt. Der Filmbeginn zeigt eine scheinbar friedliche Natur an einem Bachlauf, doch ein näherer Blick zeigt …

… zwei um ein Weibchen mit harten Bandagen kämpfende Wasserspitzmäuseriche. Einer verliert im Kampf einen Zahn und scheint sein Leben auszuhauchen. Das Weibchen und ihr Held schmachten sich schon an, doch da …

… steht der Totgeglaubte wieder auf, es kommt erneut zum Kampf mit neuem Sieger, der sich ebenfalls bereits am Ziel glaubt, nur um festzustellen, dass der Gegner ihn getäuscht hat. Mit einem brutalen Kopfstoß wird der Zahnlose erledigt. Happy End: die Mäusehochzeit.

Der Kommentar aus dem Off erweckt einen sachlichen Anschein, ist aber teilweise fiktiv – Wasserspitzmäuse sind keine Nager, sondern fressen Insekten.

Echte Wasserspitzmaus (Neomys fodiens)

This is a typical European underbrush scene, home of the water shrew. This tiny rodent, one of the smallest mammals on our planet, forages around the banks of streams, constantly in search of food. It has a heart beat rate of 300 per minute, therefore everything it does seems to us to happen at a very rapid pace.

It's spring time, the mating season. The scent of a nearby female shrew catches his attention. In fact, she is pretty close by. But he is not alone. Another male has exactly the same intentions. When their paths cross, a fierce battle is inevitable. And it's all over in a matter of seconds. However, let's take a closer look at what really went on …

Der Kommentar aus dem Off in OUR WONDERFUL NATURE

Extreme Bilder. *Links:* Top shot. *Mitte:* Der Hintergrund verschwimmt im Unscharfen. *Rechts:* Beim Getroffenen fliegen Schweißtropfen.

Mäuse mit Kampfsport-Ästhetik. Unerbittlicher Kampf in Zeitlupe im Stil von Action- und Martial-arts-Filmen. Production still

Kampfszenen mit »Bullet time«-Effekt

Als die Zeitlupe in OUR WONDERFUL NATURE beginnt, fährt die Kamera (die in 3-D-Programmen künstlich gesetzt wird) an die Kontrahenten heran – und die niedlichen Mäuse zeigen auf einmal ihre hässliche Seite. Im Lauf des erbarmungslosen Kampfes fährt sie vor und zurück und kreist um das Geschehen mal in die eine und mal in die andere Richtung, wie ein Ringrichter beim Boxkampf. Sie nimmt extreme Perspektiven ein, etwa den »Top shot«, den Blick von oben, der in den 1930er-Jahren von Hollywood-Regisseur Busby Berkeley entwickelt wurde, um die Choreografie von Ballett- und Revuetänzerinnen wiederzugeben. Dabei vollführt die Kamera ähnlich geschmeidige Bewegungen wie die Kämpfer selbst.

Die Machart erinnert an den »Bullet-Time-Effekt« (engl. bullet: Kugel) in Actionfilmen und Videogames. Durch die Fahrt um ein bewegtes Objekt erscheint dieses verlangsamt oder eingefroren. Der Effekt stammt aus Kampfsportfilmen der 1980er-Jahre, u.a. von John Woo, bekannt wurde er durch MATRIX (USA 1999, siehe *Grundkurs Film 2*, S. 220 ff.). Im Abspann spricht Filmemacher Tomer Eshed den Martial-Arts-Schauspielern Jackie Chan, Bruce Lee, Jet Li und Chuck Norris – ironischerweise? – seinen Dank aus.

Erste Skizzen von Tomer Eshed

Das Tonmodell: Character design

Vorbereitende Zeichnungen für das Modelling im Computer

Wie entstand die Idee zu Our Wonderful Nature?
Ein Freund hatte mir von einer Doku im Fernsehen erzählt, in der rivalisierende Mäuse in Echtzeit und in Zeitlupe zu sehen waren. Dieser Film war damals nicht recherchierbar, inzwischen vermute ich, dass er vom Naturfilmer Joachim Hinz stammt. Ich habe mir dann anderes Filmmaterial besorgt, um Mäuse zu studieren. In der Natur kämpfen Mäuse um Lebensraum und Futter, ich wollte aber ihre Verhaltensweisen übertrieben darstellen, deshalb lasse ich sie um ein Weibchen streiten.

Können Sie den Herstellungsprozess näher beschreiben?
Ich habe mit Zeichnungen begonnen und dann ein kleines Tonmodell geformt, um ein Gefühl für das »Character design« zu bekommen, denn in der virtuellen Welt lässt sich nichts anfassen. Das habe ich dann in 3D »gemodelt«, d. h. in den Computer übertragen. Auch die Landschaft musste in 3D konstruiert werden. Als Software habe ich »Maya« verwendet, mit der auch Filme wie Findet Nemo und Ice Age 2 gemacht wurden.
Beim »Rigging« habe ich die Gelenke und das Bewegungsspektrum des Models definiert und das »Mesh«, ein Polygonnetz, darübergelegt. Als die Figuren animiert waren, habe ich eher spontan die Entscheidungen für die Kameraeinstellungen und -perspektiven getroffen.

Was hat Sie zu den irrwitzigen Kampfszenen inspiriert, Kung-Fu-Filme?
Nicht nur, beeinflusst war ich hauptsächlich von Capoeira, einem akrobatischen Kampftanz aus Brasilien, den ich selber gerade trainiert hatte.

Wie viel Zeit hat der Film denn insgesamt in Anspruch genommen?
Ein Jahr habe ich mich selbst um die Animation gekümmert, kam aufgrund ständig wachsender Ansprüche aber an meine Grenzen. So habe ich mir von Dennis Rettkowski helfen lassen, der auf Computerkunst spezialisiert ist. Jedenfalls hat es noch ein weiteres Jahr gedauert, bis wir alles ausgearbeitet hatten und mit »RenderMan«, einer Spezialsoftware von Pixar, »rendern« konnten. Schließlich musste auch noch die Tonebene erstellt werden.

Der Abspann verrät, dass Sie für den Soundtrack selbst Gitarre gespielt haben. Wie sah die Zusammenarbeit mit dem Komponisten der Filmmusik aus?
An sich habe ich nur meine Vorstellungen mit ihm besprochen, die dramatisierende Filmmusik ist sein Werk. Stefan Maria Schneider studierte damals wie Dennis Rettkowski und ich an der HFF. Wir drei haben später auch an Flamingo Pride zusammengearbeitet.

War der durchschlagende Erfolg des Films für Sie vorhersehbar?
Nein, ich wollte eigentlich nur eine lustige kleine Animation anfertigen …
Gespräch zwischen Tomer Eshed und Michael Klant

Tomer Eshed, Porträtfoto

3-D-Filmer mit Humor: Tomer Eshed
Geboren 1977 in Tel-Aviv, besuchte Tomer Eshed in Jerusalem, der Hauptstadt Israels, ein Gymnasium mit Kunstprofil. Nach dreijährigem Militärdienst als Sanitäter ging er nach New York und arbeitete hauptsächlich als Zeichner an Comicprojekten mit. Aufgrund seiner zeichnerischen und musikalischen Doppelbegabung fiel ihm die Studienwahl schwer. Von 2002 bis 2003 besuchte er eine Sprachschule in Berlin, 2004 schrieb er sich an der Hochschule für Film und Fernsehen „Konrad Wolf" (HFF) Potsdam-Babelsberg im Studiengang Animation ein, den er 2009 abschloss. OUR WONDERFUL NATURE war seine Vordiplom-Arbeit. Die Erfolge, die er mit seinem ersten Film verbuchen konnte, überraschten ihn, doch schon 2011 erhielt er für seine neue 3-D-Mockumentary FLAMINGO PRIDE von der Film- und Medienbewertung Wiesbaden (FBW) das begehrte Prädikat »besonders wertvoll«. Tomer Eshed lebt in Tel Aviv und Berlin, wo er 2009 das Talking Animals Animation Studio mit begründete.

ANREGUNGEN ZUM GESPRÄCH
1. Zählen Sie die Elemente auf, die zur Komik in OUR WONDERFUL NATURE beitragen (Wettspiel in zwei Gruppen).
2. Wo finden sich menschliche Verhaltensweisen bei den Tieren im Kurzfilm?
3. Wie viel Wahrheit über die Gesetze der Natur steckt in OUR WONDERFUL NATURE, wie groß ist der fiktive Anteil? Recherchieren Sie hierzu den Film KLEINER JÄGER GANZ GROSS – DIE WASSERSPITZMAUS von Joachim Hinz.
4. Welches dramaturgische Modell liegt OUR WONDERFUL NATURE zugrunde?
5. Berichten Sie von Ihnen bekannten Filmen mit Kampfszenen, die OUR WONDERFUL NATURE inspiriert haben könnten.
6. Analysieren Sie die filmsprachlichen Mittel in OUR WONDERFUL NATURE (Kameraführung, Einstellungsgrößen etc.).
7. Worauf führen Sie die zahlreichen Preise für Esheds Kurzfilm zurück?

ANREGUNGEN ZUR PRODUKTION
1. Konzipieren Sie im Team eine Mockumentary, indem Sie z.B. Ereignisse im schulischen Umfeld inszenieren und kommentieren oder zu selbst gefilmten Naturphänomenen einen humorvollen Kommentar verfassen.
2. Befassen Sie sich mit »Character Design« und entwickeln Sie zeichnerisch eine tierische Comicfigur auf der Grundlage von Naturbeobachtungen.
3. Experimentieren Sie mit der 3-D-Animationstechnik, entweder mit einer Gratis-Software oder der Testversion einer professionellen Software.

> **Letzter Satz** im Abspann von OUR WONDERFUL WORLD: »Some animals were hurt during the production of this film.«

Preise für OUR WONDERFUL NATURE (Auswahl)
Prädikat »wertvoll«, Film- und Medienbewertung Wiesbaden (FBW) 2008 | Award for young artists under 35, International Film Festival for Children and Youth, Zlin, Tschechien 2008 | Publikumspreis und 2. Preis der Jury, Hamburg Animation Award 2008 | Beste computergenerierte 3D-Animation, Bitfilm 08, Hamburg 2008 | Special Prize »Well Told Fable Award«, Siggraph, Los Angeles 2008 | Young Animation Award, Filme im Schloss, Wiesbaden 2008 | Bester Deutscher Animationsfilm, Dokfilm, Leipzig 2008 | Best Animated Short, 9th Kerry Film Festival, Kerry, Irland 2008 | Short Tiger, Filmförderungsanstalt Berlin 2008 | International Newcomer Award, Encounter Festival Bristol, GB 2008 | Jury Award, AniBoom, Israel 2008 | Special Prize »The Wittiest Movie«, VI. International Festival of Animation Arts Multivision, St. Petersburg, Russland 2008 | Children Jury Award, Best Short Film in Competition, Jeugdfilmfestival Vlaanderen, Antwerpen/Brügge, Belgien 2009 | Best Student Animation, International Animation Festival, Teheran, Iran 2009 | Friedrich-Wilhelm-Murnau-Kurzfilmpreis, Wiesbaden 2009 | Best Animation Film, 7. Short Film Festival Manlleu, Spanien 2009 | Preis der AV Medienzentrale Eichstätt, 15. Kurzfilmtage Thalmässing 2009 | Best Student Film, Anima Mundi, Rio de Janeiro, Brasilien 2009 | Best Film Section »Animation«, Salento Finibus Terrae / Day By Day, Mailand, Italien 2009 | Best Music in Short Film Animation, Jerry Goldsmith Award for New Composers of Music for the Audiovisual 2009 | Nominiert für den Student Academy Award, Los Angeles 2009

EXPERIMENTALFILME

Gegen die Regeln 138

DIE REISE ZUM MOND von Georges Méliès (F 1902) 140

EIN ANDALUSISCHER HUND von Luis Buñuel und Salvador Dalí (E/F 1929) 144

MESHES OF THE AFTERNOON von Maya Deren und
Alexander Hammid (USA 1943) 148

BEGONE DULL CARE von Norman McLaren und Evelyn Lambart (CDN 1949) 152

TANGO von Zbigniew Rybczynski (PL 1981) 158

FAST FILM von Virgil Widrich (A/L 2003) 164

TRUE von Tom Tykwer (D 2004) 172

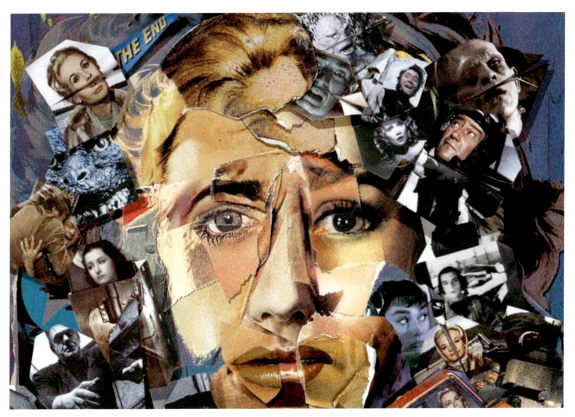

Collage aus »Found footage«. Virgil Widrich: Plakat zu FAST FILM, 2003

Gegen die Regeln: Experimentalfilme

Schon die Erfinder des Films gingen experimentell vor: Sie brauchten noch keinen Erwartungen oder festen Regeln zu folgen, sondern konnten das neue Medium zunächst ausprobieren. Damit entsprachen sie der wörtlichen Bedeutung des lateinischen »experimentum« als »Versuch, Probe«.

Erst als sich nach 1900 die Gesetzmäßigkeiten des filmischen Erzählens durchsetzten (s.S. 9), löste sich der Experimentalfilm von der allgemeinen Entwicklung des Films – um sich umso mehr an derjenigen der freien Kunst zu orientieren.

Realfilm: Von der Tricktechnik zum Montageexperiment

Die ersten Experimente erfolgten mit Realfilm. Dem Franzosen Georges Méliès wird die Erfindung des »Stopptricks« zugeschrieben, bei dem sich Dinge und Personen durch einfaches Anhalten der Filmkamera vor gleichbleibendem Hintergrund magisch verändern. Méliès hat in Die Reise zum Mond (F 1902, s.S. 140 ff.) nicht nur den Stopptrick, sondern auch Überblendungen und Doppelbelichtungen angewendet.

Künstler des Dadaismus und Surrealismus setzten diese Mittel noch in den 1920er-Jahren ein, etwa Luis Buñuel und Salvador Dalí in Ein andalusischer Hund (E/F 1929, S. 144 ff.). Über solche Tricktechniken hinaus experimentierten sie und andere Künstler wie Man Ray, Marcel Duchamp, René Clair oder Fernand Léger auch mit der Montage. Sie fügten Einstellungen zueinander, die dem vom »Kontinuitätsprinzip« vorgeschriebenen Regeln des Erzählflusses widersprachen, sei es, um dadaistischen Nonsense zu produzieren, Assoziationen zu ermöglichen oder traumartige Situationen hervorzurufen.

Wie die Surrealisten war auch Maya Deren von der Psychoanalyse beeinflusst. Der zusammen mit ihrem Ehemann Sasha Hammid 1943 geschaffene Meshes of the Afternoon gilt als erster US-amerikanischer »Avantgardefilm« (S. 148).

Abstrakt, absolut und pur: der ungegenständliche Film

Bereits um 1910 war es zu filmischen Experimenten gekommen, für die keine Kamera erforderlich war. Die dem Futurismus nahestehenden Italiener Bruno Corra und Arnaldo Ginna erstellten handgemalte Farbfilme, die sie mit Klängen begleiteten. Mit seinen Rythmes Colorés nahm der russisch-französische Maler Léopold Survage, ein Vertreter des Kubismus, zwischen 1912 und 1914 sogar den »Abstrakten Film« vorweg.

Nach dem Ersten Weltkrieg (1914–1918) ließen sich Viking Eggeling, Oskar Fischinger, Hans Richter und Walter Ruttmann in Berlin für ihre Animationsfilme von den neuen, geometrisch-konstruktivistischen Kunstströmungen inspirieren: Sie verzichteten ganz auf die Narration und konzentrierten

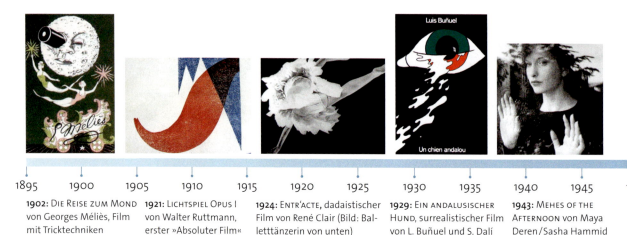

1902: Die Reise zum Mond von Georges Méliès, Film mit Tricktechniken

1921: Lichtspiel Opus I von Walter Ruttmann, erster »Absoluter Film«

1924: Entr'acte, dadaistischer Film von René Clair (Bild: Balletttänzerin von unten)

1929: Ein andalusischer Hund, surrealistischer Film von L. Buñuel und S. Dalí

1943: Mehes of the Afternoon von Maya Deren/Sasha Hammid

sich auf die visuelle Wirkung rhythmisch angeordneter Farben und Formen. Ihre Filmkunst wird als »Absoluter Film« oder auch »Avantgardefilm« bezeichnet. Die französische Variante nannte Experimentalfilmer Henri Chomette »Cinéma Pur« (franz., reines Kino). Walter Ruttmann brachte seine freikünstlerischen Erfahrungen auch in die Werbung ein, etwa bei dem semi-abstrakten Werbefilm DER SIEGER (1922, s. S. 212 f.).
1935 begann der in London lebende Neuseeländer Len Lye mit »Direkten Filmen«, für die er das Filmmaterial bemalte und zerkratzte. Nach dem Zweiten Weltkrieg (1939–1945) manipulierten weitere Experimentalfilmer wie Kurt Kren, Peter Kubelka und Werner Nekes das Ausgangsmaterial, u. a. durch Mehrfachbelichtungen. Der Amerikaner Stan Brakhage beklebte Filmstreifen sogar mit Mottenflügeln.

Ein Höhepunkt des »Handmade Film« (engl., handgemachter Film) ist BEGONE DULL CARE, den der in Kanada tätige Schotte Norman McLaren 1949 mit Evelyn Lambart schuf (s. S. 152 ff.). Mit dem Rückgang des Abstrakten Expressionismus in der Malerei ebbte das Interesse am kameralosen Film ab.

Underground vs. Hollywood

Zwischen 1960 und 1962 gründeten 23 Filmemacher, voran Jonas Mekas, die *Film-Makers' Cooperative* (auch: *The New American Cinema Group, NAC*), die dem kommerziellen Kino aus Hollywood endlich auch alternative Produktions- und Distributionsbedingungen entgegensetzen wollte. Der »Underground«-Film, das »Free Cinema« oder »Off-Hollywood« erlaubten formale Experimente ebenso wie politische Dokumentationen. Typisch sind Versuche mit der Zeit. So kam es zu 25 Stunden langen FOUR STARS von Andy Warhol (USA 1967), zu den TAGEBUCHFILMEN von Jonas Mekas oder zu extrem kurzen Werken, die auf dem »Loop« (engl., Schleife) beruhen, der Endlosfilme aus wenigen Sekunden erlaubt. Zbigniew Rybczinski gelang 1980 mit TANGO ein loopartiger Film über die Wiederkehr alltäglicher Handlungen (s. S. 158 ff.). In Tom Tykwers TRUE finden sich noch 2004 vergleichbare Experimente mit Zeitstrukturen (s. S. 172 ff.)

Neue Entwicklungen

Seit den 1960er-Jahren wurde zunehmend Videomaterial eingesetzt, das auf der Magnetaufzeichnung (MAZ) basiert. Die Unterscheidung zwischen Experimentalfilm und Videokunst ist seither oft schwer zu treffen (s. S. 232). Dies betrifft z. B. die Tendenz zum sogenannten »Fotofilm«, der Standbilder aneinanderreiht, ob nun von Chris Marker (LA JETÉE – AM RANDE DES ROLLFELDS, F 1962), Katja Pratschke (FREMDKÖRPER, D 2002) oder Marc Thümmler (RADFAHRER, D 2008).

Aufgrund der leichteren Verfügbarkeit älterer Kinofilme auf Magnetbändern (VHS-Kassetten) kam besonders ein neuer Filmtyp auf: der »Found-footage«-Film, der vorgefundenes Material neu zusammensetzt. Zu den aufwendigsten Werken gehört hier FAST FILM von Virgil Widrich (A/Lux 2003, s. S. 164 ff.). Er greift zwar auf älteres Ausgangsmaterial zurück, wäre aber ohne den Einsatz des Computers kaum denkbar – wie überhaupt die Digitalisierung dem Experimentalfilm neue, scheinbar unbegrenzte Möglichkeiten eröffnet hat.

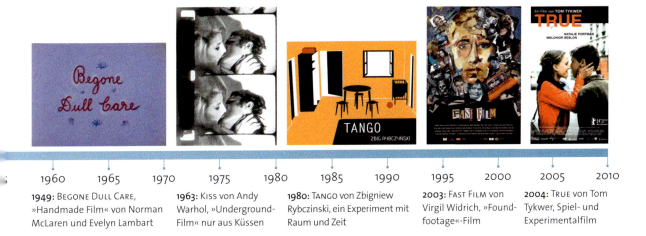

1949: BEGONE DULL CARE, »Handmade Film« von Norman McLaren und Evelyn Lambart

1963: KISS von Andy Warhol, »Underground-Film« nur aus Küssen

1980: TANGO von Zbigniew Rybczinski, ein Experiment mit Raum und Zeit

2003: FAST FILM von Virgil Widrich, »Found-footage«-Film

2004: TRUE von Tom Tykwer, Spiel- und Experimentalfilm

Zaubertricks mit der Filmkamera

DIE REISE ZUM MOND (1902) von Georges Méliès – der erste Science-Fiction-Film

Filmplakat, 1902

LE VOYAGE DANS LA LUNE | Frankreich 1902 | sw | 14 Min.
Drehbuch, Regie und Produktion: Georges Méliès
Kamera: Michaut, Lucien Tainguy
Empfehlung: ab 10 J. | Kl. 5

Sechs Mitglieder eines Astronomie-Clubs beschließen, zum Mond zu fliegen. Sie bauen eine Raumkapsel und eine riesige Kanone. Mit der Hilfe schöner Frauen besteigen sie die Kapsel, diese wird abgeschossen – und trifft den Mond mitten ins Auge. Die Seleniten (Mondbewohner) nehmen die Astronomen gefangen, doch können sie sich befreien und in der Kapsel fliehen. Nach einer Notlandung im Meer bringt sie ein Schiff nach Hause, wo sie sich feiern lassen. Ihrem Anführer, Prof. Barbenfouillis, wird ein Denkmal errichtet.

Die Filmhandlung. 1 Das Treffen der Astronomen | 2 Der Bau des Raumschiffs

Als Georges Méliès 1902 seinen Film DIE REISE ZUM MOND vorstellte, kam dies einer Sensation gleich. Zum einen waren die meisten Filme damals noch kurze Streifen von nur 2 bis 3 Minuten Dauer, wohingegen DIE REISE ZUM MOND eine geradezu epische Länge von 14 Minuten aufweist. Zum anderen waren viele Filme »non-fiktional«, abgefilmte Alltagssituationen. Und diejenigen, die »fiktional« waren und eine erfundene Geschichte erzählten, spielten nicht in der Zukunft. Méliès aber entwickelte nicht nur das Genre des Abenteuerfilms weiter, sondern begründete ein ganz neues Genre, das der »Science-Fiction«, der Kombination aus Wissenschaft (engl.: science) und Dichtung (fiction).

Die Literatur als Ideengrube

Im Gegensatz zu heutigen Science-Fiction-Filmen erscheint die Handlung jedoch wenig glaubwürdig. So besteht der Mond aus einer Sahnetorte, in der ein menschliches Gesicht steckt. Die Auflösung der Seleniten in Rauch durch Berührung mit einem Regenschirm wirkt wie eines der *Abenteuer des Freiherrn von Münchhausen*, wie sie Gottfried August Bürger 1786 beschrieben hat. Direkt ließ sich Méliès durch den Roman *De la terre à la lune* von Jules Verne aus dem Jahre 1865 inspirieren. Das Aussehen der Mondbewohner entnahm er dem 1901 erschienenen Roman *The First Men on the Moon* von H. G. Wells. Es mischen sich Zaubertricks, Zukunftsvision und Klamauk. Méliès und seine Zeitgenossen dürften kaum geglaubt haben, dass der Mensch tatsächlich einmal auf dem Mond landen würde!

Das erste Filmstudio Europas

In seinem eigenen Studio in Montreuil bei Paris, dem ersten in Europa, arbeitete Méliès über vier Wochen an seinem Film – und spielte selbst die Hauptrolle, den theatralischen Astronomen Professor Barbenfouillis (franz., Kuddelmuddelbart). Er scheute keine Kosten und engagierte Tänzerinnen vom *Corps de Ballet* des Pariser Châtelet und Akrobaten des Theaters *Folies Bergère*, welche die Seleniten spielten.

3 Die Astronauten beobachten das Gießen der Kanone. | 4 Junge Frauen schieben die Kapsel in die Kanone. | 5 Diese landet direkt im Mond.

6 Prof. Barbenfouillis steigt als Erster aus der Kapsel. | 7 Sterne ziehen vorbei. | 8 Die Seleniten überfallen die Astronauten.

9 Die Raumfahrer werden gefangen genommen und vor den Herrscher der Seleniten gezerrt. Es kommt zum Handgemenge.

10 Es gelingt den Astronauten, zu fliehen, die Verfolger abzuwehren und mit der Kapsel vom Mond zu starten.

11 Bei der Landung auf der Erde versinkt die Kapsel im Meer, steigt aber wieder auf, sodass die Abenteurer von einem Schiff gerettet werden können.

12 Zurück in der Heimatstadt, wird Professor Barbenfouillis ein Denkmal gesetzt.

Europas erstes Filmstudio, von Méliès 1897 in Montreuil bei Paris erbaut

Doppelbelichtung. Georges Méliès als Hauptdarsteller in seinem Film Der Kopfmensch (1898) mit enthaupteten Köpfen

Geteilte Leinwand. Gleichzeitige Darstellung der Telefonierenden und der Distanz zwischen ihnen. Méliès ist links zu sehen (aus: Die Dreyfus-Affäre, 1899)

Méliès, der »Magier von Montreuil«

Der Franzose Georges Méliès (1861–1938), Sohn eines Schuhfabrikanten, zeigte seit 1888 seine Zaubertricks als »Illusionist« im eigenen Theater in Paris. 1895 sah er eine der ersten Filmvorführungen der Brüder Lumière, der Erfinder des Films – und drehte 1896 seinen ersten eigenen Streifen. Schon 1897 errichtete Méliès ein Studiogebäude in Montreuil bei Paris, wo er fast alle seiner rund 500 Filme produzieren sollte. Die Reise zum Mond machte ihn weltberühmt. Méliès wagte es sogar, eine Filiale in New York zu gründen. Doch die Konkurrenz war ihm im Vertrieb überlegen, sodass er seine Filmproduktion 1912 verarmt beenden musste. Er geriet in Vergessenheit und betrieb einen Kiosk, als ihn Journalisten und der Regisseur René Clair 1928 wiederentdeckten. Heute wird Méliès als einer der großen

Das Kulissenmagazin in Méliès' Studio

Pioniere der Filmkunst gefeiert. Schon 1907 hatte er niedergeschrieben, wie er auf seine Tricktechniken kam und wie er diese weiterentwickelte.

Wollen Sie wissen, wie mir die Idee kam, in der Kinematographie Tricks zu verwenden? Wirklich, das war ganz einfach! Eine Panne des Apparats, dessen ich mich anfangs bediente …, hatte eine unerwartete Wirkung, als ich eines Tages ganz prosaisch die Place de l'Opéra photographierte. Es dauerte eine Minute, um den Film freizubekommen und die Kamera wieder in Gang zu setzen. Während dieser Minute hatten die Passanten, Omnibusse, Wagen sich natürlich weiterbewegt. Als ich mir den Film vorführte, sah ich an der Stelle, wo die Unterbrechung eingetreten war, plötzlich einen Omnibus der Linie Madeleine–Bastille sich in einen Leichenwagen verwandeln und Männer zu Frauen werden. Der Trick durch Ersetzen, Stopptrick genannt, war gefunden, und zwei Tage später begann ich damit, Männer in Frauen zu verwandeln und Menschen und Dinge plötzlich einfach verschwinden zu lassen, was anfangs ja großen Erfolg hatte …

Ein Trick zieht den nächsten nach sich; da diese neue Gattung erfolgreich war, bemühte ich mich, neue Verfahren zu finden, die ich mir Zug um Zug ausdachte: den Kulissenwechsel durch Überblendung, den man mit Hilfe einer besonderen Kameravorrichtung erreicht, das Erscheinen und Verschwinden von Dingen, die Metamorphosen, die man durch Doppelbelichtung auf

Talentierter Zeichner. Georges Méliès mit Selbstkarikatur, 1904

schwarzem Grund oder schwarze Aussparungen in den Dekors erzielt, sodann Doppelbelichtungen auf weißem, schon belichtetem Grund (was alle für unmöglich hielten, bevor sie es gesehen hatten), die durch einen Kniff zustande gebracht werden, über den ich nicht sprechen kann ...

Danach kamen die Tricks mit den abgeschnittenen Köpfen, mit der Verdoppelung von Personen, mit Szenen, die von einer einzigen Person gespielt werden, die sich vervielfacht und schließlich ganz allein bis zu zehn Personen darstellt, die miteinander Spaß treiben. Schließlich verwandte ich auch meine Spezialkenntnisse vom Illusionstheater, die mir fünfundzwanzig Jahre Praxis im Theater Robert-Houdin vermittelt haben, und führte in der Kinematographie die Tricks der Mechanik, der Optik, der Taschenspielerei usw. ein.
... der intelligent angewandte Trick ermöglicht es, das Übernatürliche, das Imaginäre, sogar das Unmögliche sichtbar zu machen und wirklich künstlerische Bilder aufzunehmen, die für jeden, der bedenkt, dass bei ihrer Ausführung alle Register der Kunst gezogen werden, ein wahrer Genuss sind.

Georges Méliès

ANREGUNGEN ZUM GESPRÄCH
1. An welchem Filmbildern lässt sich erkennen, dass Méliès ursprünglich am Theater tätig war?
2. Welche Funktion kommt den leicht bekleideten Damen im Film zu?
3. Regisseur François Truffaut unterscheidet zwei Entwicklungsstränge in der Filmhistorie: einen realistischen und einen fantastischen. Ordnen Sie den Strängen Filme aus diesem Buch zu.
4. Berichten Sie anhand ihnen bekannter Filmbeispiele, wie sich das Science-Fiction-Genre weiterentwickelt hat.

ANREGUNGEN ZUR PRODUKTION
1. Experimentieren Sie mit dem Stopptrick: Lassen Sie Personen verschwinden und auftauchen. Verwenden Sie für Ihre Aufnahmen möglichst ein Stativ.
2. Wo Méliès früher eine schwarze Fläche für Doppelbelichtungen brauchte (weil diese im Negativ weiß war, sodass ein anderes Motiv darübergelegt werden konnte), benutzt man heute in digitalen Schnittprogrammen den »Greenscreen«. Experimentieren Sie mit Aufnahmen vor einer grünen Wand, die Sie gegen neue Hintergründe austauschen.
3. Der in Vergessenheit geratene Méliès wird als Spielzeugverkäufer wiederentdeckt. Entwickeln Sie hierzu einen Dialog und setzen Sie ihn filmisch um.

Wirkungsgeschichte. Die REISE ZUM MOND wurde früher oft kopiert und inspiriert auch heute zahlreiche Filmemacher. 1996 re-inszenierten Jonathan Dayton and Valerie Faris große Teile des Films für den Videoclip zum Song *Tonight Tonight* von den Smashing Pumpkins. Sie gewannen damit sechs Preise bei den »MTV Video Music Awards«. 2012 schuf die Band Air eine Neuvertonung des frisch restaurierten Films von Méliès.

Filmzitat. *Links:* In DIE REISE ZUM MOND werden die Seleniten mit Regenschirmen besiegt. *Rechts:* Variation des Motivs im Videoclip zum Song *Tonight Tonight* der Rockband The Smashing Pumpkins, 1996

»Der Film ist eine wunderbare und gefährliche Waffe«

EIN ANDALUSISCHER HUND (1929) von Luis Buñuel und Salvador Dalí – assoziative Filmmontage gegen die Vernunft

Plakat zur deutschen Erstaufführung, 1963

UN CHIEN ANDALOU | Frankreich 1929 | sw | 17 Min.
Regie, Schnitt, Produktion: Luis Buñuel
Drehbuch: Luis Buñuel und Salvador Dalí
Kamera: Albert Duverger
Musik: Bei der Premiere in Paris 1929 wurde Musik vom Grammofon gespielt, zwei argentinische Tangos und *Liebestod* aus *Tristan und Isolde* von Richard Wagner.
FSK: ab 16 | Empfehlung: Kl. 11

Im Prolog durchschneidet ein Rasiermesser ein Auge. Danach nimmt eine Frau (Simone Mareuil) einen verunglückten Radfahrer (Pierre Batcheff) bei sich auf. In ihrer Wohnung und im Freien kommt es zu absurden, rätselhaften Ereignissen ...

Schock am Filmanfang

Tangomusik. Ein Mann – gespielt von Regisseur Luis Buñuel selbst – steht am Fenster und schärft sein Rasiermesser. Dann tritt er auf den Balkon und betrachtet, eine Zigarette rauchend, den Vollmond. Vor ihm sitzt eine Frau, deren linkes Auge er mit Daumen und Zeigefinger aufspreizt. Ein Wolkenstreifen zieht vor den Mond. Das Rasiermesser durchschneidet einen Augapfel, aus dem Flüssigkeit quillt. Es ist scheinbar das Auge der Frau – in Wirklichkeit aber war es ein Kuhauge. Mittels »Match cut« werden die beiden Augen gleichgesetzt. Der Schock, der von diesem Filmbeginn ausgeht, hat bis heute nichts an Intensität verloren. Schon bei der Erstaufführung in Paris 1929 soll das Publikum vor Entsetzen aufgeschrien haben.

Träume als Quelle der Inspiration

Die Spanier Salvador Dalí und Luis Buñuel kannten sich seit gemeinsamen Studienzeiten in Madrid. Als sie sich 1928 in Dalís Heimatort Figueres wiedersahen, berichteten sie einander – inspiriert durch die Schriften des Psychoanalytikers Sigmund Freud – von ihren Träumen: In Buñuels Traum durchschnitt eine Wolke den Mond »wie eine Rasierklinge ein Auge« und in Dalís Traum krochen Ameisen über eine Hand. Binnen einer Woche verfassten die beiden das Drehbuch zu einem Film, der logisch nicht erklärbar ist und Bilder wie in Träumen assoziativ aneinanderreiht (s. Text rechte Seite unten).

  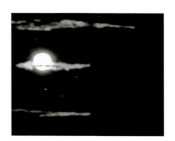 

Match cut. Aufgrund der formalen Übereinstimmungen beim Rasiermesser und dem Wolkenstreifen – ebenso wie beim Auge der Frau (Simone Mareuil), dem Vollmond und dem Auge der Kuh – wirkt es, als durchschneide der Mann (Luis Buñuel) das Auge der Frau.

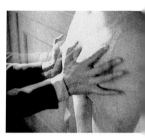

Metamorphose mit Überblendungen. Bei der aufdringlichen Berührung durch den Blinden (Pierre Batcheff) werden weibliche Brüste zu einem Gesäß, bildhafter Ausdruck einer »Amour fou« (franz.), einer leidenschaftlichen, verrückten Liebe.

Der Surrealismus, eine Revolution

So verwandeln sich im Film u. a. weibliche Brüste bei der Berührung durch Männerhände in ein Gesäß. Ameisen kriechen aus einer Handfläche, die zuerst in die Achselhöhle einer Frau und dann in einen Seeigel übergehen. Ein Mann schleppt zwei Kürbisse, zwei Schüler eines Priesterseminars und zwei Konzertflügel, auf denen Eselskadaver liegen, an Seilen hinter sich her (Abb. S. 146). Am Schluss sind der Mann und die Frau hüfthoch im Sand begraben, erblindet und von Insekten überdeckt. Formal und inhaltlich reiten Buñuel und Dalí Attacken auf die Kultur, die Kirche und die bürgerliche Moral. Damit entsprachen sie dem revolutionären Anliegen des Surrealismus (franz., über der Wirklichkeit), der seit etwa 1920 alle gültigen, rational begründeten Werte infrage stellte. Der Wortführer des Surrealismus, André Breton, verfasste die folgende Definition.

Wortführer des Surrealismus: André Breton

Assoziationsketten

Bei der Planung ihres Films gingen Dalí und Buñuel assoziativ vor. Eine ähnliche Methode hatte der französische Psychotherapeut Pierre Janet schon 1889 erprobt: Der Patient wurde in Trance oder unter Hypnose zur »écriture automatique« (franz.) angeregt, zum automatischen, unbewussten Schreiben.

SURREALISMUS, Subst., m. – Reiner psychischer Automatismus, durch den man mündlich oder schriftlich oder auf jede andere Weise den wirklichen Ablauf des Denkens auszudrücken sucht. Denk-Diktat ohne jede Kontrolle durch die Vernunft, jenseits jeder ästhetischen oder ethischen Überlegung. ENZYKLOPÄDIE. *Philosophie.* Der Surrealismus beruht auf dem Glauben an die höhere Wirklichkeit gewisser, bis dahin vernachlässigter Assoziationsformen, an die Allmacht des Traumes, an das zweckfreie Spiel des Denkens. Er zielt auf die endgültige Zerstörung aller anderen psychischen Mechanismen und will sich zur Lösung der hauptsächlichen Lebensprobleme an ihre Stelle setzen.

André Breton: Erstes Manifest des Surrealismus, 1924

Wir wählten nur die Bilder, die uns überraschten und die wir beide ohne Diskussion akzeptierten. So greift z. B. die Frau nach einem Tennisschläger, um sich gegen den sie attackierenden Mann zu verteidigen. Er dreht sich nach etwas um und (nun spreche ich zu Dalí): »Was sieht er?« – »Eine fliegende Kröte.« – »Schlecht!« – »Eine Flasche Brandy.« – »Schlecht!« – »Okay, ich sehe zwei Seile.« – »Gut, aber was ist hinter den Seilen?« – »Der Typ zieht sie und fällt hin, weil er zwei große trockene Kürbisse zieht.« – »Was noch?« – »Zwei Ordensbrüder.« – »Und dann?« – »Eine Kanone.« – »Schlecht!« – »Ein Luxussessel. Nein, ein großes Piano.« – »Das ist toll, und auf den Pianos ein Esel ... nein, zwei verwesende Esel.« – »Fantastisch!«

Luis Buñuels Erinnerung zur Entstehung des Drehbuchs

Surrealistische Kombinationen. Der Hauptdarsteller (Pierre Batcheff) zieht zwei Korkplatten, zwei Kürbisse, zwei Priesterschüler (rechts Salvador Dalí) und zwei Konzertflügel, auf denen zwei Eselskadaver mit klaviertastenartigen Zähnen liegen, hinter sich her.

Salvador Dalí: *Der Eselskadaver*, 1928. Öl, Sand und Kieselsteine auf Holz, 61 x 50 cm. Sammlung André-François Petit, Paris

Salvador Dalí, der exzentrische Künstler
Schon 1928 hatte Dalí, der 1904 in Figueres, Katalonien, geboren wurde, das Motiv des Eselskadavers in einem Bild festgehalten. Andere Elemente aus EIN ANDALUSISCHER HUND finden sich in späteren Gemälden wieder. Dies wirft die Frage auf, ob die Ausschaltung der Vernunftkontrolle, die Breton forderte (s. S. 145), auf Dalí überhaupt zutrifft. Tatsächlich setzte der Künstler, der bald dazu überging, altmeisterlich mithilfe eines Malstocks zu malen, Bretons Verfahren einen eigenen Weg entgegen: die »paranoisch-kritische Methode«, abgeleitet von der psychischen Krankheit der »Paranoia« (Wahnbildung, verzerrte Wahrnehmung) und der »Kritik« (dem Urteilsvermögen). So kombinierte er das Unbewusste mit dem Bewussten und erhob »die Verwirrung zum System«. Auf Betreiben Bretons wurde Dalí 1934 aus dem Kreis der Surrealisten verstoßen, weil er zu akademisch male und dem Faschismus huldige. Aus dem Namen von Salvador Dalí, der in den USA große Erfolge feierte, formte Breton das bissige Anagramm »Avida Dollars« (span., gierig nach Dollars).
Dalí blieb dem Film verbunden. So lieferte er Storyboards und Szenenbilder für Filme von Alfred Hitchcock und Walt Disney. Weltberühmt aber wurde er als Maler. Er verstarb 1989 in Figueres.

Selbstporträt von Salvador Dalí: *Das ökumenische Konzil*, 1960 (Ausschnitt). The Salvador Dalí Museum, St. Petersburg

Paranoisch-kritische Aktivität: *Spontane Methode irrationaler Erkenntnis, die auf der kritisch interpretierenden Assoziation wahnhafter Phänomene beruht.* Das Vorhandensein aktiver, systematischer, für Paranoia typischer Elemente garantiert den entwicklungsfähigen, schöpferischen, für die paranoisch-kritische Aktivität typischen Charakter. ... Die paranoisch-kritische Aktivität ordnet und objektiviert die unbegrenzten und unbekannten Möglichkeiten systematischer Assoziation subjektiver und objektiver Phänomene, die sich uns als irrationale Verlautbarungen darstellen, einzig und allein mittels der Zwangsvorstellung. Die paranoisch-kritische Aktivität entdeckt durch diese Methode neue, objektive »Bedeutungen« des Irrationalen, sie verschiebt auf greifbare Weise die Welt des Wahns selbst auf die Ebene der Wirklichkeit.   *Salvador Dalí, Die Eroberung des Irrationalen, 1935*

Kassenerfolg. Luis Buñuel: »40- oder 50-mal wurde ich angezeigt, die Leute gingen zur Polizei und verlangten, diesen obszönen und grausamen Film zu verbieten.« Er lief in Paris dennoch acht Monate.

Luis Buñuel, der Bürgerschreck

1900 in Calanda bei Aragón, Spanien, geboren, studierte Luis Buñuel halbherzig Ingenieurwesen, Literatur, Philosophie und Geschichte in Madrid und freundete sich mit dem Dichter Federico García Lorca und mit Salvador Dalí an. 1923 befasste er sich erstmals mit der Psychoanalyse Sigmund Freuds. Seit 1925 in Paris, übernahm er kleine Rollen und andere Jobs bei Filmproduktionen. Bereits 1927 gab er einer Sammlung surrealistischer Gedichte den Namen UN PERRO ANDALUZ (UN CHIEN ANDALOU). 1929 entstand der gleichnamige Film, 1930 begannen Buñuel und Dalí mit dem Drehbuch ihres zweiten Werks, DAS GOLDENE ZEITALTER (L'ÂGE D'OR). Sie kamen aber gemeinsam nicht voran. Buñuel beendete den Film allein, der einen Skandal auslöste, weil darin zwei Liebende alle kirchlichen und bürgerlichen Fesseln abstreifen. Als Dalí 1934 feststellte, dass sein Name in EIN ANDALUSISCHER HUND ungenannt blieb, drohte er Buñuel mit einem Rechtsanwalt. Buñuel war mehrfach in den USA tätig, verlor aber 1942 eine Stelle am Museum of Modern Art in New York, nachdem Dalí ihn in seinem Buch *Das geheime Leben des Salvador Dalí* als Kommunisten und Atheisten bezeichnet hatte. Er ging nach Mexiko, wo er 20 Filme schuf. Großen Erfolg hatte er mit DIE VERGESSENEN (Mexiko 1950). Zu Buñuels späteren Meisterwerken gehören SCHÖNE DES TAGES (F 1966), DER DISKRETE CHARME DER BOURGEOISIE (F/E 1972, mit einem Oscar ausgezeichnet) oder auch DAS GESPENST DER FREIHEIT (I/F 1974). Selbst Buñuels letzter Film DIESES OBSKURE OBJEKT DER BEGIERDE (F 1977) über die wahnhafte Liebe eines alternden Mannes zu seinem Hausmädchen enthält noch surrealistische Elemente. Buñuel starb 1983 in Mexiko.

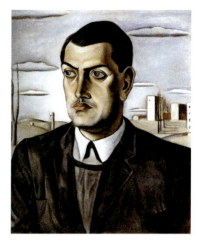

Regisseur Luis Buñuel, porträtiert von Salvador Dalí, 1924. Öl auf Leinwand, 70 x 60 cm. Museo Nacional R. Sofia, Madrid

Der Film ist eine wunderbare und gefährliche Waffe, wenn er von einem freien Geist gehandhabt wird. Er ist das beste Instrument, um die Welt der Träume, der Emotionen, des Instinkts auszudrücken. *Luis Buñuel*

ANREGUNGEN ZUM GESPRÄCH

1. »Nichts in dem Film ist symbolisch«, behauptete Buñuel. Lassen sich der aufgeschlitzte Augapfel und die zahlreichen Tiere (Kuh, Esel, Ameisen, Seeigel) nicht doch deuten?
2. Vergleichen Sie die Methoden von Breton und Dalí. Welche Elemente finden sich in EIN ANDALUSISCHER HUND?
3. Kann der »psychische Automatismus« (André Breton) überhaupt in Filmen zur Anwendung kommen?
4. Zählen Sie die Mittel auf, welche die Malerei, der Film und die Literatur des Surrealismus zur Verfügung haben.

ANREGUNGEN ZUR PRODUKTION

1. Übertragen Sie das Prinzip des Faltspiels *Le Cadavre exquis* (s. Kasten rechts) auf einen Film, für den Sie in kleinen Teams Einstellungen drehen, deren Anfänge und Enden formal im Sinne von »Match cuts« zusammenpassen, ohne dass Sie Informationen über den Inhalt der jeweils anschließenden anderen Beiträge bekommen.
2. Rollenspiel: Streit zwischen Savador Dalí und Luis Buñuel, die beide Ansprüche auf die Urheberschaft an EIN ANDALUSISCHER HUND erheben.

Der köstliche Leichnam. Zu den Verfahren, welche die Surrealisten erfanden, gehört ein Spiel mit dem Namen *Le cadavre exquis*. Hierbei wird auf gefaltetem Papier sukzessive ein Satz oder eine Zeichnung hergestellt, ohne dass ein Mitspieler von dem vorhergehenden Einfall Kenntnis erhält. Der Titel des Spiels geht auf die ersten Wörter eines auf diese Weise entstandenen Satzes zurück: »Le cadavre | exquis | boira | le vin | nouveau« (franz., Der köstliche Leichnam wird den neuen Wein trinken).

Im Labyrinth eines Albtraums

Meshes of the Afternoon (1943) von Maya Deren und Alexander Hammid – der erste US-»Avantgarde-Film«

Am Fenster. Maya Deren in Meshes of the Afternoon, 1943. Foto: Alexander Hammid

Meshes of the Afternoon | USA 1943 | sw | 14 Min.
Regie: Maya Deren, Alexander Hammid
Drehbuch, Schnitt: Maya Deren
Musik: Teiji Ito (hinzugefügt nach 1952)
FSK: ohne Angabe | Empfehlung: Kl. 11

Eine Hand legt eine Blüte auf einen Weg. Eine Frau (Maya Deren) nimmt sie auf und betritt ein geheimnisvolles Haus. Im Traum folgt sie vergebens einer schwarz verhüllten Figur mit einer Blüte und einem Spiegel anstelle des Gesichts. Sie sieht zwei Doppelgängerinnen von sich. Ein Mann (Alexander Hammid) lockt sie mit einer Blüte auf ein Bett. Die Frau zerstört sein Spiegelbild, kommt aber selbst ums Leben.

Erzählung mit Déja-vu-Effekten

Die Handlung in diesem Film ähnelt einem Traum oder einem Trancezustand. Abläufe entsprechen nicht der Logik der linear verrinnenden Zeit, sondern wiederholen sich wie in einer Spirale, sodass der Effekt eines »Déjà-vu« (franz., bereits gesehen) entsteht, einer Täuschung, wie sie auch bei psychischen Erkrankungen auftreten kann. Maya Deren, die Tochter eines Psychiaters, war mit ihnen vertraut.
Meshes of the Afternoon gilt als surrealistischer Film. Maya Deren betonte indes, sie suche »die bewusste Kontrolle der Form, ganz im Gegensatz zur surrealistischen Ästhetik der Spontaneität«.

Die Perspektive der Hauptfigur

Auch wenn Maya Deren die »Verschlingungen des Nachmittags« (so die Übersetzung des Titels) zusammen mit ihrem Mann Alexander Hammid drehte, wird ihr doch der größere Anteil zugeschrieben, zumal sie als Hauptdarstellerin auftritt. Tatsächlich lebt der Film von ihrer Ausstrahlung und physischen Präsenz, einem Körperbewusstsein, das auf ihre Erfahrungen mit Tanz und Choreografie zurückgeht, Kunstformen, die ebenfalls mit Wiederholungen arbeiten. Die Kamera liebt Derens Gesicht mit den dunklen Augen und dem sinnlichen Mund und macht es zur Projektionsfläche für die Gedanken des Betrachters. Hierbei wechselt die Kamera zwischen objektiv und subjektiv: Im Freien bewahrt sie oft die Balance und hält die Horizontale ein, im Haus wird sie beweglich und gibt die Perspektive der Frau wieder. Verwirrend dabei ist, dass diese als Person mehrfach auftaucht – und sich somit selbst von außen sieht.

Stilelemente: ein Hauch von Hitchcock

Innenräume werden teilweise mit schräger Kamera, die Frau aus extremer Nah-, Unter- oder Aufsicht gefilmt – eine visuelle Sprache, die schon der »Expressionistische Film« der 1920er-Jahre benutzte, um zu emotionalisieren und eine unheimliche Atmosphäre oder geistige Verwirrung anzudeuten. Die starken Licht-Schatten-Kontraste, die Motive der Treppe und des Spiegels sind Elemente, die dem »Film noir« der 1940er-Jahre mit seinem schwarzweißen, tristen Weltbild entsprechen. Spannung, Identitätsverlust und Verfolgung wiederum spielen auch in Filmen von Alfred Hitchcock eine Rolle.

Detailaufnahme von Maya Derens Gesicht

Die Story hinter den »Verschlingungen«
Wie Maya Deren bestätigte, verbirgt sich hinter dem verwirrenden »Plot« doch eine narrative »Story«. Mithilfe der dramatischen Struktur nach Syd Field (Exposition, Konfrontation, Auflösung, s. S. 57) lässt sich diese erkennen.

Dieser Film befasst sich mit den inneren Realitäten eines Individuums und der Art, wie das Unterbewusste ein einfaches und zufälliges Vorkommnis in ein krisenartiges Erlebnis umwandelt, umdeutet und ausformt. Er gipfelt in einem Doppel-Ende, bei dem das Vorgestellte solche Macht zu gewinnen scheint, dass es für die Protagonistin zur Wirklichkeit wird. Durch kinematische Techniken ... stellt der Film eine Realität her, die, obwohl sie ein Stück weit auf dramatischer Logik beruht, so nur im Film existieren kann. *Maya Deren*

Exposition. 1 Eine künstliche Hand legt von oben eine Schlafmohnblüte auf einen Weg. | 2 Eine Frau (Maya Deren) nimmt sie auf. Sie betritt ein geheimnisvolles Haus und schläft ein. | 3 Im Traum folgt sie einer verhüllten Gestalt mit Spiegelgesicht, die ebenfalls eine Blüte trägt.

Konfrontation. 4 Im Traum beginnt das Treppenhaus zu schwanken. | 5 Die Frau bekommt zwei Doppelgängerinnen, eine mit bedrohlichem Messer. | 6 Ein Mann (Alexander Hammid) erscheint, geht nach oben und legt eine Blüte auf das Bett, neben die sich die Frau legt.

  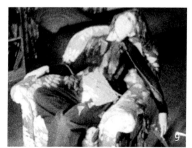

Auflösung. 7 Die Blüte verwandelt sich in das Messer. Die Frau wirft es nach dem Mann, dessen Gesicht wie ein Spiegel zerspringt. | 8 Die Scherben fallen ins Meer. | 9 Der Mann kehrt ins Haus zurück und findet die junge Frau, von Scherben übersät, tot auf dem Sessel.

Symbole im Film. 1 Die Schlafmohnblüte. | 2 Der Haustürschlüssel (zweimal im Mund der Frau). | 3 Die häufig gezeigte Treppe.

4 Das Messer, das anfangs vom Brot herabfällt. | 5 Das ausgehängte Telefon. | 6 Der Plattenspieler, der ohne anwesende Personen läuft.

Eine Blume des Bösen? – Symbole

So schön die Mohnblüte zu sein scheint: Wer sie bekommt, erfährt Unheil. Die Mohnkapsel steht für Morpheus, den Gott des Traumes, ebenso wie für Nyx, die Göttin der Nacht, und Thanatos, den Gott des Todes. Schon im Mittelalter setzte der »Fürst der Welt«, d.h. der Satan, als Skulptur an Kirchen zur Verführung eine Blume ein. Über seinen Rücken kriechen indessen hässliche Kröten und Schlangen. Charles Baudelaire schuf im 19. Jahrhundert die Gedichtsammlung *Les fleurs du mal* (franz., *Die Blumen des Bösen*), in der die Menschen zwischen den Mächten des Guten und des Bösen hin- und hergerissen sind. Einige der Gegenstände in MESHES OF THE AFTERNOON entsprechen solch traditioneller »Ikonografie« (griech., Bildsprache), andere, wie das Telefon, gehö-

7 Der Spiegel als wiederkehrendes Motiv

ren der Entstehungszeit des Films an und bringen eine neue Symbolik mit sich. Die Dinge werden dadurch mit besonderer Bedeutung aufgeladen, dass sie wiederholt ins Bild kommen und manchmal durch einen »Stopptrick« verwandelt werden. So läuft der Plattenspieler wieder, obwohl er bereits abgestellt wurde, und der Schlüssel oder die Blüte verwandeln sich in das Messer.

Verführung im Mittelalter. Der »Fürst der Welt« lockt mit einer Blume. Neben ihm die »Voluptas«, die Allegorie der Wollust, die ein Bocksgewand trägt. Skulpturen der Gotik am Freiburger Münster, um 1290

> **Ehrungen für MESHES OF THE AFTERNOON**
> Grand Prix International für 16-mm-Experimentalfilme, Internationale Filmfestspiele Cannes, 1947 | Aufnahme in das *National Film Registry*, das Verzeichnis der US-amerikanischen Filme, die als besonders erhaltenswert gelten, 1990

Maya Deren, erste Avantgarde-Filmerin

Die 1917 in Kiew in der Ukraine geborene Eleonora Derenkowski floh mit ihrer Familie 1922 vor Judenpogromen in die USA, wo der Nachname in Deren verkürzt wurde. Mit 16 ging sie an die *Syracuse University* und engagierte sich mit dem Gewerkschafter Gregory Bardecke, den sie 1935 heiratete, in der *Young People's Socialist League*. Nach der Trennung von Bardecke studierte sie bis 1939 Englische Literatur, zuletzt in New York. 1940 zog sie nach Los Angeles und wurde Sekretärin der Choreografin Katherine Dunham. Mit deren afroamerikanischer Tanztruppe, die Rituale aus dem Voodoo-Zauber von Haiti einbezog, ging sie auf Tournee. 1942 heiratete Deren den Regisseur Sasha Hammid (1907–2004), der ihr den Vornamen Maya gab.

Von ihrem Vater erbte sie 1943 eine 16-mm-Bolex und drehte MESHES OF THE AFTERNOON im eigenen Haus in Los Angeles. Deren war für die Ideen, Hammid für die Ausführung zuständig. AT LAND knüpfte 1944 an das Ende von MESHES an: Eine Frau (Maya Deren) entsteigt hier wie schaumgeboren dem Meer. Maya Deren wandte sich dem Filmen von Tänzen und Ritualen zu. Ein Guggenheim-Stipendium finanzierte ihre Reisen nach Haiti, wo sie die Voodoo-Riten festhielt und selbst an Zeremonien teilnahm. Erst 1977 montierten Teiji Ito und Cherel Ito Winnett daraus den Dokumentarfilm DIVINE HORSEMEN – THE LIVING GODS OF HAITI, benannt nach einem Buch, das Maya Deren 1953 über Voodoo herausgebracht hatte.

Die Künstlerin, die als erste Avantgarde-Filmerin in den USA gilt, gründete 1947 die *Creative Film Foundation*, ein Forum für unabhängige Filmkunst. Im selben Jahr wurden sie und Sasha Hammid geschieden. 1952 lernte sie den jungen japanischen Komponisten Teiji Ito kennen, den sie 1960 heiratete. Doch bereits 1961 verstarb Maya Deren mit nur 44 Jahren an einer Gehirnblutung, geschwächt von ihrem exzessiven Leben.

Künstlerpaar Sasha Hammid und Maya Deren. Aus dem Film IN THE MIRROR OF MAYA DEREN (Regie: Martina Kudlácek)

Maya Deren mit ihrer 16-mm-Bolex

> Als ich eine Kamera in meine Hände bekam, war es, als würde ich heimkommen, als würde ich das tun, was ich schon immer tun wollte, ohne es in Worte umformen zu müssen.
> *Maya Deren*

ANREGUNGEN ZUM GESPRÄCH
1. Erfassen und charakterisieren Sie alle Filmpersonen, welche die Blüte tragen.
2. Diskutieren Sie mögliche symbolische Bedeutungen der Motive auf S. 150.
3. Ist MESHES OF THE AFTERNOON ein Film mit typisch weiblicher Handschrift?

ANREGUNGEN ZUR PRODUKTION
1. Maya Derens dritter Ehemann Teiji Ito fügte dem Stummfilm nachträglich eine japanisch anmutende Musik hinzu. Konzipieren Sie einen eigenen Soundtrack, der den Film neu interpretiert.
2. Experimentieren Sie mit subjektiver Kameraführung und Wiederholungen.

> **Nachwirkung.** Für ihre Rolle der Primaballerina Nina in BLACK SWAN (USA 2010, Regie: Darren Aronofsky), die – von Doppelgänger-Wahnvorstellungen verfolgt – ebenfalls durch Spiegelscherben ums Leben kommt, erhielt Natalie Portman 2011 einen Oscar.

Abstrakte Malerei in Bewegung

BEGONE DULL CARE (1949) von Norman McLaren und Evelyn Lambart – ein »Handmade Film« im Rhythmus der Musik

Kanada 1949 | Farbe | 7:52 Min.
Regie und Schnitt: Norman McLaren, Evelyn Lambart
Musik: Oscar Peterson Trio
Produktion: Norman McLaren | National Film Board of Canada
Empfehlung: ab 14 J. | Kl. 9

Abstrakte Formen und Farben bewegen sich im Rhythmus der Jazzmusik des Oscar Peterson Trio. Gemeinsam mit seiner Kollegin Evelyn Lambart schöpft Norman McLaren zahlreiche Möglichkeiten der direkten Bearbeitung des Zelluloid-Filmmaterials aus, vom Zeichnen und Ritzen über das Tropfen bis hin zum Anbringen von Staub. So entstand ein kameraloser Film, der das Actionpainting der Zeit aufgreift und dem Lebensgefühl nach dem Zweiten Weltkrieg entspricht.

Alle Sorgen vergessen

»Begone dull care« sagt man in Schottland, wenn man seine Sorgen vertreiben will. »Trübsal ade« ist die deutsche Übersetzung im Vorspann dieses Films, der in sieben Sprachen betitelt ist. Der Untertitel lautet »Caprice en couleurs«, scherzhaftes Stück in Farben. In der Tat wirkt der Experimentalfilm des in Schottland geborenen und in Kanada tätigen Norman McLaren und seiner kanadischen Kollegin Evelyn Lambart so beschwingt und heiter, dass er die Zuschauer für acht Minuten alle Sorgen vergessen lässt.

Kunst als Ausdruck persönlicher Freiheit

In den Jahren nach dem Zweiten Weltkrieg (1939–1945) setzte sich in der Malerei ein Stil durch, der als »Abstrakter Expressionismus«, als »Informel« oder auch »Tachismus« bekannt ist. Nachdem der einzelne Mensch in den Diktaturen und während des Kriegs in der Masse untergegangen war, kam es nach 1945 in den westlichen Ländern wieder zu einer verstärkten Bedeutung des Individuums. In der Malerei suchte man nach ausdrucksstarken, subjektiv-persönlichen »Handschriften«, zumal in den Jahren davor die figürliche Kunst zu Propagandazwecken missbraucht worden war.

Als führender Maler des »Actionpaintings«, das für die neu gewonnene Freiheit steht, gilt Jackson Pollock, der die Farbe mit Pinseln oder Stöcken auf die am Boden liegende Leinwand tropfte und schleuderte (Abb. S. 153). BEGONE DULL CARE überträgt die neue Bildsprache auf den »Handmade Film« (engl., von Hand gemachter Film). McLaren sprach von »hand-painted abstraction«. In Bewegung erscheinen die abstrakten Striche und Kleckse – Hunderte von Bildkompositionen – noch dynamischer. Dabei sind die Farben, wie Fotografien von Norman McLaren und seiner Partnerin Evelyn Lambart bei der Entstehung des Films zeigen, mit kleinem Pinsel gemalt und in anderen subtilen Techniken aufgetragen worden.

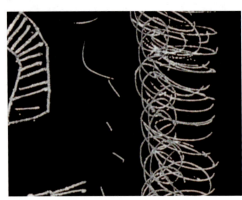

Mal- und Kratzspuren. Motion stills aus BEGONE DULL CARE

Actionpainting. Jackson Pollock schleudert Farbe auf die Leinwand, 1951.

Abstrakte Malerei. Jackson Pollock: ohne Titel, um 1948. Tinte und Lack auf Papier, 56,8 x 76,2 cm. Metropolitan Museum of Art, New York

Kameraloser Film. Norman McLaren malt direkt auf einen Filmstreifen, 1949.

Abstrakte Malerei in Bewegung. Eines von zahllosen schnell durchlaufenden Motiven aus BEGONE DULL CARE, 1949. 2. Satz, Molto andante. Motion still

Die Macht der Filmmusik

»Sehen Sie sich einen Film als Stummfilm an und dann nochmals mit Augen und Ohren«, empfahl schon David W. Griffith, ein Pionier des Films. »Die Musik gibt die Stimmung vor, die Ihr Auge sieht. Sie ist es, die Emotionen leitet.« Durch Musik wird das Bild einerseits emotional aufgeladen, andererseits wird aber auch die Musik neu interpretierbar.

Eine entscheidende Frage lautet: Welcher Bestandteil des Films war zuerst da, das Bild oder die Musik? Bei Spielfilmen, in denen die Handlung im Vordergrund steht, wird die Musik meist erst nachträglich, in der Phase der Postproduktion, komponiert. Bei Musikclips dagegen sind es die Bilder, die im Nachhinein entworfen werden.

Im Fall von BEGONE DULL CARE jedoch arbeiteten Musiker und Filmemacher Hand in Hand. Oscar Peterson, einer der größten Jazzpianisten aller Zeiten, und Norman McLaren unternahmen tagelang gemeinsame Experimente. Mal spielte Oscar Peterson Variationen vor, die den Experimentalfilmer zu Farben und Bewegungen inspirierten, mal wünschte sich Norman McLaren eine bestimmte Musik, die er für einen filmischen Spezialeffekt benötigte.

Jazz, die »schwarze Musik«

Die um 1900 in den USA entstandene Richtung des Jazz steht nicht nur wegen ihrer improvisierten Passagen für Freiheit im musikalischen Sinn. Sie ist auch unter politisch-gesellschaftlichen Aspekten progressiv. Überwiegend von Afroamerikanern hervorgebracht, verhalf sie farbigen Musikern und damit ganzen Bevölkerungsgruppen in Ländern mit Rassentrennung zu Erfolg und Anerkennung.

BEGONE DULL CARE steht am Beginn des Erfolgswegs von Oscar Peterson, den das Talent zur Improvisation und technische Perfektion auszeichneten. Sein bevorzugter Musikstil ist der Boogie, der vom Swing herkommt.

Der Soundtrack zu BEGONE DULL CARE besteht aus drei Sätzen. Der erste Satz ist schnell (Allegro), der zweite langsam (Molto andante) und der dritte sehr schnell (Prestissimo).

Norman McLaren hat sich zum ungewöhnlichen Zustandekommen der Filmmusik ausführlich in Interviews geäußert.

Oscar Peterson Trio. Der Jazzpianist und seine beiden Bandmitglieder

Ich hatte eine Schallplatte von Oscar Peterson gehört, die mir sehr gefiel. Als ich mitbekam, dass er in Montreal war, suchte ich ihn in einem Club nahe der Windsor Station auf. ... In einer Pause stellte ich mich vor. Er hatte noch nie vom *National Film Board* gehört. Ich erzählte ihm, dass ich einen abstrakten Film zu seiner Musik machen wollte. Was ist das denn?, gab er zurück. Kommen Sie morgen zum *Film Board* und ich zeige Ihnen ein paar Filme, antwortete ich. Dann können Sie entscheiden. Am nächsten Tag kamen er und seine zwei Musiker zum *Film Board* und ich zeigte ihnen DOTS, LOOPS und STARS AND STRIPES. Oscar sagte: Jetzt verstehe ich genau. Als ich ihn fragte, wann er mit der Arbeit für mich beginnen wolle, meinte er: natürlich umgehend. Also gingen wir zum Club zurück, der tagsüber leer war, und legten die Grundzüge seines Stückes fest. Ich wusste, was ich wollte, soundso viele Sekunden für den Titel und drei Sätze, von denen der erste mittelschnell, der zweite sehr langsam und der dritte sehr schnell sein sollte. Da ich kein bekanntes Thema haben wollte, für das Lizenzgebühren zu zahlen wären, improvisierte Oscar einige Melodien für mich.

Er sagte: »Ich spiele ein paar Takte«, und er spielte ein halbes Dutzend Sachen und meinte »Wie wäre es damit für die ersten Aufnahmen?« Eine davon mochte ich sehr, sodass ich sagte: »Lassen Sie uns das weiterentwickeln«, und wir begannen, die Melodie auszubauen. Ich fing an, Vorschläge zu

1. Satz (Allegro).
Eine rasche Abfolge abstrakt-informeller Malereien und grafischer Bildelemente

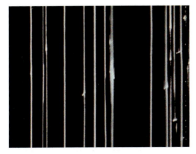

2. Satz (ab 2:38, Molto andante).
Sich langsam vor schwarzem Hintergrund bewegende weiße Linien und Punkte

3. Satz (ab Min. 5:25, Prestissimo).
Netz- und Gitterstrukturen, teilweise frei übermalt, in parallele Linienbahnen übergehend, dazu Wiederholungen einiger Elemente aus dem 1. und 2. Satz

machen, da mir einiges von dem, was er tat, Ideen eingab. Es gab Ausweitungen, wo es zu hektisch für eine lange Strecke schien. Das Auge wird von einem schnellen Satz müde, also sagte ich: »Beruhigen Sie das. Verlangsamen Sie es für diesen oder jenen Abschnitt.« Und er tat es. Er bot mir ein halbes Dutzend langsame Abschnitte an. So formten wir es, indem wir hier Crescendi einbauten und dort die Musik ausdünnten, hier das Klavier aussetzten und dort nur die Trommeln übrig ließen. Ich unterbreitete viele Vorschläge. Er nahm sie stets auf und brachte verschiedene Beispiele für das, was ich vorgeschlagen hatte. Er hatte eine Briefumschlagrückseite auf dem Piano liegen und schrieb die Noten ab und zu auf. In vier Tagen gingen wir den Film durch. Ich war sehr glücklich, denn ich fühlte, dass er mir nicht nur Bilder und Vorstellungen gegeben hatte, um einen Satz zu kreieren, sondern dass er mir den Freiraum gelassen hatte, alles Erdenkliche zu tun. Er hatte eine Passage, die ich auf die eine oder die andere oder noch eine weitere Art und Weise behandeln konnte.

… Alles war fertig. Er spielte das ganze Stück vor. Ich fragte ihn, ob wir es am nächsten Tag aufnehmen könnten. Nein, protestierte er, ich muss an dem Ganzen noch feilen. In zwei Wochen wird alles fertig sein. Und tatsächlich kam Oscar vierzehn Tage später nach Montreal und wir trafen uns im Tonstudio. Ich bat ihn, das ganze Stück noch einmal zur Probe zu spielen. Ich erkannte kaum etwas wieder. Oscar Peterson ist der geborene Improvisateur. Bei jeder Probe improvisierte er etwas Neues. Und die neuen Dinge wurden eingearbeitet. Und das Ganze veränderte sich etwas. Einiges von den neuen Sachen war besser als unser ursprüngliches Ding, aber vieles von dem, was er verändert hatte, schien mir nicht so gut. Die erste Stunde verbrachten wir damit, es teilweise wieder in den Originalzustand zu versetzen und dabei die *guten* neuen Sachen, die er improvisiert hatte, zu bewahren.

Ich aber benutzte, was für den Film am passendsten war. Daher unterteilte ich die Musik in Stücke und malte auf den Filmstreifen, der auf einem großen Tisch lag, wobei ich eine Moviola benutzte. Nachdem ich vier oder fünf »Sekunden gemalt« hatte, fügten Evelyn Lambart und ich die Filmstreifen und das Tonband zusammen, um herauszubekommen, wie die Wirkung ausfallen würde. Wenn etwas nicht funktionierte, übermalten wir es oder gingen zu anderen Versuchen über. Es war eine sehr befriedigende und angenehme Art zu arbeiten. Das war ein gutes Beispiel für die Zusammenarbeit, für das Geben und Nehmen zwischen einem Komponisten und demjenigen, der die Bilder herstellt.

Norman McLaren

Experimente mit Strukturen. Norman McLaren presst ein Stück Stoff in eine feuchte Farbschicht auf dem Filmstreifen.

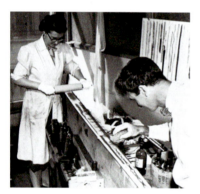

Einbeziehung des Zufalls. Evelyn Lambart mit dem von Staub verklebten Nudelholz (s. Text unten rechts)

Kreative Arbeitsmethoden

Die Arbeitsweise von Norman McLaren und Evelyn Lambart ist durch Fotos dokumentiert, sie lässt sich aber genauso am fertigen Film ablesen. Zunächst wurde 35-mm-Filmmaterial aus Zelluloid in einzelne, ungleich lange Streifen zerschnitten und auf eine schmale, eigens hergestellte Werkbank gespannt. Dann gingen die beiden zu Werke: Auf den einen Filmstreifen trugen sie Farbe mit Rollen oder Pinseln auf und drückten die Muster von Textilien hinein. Ein anderes Stück Film wurde direkt bemalt, in das nächste hineingeritzt – oder es wurden mehrere Techniken gemischt, wie bei dem rechts zu sehenden Filmausschnitt.

Die Streifen wurden zum Trocknen aufgehängt und danach zusammengefügt. An einem Schneidegerät der Marke Moviola erfolgte die Überprüfung, inwieweit Bild und Ton zusammengingen (s. McLarens Beschreibung auf S. 154 f.). Filmstreifen, auf denen zu viel Material appliziert war, musste im Kontaktverfahren umkopiert werden, bevor sie durch einen Projektor geschickt werden konnten.

Der Produzent Robert Verrall war Augenzeuge der Arbeiten an BEGONE DULL CARE und berichtet im Text unten, wie der Zufall mit eingebunden wurde.

3 Frames aus BEGONE DULL CARE. Der Filmausschnitt (bei 2:54) zeigt, wie viele künstlerische Techniken zum Einsatz kamen und wie über die Grenzen der Einzelbilder hinweg gemalt und geritzt wurde.

Ihre bedeutendste Zusammenarbeit ist BEGONE DULL CARE, das ich für ein Meisterwerk halte. Ich erinnere mich, wie ich eines Tages an dem Korridor vorbeikam, wo Eve und Norman arbeiteten. Sie hatten ein Stück Film auf ein Holzbrett im Flur gespannt, das drei oder viereinhalb Meter lang gewesen sein muss. Eve hatte ein Nudelholz und rollte gerade Farbe auf den Film, als es zu Boden fiel. Sie sagte zu mir: »Das wird wahrscheinlich etwas.« Und das tat es, denn der ganze Staub, der von der feuchten Farbe angezogen worden war, landete schließlich im Film. ... Zusammen vollbrachten sie ein Zauberkunststück. Norman, der Träumer, und Eve, die »no-nonsense-let's-get-on-with-it!«.

Robert Verrall

Auszeichnungen für BEGONE DULL CARE
Spezialpreis, 2. Canadian Film Awards, Toronto 1949 | Erster Preis, Kategorie Art Films, Internationales Film Festival Venedig, Italien 1950 | Ehrenvolle Erwähnung, Sektion Verschiedene Filme, 4. Dokumentarfilmfestival Salerno, Italien 1950 | Silbermedaille, Rubrik Kultur- und Dokumentarfilm, 1. Internationales Film Festival Berlin, 1951 | Bester Experimentalfilm, American Federation of Art and Film, Advisory Center Film Festival, Woodstock, New York, USA 1951 | Erster Preis, Sektion Experimentalfilm, 1. Int'l. Film Festival Durban, Südafrika 1954

Partnerarbeit: Lambart & McLaren
Norman McLaren, Pionier und Schöpfer zahlreicher Animationstechniken, wurde 1914 in Schottland geboren und emigrierte 1939 in die USA. 1941 wurde er an das *National Film Board of Canada* (NFB) gerufen. Seine erfolgreichste Arbeit für das NFB wurde der Pixilationsfilm NEIGHBOURS von 1952 (s. S. 108 ff.), der mit einem Oscar prämiert wurde.

Beim National Film gab es eine Abteilung für Filmtitel, in der die Kanadierin Evelyn Lambart tätig war. Im selben Jahr wie McLaren in Ottawa geboren, hatte diese 1937 ihr Studium in Werbegrafik am *Ontario College of Art* beendet. Da Evelyn Lambart unter Schwerhörigkeit litt, war ihr visueller Sinn umso stärker ausgebildet.

Beim NFB war Evelyn Lambart eigentlich für Karten und Diagramme zuständig gewesen. Anfangs assistierte sie McLaren auch nur. Unter seiner Anleitung arbeitete sie sich aber schnell in die Techniken des Animationsfilms ein. In ihrem ersten eigenen Kurzfilm, THE IMPOSSIBLE MAP von 1947, zeigte Evelyn Lambart auf humorvolle Weise anhand von Grapefruits, welche Schwierigkeiten es mit sich bringen kann, die Erde in Flächen darzustellen.

Gemeinsam arbeiteten Evelyn Lambart und McLaren ab 1949 an insgesamt

Am Leuchttisch. Norman McLaren und Evelyn Lambart, hinten eine »Moviola« für die Bild-Ton-Synchronisation

acht Kurzfilmen. Als sich McLaren dem Thema des Ballettfilms zuwandte, besann sich Lambart umso mehr auf ihre eigene künstlerische Arbeit. Sie spezialisierte sich auf bemalte und animierte Papierschnitte. Bis in die 1980er-Jahre hinein schuf sie mehrere preisgekrönte Kurzfilme. 1999 verstarb Evelyn Lambart (zu Norman McLaren s. auch S. 111).

ANREGUNGEN ZUM GESPRÄCH
1. Rekonstruieren Sie die verschiedenen zum Einsatz gekommenen Verfahren, die McLaren und Lambart bei den hier wiedergegebenen Filmausschnitten anwendeten.
2. Wie wirkt es sich aus, wenn man die Einzelbildgrenzen im laufenden Film außer Acht lässt (s. Abb. S. 156 rechts)?
3. Zeigen Sie Gemeinsamkeiten und Unterschiede zwischen den abstrakten Werken von Jackson Pollock und Norman McLaren/Evelyn Lambart auf. Beachten Sie dabei die Arbeitsweisen.

ANREGUNGEN ZUR PRODUKTION
1. Suchen Sie nach alten Projektoren und Filmrollen im entsprechenden Format. Experimentieren Sie mit der direkten Bearbeitung des Filmmaterials unter Einsatz verschiedenster Mittel. Berücksichtigen Sie die dabei erforderlichen Sicherheitsvorkehrungen (vor allem aufgrund der leichten Brennbarkeit sehr alten Filmmaterials).
2. Finden Sie heraus, wie sich digitale Filmbilder im Computer überarbeiten lassen, und führen Sie Experimente hierzu durch.

Not macht erfinderisch. »Ich hatte keine Kamera und auch kein Geld für Filmmaterial. Es war aber klar, dass ich Film brauchte, und deshalb borgte ich mir, nein bettelte ich um 35-mm-Film und begann, auf die blanke Oberfläche zu malen.« (Norman McLaren über seinen ersten handgemalten Film von 1934)

»Komplexe Konstruktion von Raum und Zeit«

TANGO (1980) von Zbig Rybczynski – eine Versuchsanordnung zur Wiederkehr menschlicher Handlungen

Plakat, New edition 2010

Zu Beginn hüpft ein Ball zum Fenster in das leere Zimmer herein, ein Junge klettert über das Sims, hebt den Ball auf und und nimmt ihn wieder mit nach draußen. Kurz darauf springt der Ball erneut in das Zimmer und der Junge kommt wieder. Dies wiederholt sich bis zum Ende des Films als eine von vielen weiteren Handlungen. Nach dem zweiten Auftritt des Jungen kommt eine Frau mit Baby durch die hintere Tür herein, stillt ihr Kind, legt es im Bettchen schlafen und geht zur rechten Tür hinaus, während der Junge den Ball erneut holt und ein schwarz gekleideter Mann durchs Fenster steigt, der das Paket vom Schrank nimmt, das kurz darauf ein rot Gekleideter wieder auf den Schrank legt. Gleichzeitig kehrt die Mutter mit dem Baby zurück, obwohl sie dieses doch soeben in das Kinderbett gelegt hatte … So kommen immer mehr Personen hinzu, die den Raum bis auf den letzten Winkel füllen. Die Bandbreite der Handlungen reicht von alltäglich über komisch bis erotisch. Gegen Ende leert sich der Raum. Zuletzt trägt eine alte Frau den Ball hinaus.

Polen 1980 | Farbe | 8 Min.
Drehbuch, Regie, Kamera und Schnitt: Zbigniew Rybczynski
Kamera: Antoine-Marie Meert, Michel Badour
Musik: Janusz Hajdun
Produktion: Ryszard Maciej Okunski, Ignacy Goncarz
Empfehlung: ab 14 J. | Kl. 9

Ein karges Zimmer mit einem Fenster und drei Türen, ein Schrank mit einem Paket obenauf, ein Tisch mit drei Hockern, ein Kinderbett und eine Liege – diese Elemente bilden den Schauplatz für die Handlungen von 26 Personen. Zur Tangomusik treten sie nacheinander ein, verrichten ihre Tätigkeiten, gehen wieder hinaus – und beginnen ihre Tätigkeiten von vorn. Das Zimmer füllt sich zusehends, ohne dass die Personen kollidieren.

Storyboard-Zeichnung für TANGO von Zbig Rybczynski (Ausschnitt). Über 20 Menschen und ein Hund sind hier in einem Raum, in dem jeder seinem eigenen Anliegen nachgeht.

Die wiederkehrenden Handlungen
(in der Reihenfolge ihres ersten Auftretens)

1. Ein Junge steigt über das Fenstersims, holt einen Ball und klettert wieder zurück.
2. Eine Frau mit Baby kommt durch die hintere Tür, setzt sich, stillt das Kind, legt es ins Bett und verlässt den Raum wieder.
3. Ein schwarz gekleideter Mann mit Sonnenbrille steigt durch das Fenster, holt das Paket vom Schrank und klettert zurück.
4. Ein rot Gekleideter legt das Paket wieder auf den Schrank, zieht Mantel und Hut aus und verstaut sie im Schrank.
5. Ein Mädchen nimmt Papier aus dem Schrank, faltet einen Flieger und wirft ihn durch das Fenster.
6. Eine Frau stellt einen Teller Suppe auf den Tisch.
7. Ein Mann im Unterhemd setzt sich und löffelt die Suppe.
8. Ein Sportler macht Turnübungen.
9. Eine Frau legt ihre Einkäufe im Schrank ab und isst ein Stück Schokolade.
10. Ein Mann wechselt die Glühbirne aus und stürzt dabei vom Hocker.
11. Eine Frau mit Servierschürze schneidet einen Fisch auf dem Tisch durch.
12. Eine Putzfrau staubt die Lampe ab.
13. Eine nackte Blondine zieht sich an.
14. Ein Handwerker trägt Kloschüssel, Ofenrohr und Eimer durch den Raum.
15. Ein Polizist holt eine Uniform aus dem Schrank, zieht sie an und überprüft die Handschellen.
16. Ein Betrunkener torkelt durch den Raum und setzt die Flasche an.
17. Ein älteres Paar holt das Baby aus dem Bett, liebkost es und legt es wieder zurück.
18. Ein Pärchen entkleidet sich halb und liebt sich auf dem Sofa.
19. Ein Mann führt einen Hund durchs Zimmer, der auch kurz aufs Sofa darf.
20. Eine Mutter wickelt ihr Kleinkind auf dem Sofa.
21. Ein Herr im Morgenrock liest Zeitung.
22. Eine alte Frau legt sich aufs Sofa.

Alle Handlungen beginnen mit dem Betreten des Raums und enden mit dem Verlassen, bevor sie von vorn beginnen.

Tango | 1980

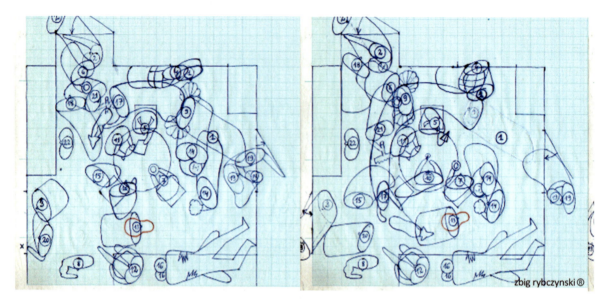

Planungsskizze von Zbigniew Rybczynski zu den Bewegungen der Figuren im Raum von oben. Kugelschreiber auf Millimeterpapier, 1980

Film als Wissenschaft

Bevor Zbig Rybczynski an die Dreharbeiten für TANGO gehen konnte, war eine präzise Planung notwendig, In seinen Filmen gibt es immer eine »Problemstellung mit Versuchsanordnung«. Der Reiz besteht für den Filmemacher darin, das Problem zu lösen und die Realisierung auf ihre Wirkung hin zu überprüfen. So hält Rybczynski seine Filme auch für »Kunstanwendungen«, die dem Wesen nach mathematisch sind. Im Interview mit Peter Kremski hat der Künstler sein Konzept und seine Quellen der Inspiration dargelegt.

TANGO hat eine Konstruktion, die ich in Form einer grafischen Darstellung auf Millimeterpapier gezeichnet habe. Meine Storyboards oder Drehbücher sind grafische Schaufenster. Das Konstruieren ist sozusagen Teil meiner Frequenz. Ich bin kein Impressionist, sondern ein Konstruktivist. Eine perfekte Konstruktion vermag mich zu packen, und in TANGO gibt es eine ziemlich komplexe Konstruktion von Raum und Zeit. Dazu gehören zahlreiche Erzählschlaufen mit unterschiedlichem Timing, die aufeinander abgestimmt werden mussten. ...

TANGO war für mich damals meine komplexeste Arbeit, und ich suchte dafür nach Eingebungen aus der Wissenschaft, weil es um die Organisation vieler Zahlen, Materialien und unterschiedlicher Elemente ging, die ihrem Wesen nach geometrisch und mathematisch sind. TANGO hat mir dadurch die Tür zu Dingen geöffnet, die mir wesensnah sind und mit denen ich mit heute beschäftige: Computerwissenschaft und Programmierung.

Um ehrlich zu sein, beziehe ich meine Idee in TANGO mehr oder weniger bewusst aus der Vergangenheit. In Gemälden Botticellis oder auch bildlichen Darstellungen der Gotik findet man beispielsweise im Rahmen eines einzigen Bildes eine Darstellung der ganzen Lebensgeschichte Jesu Christi – von der Geburt in Bethlehem über die Flucht nach Ägypten bis zur Kreuzigung. Zeitkompression ist ein Thema seit tausend Jahren. In TANGO widme ich mich nur Dingen, mit denen sich die Menschen schon seit vielen Jahrhunderten beschäftigen, nur dass ich das mit anderem Werkzeug, anderer Technologie und auf Film mache.

Zbigniew Rybczynski

The Making of Tango

Die Vielzahl von gleichzeitig handelnden, aber nicht interagierenden Personen war nur möglich, weil Regisseur Zbigniew Rybczynski alle Aktivitäten vom selben Standpunkt aus mit starrer Kamera drehte. Der Raum und die Perspektive bleiben gleich, wie im Theater blickt der Zuschauer von der offenen Seite auf eine Kastenbühne. Unmöglich, alle Protagonisten gleichzeitig im Blick zu haben! Man spricht in solchen Fällen auch von einem »Wimmelbild«.

Dafür wurden die handelnden Personen zunächst einzeln aufgenommen. Dann schnitt Rybczinski sie aus, wie man an den Konturen um sie herum noch erkennen kann. Die ausgeschnittenen Figuren konnten in einzelnen Schritten wieder auf den Film montiert werden, der die Raumsituation zeigt. Dann wurden sie mittels Belichtung einkopiert. So entwickelte sich ein ursprünglicher Real- zu einem Animationsfilm, der eine aufwendige Logistik bei der Planung voraussetzte.

Der Sinn des Absurden

Über den einen oder anderen Mangel an technischer Perfektion war der Regisseur nicht glücklich, doch das Publikum erkannte gerade darin einen gewissen Charme. Die künstlerische Aussage leidet darunter jedenfalls nicht: Tango regt zum Nachdenken über das gleichzeitige Nebeneinander von Menschen in engen Räumen und den Sinn – bzw. die Absurdität – der ständigen Wiederholung alltäglicher Verrichtungen an. Der Film scheint eine parabelhafte Aussage zu treffen, ohne sich dabei eindeutig festzulegen.

Vorbild aus der Kunstgeschichte. Sandro Botticelli: Szenen aus dem Leben des Moses, 1481/82. Fresko, 348 x 558 cm. Sixtinische Kapelle, Rom. Siebenmal ist Moses in seinem leuchtend gelben Gewand zu erkennen. Botticelli fasst hier eine Ereignisfolge aus der Bibel in einem einzigen Bild zusammen (Exodus 2, 11-20 und 3,1-6).

Von der Kunstgeschichte inspiriert. Motion still aus Tango

Vorbilder – Nachbilder

Der Loop und die Wiederholung gleichbleibender Tätigkeiten in TANGO hat inspirierend auf viele Regisseure gewirkt. Der französische Regisseur Michel Gondry, der Zauberkünstler unter den Videoclip-Regisseuren und »Oscar«-Preisträger wie Rybczynski, ließ die Popsängerin Kylie Minogue für den Clip zu ihrem Song *Come into my World* 2002 wiederholt dieselbe Strecke im Kreis laufen und bei jeder Runde einmal mehr erscheinen, bis sie viermal im Bild auftaucht, ohne dass die Figuren miteinander kollidierten. Gondry äußert sich dazu im Interview mit Peter Kremski.

Michel Gondry. Screenshot von der DVD *The Work of Director Michel Gondry*

Als ich anfing, mich für Videos und Kurzfilme zu interessieren, war die Arbeit von Zbig Rybczynski eine große Inspiration für mich. Der Einfluss seines Films TANGO zeigt sich gerade auch im Clip für Kylie Minogue. So gibt es die Anhäufung von Personen mit bestimmten wiederkehrenden Aktionen in einem Raum, der hier aber ein offener Raum ist. Bei jedem weiteren Rundgang von Kylie Minogue begegnen wir Repetitionen von Handlungen am selben Ort. Der Ort ist derselbe, aber Handlung und Zeit sind unterschiedlich.

Michel Gondry

Wir ahmen nicht das Leben nach, sondern präsentieren den Leuten etwas auf der Leinwand, das nicht real ist und die Zuschauer faszinieren kann, weil sie so etwas zuvor noch nicht im Kino gesehen haben. Mit der Realität hat das nichts zu tun.

Mir gefallen die Filme, bei denen mir bewusst ist, dass ich einem Leinwandgeschehen folge, und die sich mir als deutlich experimentelle Arbeiten darbieten, indem sie zeigen, was für Bilder und was für Welten sie kreieren können. Ich könnte mir denken, dass Gondry das auch so sieht. Wir wollen nichts wiederholen, sondern zeigen, was wir mit unserem Werkzeug schaffen können.

Zbigniew Rybczynski

»Repetitionen von Handlungen«. Im Videoclip zum Song *Come into my World* (2002) lässt Regisseur Michel Gondry die Popkünstlerin Kylie Minogue wiederholt dieselbe Strecke im Kreis laufen und fügt bei jeder Runde eine weitere Kylie hinzu.

DVD Palm Pictures: *Directors Label – Michel Gondry*

Auszeichnungen für Tango (Auswahl)

Hauptpreis beim Krakau Filmfestival, Polen 1981 | Großer Preis der Jury und Publikumspreis, Festival de Cine de Huesca, Spanien 1981 | Großer Preis und Auszeichnung der Internationalen Filmkritiker- und Filmjournalisten-Vereinigung Fipresci, 27. Westdeutsche Kurzfilmtage Oberhausen, Deutschland 1981 | Großer Preis der Jury und Publikumspreis, Festival d'Animation, Annecy, Frankreich 1981 | Bester Animationsfilm, Tampere Film Festival, Finnland 1982 | Auszeichnung der Jury für experimentelle Technik und Publikumspreis, International Film Festival, Ottawa, Canada 1982 | Oscar für den besten animierten Kurzfilm, Los Angeles, USA 1983

Avantgardist der Kunst, Pionier der TV-Technik und Professor für Film

Zbigniew Rybczynski (gesprochen: Ribtschinski), der 1949 in Lodz, Polen, geboren wurde, studierte Malerei in Warschau und erhielt eine Ausbildung als Kameramann in Lodz. 1983 durfte er, obwohl in Polen Kriegsrecht herrschte, nach Los Angeles fliegen, um den »Oscar« in Empfang zu nehmen, und blieb in den USA. Er schuf zahlreiche prämierte Musikvideos, u.a. für Art of Noise, Mick Jagger, Simple Minds, Pet Shop Boys, Yoko Ono, Lou Reed und John Lennon. Neben seiner experimentellen künstlerischen Tätigkeit hat Rybczynski Pionierleistungen auf dem Sektor des HD-Fernsehen vollbracht und in mehreren Ländern Film gelehrt, darunter in Österreich, Deutschland und den USA.

Regisseur Zbigniew Rybczynski im Selbstporträt

ANREGUNGEN ZUM GESPRÄCH

1. Analysieren Sie die Planungsskizzen (S. 160) daraufhin, welche Personen ihre Positionen verändern.
2. Finden Sie Gründe, warum Regisseur Rybczynski den Tango als Musik ausgewählt hat und welche Aussage sich damit im Filmtitel verbindet.
3. Lesen Sie in der Bibel über die Stationen im Leben von Moses nach und lokalisieren Sie diese in Botticellis Gemälde (S. 161).
4. Arbeiten Sie Gemeinsamkeiten und Unterschiede zwischen Botticellis Gemälde (S. 161) und Rybczynskis Filmbildern heraus.
5. Informieren Sie sich über den Helden Sisyphos in der griechischen Mythologie und seine Übernahme in die moderne Literatur durch den französischen Schriftsteller und Philosophen Albert Camus (Der Mythos von Sisyphos). Inwieweit lässt sich die damit verbundene Aussage auf Tango beziehen?
6. Rybczynski behauptet, er habe keine Botschaft im Sinn gehabt. Filmkritiker sahen in Tango aber eine Allegorie auf die beengten Verhältnisse in seinem Heimatland Polen, das zum Zeitpunkt der Entstehung des Kurzfilms unter Kriegsrecht stand. Beziehen Sie Stellung dazu.

ANREGUNGEN ZUR PRODUKTION

1. Denken Sie Tango über die Zimmergrenzen hinaus: Was machen die Personen, nachdem sie den Raum verlassen haben? Erfinden Sie hierzu kleine Geschichten: fiktive Biografien, Dialoge zwischen Beteiligten, die sich später wieder begegnen, etc.
2. Experimentieren Sie mit fotografierten Figuren, die Sie mittels Legetrick animieren.

Oscar-Verleihung mit Hindernissen.

Als 1983 bei der Preisverleihung in Los Angeles der »Oscar« für Zbigniew Rybczynski verkündet wurde, sprach der Festredner seinen Namen zuerst falsch aus. Nach einem Interview mit Reportern in einem anderen Raum wurde Rybczynski nicht wieder in den Festsaal gelassen, obwohl er den »Oscar« in den Händen hielt: Sein Anzug wirkte zu billig. Der Sicherheitsbeamte hielt ihn wegen seines schlechten Englischs für betrunken und drückte ihn an die Wand, Rybczynski aber wehrte sich – und verbrachte darauf die Nacht im Gefängnis. Heute lebt und forscht Rybczynski in Los Angeles.

Ein Actionfilm aus »Found Footage«-Material

Fast Film (2003) von Virgil Widrich – ein atemberaubender Ritt mit »Blickschnitt« durch die Filmgeschichte

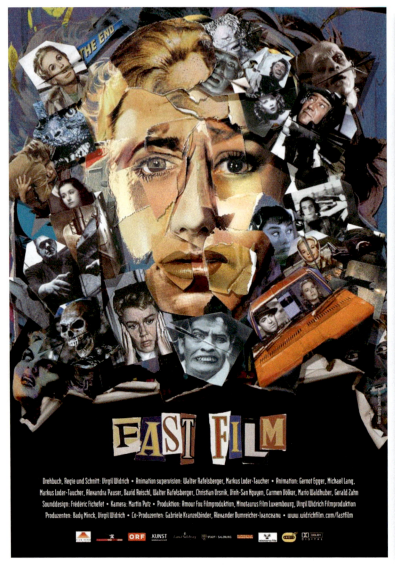

Filmplakat, 2003, mit Ausschnitten der in Fast Film verwendeten Motion stills

Österreich / Luxemburg 2003 |
Farbe | 14 Min.
Drehbuch, Regie, Schnitt: Virgil Widrich
Kamera: Martin Putz
Animation Supervision: Walter Rafelsberger, Markus Loder-Taucher
Animation: Gernot Egger, Michael Lang, Markus Loder-Taucher, Alexandra Pauser, David Reischl, Walter Rafelsberger, Christian Ursnik, Vinh-San Nguyen, Carmen Völker, Mario Waldhuber, Gerald Zahn
Weitere Animation: Eveline Consolati, Thomas Grundnigg, Andreas Künz, Stefan Braulik
Origami und Objektdesign: Mine Scheid, Jakob Scheid, Carmen Völker
Sounddesign: Frédéric Fichefet
Produktion: Minotaurus Film Luxembourg, Virgil Widrich Filmproduktion
Empfehlung: ab 12 J. | Kl. 7

Eine Frau wird entführt, der Held will sie befreien und wird dabei gefangen genommen. Doch können die beiden gemeinsam fliehen. Nach abenteuerlichen Verfolgungsjagden in der Eisenbahn, im Auto oder im (Papier-)Flieger kommt es zum Happy End. Die Bildvorlagen wurden zahlreichen Klassikern der Kinogeschichte entnommen, die Hauptpersonen wechseln ständig ihr Gesicht. Oft laufen mehrere Bildausschnitte in einem Filmfenster nach dem Prinzip der »Split screen« (engl., geteilte Leinwand) nebeneinander ab.

Die Filmhandlung. 1 Alles beginnt mit einem Kuss. | 2 Doch dann wird die Schöne entführt. | 3 Der Held verfolgt den Zug zu Pferd.

4 Der Held befreit die Schöne und flieht mit ihr. | 5 Es schließen sich abenteuerliche Kämpfe in Zügen, Autos oder Flugzeugen an. | 6 Happy End: Das Paar hat sich in den Armen. Das allerletzte Bild im Film zeigt wieder die Kussszene vom Anfang (Nr. 1). Motion stills

Die Filmdramaturgie

FAST FILM bedeutet auf Deutsch »beinahe ein Film«, auf Englisch jedoch »schneller Film«. Ursprünglich wollte Virgil Widrich nur Material aus Actionfilmen verwenden, doch war dieses kaum noch zu beschleunigen. So griff er auch zu anderen Genres: Am Anfang steht ein »Film noir«, dann folgen Action, Horror oder Western, am Ende gibt es Musicalszenen und Filmküsse.

Die Struktur entspricht einem Dreiakter, wie Virgil Widrich im Interview mit Karin Schiefer von der Austrian Film Commission betont. Drehbuchlehrer Syd Field nannte das Modell dazu »Paradigma (Muster) der dramatischen Struktur«. Durch zwei »Plot points« (engl., Wendepunkte) wird die Handlung in drei Akte unterteilt (s.S. 57). Hinzu kommen können weitere Wendepunkte, vor allem ein »Mid point«, aber auch der eine oder andere »Pinch« (engl., Kniff), der für den roten Faden sorgt.

Die Geschichte ist ein klassischer Dreiakter: Der Held will die Frau, die Frau wird von den Bösen entführt, der Held muss die Frau retten, er wird selber gefangen, kommt in die Zentrale des Bösen, bricht dort gemeinsam mit der Frau aus und in einem großen Finale besiegen sie alle Bösewichte, sind gerettet und es kommt zum finalen Kuss. Jeder James Bond-Film und fast jeder Action-Film funktionieren so, deshalb habe ich diese Struktur übernommen. Es ist notwendig, mit Schablonen zu arbeiten, die standardisiert sind, sonst hätte ich keine Einzelteile der Geschichte mit Material aus vielen verschiedenen Filmen erzählen können.

Virgil Widrich im Interview mit Karin Schiefer

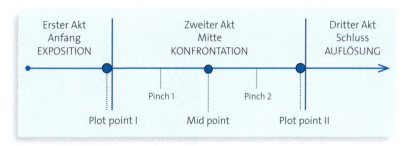

Das erweiterte »Paradigma der dramatischen Struktur« nach dem amerikanischen Drehbuchlehrer Syd Field. Es teilt die Handlung in drei Akte mit variablen Längen. Entscheidend sind die »Plot points« (dramatische Wendepunkte), an denen die Handlung überraschende Wendungen nimmt. »Pinches« sorgen für den »roten Faden«.

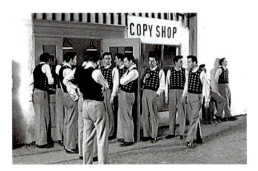

Animation aus Fotokopien. Standbild aus Copy Shop (A 2001) von Virgil Widrich mit Johannes Silberschneider als Hauptfigur

Von der Fotokopie zum Found Footage

Die Idee zu Fast Film entstand bei der Arbeit an Copy Shop, einem Kurzfilm, der aus 18 000 schwarzweißen Fotokopien animiert wurde. Darin reproduziert sich ein Mann mittels Kopierer und füllt die ganze Welt mit seiner Figur. Um die Geräusche für Copy Shop zu erzeugen, wurden im Tonstudio zahlreiche Papierbögen mit den Ausdrucken zerrissen, die im Film Verwendung fanden. Beim Betrachten der Papierlandschaft auf dem Boden stellte sich Widrich die Hauptfigur animiert vor – und beschloss, »einen Animationsfilm aus dreidimensionalen Papierobjekten zu machen, auf dem wiederum Filme ablaufen«.

Fast Film entwickelt sich im Gegensatz zu Copy Shop in der dritten Dimension. Er ist aus »Found Footage« (engl., gefundene Filmmeter) zusammengesetzt, genauer: aus Zehntausenden von Einzelbildern, die aus 400 Kinofilmen stammen und zu dreidimensionalen Objekten gefaltet, fotografiert und im Computer animiert wurden – eine »Tour de force« durch die Filmgeschichte, welche die Klischees des Hollywood-Kinos entlarvt, ironisiert und dekonstruiert.

Langer Prozess

Zweieinhalb Jahre dauerte die Arbeit an Fast Film. Sechs Monate bereitete Widrich sein Projekt inhaltlich vor, zunächst mit einem klassischen Drehbuchtext, dann mit einem »normalen« Found-Footage-Film, bei dem vorgefundene Filmszenen neu montiert werden. Danach ging es mit den ersten Mitarbeitern an die weitere Recherche: Ein Jahr lang wurden ca. 2 000 Filme in Videotheken gesichtet und dazu eine Datenbank angelegt, die nach Motiven sortiert war, z. B. nach Großaufnahmen von Pistolen oder Küssen im Regen. Gleichzeitig musste das zugehörige Filmmaterial digitalisiert und archiviert werden.

Im nächsten Schritt wurden die ausgewählten Filmstellen nach In- und Out-Punkten untersucht, die zum jeweils anschließenden Bild passen könnten. Im Computer entstand daraus zunächst ein »Draft-Film«, ein Entwurf, bei dem Hintergrund, Vordergrund und Objekte festgelegt wurden, die teilweise gezeichnet waren: ein Dreieck für ein Flugzeug, ein Viereck für einen Zug. Der Film war damit in seinen Grundformen zu sehen. Nun wurden Stills von den »Original«-Vorlagen ausgedruckt und die Objekte gefaltet. Ein Team von zwölf Animateuren, dem eine japanische Origami-Künstlerin zur Seite stand, war ein Jahr lang damit beschäftigt, 65 000 Papierobjekte zu falten. Allein das Falten eines Pferdes (Abb. S. 169) nahm sechs Stunden in Anspruch.

Gerissen, nicht geschnitten

Duch die Falttechnik ergibt sich ein räumlicher Effekt: Die ausgedruckten Standbilder, die ja ursprünglich einmal nach realen, dreidimensionalen Szenen gedreht worden waren, erlangten eine neue, ganz eigene Räumlichkeit zurück. Doch selbst in Fällen, wo die abfotografierten Objekte relativ flach waren, etwa bei der Zugfahrt, ergibt sich in der Wahrnehmung eine räumliche Vorstellung dadurch, dass der Zug im Zusammenschnitt einmal von der Seite und einmal von vorn gezeigt wird.

Da Fast Film ein von Hand animierter Papierflieger- und Papierzügefilm aus gerissenen, nicht mit der Schere geschnittenen Blättern ist, lebt seine Ästhetik vom Charme der »zittrigen Bewegung« (Virgil Widrich), die ein computergenerierter Film nicht hätte.

Recherche nach geeigneten Filmszenen in der Videothek

Datenbank im Computer zu den Fundstellen und Inhalten der Filmszenen

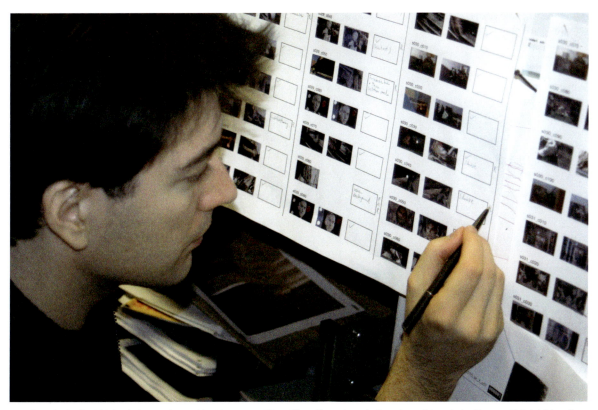

Storyboard. Virgil Widrich arbeitete mit Kombinationen von Film stills, während sonst eher eine zeichnerische Planung üblich ist (s. 73).

Karin Schiefer von der *Austrian Film Commission* befragte Virgil Widrich zur Produktion von FAST FILM.

Gefaltete Objekte in ihren Grundformen

Welche neue Herausforderung bedeutet FAST FILM *gegenüber* COPY SHOP*?*
Technisch bedeutet das, dass aus Filmen Einzelbilder exportiert oder ausgedruckt und diese dann zu Objekten gefaltet werden. Die Objekte werden zueinander in neue Beziehungen gestellt und mit einem Hintergrund versehen, sodass dann in einem einzelnen Bild 4, 5, bis zu 30 Filme sichtbar sind. Das war die Idee zu FAST FILM. Die Herausforderung ist, hier Found Footage Material in eine sinnvolle Kombination zu bringen. Jedes Bild muss inhaltlich und perspektivisch funktionieren, aber die einzelnen Einstellungen müssen auch zueinander passen und die Geschichte weitererzählen, und zwar in sehr kurzer Zeit. ...

Die Einstellungen von FAST FILM *bestehen aus unglaublich vielen Schichten.*
Faszinierend an FAST FILM ist, wenn man ihn auf der großen Leinwand sieht, dass der Film durch den Blickschnitt geschnitten wird. Es kommt darauf an, wo ich hinschaue: Wenn man auf drei Fernseher, die verschiedene Pro-

Gefaltete Objekte aus Film stills (vor dem Dreh der Autofahrt, s. S. 170)

Kameraschlitten aus Modelleisenbahnschienen für Zufahrten in exakt planbaren Phasen, wie hier auf eine Lok

»**Blickschnitt**«. Einzelbild aus FAST FILM mit Frauenköpfen aus verschiedenen Kinofilmen. Jede erzeugt auf ihrem Faltobjekt einen eigenen Film im Film und fordert so den Zuschauer zum »Blickschnitt«, zur selektiven Wahrnehmung, auf.

gramme zeigen, gleichzeitig schaut, dann gibt es vier Filme: den Raum, in dem die Fernseher stehen, und jeweils einen Film im Fernseher. Je nachdem, worauf ich mich konzentriere, entsteht ein neuer Film aus diesen vier Elementen. Und FAST FILM funktioniert ähnlich. Wenn ich einen Zug mit acht Waggons habe und in jedem Waggon ist ein anderer Film, dann kann ich mir den ganzen Zug anschauen oder jeden einzelnen Waggon, ich sehe Tarzan oder einen Westernhelden und wenn sich zwei Leute nach dem Film unterhalten, würde jeder etwas anderes erzählen. Der eine hat nur Tarzan gesehen, der andere nur den Westernhelden. Und ich glaube, das ist genau der Genuss, dass durch den Blickschnitt jeder selber zum Cutter von FAST FILM wird. ...

Ein wesentliches und sehr interessantes Element ist der Ton?
Frédéric Fichefet, der den Ton für FAST FILM kreiert hat, geht ähnlich vor wie wir beim Bild. Der Ton wird aus Samples kreiert, man nimmt Klangwelten aus verschiedenen Werken und baut eine neue daraus zusammen. Auch hier haben wir aus Tausenden Filmen Töne gesammelt und nach Geräuschen sortiert – Züge, die beim Anfahren quietschen, Züge, die beim Anfahren nicht quietschen, und ähnliche Dinge. Der Ton besteht aus Hunderten Tonspuren, die in Summe dann den Gesamtklang von FAST FILM ausmachen. Der vermittelt natürlich auch viel Emotion und ruft viele Erinnerungen ab. Es gibt bestimmte Geräusche, die immer wieder dieselben sind, weil auch die großen Filme dieselben Sound-Libraries verwenden. Der Klang ist sehr wichtig, weil er die verschiedenen Filme wieder glättet. Ein durchgehender narrativer Klang lässt den Film viel leichter verstehen, stumm ist FAST FILM nur sehr schwer verständlich. *Virgil Widrich im Interview mit Karin Schiefer*

Einige Werkzeuge und Materialien,
die bei der FAST-FILM-Produktion zum Einsatz kamen.

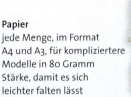

Papier
jede Menge, im Format A4 und A3, für kompliziertere Modelle in 80 Gramm Stärke, damit es sich leichter falten lässt

Laserdrucker
Er hat in 18 Monaten rund 80 000 Blatt Papier bedruckt (und funktionierte danach noch).

Toner
für den Laserdrucker, insgesamt für einen Betrag von ca. 12 000,- €

Schere
Sie kam nicht oft zum Einsatz, denn meist wurde das Papier gerissen ...

Falthilfe
Damit lassen sich scharfe Kanten falten – und die Fingernägel schonen.

Einzelbild aus FAST FILM mit verschiedenen gleichzeitig ablaufenden Filmen: auf dem Pferd im Vordergrund, auf dem Waggon dahinter, in der Szene insgesamt

Festplatten
externe Platten mit Firewire-Anschluss, insgesamt ein Terabyte für den ganzen Film

Säge
... oder gesägt, damit es einen schönen rauen Rand bekam.

Software
mit der die Originalfilme vor dem Ausdruck zurechtgeschnitten und die Einzelbilder nach dem Fotografieren zusammengebaut wurden (Adobe After Effects®)

Kamera
FAST FILM wurde nicht gefilmt, sondern mit einer digitalen Spiegelreflexkamera fotografiert, in der Auflösung 2048 x 1536 Pixel – groß genug für eine 2K-Ausbelichtung auf 35-mm-Negativ.

Handcreme
das Wichtigste für die 24 Hände, die in einem Jahr 65 000 Papiermodelle gefaltet haben

Eine Autofahrt in FAST FILM. Aus abfotografierten, gefalteten Objekten, die sich aus Teilen von Film stills vor farbigen Hintergründen zusammensetzen, ergibt sich die Autofahrt, die teilweise aus ÜBER DEN DÄCHERN VON NIZZA (USA 1955, Regie: Alfred Hitchcock) stammt und Cary Grant und Grace Kelly zeigt. Am Filmanfang werden die beiden Protagonisten von Humphrey Bogart und Lauren Bacall verkörpert, bald aber weiter ausgetauscht: Cary Grant muss z. B. Sean Connery, Roger Moore, Harrison Ford und Christopher Lambert weichen, Grace Kelly wird von Audrey Hepburn, Doris Day, Jean Seberg und anderen Schauspielerinnnen abgelöst.

Preise und Auszeichnungen für FAST FILM
Ca. 300 Festivalauftritte, 36 Preise, u.a.: Official selection Festival de Cannes 2003 (nominiert) | Best Animated Short, Worldwide Short Film Festival, Toronto 2003 | Bester Schnitt, Festival inCURT, Tarragona, Spanien | Special Mention of the Int. Jury of the Jury of the Critics, Festival de Cine de Huesca, Spanien 2003 | Grande Prémio Animação, Festival Internacional de Curtas Metragens de Vila do Conde, Portugal 2003 | Best Experimental Short Film, 52. Int. Film Festival, Melbourne 2003 | Audience Award, Bearded Child Film Festival, Grand Rapids, MN/Boulder, CO USA 2003 | Most Imaginative Film, Odense Film Festival, Odense 2003 | Audience Award, l'Etrange Festival, Paris 2003 | High Risk Award, Fantoche, 4. Int. Festival für Animationsfilm, Zürich 2003 | Students Award and Special Mention of the Jury, Milano Film Festival, Mailand 2003 | Best Experimental Film, Panorama of Independent Film & Video Makers, Thessaloniki 2003 | Most Innovative Short, Int. Leipziger Festival für Dokumentar- und Animationsfilm | Grand Prix, Uppsala Short Film Festival | Premio de la Comunidad de Madrid a la Mejor Película, Semana de Cine Experimental de Madrid | Special Mention of the Jury, Interfilm Berlin Filmfestival | Milagro Award for Best Animation, Santa Fe Film Festival | Innova Award, Animadrid, Spanien | Peter Wilde Award, Ann Arbor Film Festival | Grand Prix du Jury 2003 Plan 9, La Cheaux-de-Fonds, Schweiz| Film Critics Award Animafest Zagreb 2004 | ASIFA Korea Prize for best Experimental SICAF 04 Jury Award Animateka | Best Experimental Film Balkanima, Belgrad 2004 | Best Experimental Film, Festival Filmets Badalona 2004

Experimentalfilmer Virgil Widrich

1967 im österreichischen Salzburg geboren, wuchs Virgil Widrich in einem über 500 Jahre alten Haus auf dem Mönchsberg auf, wo der Schriftsteller Peter Handke zu den befreundeten Nachbarn und Filmemacher Wim Wenders zu den häufigen Besuchern gehörte. Als 13-Jähriger bekam Virgil Widrich eine Super-8-Kamera und drehte erste Filme. Inspiriert von einer Dokumentation über Walt Disney (s. S. 180 ff.), fertigte er 1981 einen Trickfilm aus 1000 zerschnittenen Overheadfolien an. Nach dem abendfüllenden Spielfilm VOM GEIST DER ZEIT, den er 1983 als Schüler begonnen und durch Jobs bei den Salzburger Festspielen finanziert hatte, nahm Widrich 1985 das Studium an der *Filmakademie Wien* auf, die er kurz darauf aber wieder verließ, um an einem (noch nicht verfilmten) Drehbuch zu arbeiten.

1987 gründete Widrich mit Partnern die Firma *Classic Films*, einen Verleih für anspruchsvolle Filme, danach wurde er Assistent beim namhaften amerikanischen Kameramann und Regisseur John Bailey, u.a. in Hollywood. Nach Tätigkeiten für das Festival *Diagonale* in Graz und für den Regisseur Peter Greenaway ging Virgil Widrich 1997 wieder zur Arbeit an eigenen Filmen über und setzte dabei verstärkt den Computer ein. Sein Kurzfilm TX-TRANSFORM wurde 1997 erfolgreich auf der Ausstellung *ars electronica* aufgeführt. Widrichs erster Kinofilm HELLER ALS DER MOND von 2000 erhielt mehrere Auszeichnungen, der im Jahr darauf fertiggestellte Kurzfilm COPY SHOP gewann über 30 internationale Preise und wurde für einen »Oscar« nominiert. Vielfältig als Künstler und Kurator tätig, arbeitet Virgil Widrich permanent an

Regisseur Virgil Widrich am Reproständer

zahlreichen Film- und Multimediaprojekten. 2007 erhielt er den Ruf auf eine Professur an der *Universität für angewandte Kunst* in Wien, wo er heute lebt und arbeitet.

ANREGUNGEN ZUM GESPRÄCH
1. Beschreiben Sie die Wirkung, die FAST FILM auf den Betrachter ausübt.
2. Charakterisieren Sie die Filme, die Virgil Widrich für seine Motive heranzieht, und finden Sie Gründe für die Auswahl.
3. Interpretieren Sie den Wechsel bei den Darstellern der Protagonisten.
4. Erläutern Sie, was Virgil Widrich unter »Blickschnitt« versteht (s. Text u. Abb. S. 167 f.).
5. Überprüfen Sie, inwieweit das »Paradigma der dramatischen Struktur« nach Field auf FAST FILM zutrifft (s. S. 57, 165). Ließe sich auch das Modell der »Heldenreise« (S. 67) auf FAST FILM übertragen?
6. Für welches Projekt würden Sie selbst ein ähnlich hohes Engagement wie Virgil Widrich für FAST FILM aufbringen?
7. Welche Filmmotive eignen sich besonders als Found Footage für eine künstlerische Weiterverarbeitung?
8. Benennen Sie Gemeinsamkeiten und Unterschiede zwischen einer Klebe-Collage (wie beim Plakat, S. 164) und einem Found-Footage-Film.

ANREGUNGEN ZUR PRODUKTION
1. Fertigen Sie eine Collage aus Filmstandbildern an, welche die Klischees des Hollywood-Kinos entlarvt.
2. Recherchieren Sie nach einem älteren, »gemeinfreien« Film. Greifen Sie Szenen heraus, die Sie zu einer neuen »Kurzfilm-Miniatur« montieren.

Erste Kinoerfahrung. Ein prägendes Erlebnis hatte Virgil Widrich mit 6 Jahren, als ihm seine Eltern erklärten, dass man die Schauspieler nach dem Film nicht hinter der Bühne treffen könne.

Papierflieger mit John Wayne aus JET PILOT (DÜSENJÄGER, USA 1957, Regie: Josef von Sternberg). Einzelbild aus FAST FILM

»Ultra-subjektive Zeitwahrnehmung«

True (2004) von Tom Tykwer – experimenteller Spielfilm über eine Liebesbeziehung im Flashback

Filmplakat, 2004

Plan der Stadt Paris mit ihren 20 Arrondissements

F/D 2004 | Farbe | Länge: ca. 7 Min. als Episodenfilm | 11:30 Min. als Kurzfilm
Drehbuch und Regie: Tom Tykwer
Kamera: Frank Griebe
Schnitt: Mathilde Bonnefoy
Musik: Pierre Adenot, Tom Tykwer, Johnny Klimek, Reinhold Heil
Produktion: X Filme Creative Pool | Novem
FSK: ab 6 | Empfehlung: ab 12 J. | Kl. 7

Paris. Der blinde Sprachstudent Thomas (Melchior Beslon) erhält einen Anruf von seiner amerikanischen Freundin Francine (Natalie Portman), die ihm mitteilt, dass es aus ist. In einer langen Rückblende läuft nun die bisherige Beziehung vor dem geistigen Auge des bestürzten Thomas ab, der Francine kennenlernte, als sie sich an einer Schauspielakademie bewarb.
Bei einem erneuten Anruf will sie wissen, wie er ihren Vortrag fand und ob er sauer sei. Da Thomas verblüfft schweigt, fragt sie: »Hörst du mir zu?«, woraufhin er erwidert: »Nein. Ich sehe dich.«

Episodenfilm aus der Stadt der Liebe

Im August 2002 drehte Tom Tykwer im Auftrag eines Pariser Studios in nur vier Tagen den Kurzfilm True als Teil des Kinofilms Paris, je t'aime, eines »Episodenfilms«. Ein solcher Film, auch »Omnibus-« oder »Anthologiefilm« genannt, besteht aus einer Anzahl thematisch zusammenhängender, in sich abgeschlossener Kurzfilme, oft von verschiedenen Regisseuren.
An Paris, je t'aime, der 2007 herauskam, waren 21 international bekannte Filmemacher beteiligt. In 18 Episoden wird jeweils eine ca. 10-minütige Liebesgeschichte aus Paris, der Stadt der Liebe, erzählt. Tykwers Beitrag – der im Langfilm Faubourg Saint-Denis heißt – wurde 2004 bei den Filmfestspielen in Berlin unter dem Titel True als eigenständiger Kurzfilm uraufgeführt.
Jede Episode (griech., das Hinzukommende) von Paris, je t'aime findet in einem anderen Arrondissement statt. True spielt im 10., wo Francine in eine Wohnung in der Rue Faubourg Saint-Denis zieht. Er beginnt mit einem Monolog von Francine am Telefon, in dem sie ihre Beziehung zu Thomas mit melodramatischen Worten scheinbar beendet.

Thomas, listen. Listen. There are times when life calls out for a change. A transition. Like the seasons. Our spring was wonderful, but summer is over now and we missed out on autumn. And now, all of a sudden, it's cold, so cold that everything is freezing over. Our love fell asleep, and the snow took it by surprise. But if you fall asleep in the snow, you don't feel death coming. Take care.

Francine. 1. Min.

Die Hauptdarsteller. *Links:* Melchior Beslon, der auch in Realität blind ist, als Thomas. *Rechts:* Natalie Portman als Francine

Rückblenden-Variante I: Echtzeit
Nach Francines Telefonanruf läuft die Beziehung in Thomas' Erinnerung zunächst in Echtzeit ab: Sie lernen sich kennen, als er sie durch ein Fenster verzweifelt rufen hört – mit einem Skript in der Hand, das der blinde Thomas nicht sehen kann, probt Francine für ihre Bewerbung an der Schauspielschule. Sie spielt eine Prostituierte, die ihren Zuhälter heiratet. Thomas ist überzeugt, dass Francine die Prüfung schaffen wird! Da sie für ihren Vorsprechtermin knapp dran ist, zeigt er ihr eine Abkürzung.

Es geht um die Rekapitulation einer Liebe. Es ist der Moment eines Verlusts, der sich vermittelt wie der Moment des Todes, in dem man noch einmal sein Leben vor sich ablaufen sieht. Damit versuche ich, den Auflösungsmoment einer Liebesbeziehung schockartig in sechs Minuten zu komprimieren. Insgesamt ist der Film zehn Minuten lang, aber sechs Minuten dauert diese kondensierte Erinnerungsreise. Da wird dann sehr viel reingepackt, wobei die Grundidee ist, dass in der Erinnerung die großen und die kleinen Momente plötzlich in eine andere Balance geraten und sich ihr Verhältnis umdreht. In der Erinnerung an ein Liebesverhältnis nehmen minimale Gesten oft eine viel zentralere Stellung ein als die großen, wunderbaren und offensichtlichen Augenblicke. …

Ich wollte eine ultra-subjektive Zeitwahrnehmung. Zeit wird kondensiert und subjektiviert. Dabei liegen die Gewichtungen auf völlig verschiedenen Zeiteinheiten. Die subjektive Dimension der Erinnerung und die Überwindung von Zeiteinheiten in der Subjektivität wollte ich damit gewissermaßen auf die Spitze treiben. Dabei ist ein Film herausgekommen, der zwar nicht ein ganzes Leben, aber ein ganzes Liebesleben in wenigen Minuten zusammenfasst. Der Film versucht dabei, einen relativ großen Umfang abzustecken und gleichzeitig den Figuren eine emotionale Tiefe zu geben. …

Am Ende des Drehs hatten alle den Eindruck, einen Spielfilm gedreht zu haben, obwohl es nur vier Drehtage waren. Das lag daran, dasss man so viel einzelne Sets und Situationen erlebt hat und auch die Schauspieler sehr stark in die Szenen eingestiegen sind.

Tom Tykwer

Rückblenden-Variante I: Echtzeit. Zu Beginn der Rückblende wird die erste Begegnung von Thomas und Francine in normalem Tempo gezeigt. *Oben:* Da sie zum Vorsprechen eilen muss, kommt Hektik auf. *Unten:* Thomas »segnet« Francine beim ersten Abschied.

Flashbacks. Erinnerungen an den Besuch bei Thomas' Eltern ...

... an Francines Schreie, zum Beispiel in der Métro-Station ...

... oder im Bett

Rückblenden-Variante II: Flashback
Danach setzt bei Thomas ein »Flashback« mit rasch aufeinanderfolgenden Bildern der Beziehung ein, eine »ultrasubjektive Zeitwahrnehmung« (Tom Tykwer, s. S. 173). Im schnellen Rhythmus, der an Tykwers Film LOLA RENNT erinnert, erscheinen Thomas die Erinnerungsbilder. Im Sekundentakt sieht man Francine beim Vorsprechen, ihren Umzug aus Boston, Francine und Thomas in der neuen Wohnung, auf einer Seine-Brücke, bei seinen Eltern, im Kino, in einer Bar etc. In Thomas' Erinnerungen stößt Francine oft Schreie aus, z.B. in der Métro-Station oder im Bett. Nach ihrem Telefonanruf zu Beginn des Films muss sich Thomas fragen, ob Francine überhaupt jemals echte Gefühle für ihn empfunden hat.

Diese zweite Rückblenden-Variante wird begleitet von einem Voice-over-Kommentar, der die Entwicklungen ab dem Zeitpunkt beschreibt, zu dem Francine die Aufnahmeprüfung an der Schauspielschule bestanden hat.

Und natürlich wurdest du angenommen. Du zogst von Boston nach Paris. In eine kleine Wohnung in der Rue du Faubourg Saint Denis. Ich zeigte dir unser Viertel, meine Kneipen, meine Schule. Ich stellte dich meinen Freunden vor, meinen Eltern. Ich hörte deine Texte, deinen Gesang, deine Wünsche, deine Sehnsüchte, deine Musik. Du hörtest meine. Mein Italienisch, mein Deutsch, mein bisschen Russisch. Ich schenkte dir einen Walkman, du schenktest mir ein Kopfkissen. Und irgendwann hast du mich geküsst.

Die Zeit verging. Sie floss dahin. Alles schien leicht, so unkompliziert, so frei, so neu, und so einzigartig. Wir gingen ins Kino. Wir tanzten. Wir gingen einkaufen. Wir lachten. Du weintest. Wir schwammen. Wir rauchten. Wir rasierten uns. Du schriest ab und zu ohne Grund. Manchmal auch mit Grund. Ja, manchmal auch mit Grund.

Ich brachte dich zur Akademie. Ich arbeitete fürs Examen. Ich hörte deinen Gesang. Deine Wünsche. Deine Sehnsüchte. Deine Musik. Du hörtest meine. Wir waren uns nah. So nah. Immer so nah. Wir gingen ins Kino. Wir schwammen. Wir lachten. Du schriest. Manchmal mit Grund. Manchmal ohne Grund. Die Zeit verging. Sie floss dahin.

Ich brachte dich zur Akademie. Ich arbeitete fürs Examen. Wir hörten mein Italienisch. Mein Deutsch. Mein Russisch. Mein Französisch. Ich arbeitete fürs Examen. Du schriest. Manchmal mit Grund. Die Zeit verging. Ohne Grund. Du schriest. Ohne Grund. Ich arbeitete fürs Examen. Mein Examen. Mein Examen. Mein Examen. Die Zeit verging. Du schriest. Du schriest. Du schriest. Ich ging ins Kino. Verzeih mir, Francine.

Voice-over-Kommentar von Thomas ab Rückblende II

Rückblenden-Variante III: Zeitraffer

Durchmischt wird der Flashback durch eine dritte Rückblenden-Art: Thomas und Francine stehen eng umschlungen da, während das Leben um sie herum im Eiltempo vorüberzieht.

Doch schon bald stehen sie weiter auseinander, sogar Rücken an Rücken. Wiederholungen kommen auf, so wie sich auch in Beziehungen Verhaltensmuster einschleichen. Enthält deshalb auch Thomas' Voice-over-Kommentar mehrfache Repetitionen (s. Text links)?

Rechts: **Zeitraffer in der Rückblende.** Während um sie herum das Leben pulsiert und die Zeit rast, stehen Thomas und Francine still, wie hier in der Métro-Station Stalingrad an der Grenze vom 10. zum 19. Arrondissement (s. Stadtplan S. 172).

> **Film als Autobiografie.** Aufgrund des enormen Erfolgs von LOLA RENNT (1998) war Tom Tykwer nicht mehr zur Ruhe gekommen. Nach seinem nächsten Film HEAVEN (2002) kam es zu einem Einschnitt im Privatleben: Seine Beziehung zur Schauspielerin Franka Potente zerbrach, was den Filmemacher in eine künstlerische und persönliche Krise stürzte. Das Angebot, sich an PARIS, JE T'AIME zu beteiligen, erschien ihm wie ein »Rettungsanker«. So entstand mit TRUE, der von Missverständnissen in einer Liebesbeziehung erzählt, laut Tom Tykwer »ein Film, der zwar sehr persönlich, aber eben nur fast privat ist«.

Eingespieltes Team. *Oben:* Regisseur Tom Tykwer mit Kameramann Frank Griebe. *Unten:* Cutterin Mathilde Bonnefoy

Auszeichnungen für True
Deutscher Kurzfilmpreis in Gold in der Kategorie Spielfilme zwischen 7 und 30 Minuten, Bonn 2004 | Nominierung für den Besten Kurzfilm bei den Internationalen Filmfestspielen Berlin, 2004

Tom Tykwer & Team

Drehbuchautor, Filmregisseur, Komponist und Produzent – all dies ist Tom Tykwer in einer Person. 1965 in Wuppertal geboren, jobbte er ab 1980 in Berlin als Filmvorführer, übernahm 1988 die Programmgestaltung des Kreuzberger Kinos *Moviemento* und hielt sich mit dem Lektorieren von Drehbüchern und der Erstellung von TV-Porträts über Wasser.

Ohne Filmstudium begann Tykwer, Filme zu drehen, und arbeitete dabei von Beginn an mit Kameramann Frank Griebe zusammen. 1990 entstand sein erster Kurzfilm Because, 1993 der erste Langfilm Die Tödliche Maria. Im Jahr darauf gründete Tykwer gemeinsam mit Stefan Arndt, Wolfgang Becker und Dani Levy die Produktionsfirma *X Filme Creative Pool*. Nach seinem zweiten Kinofilm Winterschläfer von 1997 landete Tykwer 1998 mit Lola rennt einen Welterfolg: Der Film wurde über 30 Mal international ausgezeichnet. An dessen experimenteller Montagestruktur arbeitete er erstmals mit der Cutterin Mathilde Bonnefoy zusammen. Zur jüngeren Filmografie gehören die vielfach ausgezeichneten Das Parfum (2006) und The International (2009). Tykwers Beziehungsdrama Drei erhielt 2011 den Deutschen Filmpreis, die »Lola«, für die beste Regie. Zusammen mit den Matrix-Machern Lana und Andy Wachowski schuf Tykwer 2011/12 die Romanverfilmung Der Wolkenatlas als teuersten je in Deutschland produzierten Film. Schon 2008 hatte Tykwer gemeinsam mit Marie Steinmann den gemeinnützigen Verein *One Fine Day e.V.* gegründet, der Bildungsprojekte mit Jugendlichen in Ostafrika fördert. Daraus ging die Produktionsfirma *One Fine Day Films* und deren Film Soul Boy hervor, der 2008 in Nairobis größtem Slum gedreht und 2010 beim Filmfestival in Göteborg uraufgeführt wurde.

ANREGUNGEN ZUM GESPRÄCH

1. Übersetzen Sie Francines Telefonanruf (S. 172). Wie lässt dieser sich rechtfertigen?
2. Mit welchen Mitteln wird die Erblindung von Thomas filmisch zum Ausdruck gebracht?
3. Beschreiben Sie die Wirkungen der verschiedenen Rückblenden.
4. Ein Experimentalfilm – oder doch ein Kurzspielfilm? Finden Sie Kriterien für eine Genrezuordnung von True.
5. Tom Tykwers erster großer Langfilmerfolg Lola rennt überraschte sowohl durch sein Schnitttempo als auch aufgrund der drei verschiedenen Enden. Finden sich ähnliche Elemente in True?
6. Berichten Sie von eigenen verzerrten Zeitwahrnehmungen.

ANREGUNGEN ZUR PRODUKTION

1. True wirke »von seiner inneren Potenz her wie ein Langfilm«, sagt Tom Tykwer. Welche Szenen könnten tatsächlich in eine Langfilmfassung umgeschrieben werden? Wählen Sie eine aus und verfassen Sie dazu einen Drehbuchauszug.
2. Entwickeln Sie ein Exposé für eine Filmstory zum Thema »Telefonanruf«.
3. *50 ways to leave your lover,* so der Titel eines Popsongs von Paul Simon. Lassen Sie sich davon – oder auch vom Gegenteil: *50 ways to find a lover* – zu einem Episodenfilm anregen. Planen und drehen Sie in kleinen Teams einzelne Szenen, die Sie zu einem längeren Film zusammenführen.

 DVD zum *Grundkurs Film 3 – Kurzfilme!*

MUSIKFILME

»Don't you wonder sometimes about sound and vision?« **178**

FANTASIA – DER ZAUBERLEHRLING von Walt Disney (USA 1940)
zur Musik von Paul Dukas **180**

SUBTERRANEAN HOMESICK BLUES von D. A. Pennebaker (USA 1967)
zum Song von Bob Dylan **190**

ALL IS FULL OF LOVE von Chris Cunningham
zum Song von Björk (GB 1999) **194**

GUTEN TAG! (DIE REKLAMATION) von Peter Göltenboth und Florian Giefer
zum Song von Wir sind Helden (D 2002/2003) **198**

HER MORNING ELEGANCE von Yuval Nathan und Merav Nathan
zum Song von Oren Lavie (IL, 2009) **202**

Sound and vision. Motion still aus dem Videoclip zu HER MORNING ELEGANCE von Oren Lavie, Eyal Landesman, Yuval und Merav Nathan, 2009

»Don't you wonder sometimes about sound and vision?« – Musikfilme

Reine Stummfilme gab es nie. Pianisten und Organisten, ja ganze Orchester musizierten vor Ort zu den frühen Filmaufführungen (s. S. 207). Schon die Pioniere des Films versuchten, Film- und Tonaufnahmen zu koppeln. So stellte die Französin Alice Guy seit 1905 sogenannte »Phonoscènes« (franz., Klangszenen) her, deren Sound von Wachswalzen abgespielt wurde (s. S. 62).

Musikfilme mit »Lichtton«

Von »Tonfilm« spricht man jedoch erst, seit Bild und Klang auf einem Trägermaterial kombiniert werden. Dies leistete seit 1921 der »Lichtton«, der als schmale Spur direkt auf den Filmstreifen zwischen den Einzelbildern und der Perforation einbelichtet wurde. Seinen Durchbruch im Kino sollte er aber erst 1927 mit dem US-amerikanischen Film THE JAZZ SINGER (Regie: Alan Crosland) feiern.

Auf der Basis des Lichttons entwickelte Walt Disney 1929 die »Silly Symphony«-Serie, Cartoon-Filme, die mit klassischer Musik unterlegt sind. DER ZAUBERLEHRLING von 1940 stellt einen späten Höhepunkt in dieser Reihe dar und ist als Teil des Episoden-Langfilms FANTASIA gleichzeitig der erste Kinofilm mit Stereoton (s. S. 180 ff.). Lotte Reiniger hatte 1935 mit PAPAGENO ihr Meisterwerk zur gleichnamigen Mozart-Oper geschaffen (vgl. S. 102 ff.). Norman McLaren stellte 1949 sogar »synthetischen«, d.h. künstlichen Lichtton für seinen Pixilationsfilm NEIGHBOURS her (s. S. 109).

Vom Musikfilm zum Musikclip

Mit der Verbreitung des Fernsehens seit den 1950er-Jahren entstand ein Bedarf an Bandauftritten, die in der Regel live auf den TV-Bühnen stattfanden. Allerdings schickten die Beatles bereits in den 60er-Jahren aus England »musikalische Postkarten«, Tonfilmkonserven, an die ED SULLIVAN SHOW in den USA. Als erstes reines Musikvideo gilt BOHEMIAN RHAPSODY von Queen (GB 1975, Regie: Bruce Gowers). Da das opernartige, 6-minütige Stück kaum mehr live aufführbar war, wurde ein »Performance clip« mit Effekten produziert. »Don't you wonder sometimes about sound and vision?«, fragte Popstar David Bowie schon 1977 auf seiner LP Low.

1981 ging der erste reine Musikkanal, die private amerikanische Station MTV (Music Televison), auf Sendung; MTV Europe folgte 1987, Viva Deutschland 1993. Damit entstand ein riesiger Bedarf an neuen Musikclips, die sich umgehend zu einem Experimentierfeld für Kurzfilme mit künstlerischem Anspruch entwickelten. Das Dilemma der Musikclips (kurz: Clips) besteht darin, dass sie immer auch ihrer ökonomischen Funk-

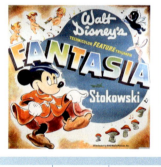

1905: Alice Guy führt Regie beim Dreh der Oper MIGNON im »Chronophone«-Studio, Paris

1935: PAPAGENO, Silhouettenfilm von Lotte Reiniger zur Märchenopermusik von Mozart

1940: DER ZAUBERLEHRLING von Walt Disney zur Musik von Paul Dukas nach J. W. Goethe

1949: BEGONE DULL CARE von Norman McLaren und Evelyn Lambart zur Musik von Oscar Peterson

tion, der »Promotion« (lat.-engl., Beförderung), nachkommen und Werbezwecke erfüllen müssen.

Formen des Musikclips
Anders als bei der Filmmusik steht beim Clip nicht die Musik im Dienst des Films, sondern der Film im Dienst der Musik. Innerhalb des zeitlich begrenzten Rahmens von drei bis vier Minuten entwickelten sich verschiedene Typen. Ihre Klassifizierung kann nach verschiedenen Kriterien erfolgen:

1. Musikstil (z.B. Pop, Rock, R & B, Heavy Metal, Hip-Hop), 2. Inhalt (z.B. Performance-, Party-, Choreografie- oder Poser-Video), 3. Stimmung und Wirkung (aggressiv, romantisch, bizarr etc., jeweils abhängig von der Schnittfrequenz); 4. Erzählweise (z. B. narrativ, non-narrativ, als Konzept-Clip); 5. Abbildungsmodus (als Realfilm oder verfremdeter, abstrahierter, ganz abstrakter Film, als Animation etc.); 6. Ton-/Bild-Verhältnis (z. B. im Takt der Musik oder unabhängig davon).

Ohne das Video zu seinem Song THRILLER (USA 1983, Regie: John Landis) wäre Michael Jackson kaum zum »King of Pop« geworden. Der teuerste Clip aller Zeiten ist der zu SCREAM von Michael und Janet Jackson (USA 1995, Regie: Mark Romanek, s. *Grundkurs Film 1*, S. 232 f.). Als bestes Musikvideo gilt vielen dasjenige von Chris Cunningham zu ALL IS FULL OF LOVE von Björk (GB 1999, S. 194 ff.). Mit ihren Musikvideos erwarben sich außer Romanek und Cunningham noch diejenigen Regisseure einen legendären Ruf, deren Werke seit 2003 auf den *Directors Label*-DVDs ediert wurden: Spike Jonze, Michel Gondry, Jonathan Glazer, Anton Corbijn und Stéphane Sednaoui.

Von MTV zu YouTube: »Broadcast yourself!«
Gegen Ende der 1990er-Jahre begann die digitale Videotechnik den aufwendigen Produktionen Konkurrenz zu machen. Das Video von Peter Göltenboth und Florian Giefer zum Song GUTEN TAG (DIE REKLAMATION) der Band Wir sind Helden gehört zu den kreativen, erfolgreichen Low-Bugdet-Clips (S. 198 ff.).

Nun wurde es auch Amateuren möglich, eigene Videos zu drehen. Eine Folge daraus war die Gründung des Videoportals *YouTube* (frei übersetzt: »Deine Röhre«) 2005 in Kalifornien, auf das jeder seine eigenen Videos kostenfrei laden kann, die dort sofort als »Stream« betrachtet werden können. »Broadcast yourself!« (»Sende dich selbst!«), lautet die Devise. Portale wie *ClipFish* und *MyVideo* folgten 2006. Drei Milliarden *YouTube*-Videos werden pro Tag angeklickt, täglich 65000 neue Videos hochgeladen (Stand 2012). Darunter sind auch solche, die nicht »gemeinfrei« sind, was die Musikindustrie, in Deutschland vertreten durch die Verwertungsgesellschaft GEMA, kritisch sieht. Sie veranlasst die Betreiber immer wieder, Clips der von ihnen vertretenen Künstlerinnen und Künstler vom Portal zu nehmen, und erfand neue Vertriebsmöglichkeiten: den kostenpflichtigen Internet-Download.

Mit den Videoportalen ging die Zeit der reinen Musiksender zu Ende, die zunehmend andere Filmformate ins Programm nehmen mussten. Umgekehrt verdankt sich der Erfolg einzelner Songs wie HER MORNING ELEGANCE von Oren Lavie, zu dem Yuval Nathan und Merav Nathan 2009 das Pixilationsvideo schufen, dem Internet. Popstars von heute werden per Mausklick am Musikhimmel des Cyberspace geboren!

1967: SUBTERRANEAN HOMESICK BLUES von D. A. Pennebaker zur Bob-Dylan-Tournee

1999: ALL IS FULL OF LOVE von Chris Cunningham für Björk: verliebte Industrieroboter

2002/03: GUTEN TAG (DIE REKLAMATION), Pop-Art-Fotoroman-Clip von Peter Göltenboth & Florian Giefer für Wir sind Helden

2009: HER MORNING Elegance, Pixilationsfilm von Oren Lavie, Yuval und Merav Nathan

Fantasia-Plakat zur digitalisierten Fassung

Micky Maus, der kleine Magier

Der Zauberlehrling (1940) von Walt Disney – eine »Silly Symphony« zur Musik von Paul Dukas nach der Ballade von Johann Wolfgang von Goethe

Schon 1897 wurde die Musik zu diesem Film unter dem Titel *L'apprenti sorcier* (franz., *Der Zauberlehrling*) in Paris uraufgeführt. Paul Dukas, der französische Komponist, hatte sie als ein »symphonisches Gedicht« mit dem Untertitel *Scherzo d'après une ballade de Goethe* geschrieben. Das italienische »Scherzo« bezeichnet eine heitere, lebendige musikalische Satzform.

Literarische Quellen

Inspiriert wurde Dukas von der gleichnamigen Ballade, die der deutsche Dichterfürst Johann Wolfgang von Goethe genau 100 Jahre früher verfasst hatte, 1797, im »Balladenjahr der Klassik«, in welchem er und sein Freund Friedrich Schiller im selbst ausgerufenen »Dichterwettstreit« mit der Form der Ballade experimentierten.

Goethe hatte seinerseits auf noch ältere Quellen zurückgegriffen: zum einen auf eine Satire (ein Spottgedicht) des im 2. Jahrhundert n. Chr. lebenden antiken Dichters Lukian von Samosata und zum anderen auf den *Golem* des Rabbi Löw aus dem 16. Jahrhundert.

Micky und die »Silly Symphony«

Walt Disney war von Dukas' Komposition so begeistert, dass er 1937 beschloss, den *Zauberlehrling* als Zeichentrickfilm zu produzieren. Die Hauptrolle dachte er Micky Maus zu, der 1928 das Licht der Welt als Trickfilmfigur erblickt hatte. Dessen rote Robe und der blaue Zauberhut sollten bald zu einem Markenzeichen werden.

Schon 1929 hatte Disney die »Silly Symphony« entwickelt, einen »Cartoon«-Filmtyp ohne Dialoge, der ausschließlich mit klassischer Musik unterlegt ist. Der Zauberlehrling steht in der Tradition dieser Filmreihe, die musikalische Kompositionen visuell interpretiert.

Bestandteil eines größeren Ganzen

Zwar kann Der Zauberlehrling als abgeschlossener Animationsfilm für sich betrachtet werden, er ist gleichzeitig aber auch Teil des abendfüllenden Zeichentrickfilms Fantasia, der aus 17 Kurzfilmen in den unterschiedlichsten Animationsstilen besteht – eine Ansammlung von »Silly symphonies«. Ein real gefilmter Kommentator leitet von einem Film zum nächsten über.

Fantasia war der erste Kinofilm in Stereoton. Der Soundtrack besteht durchweg aus klassischer Musik, gespielt vom Philadelphia Orchestra unter der Leitung von Leopold Stokowski. Verwendung fanden Stücke von Johann Sebastian Bach, Ludwig van Beethoven, Modest Mussorgski, Amilcare Ponchielli, Franz Schubert, Igor Strawinski und Pjotr Iljitsch Tschaikowski. Paul Dukas' Komposition wurde von Stokowski für den Zauberlehrling nur geringfügig gekürzt.

The Scorcerer's Apprentice | USA 1940 |
Farbe | 8:55 Min.
Idee, Produktion: Walt Disney
Drehbuch: Perce Pearce, Carl Fallberg
Regie: James Algar
Animationsleitung: Fred Moore, Vladimir Tytla,
Animation: Les Clark, Riley Thomson, Marvin Woodward, Preston Blair, Erward Love, Udo d'Orsi, Geroge Rowley, Cornett Wood
Hintergründe: Claude Coats, Stan Spohn, Albert Dempster, Eric Hansen
FSK: ab 6 J. | Empfehlung: ab Kl. 3

Micky, der Zauberlehrling, muss für seinen Meister eine Badewanne mit Wasser füllen. Als dieser den Raum verlässt, befiehlt Micky dem Besen, die Wassereimer für ihn zu schleppen. Er schläft ein, dirigiert im Traum die Sterne – und erwacht im überfluteten Raum. Verzweifelt spaltet er den Besen mit der Axt, woraufhin aus den Splittern noch mehr Wasser holende Besen entstehen. Erst der zurückgekehrte Zauberer kann die Katastrophe stoppen.

Dichter Johann Wolfgang von Goethe,
eine Silhouette betrachtend. Gemälde von
Georg Melchior Kraus (Ausschnitt), 1775

Hat der alte Hexenmeister
sich doch einmal wegbegeben!
Und nun sollen seine Geister
auch nach meinem Willen leben.
Seine Wort und Werke
merkt ich und den Brauch,
und mit Geistesstärke
tu ich Wunder auch.

Walle! walle
Manche Strecke,
daß, zum Zwecke,
Wasser fließe
und mit reichem, vollem Schwalle
zu dem Bade sich ergieße.

Und nun komm, du alter Besen!
Nimm die schlechten Lumpenhüllen;
bist schon lange Knecht gewesen:
nun erfülle meinen Willen!
Auf zwei Beinen stehe,
oben sei ein Kopf,
eile nun und gehe
mit dem Wassertopf!

Walle! walle
manche Strecke,
daß, zum Zwecke,
Wasser fließe
und mit reichem, vollem Schwalle
zu dem Bade sich ergieße.

Seht, er läuft zum Ufer nieder,
Wahrlich! ist schon an dem Flusse,
und mit Blitzesschnelle wieder
ist er hier mit raschem Gusse.
Schon zum zweiten Male!
Wie das Becken schwillt!
Wie sich jede Schale
voll mit Wasser füllt!

Stehe! stehe!
denn wir haben
deiner Gaben
vollgemessen! —
Ach, ich merk es! Wehe! wehe!
Hab ich doch das Wort vergessen!

Ach, das Wort, worauf am Ende
er das wird, was er gewesen.
Ach, er läuft und bringt behende!
Wärst du doch der alte Besen!
Immer neue Güsse
bringt er schnell herein,
Ach! und hundert Flüsse
stürzen auf mich ein.

Nein, nicht länger
kann ichs lassen;
will ihn fassen.
Das ist Tücke!
Ach! nun wird mir immer bänger!
Welche Miene! welche Blicke!

O du Ausgeburt der Hölle!
Soll das ganze Haus ersaufen?
Seh ich über jede Schwelle
doch schon Wasserströme laufen.
Ein verruchter Besen,
der nicht hören will!
Stock, der du gewesen,
steh doch wieder still!

Willst am Ende
gar nicht lassen?
Will dich fassen,
will dich halten
und das alte Holz behende
mit dem scharfen Beile spalten.

Seht da kommt er schleppend wieder!
Wie ich mich nur auf dich werfe,
gleich, o Kobold, liegst du nieder;
krachend trifft die glatte Schärfe.
Wahrlich, brav getroffen!
Seht, er ist entzwei!
Und nun kann ich hoffen,
und ich atme frei!

Wehe! wehe!
Beide Teile
stehn in Eile
schon als Knechte
völlig fertig in die Höhe!
Helft mir, ach! ihr hohen Mächte!

Und sie laufen! Naß und nässer
wirds im Saal und auf den Stufen.
Welch entsetzliches Gewässer!
Herr und Meister! hör mich rufen! —
Ach, da kommt der Meister!
Herr, die Not ist groß!
Die ich rief, die Geister
werd ich nun nicht los.

»In die Ecke,
Besen, Besen!
Seids gewesen.
Denn als Geister
ruft euch nur zu diesem Zwecke,
erst hervor der alte Meister.«

Johann Wolfgang von Goethe:
Der Zauberlehrling, 1797

(alte Rechtschreibung)

Komponist Paul Dukas, um 1895

Musikalische Leitmotive

Das Stück, zu dem sich Paul Dukas von Goethes Gedicht 100 Jahre später anregen ließ und das Walt Disney vier Jahrzehnte darauf zu seinem Zeichentrickfilm inspirierte, stellt eine »typische Programmmusik« dar, die einer außermusikalischen Vorgabe folgt. Schon das Intro, so die Musikwissenschaftlerin Bénédicte Palaux-Simonnet, führt die vier wichtigen Motive bildhaft vor Augen.

Filmproduzent Walt Disney, 1930

A: Das Thema des Wassers in geheimnisvollen Geigen-, Bratschen- und Cello-Klängen

B: Das Thema des Besens, anskizziert von einer Klarinette

C: Das Thema des Lehrlings, schneller und mit lebhaftem Schwung gespielt

D: Das Thema des Zauberers, beschwörend vorgetragen von Blechblasinstrumenten

Vorstudie zur Zauberszene. Das Augenweiß erhielt Micky erst im Lauf der weiteren Entwicklung seiner Figur.

Der Zauberakt in Bildern

Die verschiedenen Produktionsschritte lassen sich anhand der Stelle beleuchten, an der Micky erstmals zaubert. Hierfür haben sich zeichnerische Vorstudien (links) und der zugehörige Teil des »Storyboard« (unten links) erhalten, das als Vorlage für die zu zeichnenden Filmbilder diente.

Das »Story Department« legte den Zeichnern dazu am 16. November 1937 folgende Angaben vor: »An dieser Stelle der Musik hören wir zum ersten Mal die herausragende Befehls-Phrase, als Micky seine Macht auf den Besen anwendet. Die nächsten paar Takte stellen die Belebung des Besens eindrücklich dar. …. Es scheint, als würden magische Strahlen von Mickys Fingern ausgehen und auf den Besen wirken. Auf eine weitere Befehlsgeste Mickys wachsen dem Besenstiel zwei Arme und heben die Eimer an; das Stroh bekommt das ungefähre Aussehen zweier Füße und das bekannte Besenthema in der Musik beginnt.« (Abb. folgende Seiten)

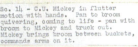

Vom Storyboard zum Film. Links Details aus dem Storyboard in Aquarelltechnik, rechts die zugehörigen Motion stills aus dem Film

DER ZAUBERLEHRLING | 1940

Partitur zu *Der Zauberlehrling* (1897) von Paul Dukas, beginnend an der Stelle kurz vor dem Zauberakt

Das Zusammenspiel von Musik und Film
Wie der Zeichentrickfilm von Walt Disney auf die – zuerst vorhandene – Programmmusik des Komponisten Paul Dukas reagiert, hat die Musikpädagogin Mechtild Fuchs einmal anhand der Passage vom Aufsetzen des Zauberhuts bis zur Belebung des Besens näher analysiert, die insgesamt ca. eine halbe Minute in Anspruch nimmt:

Kurz vor dem Zauberakt. Motion stills aus DER ZAUBERLEHRLING von Walt Disney (1940)

»Dukas interpretiert den Zauberakt ein wenig anders als Goethe, dramatischer und zeitlich gedrängter. Dieser Zauberakt ist unter Ziffer 3 in der mit ›Vif‹ überschriebenen Passage dargestellt. Er beginnt kurz vor diesem Abschnitt, als sich Micky den Zauberhut aufsetzt, gefolgt von einer Art Entschluss (der Takt direkt unter ›Vif‹): Micky stellt sich in Positur

Legende: Pte Fl. = Petite Flûte (kleine Flöte) | Gdes Fl. = Grandes Flûtes (große Flöten) | Hb. = Hautbois (Oboe) | Cl. = Clarinette (Klarinette) | 1er et 2e Cors = erstes und zweites Horn | Tromp. = Trompete | Harpe = Harfe

Der Beginn des dreifachen Zauberakts. Motion stills aus DER ZAUBERLEHRLING von Walt Disney (1940)

mit gekreuzten Armen und beginnt seinen dreifachen Zauberspruch, musikalisch dargestellt als dreimaliger übermäßiger Akkord der Blechbläser (Horn und Trompete, siehe den letzten, markierten Takt im oberen System). Diese Akkorde sind genau synchronisiert in den dreimaligen Armbewegungen des Lehrlings, der sich dabei auf den Besen zubewegt.

Partitur zu *Der Zauberlehrling* (1897) von Paul Dukas, weiterer Verlauf

Es folgt der Moment der eigentlichen Verzauberung des Besens, schön unter Ziffer 5 als Orchestertremolo zu erkennen. Entsprechend ins Bild gesetzt, wird dies im Film zum einen durch das Tremolo der Hände des Lehrlings und zum anderen ...

Verzauberung des Besens. Anfangs noch ohne Reaktion an der Wand lehnend, wird der Besen von Micky mit tremoloartigen Fingerbewegungen beschworen. Motion stills aus DER ZAUBERLEHRLING von Walt Disney (1940)

Legende: Pte Fl. = Petite Flûte (kleine Flöte) | Gdes Fl. = Grandes Flûtes (große Flöten) | Hb. = Hautbois (Oboe) | Cl. = Clarinette (Klarinette) | 1er et 2e Cors = erstes und zweites Horn | Tromp. = Trompete | Harpe = Harfe | Timb. = Timbale (Pauke)

... durch das flackernde Licht um den Besen herum. Das Tremolo mündet in zwei Staccato-Akkorde, gekennzeichnet durch die Punkte oberhalb der Noten, und schließlich, nach einem Paukenschlag, in eine Generalpause (»Silence«). Diese erzeugt ein zusätzliches Spannungsmoment.«

Erwachen des Besens. Wie elektrisiert und von flackerndem Licht umgeben, erwacht der Besen unter den näher rückenden Gesten Mickys, die sich auch übergroß als Schatten an der Wand niederschlagen. Motion stills

Der weitere Filmverlauf. Der Besen folgt Micky zum Wasserholen. Dieser schläft ein und dirigiert im Traum die Sterne, die Wolken und die Meere im Takt der Musik, während der Besen unaufhörlich weiter Wasser holt und eine Überschwemmung verursacht.

Als Micky den Besen spaltet, bilden sich zahllose Wasser holende Besen, deren Treiben der zurückgekehrte Zauberer ein Ende bereitet.

Film und Musik nach dem Zauberakt

Anschließend führt Micky dem Besen pantomimisch vor, was er zu tun hat, und dieser kommt allmählich in Bewegung, begleitet von einem Fagott. Sonst nur selten in einer Solorolle zu finden, passt dieses tiefe Holzblasinstrument hier sehr gut wegen seines skurrilen Klangcharakters. Das rhythmisch betonte, fast hüpfende Motiv des Besens zieht sich durch den ganzen Film.

Als der Raum sich zunehmend mit Wasser füllt, kommen besonders Streichinstrumente zum Einsatz. Da der Zauberlehrling den Spruch nicht beherrscht, mit dem er den Besen stoppen kann, wird sein Motiv nur noch verkürzt, aber nicht zu Ende gespielt. Nachdem er den Besen mit der Axt zerteilt hat, bilden sich aus den Holzsplittern zahllose neue Besen, begleitet von immer mehr Instrumenten. Micky droht zu ertrinken, die Musik schwillt an, bis der Zauberer zurückkehrt und die Überschwemmung beendet. Seine Milde gegenüber dem ungezogenen Lehrling kommt durch die ruhige Musik in der Passage vor den vier Schlussakkorden zum Ausdruck.

Die »Cel Animation«

In der Frühzeit des Zeichentrickfilms wurden alle wiederkehrenden Elemente, selbst Hintergründe, auf jede Zeichnung durchgepaust (s. S. 100). Erst die Erfindung der »Cel-Animation« (Folienanimation) durch Earl Hurd 1914 erlaubte eine ökonomischere Arbeitsweise: Hier braucht der Hintergrund für eine Szene nur einmal angelegt zu werden. Bewegungen von Figuren werden in Phasen zerlegt und im „Ink and Paint"-Verfahren auf Folien übertragen. Erst werden die Umrisse gezeichnet (»Inking«), dann farbig ausgemalt (»Painting«) und schließlich nacheinander auf den Hintergrund gelegt und abfotografiert.

Cel Animation in den Disney-Studios, 1932

Auszeichnungen für FANTASIA
Unter den über 800 Auszeichnungen, die Walt Disney erhielt, waren insgesamt 26 »Oscars« | FANTASIA bekam 1940 den Spezialpreis des *New York Film Critics Circle* und 1942 einen »Ehren-Oscar« für die Einführung des Stereotons im Kinofilm.

Filmproduzent aus Passion: Walt Disney
Walter Elias Disney, genannt Walt, wurde 1901 in Chicago, Illinois, geboren und wuchs mit vier Geschwistern auf einer Farm in Missouri auf. Nach dem Ersten Weltkrieg (1914–1918) begann der künstlerisch begabte Walt zusammen mit dem Zeichner Ub Iwerks, Werbespots zu entwerfen, und produzierte mit seinem Bruder Roy erste erfolgreiche Kurzfilme, die ALICE COMEDIES. 1925 heiratete er Lilian Marie Bounds, mit der er zwei Töchter bekommen sollte.
Im Jahr darauf gab Disney das Zeichnen auf. Die Figur der Mickey Mouse erfand Iwerks 1927, doch Walt brachte sie groß heraus, indem er der gezeichneten Animation einen Soundtrack hinzufügte, erstmals 1928 im Zeichentrickfilm STEAMBOAT WILLIE. Die von ihm verwendete Technik, bei der die Filmhandlung durch Musik und Geräusche taktgenau verstärkt wird, heißt heute noch »Mickey-Mousing«.
Für die Reihe der »Silly Symphonies« ließ Disney seit 1929 Animationen zu klassischer Musik zeichnen. Hier hatten Donald und Daisy Duck, die drei kleinen Schweinchen, Pluto und Goofy ihre frühen Auftritte. Der erste abendfüllende Trickfilm war 1937 SCHNEEWITTCHEN UND DIE SIEBEN ZWERGE, 1940 gefolgt von PINOCCHIO und von FANTASIA. Weitere Hits waren DUMBO (1941) und BAMBI (1942). Nach dem Zweiten Weltkrieg entstanden die Animationsfilme CINDERELLA (1950), ALICE IM WUNDERLAND (1951), PETER PAN (1953) und DORNRÖSCHEN (1959), doch schuf Disney parallel auch Dokumentarfilme, die Serie A TRUE-LIFE ADVENTURE, zu der SEAL ISLAND (1948), DIE WÜSTE LEBT (1953), WUNDER DER PRÄRIE (1954) und GEHEIMNISSE DER STEPPE (1955) zählen. Hinzu kamen Abenteuer- und Fantasyfilme in Form des Realfilms: DIE SCHATZINSEL (1950), 20 000 MEILEN UNTER DEM MEER (1954) und MARY POPPINS (1964). Mit TV-Shows und -produktionen wusste Disney sich auch das neue Medium des Fernsehens zu eigen zu machen.
In Anaheim bei Los Angeles eröffnete er 1955 den ersten Themenpark *Disneyland*, dem 1964 der zweite in Orlando, Florida, folgte. Der letzte Film, an dem er sich persönlich beteiligte, war DAS DSCHUNGELBUCH (1964, s. *Grundkurs Film 2*, S. 150 ff.). Zwei Jahre später verstarb Walt Disney nach einer Lungenkrebsoperation.

Filmproduzent Walt Disney, dessen gelegentlich hochgezogene Augenbraue sich in der Mimik des Zauberers wiederfindet (s. Abb. S. 182). Anonyme Karikatur, 1940

ANREGUNGEN ZUM GESPRÄCH
1. Diskutieren Sie die Moral der Zauberlehrling-Ballade.
2. Beschreiben Sie das Zusammenspiel zwischen der Textstelle in Goethes Ballade (»Walle! walle …«), der Musik von Paul Dukas und der Filmszene.
3. Beschreiben Sie die Unterschiede zwischen den Storyboard-Aquarellen und den fertigen Filmbildern (Abb. S. 183).
4. Vergleichen Sie das »Split System« von George McCay (S. 100) und die »Cel Animation« unter den Aspekten Aufwand und Bildwirkung.

ANREGUNGEN ZUR PRODUKTION
1. Bilden Sie Teams, in denen Sie nach der Walt-Disney-Methode der Kreativität (s. Kasten rechts) Ideen für einen Musikfilm entwickeln.
2. Das Prinzip der Cel-Animation lässt sich heute auf digitale Bildbearbeitungsprogramme übertragen, in denen man auf verschiedenen Ebenen arbeiten kann (s. S. 127). Die oberste entspricht der z. T. bemalten Folie. Experimentieren Sie mit den Möglichkeiten, auf diesem Wege phasenweise Motive und/oder Hintergründe zu animieren.

Die Walt-Disney-Methode der Kreativität
Der Verhaltenstrainer Robert B. Dilts meint, es habe drei verschiedene Walt Disneys gegeben: den Träumer, den Realisten und den Spielverderber. Alle drei seien notwendig, um kreativ Projekte planen zu können: als Ideenentwickler, als Prüfer von Umsetzungsmöglichkeiten und als Kritiker.

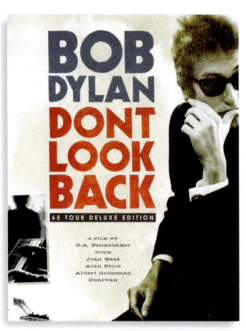

DVD-Cover (2006) zum Film von 1967

Wegweisender Concept Clip

SUBTERRANEAN HOMESICK BLUES (1967) von D. A. Pennebaker für Bob Dylan – Prolog zu einem Dokumentarfilm

England 1967 | sw | 2:15 Min.
Regie, Kamera, Schnitt: D. A. Pennebaker
Produktion: Albert Grossman, John Court, Leacock-Pennebaker Inc.
Empfehlung: ab 14 J. | Kl. 8

Rockpoet Bob Dylan steht in einer Gasse voller Müllsäcke hinter dem Savoy Hotel in London. Mit unbewegter Miene hält er dem Zuschauer Texttafeln mit Stichworten (»Cue cards«) aus seinem Song *Subterranean Homesick Blues* entgegen. Sobald das aus dem Off erklingende Lied über die jeweilige Textzeile hinweggerollt ist, wirft er die Tafel vor sich hin. Die handgeschriebenen Texte enthalten zahlreiche Anspielungen, kreative Rechtschreibfehler, Wortspiele und Nonsense-Reime.

Rechts: **Der Musikclip als Prolog** zu DONT LOOK BACK, 1965/67. Motion stills

Der Film zum »Unterirdischen Heimweh-Blues« – so die Übersetzung des Titels – ist kein Musikclip im heutigen Sinn, sondern der Prolog zu dem Dokumentarfilm DONT LOOK BACK (USA 1967), den D. A. Pennebaker 1965 über die England-Tour des amerikanischen Folk- und Rockpoeten Bob Dylan, Proteststimme seiner Generation, drehte. Durch Auf- und Abblenden vom Hauptfilm abgetrennt, steht er dennoch für sich und gilt als Vorläufer des Musikvideos.

Die Tonebene: Vorläufer des Rap
Das Lied, Dylans erster Top-40-Hit, zeigt in seinem Werk den Übergang von der akustischen zur E-Gitarre an. Über einen schnellen Bluesrhythmus, der einem Chuck-Berry-Stück entlehnt ist, legt sich der Text wie ein »verbaler Wirbelwind« (Andy Gill). Das Reimschema entspricht einem Gedicht von Robert Browning, rhythmische und textliche Verwandtschaft zeigen sich auch zum traditionellen Folksong *Shortnin' Bread* und zu *Taking It Easy* von Woody Guthrie/Pete Seeger.
Dylans »Talking Blues«-Sprechgesang wirkt heute noch modern, wie ein Vorläufer des Rap. Für den Inhalt war *The Subterraneans* (1958) von Jack Kerouac eine wichtige Inspirationsquelle, eine Erzählung über die »Beatniks«, jene unkonventionell lebende Gruppe von Schriftstellern, die als Vorläufer der in den 1960er-Jahren aufkommenden Hippies gelten.

MUSIKFILM

Das Lied spiegelt den Geist der Zeit, deren Jugendkultur u. a. von Drogenexperimenten und Protesten gegen den Vietnamkrieg geprägt war. So beziehen sich gleich die ersten vier Zeilen auf die Rauschmittelherstellung und die aktuelle Politik. Auch in Strophe zwei werden Gegenkultur und Staatsgewalt gemixt: Mit »fire hose« sind die gegen Demonstranten gerichteten Wasserwerfer der Polizei gemeint, während »keep a clean nose« vor Kokainkonsum warnt.

Die Bildebene: Plansequenz mit Cameo
Nach einem leichten »Zoom out« zeigt die (von Hand gehaltene) Kamera eine lange »Plansequenz« aus gleichbleibender Perspektive. Dies erinnert an das frühe »Kino der Attraktionen« (s. S. 22 f.). Während Dylan vorn rechts agiert, unterhalten sich am linken Bildrand Allen Ginsberg, Wortführer der »Beat Generation«, und Bob Neuwirth, Rockpoet und Tour Manager, ohne auf das Filmgeschehen Einfluss zu nehmen. Nach Dylans Abgang gehen sie ebenfalls aus dem Bild. Der kurze Auftritt namhafter Persönlichkeiten im Film wird »Cameo-Auftritt« genannt (Kamee: Schmuckstein mit Relief). Bekannt für seine Cameos ist Regisseur Alfred Hitchcock (S. 218 f.).

Cameo-Auftritt. Bob Neuwirth und Allen Ginsberg verlassen am Ende das Bild.

Johnny's in the basement
Mixing up the medicine
I'm on the pavement
Thinking about the government
The man in the trench coat
Badge out, laid off
Says he's got a bad cough
Wants to get it paid off
Look out kid
It's somethin' you did
God knows when
But you're doin' it again
You better duck down the alley way
Lookin' for a new friend
The man in the coon-skin cap
By the big pen
Wants eleven dollar bills
You only got ten

Maggie comes fleet foot
Face full of black soot
Talkin' that the heat put
Plants in the bed but
The phone's tapped anyway
Maggie says that many say
They must bust in early May
Orders from the D. A.
Look out kid
Don't matter what you did
Walk on your tiptoes
Don't try "No-Doz"
Better stay away from those
That carry around a fire hose
Keep a clean nose
Watch the plain clothes
You don't need a weatherman
To know which way the wind blows

(D. A. = District Attorney)

© Special Rider Music. Für D/A/CH: Sony / ATV Music Publishing (Germany) GmbH, Berlin

Get sick, get well
Hang around a ink well
Ring bell, hard to tell
If anything is goin' to sell
Try hard, get barred
Get back, write braille
Get jailed, jump bail
Join the army, if you fail
Look out kid
You're gonna get hit
But users, cheaters
Six-time losers
Hang around the theaters
Girl by the whirlpool
Lookin' for a new fool
Don't follow leaders
Watch the parkin' meters

Ah get born, keep warm
Short pants, romance, learn to dance
Get dressed, get blessed
Try to be a success
Please her, please him, buy gifts
Don't steal, don't lift
Twenty years of schoolin'
And they put you on the day shift
Look out kid
They keep it all hid
Better jump down a manhole
Light yourself a candle
Don't wear sandals
Try to avoid the scandals
Don't wanna be a bum
You better chew gum
The pump don't work
'Cause the vandals took the handles
Bob Dylan

Demolish Art Museums! Demolish Serious Culture!
Kunstaktion von Jack Smith und Harry Flynt vor dem
Museum of Modern Art, New York 1963

Leaders? Motion still aus dem Film zu Bob Dylans *Subterranean Homesick Blues*, 1965/67

Mediate. Motion still aus dem *Clip* zum gleichnamigen Song der INXS, 1987

Ich kann keine Kunst mehr sehen! Aktion von Timm Ulrichs auf dem Kölner Kunstmarkt, 1975

Ideenkreislauf. Konzeptkunst, Dokumentarfilm und Videoclip

Die Schrift in der Konzeptkunst

Texttafeln mit Botschaften, eine mögliche Form des Protests, hielten in den 1960er-Jahren Einzug in die Kunst, als man der Malerei des Abstrakten Expressionismus (S. 153) überdrüssig war und die geistige Leistung in den Fokus rückte.

Für die neue »Concept Art« bot sich die Schrift als abstrakte, symbolische Zeichensprache an. Ob Bob Dylan, der selbst Kunst studiert hatte und seit 1961 in New York lebte, die Aktion von Jack Smith und Harry Flynt vor dem *Museum of Modern Art* (Abb. oben l.) mitbekommen hat? Die »Cue cards« im Musikclip, die wie eine ironische Protestaktion wirken, waren seine Idee.

Sosehr Dylan selbst Einflüssen unterworfen war – mit *Subterranean Homesick Blues* wirkte er seinerseits prägend. John Lennon fand den Song so »captivating«, dass er damit niemals zu konkurrieren können glaubte. Das Lied oder Teile daraus wurden unzählige Male von anderen Bands gecovert, von der Rockband Red Hot Chili Peppers (1987) bis hin zum Rapper Juelz Santana (2005). Auch die Machart des Clips wurde oft aufgegriffen, beispielsweise 1987 für *Mediate* von den INXS (Abb. oben u.) oder 2005 für *Nur ein Wort* von Wir sind Helden (Clip von Giefer/Göltenboth, s. S. 198 ff.). Hinzu kommen Parodien, Video-Responses und Werbespots.

Dokumentarfilmer mit Handkamera.
D. A. Pennebaker filmt Bob Dylan, 1965.

As far as I'm concerned, it was never meant to be a documentary. … I was never interested in educating people about Dylan. First of all, I don't know enough about him. Who does? Besides, that's Dylan's business. If he wanted to educate people, I'm sure he knows how to do it. What I wanted to do was just be present when Dylan enacted his whole life and show you what he deals with and what interests him.

It may not be so much about Dylan because Dylan is sort of acting throughout the film. And that's his right. He needs some protection in a sense against that process. But I think what you do find out a little bit is the extraordinary pressure of having to go out and be absolutely perfect on call. That is, he had to fill a house. It wasn't just enough that he had every seat booked, he had to have standees. He had to be extraordinary where most of us settle for just being adequate.

D. A. Pennebaker

D. A. Pennebaker, Rock-Dokumentarist

Donn Alan Pennebaker, 1925 in Evanston, Illinois, geboren, drehte mit 22 seinen ersten bedeutenden Kurzfilm, DAYBREAK EXPRESS, eine U-Bahn-Fahrt quer durch New York zur Musik von Duke Ellington. 1959 schloss er sich der Firma *Drew Associates* an. Mit Richard Leacock konstruierte er eine der ersten tragbaren 16-mm-Kameras, die mit einem Sound-Recorder kombiniert war, Voraussetzung des »Cinema vérité«. Die bahnbrechende Dokumentation DONT LOOK BACK über die Englandtour von Bob Dylan 1965 machte Pennebaker berühmt. Darin löste er traditionelle Erzählweisen so sehr auf, dass der Film anfangs keinen Verleih fand, zumal die nervöse, innovative Kameraführung amateurhaft schien. Erst über Aufführungen in Pornokinos kam der Erfolg.

1967 drehte Pennebaker den Festivalfilm MONTEREY POP, in dem er den Karrierebeginn von Janis Joplin and Jimi Hendrix festhielt. Er filmte Rockgrößen wie Jerry Lee Lewis, Little Richard, Chuck Berry und Bo Diddley, dokumentierte 1969 das legendäre Woodstock-Festival und schuf für David Bowie 1973 ZIGGY STARDUST AND THE SPIDERS FROM MARS.

Seit 1976 arbeitet Pennebaker im Team mit seiner Frau Chris Hegedus. Sie gründeten die Firma *Pennebaker Hegedus Films* in New York, bekannt für »Fly-on-the-wall«-Dokumentationen: frei von Interviews, gedreht mit der Handkamera bei »available light«. Zu ihren Musikerporträts gehören Randy Newman, John Hiatt, Suzanne Vega, Victoria Williams and Soul Asylum. Seit 1980 werden ihre Filme von ihrem Sohn Frazer produziert. Besonders erfolgreich ist ihr Brit-Pop-Film DEPECHE MODE 101 (1989). Für einen »Oscar« nominiert wurde THE WAR ROOM von 1994, ein Blick hinter die Kulissen des Wahlkampfs des späteren US-Präsidenten Bill Clinton. Zu den Auszeichnungen gehören der »Gotham Award« des Independent Film Project IFP 1992 und der »Emmy Award« 2002.

ANREGUNGEN ZUM GESPRÄCH

1. Was unterscheidet den Dylan-Clip vom »Kino der Attraktionen« (S. 22 f.)?
2. Widmen Sie sich einzelnen Reimen aus dem Song und deuten Sie sie.
3. Umreißen Sie Pennebakers Einstellung zu Bob Dylan anhand des Textes oben.
4. Recherchieren Sie zu den »Beatniks« und stellen Sie Bezüge zum Song her.

ANREGUNGEN ZUR PRODUKTION

1. Planen und filmen Sie eine Performance mit Texttafeln.
2. Dokumentieren Sie den Auftritt einer Band von den Vorbereitungen »backstage« über die Performance und den Situationen danach.

Texttafeln. Der herzkranke Teenager Ben Breedlove berichtete 2011 in einem berührenden Internetvideo mittels Textkarten von seinen Nahtod-Erfahrungen. Er überlebt in diesen Filmaufnahmen.

Verliebte Androiden

ALL IS FULL OF LOVE (1999) von Chris Cunningham für Björk – im Computer generierte Zärtlichkeiten

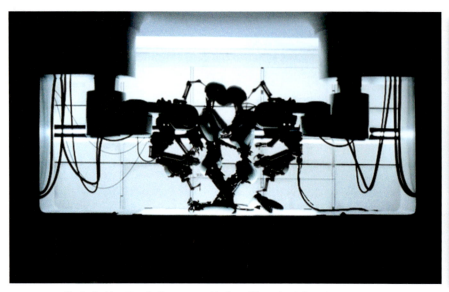

Ein Androiden-Paar in Umarmung. Motion still aus ALL IS FULL OF LOVE, 1999

ALL IS FULL OF LOVE | GB 1999 | 4:03 Min.
Drehbuch, Regie: Chris Cunningham
Musik: Björk Guðmundsdóttir
Empfehlung: ab 14 J. | Kl. 8
Produzent: Howie B.
Label: Universal Music

In einem sterilen Raum, der wie ein Operationssaal wirkt, werden zwei weiße, porzellanartige Roboter-Androiden mit den Gesichtszügen der isländischen Sängerin Björk von computergesteuerten, mechanischen Armen neu zusammengesetzt. Sie singen im Duett, verlieben sich ineinander und tauschen Zärtlichkeiten aus, während weitere elektronische Teile in ihre Rücken eingebaut werden.

You'll be given love
  you'll be taken care of
you'll be given love
you have to trust it

maybe not from the sources
you have poured yours
maybe not from the directions
you are staring at

twist your head around
it's all around you
all is full of love
all around you

all is full of love
you just ain't receiving
all is full of love
your phone is off the hook

all is full of love
your doors are all shut
all is full of love
be the little angel

all is full of love
all is full of love
all is full of love
all is full of love …

Björk Guðmundsdóttir

© POLYGRAM MUSIC PUBLISHING LTD (GB), Universal Music Publ. GmbH, Berlin

Für die experimentierfreudige Björk hatten schon zahlreiche andere Regisseure herausragende Videos geschaffen, doch Chris Cunninghams Clip zu ihrem Song *All Is Full of Love* gilt als einer der besten Musikfilme überhaupt. Er wirkt wie die Vision einer Zukunft, in der Menschen maschinell erzeugt werden. Cunninghams erste Notizen zum Song lauteten: »sexual, milk, white porcelain, surgery«. Sein Video weckt widersprüchliche Empfindungen: hier die Versprechungen im Liedtext und der Austausch von Zärtlichkeiten, dort die unterkühlte, klinische Atmosphäre und die von Maschinen inspirierte Musik, eingespielt mit Orchesterinstrumenten und einem Klavichord.

Liebe im OP. Zwei Industrieroboterarme setzen einen weiblichen Roboter-Androiden mit einem scheinbar nackten, sinnlichen Körper und den Gesichtszügen der Sängerin Björk zusammen. Es erscheint eine zweite, identisch aussehende, aber größere Roboterfrau, die mit der ersten zu singen beginnt und Küsse austauscht. Die Funken der Schweißgeräte, die japanische Namen aufweisen, drücken Hitze aus, ihre Bewegungen und die (rückwärtslaufenden) Kühlflüssigkeiten unterstreichen die erotischen Handlungen.

Planung. 1 In der Phase der Vorproduktion entwarf Chris Cunningham den Roboter-Look der Figuren mit zeichnerischen Mitteln.
2 Darüber hinaus fertigte er ein Storyboard an, auf dem er jede einzelne Einstellung und Einstellungsgröße exakt festhielt.
3 Björks Kopf wurde dreidimensional erfasst und als Modell am Computer rekonstruiert. Grundeinheit ist das Polygon, das durch mindestens drei Punkte (ein Dreieck) definiert ist. Aus vielen solchen Polygonen bildet sich ein »Wireframe« (engl., 3-D-Gittermodell). Dieses kann animiert werden und die Bewegungen nachahmen, welche die echte Björk ausführte. Ihr Kopf wurde zudem in weißem Kunststoff nachgeformt, der für Realfilmaufnahmen diente. Die Aufnahmen konnten als Ebene über die digitalen Daten gelegt werden.

  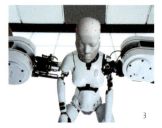 

Tracking, Shading und Lighting. 1 Chris Cunningham versieht Björks weiß geschminkten Kopf mit Punkten.
2 Diese dienten dem »Tracking« (engl., Nachverfolgung) von Björks Bewegungen und konnten mit den Punkten im Wireframe in Deckung gebracht werden, um Gesichtsteile durch Realaufnahmen passgenau zu ersetzen (engl. Motion capturing: Bewegungserfassung).
3 Beim »Shading« (engl., Tönung) wurde eine Farbe über das Gitternetz gelegt, welche die Materialeigenschaften andeutet.
4 Das »Lighting« (engl., Ausleuchtung) legte Lichtquellen und Glanzlichter fest, die einen plastischen Eindruck erzeugen.

 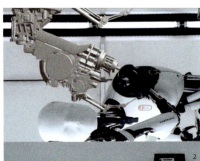 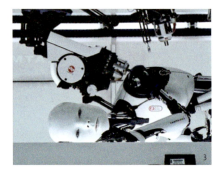

CGI – Computer Generated Imagery. 1 Zu den Realaufnahmen kamen die rein am Computer generierten Bildelemente (engl. CGI), wie in diesem Fall die Montagearme, welche die Björk-Androiden zusammensetzen.
2 Auch die Montagearme erhielten ein »Shading« und »Lighting«.
3 Zum Schluss wurden ein Fake-Logo über die Maschinen gelegt und die weiße Maske mit Details aus Björns Gesicht versehen.

Auszeichnungen für ALL IS ... (Auswahl)
MTV Video Music Awards: Best Breakthrough Video und Best Special Effects Video, 2000 | Grammy-Nominierung als Best Short Form Music Video 2000 | Platz 1 der »MTV2's 100 Best Videos Ever« | Ausstellung auf der Biennale Venedig 2001 und im MOMA, Museum of Modern Art, New York (permanent)

Regie-Wunderkind Chris Cunningham
Geboren 1970 in Reading, England, war Chris Cunningham zunächst als Comiczeichner tätig. In den 1990er-Jahren arbeitete er an den Special Effects für zwei der ALIEN-Filme mit. Seit dem Video COME TO DADDY für Aphex Twin (1997) gilt er als Wunderkind des Musikclips. Es folgten Videos für Madonna, Squarepusher oder Portishead. Für Björk wollte Cunningham eigentlich kein Video machen, da die elfengleiche Sängerin – die mit dem Videokünstler Mathew Barney verheiratet ist – schon mit so namhaften Regisseuren wie Spike Jonze und Michel Gondry (s. S. 162) erfolgreich zusammengearbeitet hatte. Gemeinsam mit Aphex Twin erhielt Cunningham 1999 den »Prix Ars Electronica«. Die aus derselben Kooperation hervorgegangene Videoinstallation

Chris Cunningham bei der Arbeit, 1999

FLEX wurde 2000 in der *Royal Academy of Arts*, London, gezeigt. In Planung hat Cunningham eine Verfilmung des Cyberpunk-Romans *Neuromancer* von William Gibson.

ANREGUNGEN ZUM GESPRÄCH
1. Untersuchen Sie, wie nah der Videoclip am Songtext von Björk ist.
2. Welche Zusammenhänge zwischen Liebe und Sexualität zeigt der Clip?
3. Vergleichen Sie das Video mit der Skulptur *Der Kuss* von Auguste Rodin.
4. Bestimmen Sie die Einstellungsgrößen im Videoclip (s. hierzu S. 274).
5. Wie verändern sich die Gesichtszüge Björks durch die Bearbeitung (s. S. 196).
6. Analysieren Sie die Mittel, mit denen Filmemacher beim Zuschauer Gefühle für Androiden und Roboter aufkommen lassen. Recherchieren Sie hierzu den Begriff des »Uncanny valley«.
7. Diskutieren Sie, weshalb im Video kein männlicher Androide vorkommt.
8. Welche Parallelen lassen sich zwischen ALL IS FULL OF LOVE und dem Mythos von Pygmalion ziehen (s. S. 282)?
9. Recherchieren und vergleichen Sie weitere Videoclips zu Songs von Björk.

ANREGUNG ZUR PRODUKTION
Entwickeln Sie eigene Ideen, wie sich der Song *All Is Full Of Love* filmisch umsetzen ließe. Skizzieren Sie diese.

Als Teenager war ich ziemlich besessen von Industrierobotern und elektronischer Musik. Ich habe immer gedacht, dass es schön wäre, die Ästhetik des Roboter-Fetischismus mit etwas völlig Entgegengesetztem zu mischen. *All Is Full of Love* handelt so sehr von Romantik und Sexualität, dass ich es für interessant hielt, die beiden Ideen mit einer Art von kalter Technologie zusammenzubringen und herauszufinden, ob es funktioniert ...
Ich fertigte technische Zeichnungen für das Design der Roboter und die Björk-Androiden an und ließ dann einen Modellbauer, einen Freund von mir, alles als starre Requisiten bauen. Es gibt tatsächlich überhaupt keine funktionierenden Roboter in diesem Video. Alles, was sich bewegt, besteht aus Computergrafik. Die Roboterarme, die von den Seiten hereinkommen, sind zwei Requisiten auf Stahlstäben, die wir von zwei Männern ins Bild schieben ließen. Das einzige Bewegliche an den Robotern war ein Kippmechanismus mit primitiver Kabelsteuerung. Alle weiteren beweglichen Teile bestehen aus winzig kleinen CGI-Elementen, die wir während der Postproduktion in den Glassworks-Studios in London hinzufügten.   *Chris Cunningham*

Aushangfoto zu I, ROBOT, mit Will Smith

Erstaunliche Ähnlichkeit. Im Kinofilm I, ROBOT (USA 2004, REGIE: Alex Proyas) nach dem Science-Fiction-Roman von Isaac Asimov tauchen Androiden auf, die denen im – früher entstandenen – Björk-Musikclip stark ähneln.

Ein Fotoroman im Videoclip
Guten Tag (Die Reklamation) von Peter Göltenboth und Florian Giefer für Wir sind Helden (2002) – Pop-Art in Motion

Frontfrau Judith Holofernes von Wir sind Helden im Clip zu Guten Tag, 2003

D 2003 | Farbe | 3:36 Min.
Drehbuch, Regie, Schnitt, Kamera:
Peter Göltenboth und Florian Giefer
Grafik: Kathi Käppel und Mawil
Musik: Wir sind Helden
Produktion: Filmlounge GmbH
Empfehlung: ab 12 J. | Kl. 7

Im Proberaum der Band Wir sind Helden. Frontfrau Judith ist wieder mal zu spät, die männlichen Mitglieder sind genervt. Als sie endlich mit dem neuen Song losrocken können, tritt überraschend ein Musikproduzent mit verlockendem Angebot auf den Plan. Die Männer äußern sich kritisch über die Plattenindustrie, doch Judith gelingt es, sie zur Vertragsunterzeichnung zu überreden.

Ihr Protestlied machte die Band Wir sind Helden 2003 schlagartig berühmt. Frontfrau Judith Holofernes singt sich ihre Wut über den Konsumterror aus dem Leib: »Es war im Ausverkauf im Angebot die Sonderaktion | Tausche blödes altes Leben gegen neue Version | Ich hatte es kaum zu Hause ausprobiert da wusste ich schon | an dem Produkt ist was kaputt – das ist die Reklamation | Guten Tag guten Tag ich will mein Leben zurück ...«

Erheblichen Anteil am Erfolg hatte das facettenreiche Video der Berliner Filmemacher Peter Göltenboth und Florian Giefer. An sich ein narrativer »Konzept-Clip«, der eine Geschichte parallel zum Songtext erzählt, beinhaltet er gleichzeitig ein »Performance-Video« mit Bandauftritt. Der Filmtyp ist der des »Fotofilms«, bei dem einzelne Fotos rasch aufeinander folgen – hier sind sie zudem animiert. Die Fotos wechseln sich mit Realfilm im Zeitraffer und Gomotion-Anteilen ab. Die Aufmachung mit schrägen »Panels« und Sprechblasen ähnelt derjenigen eines Fotoromans, zu dem noch comicstripartige Lautmalereien kommen.

Wie groß der Kultcharakter des Clips ist, zeigt sich daran, dass es im Internet viele »Video-Responses« auf ihn gibt.

Das Video erzählt die tatsächliche Geschichte der Band – jedenfalls ungefähr, denn Judith Holofernes war keine 16 mehr und Produzent Patrik Majer, der mit dem Plattenvertrag winkt, ist für Wir sind Helden bereits kurz zuvor tätig geworden. Sein Satz »Ich bring euch ganz groß raus!« ist aber eine prophetische Vorwegnahme des Erfolgs.

Clipstory. Die Handlung im Clip (mit Texten von Judith Holofernes): 1 Judith kommt zu spät zur Probe, weil sie einen neuen Song geschrieben hat: Guten Tag. | 2 Die Band rockt ab. | 3, 7 Sie lockt mit ihrem Sound den Produzenten mit dem Vertrag an. | 4, 6 Die drei männlichen Mitglieder der Band – im ersten Bild oben von links: Jean-Michel Tourette (Keyboard), Pola Roy (Percussion) und Mark Tavassol (Bass) – sind skeptisch. | 5, 8, 9 Frontfrau Judith aber ist begeistert und findet überzeugende Argumente. 10, 11 Der Vertrag wird geschlossen.

(Mit freundlicher Genehmigung der EMI Music Germany GmbH)

Entwicklung eines Panels aus Maske, Typografie und Fotografie

Die Schritte zur Fotoroman-Ästhetik

Die »Panels«, die das Foto- und Filmmaterial im Video zu GUTEN TAG (DIE REKLAMATION) umrahmen, haben wie bei einem Fotoroman mehrere Komponenten. Um sie zu erstellen, war es notwendig, im Bildbearbeitungsprogramm (benutzt wurde Adobe Photoshop) mehrere Ebenen anzulegen.

Zu diesen Komponenten gehört zunächst eine Form, die den Fotoausschnitt bestimmt, bei dem Beispiel auf dieser Seite die rote »Outline« (engl., Kontur, Umrisslinie) eines fünfzackigen Sterns. Die Fläche um den Stern herum wird einfarbig gefüllt, wodurch eine Art »Maske« entsteht.

Hinzu kommen Textblöcke in dynamischer Kursivschrift, im linken oberen Eck der Vorname der Sängerin mit weißer Outline, darunter in Blau ihr musikalischer Part in der Band. Unten links ein Text in Weiß über Judiths Charaktereigenschaften (von ihr selbst formuliert). »Hinter« diesen Elementen liegt das Foto, das nur im Inneren der Maske unverfälscht erscheint, außen aber rosafarben getönt ist, weil die Ebene mit der farbig gefüllten Fläche um den Stern herum teilweise transparent gestellt wurde.

Der Film setzt sich aus zahlreichen Einzeltafeln dieser Art zusammen, die aber nicht stillstehen, sondern im Schnittprogramm (Adobe After Effects) animiert wurden. Die Panels oder Teile daraus verschieben sich im schnellen Rhythmus der Musik seitlich oder bewegen sich wie »gezoomt« nach vorn und nach hinten, sodass kein statischer Eindruck aufkommt.

Das vollständige Panel besteht aus fünf Ebenen, die in dem hier gezeigten Ablauf aus Gründen der Anschaulichkeit teilweise zusammengeführt sind.

Die Reihenfolge bei der Ausarbeitung der einzelnen Elemente muss nicht der hier abgebildeten entsprechen. Im Gegenteil: Wer mit Ebenen arbeitet, kann diese untereinander verschieben und austauschen.

Die Filmemacher Peter Göltenboth und Florian Giefer sind ökonomisch vorgegangen. Nach einer Analyse der Ästhetik von Fotoromanen haben sie von deren typischen Elementen jeweils mehrere Varianten »en bloc« geschaffen, wie die comicartigen Lautmalereien rechts.

Ab und zu erscheinen in den Masken »echte« Filmaufnahmen, die aber im Zeitraffer ablaufen, sodass die Bewegungen wie bei einer »Pixilation« hektisch und zappelig wirken (siehe hierzu S. 108 ff.).

Pop-Erneuerer: Wir sind Helden

Im Jahr 2000 in Hamburg gegründet, zog die Band Wir sind Helden nach Berlin, wo Produzent Patrik Majer die Betreuung 2002 übernahm. Der große Erfolg setzte 2003 mit dem Album *Die Reklamation* ein. Ihre oft gesellschaftskritischen Songs brachten Wir sind Helden die Bezeichnung »wichtigste Erneuerer des deutschsprachigen Pop« (Welt online) und mehrere »Echo«-Auszeichnungen ein.

Am liebsten Animation: die Regisseure

Peter Göltenboth und Florian Giefer studierten gemeinsam Kommunikation in London und gründeten 1999 die Firma *Filmlounge* in Berlin. Charakteristisch ist ihre Vorliebe für Animationstechniken. Der Erfolg des Clips zu GUTEN TAG, der 2004 den »Echo« für das beste Newcomer-Video erhielt, war auch für sie der Auftakt zu weiteren Aufträgen und Auszeichnungen. Mit dem *Filmlounge*-Team produzieren Göltenboth/Giefer ambitionierte Musikclips, Werbespots, Dokumentationen und Imagefilme.

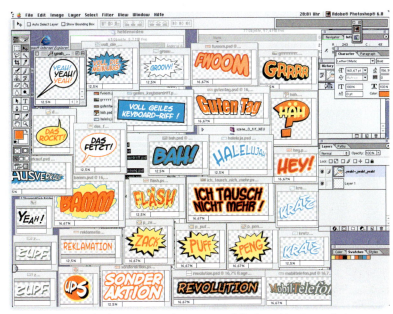

Die Lautmalereien (»Onomatopöien«, kurz: »Onpos«) für GUTEN TAG. Screenshot

Eigentlich wollten wir einen Dokumentarfilm über *Wir sind Helden* machen und haben dies den Fernsehsendern angeboten, jedoch nur Absagen erhalten. So haben wir einfach ein »Low-budget«-Video zu GUTEN TAG gedreht. Es war das erste dieser Art, das in die »Rotation« ging, also von MTV regelmäßig gesendet wurde, und das, obwohl die Band zur der Zeit noch nicht einmal einen Plattenvertrag hatte.   *Peter Göltenboth*

ANREGUNGEN ZUM GESPRÄCH

1. Der Text von GUTEN TAG erzählt eine Geschichte, die Bildebene des Clips eine andere. Inwiefern passen die beiden Storys zueinander?
2. Im Videoclip bekommt auch die Band den Vertrag vom Musikproduzenten angeboten. In einem frühen Exposé wollte der Produzent dagegen nur Sängerin Judith unter Vertrag nehmen, was diese nach einer Bedenkzeit ablehnt. Welches der beiden Enden bevorzugen Sie?
3. Analysieren Sie die Korrespondenz von Schnittfrequenz und Musik im Clip.
4. Weisen Sie Anteile von Stop motion und Go motion im Clip nach.
5. Legen Sie die Einflüsse von Fotoromanen und Comicstrips auf das Video zu GUTEN TAG dar.
6. Beziehen Sie Stellung zur Konsumkritik im Song von Wir sind Helden.

ANREGUNG ZUR PRODUKTION

Erstellen Sie am Computer »Masken« mit transparenten Anteilen, z.B. aus Formen oder Buchstaben. Legen Sie diese im Schnittprogramm über Videoaufnahmen, sodass die Bewegtbilder in den transparenten Zwischenräumen zu sehen sind. (Siehe hierzu auch die Ausführungen zum Chromakey-Verfahren, S. 228 f.)

Making of. *Von links:* Peter Göltenboth mit Videokamera, Keyboarder Jean-Michel Tourette, Florian Giefer mit Fotokamera

Ein Tagtraum in Stop motion

HER MORNING ELEGANCE (2009) von Oren Lavie / Yuval & Merav Nathan – die himmlische Perspektive

Album-Cover, 2007

Israel 2009 | Farbe | 3:36 Min.
Drehbuch, Regie, Schnitt: Oren Lavie, Yuval Nathan und Merav Nathan
Kamera: Eyal Landesman
Produzentin: Michal Dayan
Empfehlung: ab 11 J. | Kl.6

Eine junge Frau (Shir Shomron) träumt im Bett. Sie scheint wie eine Schlafwandlerin aus dem Haus zu gehen und mit der U-Bahn zu fahren. Als sich Sänger Oren Lavie zu ihr legt, träumen sie gemeinsam von einem Leben in Einklang, in welchem sie u. a. Ausflüge auf einem Tandem unternehmen. Als die Frau die Augen öffnet, ist sie wieder allein, steht auf und verlässt das Bild.

© BASE ONE MUSIC GERMANY EDITION
ROYAL FLAME EDITION

Da niemand sein Debütalbum verlegen wollte, gab Oren Lavie – ein israelischer Sänger, Songwriter, Theaterregisseur und Autor – es 2007 unter seinem eigenen Label heraus und nannte es *The Opposite Side of The Sea*. Das zwei Jahre später entstandene Video zu dem Song *Her Morning Elegance* (»Ihre morgendliche Eleganz«), eine Single-Auskopplung, wurde via Internet schnell zum Kultclip und machte den verträumt-melodischen Song weltweit bekannt, sodass er bald auch Verwendung in der Werbung und in TV-Serien fand. In Webportalen kam es zu zahlreichen »Video-Responses« (engl., Videoantworten).

Sun been down for days
A pretty flower in a vase
A slipper by the fireplace
A cello lying in its case

Soon she's down the stairs
Her morning elegance she wears
The sound of water makes her dream
Awoken by a cloud of steam
She pours a daydream in a cup
A spoon of sugar sweetens up

And she fights for her life
As she puts on her coat
And she fights for her life on the train
She looks at the rain as it pours
And she fights for her life
As she goes in a store
With a thought she has caught
By a thread
She pays for the bread
And she goes...
...Nobody knows

Sun been down for days
A winter melody she plays
The thunder makes her contemplate
She hears a noise behind the gate
Perhaps a letter with a dove
Perhaps a stranger she could love

And she fights for her life
As she puts on her coat
And she fights for her life on the train
She looks at the rain as it pours
And she fights for her life
As she goes in a store
With a thought she has caught
By a thread
She pays for the bread
And she goes...
...Nobody knows

And she fights for her life
As she puts on her coat
And she fights for her life on the train
She looks at the rain as it pours
And she fights for her life
Where people are pleasently strange

Oren Lavie

Top shot – der göttliche Blick von oben

Der Zuschauer betrachtet das Geschehen von einer höheren Warte, der Vogelperspektive, auf Englisch »Top shot« oder auch »God's point of view«, göttliche Perspektive. Diese erlaubt den Blick auf eine intime Situation: eine schöne, in Weiß gekleidete Frau, die am helllichten Tag in ihrem Bett träumt. Mit ihren roten Locken erinnert sie an die *Venus* von Botticelli (Abb. unten).
Die große, quadratische Matratze, gerahmt vom Parkett, definiert den Bereich, innerhalb dessen sich die Frau bewegt, während von außen immer neue Gegenstände und der schwarz gekleidete Oren Lavie den Weg zu ihr finden.

Surrealistische Umdeutungen

Die Matratze wird dabei stets neu interpretiert: vom Bett wird sie zur U-Bahn oder – durch ein blaues Laken – zum Wasser. Gegenstände geraten magisch in Bewegung, die Gesetze der Schwerkraft sind aufgehoben. Kissen werden zu Treppen oder Wolken, weiße Socken zu Fischen. Solche »Umdeutungen« sind Merkmale des Surrealismus, der in den 1920er-Jahren als Kunststil aufkam.

Frauenideal der Renaissance. Sandro Botticelli: Die Geburt der Venus, 1485/86 (Ausschnitt). Uffizien, Florenz

Visualisierung eines Traums. Eine junge Frau (Shir Shomron) träumt auf einer Matratze, die sich genauso verwandelt wie die Dinge um sie herum. Ein junger Mann (Oren Lavie – »perhaps a stranger she could love«) kommt hinzu. Am Ende erwacht die Frau aus ihrem Traum. Motion stills aus HER MORNING ELEGANCE, 2009

Multitalent Oren Lavie

Oren Lavie & sein Team

Oren Lavie, 1976 in Tel-Aviv geboren, erlernte das Klavierspiel autodidaktisch und begann früh, Songs und Theaterstücke zu scheiben. Mit 22 Jahren gewann er den israelischen Nationalpreis für Theaterautoren und ging nach London, um ein Theaterstudium zu absolvieren. Die zwei Stücke, die er im Londoner West-End inszenierte, waren durchaus erfolgreich, doch zog es Oren Lavie nach New York, wo er sich hauptsächlich dem Songwriting widmete. Durch einen Freund, der ein kleines Aufnahmestudio besaß, kam er nach Berlin. Hier spielte er sein Album *The Opposite Side of The Sea* selbst ein. Bald nach Abmischung der Aufnahmen in einem Studio in Göteborg, Schweden, wurde HER MORNING ELEGANCE zum Titellied der TV-Serie *Verrückt nach Clara* – und rief förmlich nach einem eigenen Videoclip.

Die Co-Regisseure von Lavie, das Künstlerpaar Yuval Nathan und Merav Nathan aus Tel Aviv, haben sich 2006 zur Firma »One Wing Fly« zusammengeschlossen und produzieren seitdem animierte Musikvideos und Werbespots.

Fotograf Eyal Landesman, der auch sein Studio zur Verfügung stellte, ist auf Theater und Tanzfotos spezialisiert. Die israelische Schauspielerin Shir Shomron wiederum wurde in Europa vor allem durch eine H & M-Werbekampagne bekannt.

Das Casting für HER MORNING ELEGANCE

Oren Lavie hatte eigentlich nach einer kleinen Schauspielerin mit dunklen Haaren gesucht, die einen Kontrast zur weißen Bettwäsche bilden sollten, als er Shir Shomron auf Vermittlung eines Freundes in einem Café in Tel Aviv traf. Obwohl sie groß und rothaarig ist, engagierte er sie auf der Stelle.

ANREGUNGEN ZUM GESPRÄCH

1. Legen Sie den Zusammenhang zwischen Liedtext und Video zu HER MORNING ELEGANCE dar.
2. Beschreiben Sie die verschiedenen Einstellungsgrößen und Kameraperspektiven im Videoclip (s. S. 203).
3. Begründen Sie die Requisiten (z.B. das Cello) und die Kleidung der beiden Protagonisten.
4. Vergleichen Sie das Foto von Annie Leibovitz, das als Cover des *Rolling Stone* berühmt wurde (Abb. rechts), mit Einstellungen im Videoclip. Inwieweit könnte es als Vorbild gedient haben?

ANREGUNG ZUR PRODUKTION

Planen Sie einen Pixilationsfilm mit festgelegtem Bildfeld, in welchem sich Dinge und Personen bewegen.

Regieanweisung. Yuval und Tamar Nathan dirigieren Schauspielerin Shir Shomron.

Auszeichnungen und Festivalauftritte

Grammy-Nominierung, bestes Musikvideo 2009 | Cannes Lions Int'l Advertising Festival 2010 | L.A. Film Festival and SXSW 2010 | Hors Pistes contemporary film festival, Centre Pompidou, Paris 2010 | Erster Preis als Musikvideo, Animationsfilm-Festival Stuttgart, 2010 | VIS Vienna Independent Shorts 2010 | Bester unabhängiger Kurzfilm, Asif Tel Aviv animation festival | VIEDRAM FESTIVAL ROM | ANIMATOR 2010 Int'l Film Festival Poznan 2010

Pop-Ikonen. Yoko Ono und John Lennon, fotografiert von Annie Leibovitz kurz vor Lennons Ermordung am 8.12.1980. Cover des Musikmagazins *Rolling Stone*, Jan. 1981

WERBEFILME

»Wer dem Werbefilm verfällt ...« 206
THOSE AWFUL HATS von David Wark Griffith (USA 1909) 208
DER NÄHKASTEN von Julius Pinschewer und Guido Seeber (D 1912) 210
DER SIEGER von Walter Ruttmann (D 1922) 212
WENN ZWEI SICH BEGEGNEN.. von Insel Film München (D 1954) 214
THE BIRDS-TRAILER von Alfred Hitchcock (GB 1963) 218
AFRI-COLA-KAMPAGNE von Charles Wilp (D 1968) 220
MILKA-WERBESPOTS von Young & Rubicam (D, seit 1973) 222
THE KEY TO RESERVA von Martin Scorsese (E 2007) 224

Viral clip. Martin Scorsese im Filmarchiv vor dem Plakat von Alfred Hitchcocks BLACKMAIL (franz. CHANTAGE, 1929). Screenshot aus THE KEY TO RESERVA, 2007

»Wer dem Werbefilm verfällt ... « – Aspekte des Werbespots

Im Grunde stellten schon die ersten Filme Werbung dar: Sie zeigten das Potenzial des neuen Mediums und dienten den Herstellern dazu, den am Kauf einer Kamera interessierten Kunden Filmbeispiele vor Augen zu führen – ob nun Edison in Amerika, Messter in Deutschland oder Lumière und Gaumont in Frankreich. Alice Guy, die bei Gaumont zur Regisseurin aufstieg, erinnerte sich: »Für sie war es lediglich ein Apparat mehr, den sie verkaufen konnten. Die Bedeutung der Filmaufnahmen als Bildungs- und Unterhaltungsmittel schien Gaumonts Aufmerksamkeit entgangen zu sein.«

Auf dem Weg zum Industriezweig

Den ersten deutschen Werbefilm für ein Produkt drehte Erfinder Oskar Messter 1897. Unter dem Titel BADE ZU HAUSE! pries er eine »Wellenbadschaukel« an. Auch Dr. Oetker soll für sein Backpulver schon zu dieser Zeit mit »lebender Reklame« geworben haben. Ein amerikanischer Werbefilm von 1909 macht das Kino selbst zum Thema: THOSE AWFUL HATS bittet die Damen, ihre ausladenden Hüte im Saal abzunehmen (S. 208).

Zum »Vater des deutschen Werbefilms« wurde Julius Pinschewer (s. S. 211). Mit insgesamt 700 Kurzfilmen prägte der Geschäftsmann die Gattung über ein halbes Jahrhundert lang entscheidend mit. Sein Motto lautete: »Wer dem Werbefilm verfällt, ist verloren für die Welt«. Als 1914 der Erste Weltkrieg ausbrach, stellte Pinschewer Werbefilme für Kriegsanleihen her – und kam so zur politischen Propaganda.

1928 erreichte Pinschewer mit seinen Produktionen rund 1000 Kinos (von ca. 4500) und damit wöchentlich mehrere Millionen Zuschauer. Doch es kam Konkurrenz auf: Die größte stellte die 1917 gegründete Universum Film AG (UFA) mit ihrem riesigen Verteilnetz dar.

Experimentierfeld der Avantgarde

In den 1920er-Jahren wetteiferten zahlreiche Verfahren miteinander: Zeichen- und Legetrick, Silhouetten- und Puppenanimation, Kolorierungs- und Farbfilmtechniken. Führende Künstler schufen Werbefilme, unter ihnen Walter Ruttmann, Lotte Reiniger und Guido Seeber. Die Nähe des Werbefilms zum Experimentalfilm wird bei Walter Ruttmann deutlich, der Elemente aus seinen abstrakten Werken für den Werbefilm DER SIEGER von 1922 übernahm (s. S. 212 ff.).

Großer Beliebtheit erfreute sich der Zeichentrick. Beliebte Ilustratoren wie Paul Simmel und Walter Trier (der die Bücher von Erich Kästner bebilderte) arbeiteten für den Werbefilm. Parallel entstand der »Industriefilm«, ein positives Firmenporträt, das sich vom Werbefilm durch die längere Laufzeit unterscheidet, etwa PHILIPS RADIO von Joris Ivens (1931, s. S. 28 ff.).

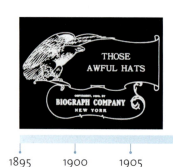

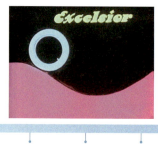

1909: THOSE AWFUL HATS, von D. W. Griffith, ein »Knigge« für den Kinobesuch

1912: DER NÄHKASTEN von Julius Pinschewer, ein Sachtrick für Prym

1922: DER SIEGER von Walter Ruttmann, erster semi-abstrakter Werbefilm

1931: PHILIPS RADIO von Joris Ivens, ein Industrieporträt als Kunstwerk

Ortswechsel: Vom Kinofilm zum TV-Spot

Als das Fernsehen in den 1950er-Jahren zum Massenmedium wurde und das Kino sein Monopol als Aufführungsort verlor, entwickelte sich der »Werbefilm« zum »Werbespot« – und damit zur immer kürzeren narrativen Filmform, oft nur 20 Sekunden lang. Seit eine Gesetzesänderung 1981 die Gründung privatwirtschaftlich finanzierter Fernsehsender ermöglichte, nahm die Werbung extrem zu. Die hauptsächlich durch Gebühren finanzierten öffentlich-rechtlichen Sender dürfen Werbung nur bis 20 Uhr bringen, die privaten können sie auch später in laufende Filme integrieren.

Sendezeit ist teuer: Eine halbe Minute bei einer Formel-1-Übertragung kann bis zu 150 000 Euro kosten, ein Vorabend-Spot in den dritten Programmen eventuell »nur« 1500 Euro.

Strukturen, Formen und Funktionen

Die typische Werbefilmästhetik entsteht dadurch, dass in der Regel Typografie, Firmenlogo und ein »Packshot« (engl., Produktfoto mit Verpackung) eingeblendet werden. Um die knappe Zeit zu nutzen, haben Werbespots zwar meistens eine dramatische Struktur mit Anfang, Mitte und Schluss, dies jedoch in knappster Form. Dazu gehört meist eine ungewöhnliche Wende, der »Twist point«, weshalb Werbespots gern mit einer amüsanten Pointe enden.

Zu den Spielarten des Werbefilms gehören der »Social spot«, der gesellschaftliche Ziele aufzeigt, oder der »Wahlwerbespot«, der für Politiker oder Parteien wirbt. Von großer Bedeutung ist der »Trailer«, der kommende Filme ankündigt (s. S. 218 ff.). Einen neuen Trend stellt der »Viral clip« dar, der seinen Ort im Internet hat und wie ein Virus wirkt, der zum Surfen auf der betreffenden Website verführt (s. S. 224 ff.).

Werbespots können bei der Einführung eines neuen Artikels auf Popularität abzielen, der Informationsvermittlung dienen und/oder das Image und Prestige einer Firma fördern (s. hierzu *Grundkurs Film 1*, S. 234 ff.). Gelegentlich brechen Werbefilme Tabus, wie 1968 Charles Wilp mit seiner Kampagne für den Softdrink Afri-Cola, in welchem er Nonnen mit Gelüsten in Verbindung brachte (S. 220 ff.).

Werbefilme schreiben Kulturgeschichte

Die kreativsten »Commercials«, so die englische Bezeichnung, werden jährlich in der sogenannten CANNES-ROLLE zusammengefasst (s. S. 10, 15). Seit der digitalen Revolution sind der Fantasie kaum mehr technische Grenzen gesetzt.

Manchen Spots gelingt es, sich in das kollektive Gedächtnis einzuprägen und Kulturgeschichte zu schreiben. Legendär sind die tanzende Maggi-Flasche, der ewig laufende VW-Käfer, der Tiger im Tank von Esso, die lila Milka-Kuh, das in die Luft gehende HB-Männchen und diverse Idenfikationsfiguren, ob nun Ariels Waschfrau Clementine, Der Weiße Riese als Comic-Superheld, die backende Frau Renate von Dr. Oetker oder der Versicherungsberater Herr Kaiser. Sie alle steuern unsere Wünsche, liefern »Role models« (engl., Verhaltensmuster) und beeinflussen mit ihren Slogans unseren Sprachgebrauch.

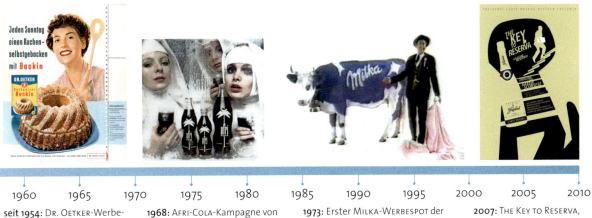

seit 1954: DR. OETKER-Werbespots von Insel Film mit »Frau Renate« (Kochrezept)

1968: AFRI-COLA-Kampagne von Charles Wilp, mit der Tabus verletzt wurden

1973: Erster MILKA-WERBESPOT der Agentur Young & Rubicam mit lila Kuh

2007: THE KEY TO RESERVA, Krimi à la Hitchcock von Martin Scorsese

Hut ab im Nickelodeon!

THOSE AWFUL HATS (1909) von David Wark Griffith – Slapstick-Werbung für Umgangsformen beim Kinobesuch

Kinotafel, um 1905

THOSE AWFUL HATS (DIESE SCHRECKLICHEN HÜTE) | USA 1909 | sw | 2:45 Min.
Drehbuch und Regie: David Wark Griffith
Kamera: Gottfried Wilhelm »Billy« Bitzer
Empfehlung: ab 10 J. | Kl. 5

In einem Kinosaal mit Klavierspieler sorgen die ausladenden Hüte der Damen für Streit, weil sie den Blick versperren. Eine von oben kommende Baggerschaufel greift und entfernt erst einen der Hüte und dann eine Frau mitsamt ihrem Hut.

So also sah ein Kino in den USA kurz nach 1900 von innen aus, mit einem Klavierspieler neben der Leinwand. Das Kommen und Gehen während der Vorstellung und die Streitereien zwischen den Besuchern lassen darauf schließen, dass es sich um ein billiges Film- und Variété-Theater handelt, wegen des Eintrittspreises »Nickelodeon« genannt (1 Nickel = 5 Cents). Die ausladenden Damenhüte waren offenbar so störend, dass der Film mit der Texttafel endet: »Ladies Please Remove Your Hats – Damen bitte die Hüte abnehmen!« So schwankt der Kurzfilm zwischen Kinowerbung und Slapstick-Komödie.

Tricktechnik: ein Film im Film

Eigentlich handelt es sich um zwei Filme. In das linke obere Viertel, die Projektionsfläche im Kinosaal, ist ein »Film im Film« montiert worden: Eine Dame mit Pistole zwingt einen Herrn, eine feine Gesellschaft zu verlassen; ein Pianist – das Pendant zum Musiker im Kinosaal – gibt ein Konzert. Die Tricktechnik, mit welcher der Film eingefügt wurde, ist ein Vorläufer des heutigen »Greenscreen«-Effekts. Da die originalen Teile verloren gingen, nahmen die Restauratoren einfach Sequenzen aus AT THE CROSSROADS OF LIFE (1908), für den D. W. Griffith, Regisseur von THOSE AWFUL HATS, das Drehbuch geschrieben hatte und in dem er selbst auftritt.

Abgefilmtes Theater

Sowohl dieser Film im Film als auch der Kinosaal sind mit starrer Kamera gedreht, obwohl gerade Regisseur Griffith später zu den großen Erfindern der Filmnarration gehören sollte. Kino der Frühzeit ist eben abgefilmtes Theater. Die lange Einstellung, bei der die Handlung vor der Kamera genau inszeniert und nicht nachträglich geschnitten wurde, eine »Plansequenz« (s. S. 56), erforderte genaue Regieanweisungen.

Theater im Kinosaal. *Links:* Besucherinnnen mit riesigen Hüten, in Weiß Florence Lawrence (s. S. 209). *Mitte:* Zwei Männer streiten sich, darunter im Karo-Jackett Mack Sennett, bekannter Regisseur des *Biograph Studio*. *Rechts:* Die Baggerschaufel schnappt einen Damenhut.

D. W. Griffith, Begründer des Langfilms
1875 in Kentucky geboren, begann David Wark Griffith als Drehbuchautor, wurde dann Schauspieler und führte 1908 erstmals Regie bei einem Film für die *American Mutoscope and Biograph Company* (kurz: *Biograph Studios*). Griffith schuf als Erster episch lange Filme und gilt als wichtigster Begründer des modernen narrativen Films.

Sein dreistündiges Opus DIE GEBURT EINER NATION (1915) über den amerikanischen Bürgerkrieg war der erste »Blockbuster«. Weil darin der rassistische Ku Klux Klan in den Südstaaten verherrlicht wird, kam es im Norden der USA zu Unruhen und Verboten. Griffith' Monumentalfilm INTOLERANCE (1916) war weniger erfolgreich, gilt jedoch heute als Meilenstein der Filmgeschichte. In vier Erzählsträngen verwebt der Regisseur hier mittels Parallel- und Kontrastmontagen den Fall Babylons, die Passion Christi, die Bartholomäusnacht und eine moderne Story.

Regisseur Dark Wark Griffith und Kameramann Billy Bitzer am Set von INTOLERANCE, 1916

1919 gründete Griffith gemeinsam mit Mary Pickford, Douglas Fairbanks sen. und Charlie Chaplin das Studio *United Artists* (s. S. 69), verließ es aber 1924 wieder. Nach Misserfolgen zog er sich 1931 zurück. Für sein Lebenswerk – über 450 Filme – erhielt Griffith 1936 einen Oscar. Er starb 1948 in Hollywood.

ANREGUNGEN ZUM GESPRÄCH
1. Analysieren Sie, wie die Komik in THOSE AWFUL HATS gesteigert wird.
2. Hätte THOSE AWFUL HATS auch mit bewegter Kamera gedreht werden können? Überlegen Sie, welche Filmmotive sich für eine »Plansequenz« eignen.
3. Darf ein Regisseur wie Griffith trotz seines Rassismus als Vorbild dienen?
4. Wofür wird heute im Kino geworben?
5. Berichten Sie über selbst erlebte Störungen im Kinosaal und die Reaktionen der Besucher darauf.

ANREGUNGEN ZUR PRODUKTION
Entwickeln Sie aus Beobachtungen im Kinosaal den Stoff für einen Kurzfilm. Setzen Sie diesen gegebenenfalls um.

Stummfilmstar Florence Lawrence, 1910

Der erste Star des Films. Florence Lawrence hieß seit ihrem ersten Film für die *Biograph-Studios* (1906) nur »The Biograph Girl«. Als ihr Name bekannt wurde und das Publikum zunehmend nach ihr verlangte, band Produzent Carl Laemmle sie mit einem lukrativen Vertrag an sein Studio, die *IMP (Independent Motion Picture Company)*. Gegenüber der Presse behauptete er, sie sei bei einem Verkehrsunfall ums Leben gekommen, was ihren Bekanntheitsgrad enorm steigerte. 1915 bei einem Studiobrand schwer verletzt, geriet sie in Vergessenheit. Sie nahm sich 1938 das Leben.

Die Magie der Dinge

DER NÄHKASTEN (1912) von Julius Pinschewer und Guido Seeber für Prym – ein Sachtrick als früher Werbefilm

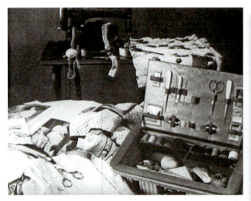

Anfangseinstellung in DER NÄHKASTEN, 1912

Deutschland 1912 | sw | 1:55 Min.
Drehbuch und Regie: Julius Pinschewer
Kamera: Guido Seeber
Empfehlung: ab 10 J. | Kl. 5

Ein Nähkasten öffnet sich wie von Zauberhand, heraus kommt eine Schere, die einem Hemd die Knöpfe abschneidet. Eine Nadel näht an den frei gewordenen Stellen moderne Druckknöpfe an. Am Ende formt sich aus vielen Druckknöpfen wie von selbst der Firmenname: »Prym Zukunft Druckknopf«.

Zauberei im Nähzimmer: Eine Schere schleicht sich aus dem Nähkästchen und schiebt an die Stelle der Hemdknöpfe, die sie abgeschnitten hat, moderne Druckknöpfe. Eine Nadel macht sich ans Werk und näht einen um den anderen Druckknopf an. Die Schere führt die Funktion dieser Druckknöpfe vor, dann erscheint der Markenname.

Der Charme des Unperfekten

Der Druckknopf der Fa. Prym war im Jahre 1912 sicherlich vielen Kinobesuchern bereits bekannt, war er doch schon 1903 erfunden worden. Aber die Magie, die der Film leblosen Dingen verleihen kann, war neu und verblüffend. »Sachtrick« heißt die Animation von Objekten mittels montierter Einzelbildaufnahmen. Er weist manchmal ruckelige Bewegungen und flackernde, uneinheitlich belichtete Bilder auf. Doch selbst wenn die Kameraeinstellung (wie in diesem Film) nur einmal variiert wird, besitzt der Sachtrick heute noch Charme.

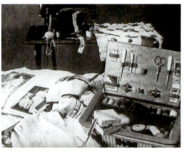 

Die Schere öffnet eine Schachtel mit Druckknöpfen und legt diese auf das Hemd.

Nadel und Faden nähen die Druckknöpfe an, die Schere prüft deren Funktion. Den Abschluss bildet eine Animation des Produktnamens.

Links: **Der Pionier des Werbefilms, Julius Pinschewer,** hinten rechts in seinem Dachatelier, Berlin 1914. *Rechts:* **Herstellung eines Sachtricks** bei Pinschewer: Modellautos werden auf echten Autoreifen vor einem nachgebauten Modell des Brandenburger Tors vorwärtsbewegt.

Erfinder Guido Seeber in Doppelbelichtung, vorn an der Filmtrockentrommel, 1898

Ein Duo des deutschen Werbefilms

Julius Pinschewer (1883–1961) gründete 1910 in Berlin die erste Firma, die sich auf Werbefilme spezialisierte, um sie »durch die öffentlichen Lichtspieltheater laufen zu lassen«. Er entwickelte die Ideen meist selbst, scharte aber für die Ausführung die Besten des jungen Mediums um sich, u.a. Walter Ruttmann (s. auch S. 213). Sein Kameramann beim Nähkasten oder bei der berühmten tanzenden Maggi-Flasche war der technisch begabte Guido Seeber (1879–1940). Dieser entwickelte mit seinem Vater Clemens und Oskar Messter eine Reisefilmkamera, den »Seeberograph« (1903 patentiert). Ab 1909 drehte er Filme mit den Stars seiner Zeit. Das unter seiner Anleitung 1912 in Berlin-Nowawes für die *Bioscop GmbH* gebaute Filmatelier legte den Grundstein für den Medienstandort Potsdam-Babelsberg.

ANREGUNGEN ZUM GESPRÄCH

1. Benennen Sie die in Der Nähkasten verwendeten Einstellungsgrößen.
2. Wie hätten sich die Dinge hier noch stärker »beseelen« lassen können?

ANREGUNGEN ZUR PRODUKTION

1. Entwerfen Sie in Partnerarbeit einen Sachtrick. Variieren Sie Einstellungsgrößen und Kameraperspektiven. Ziehen Sie evtl. die Kamera schrittweise mit, um eine Fahrt zu simulieren, oder bauen Sie einen Schwenk ein.
2. Experimentieren Sie mit der Animation von Schrift.

Shooting on twos. Videos bestehen aus 25 Einzelbildern (engl.: frames). Relativ ruckelfrei wirkt eine Animation bereits bei 8 Einzelfotos pro Sekunde, die im Schnittprogramm je 3 Frames lang stehen bleiben. Profis bevorzugen das »Shooting on twos«, zeigen also jeden Frame nur zweimal (= 12 Fotos pro Sekunde). Beim »Dreh« sollten die »Phasen« – die Abstände der Bewegungen – von Aufnahme zu Aufnahme möglichst kurz sein, um ruckelfrei zu wirken. Ratsam ist es auch, die Kamera zu fixieren (Stativ, Trickbox) und auf eine Auflösung von ca. 2 MB einzustellen.

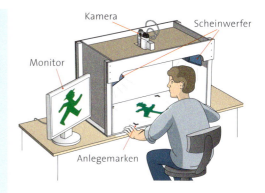

Trickbox, für Sach- oder Legetrickaufnahmen mit starrer Kamera von oben und Ausleuchtung von zwei Seiten

»Malerei mit Zeit«
Der Sieger (1922) von Julius Pinschewer und Walter Ruttmann – ein semi-abstrakter Werbefilm für Autoreifen

Titelei von Der Sieger, 1922

Der Sieger. Ein Film in Farben | D 1922 | sw, viragiert | 2:47 Min.
Gestalter: Walter Ruttmann
Produzent: Julius Pinschewer
Auftraggeber: Hannoversche Gummi-werke
Empfehlung: ab 10 J. | Kl. 5

Ein Autoreifen der Marke Excelsior, stets unverzerrrt von der Seite in Kreisform wiedergegeben, erlebt nächtliche Abenteuer: Er widersteht einem Feuer, er neckt den Mond und lässt sich auch von zwei ihn pieksenden Gestalten nicht zum Platzen bringen, sondern erstrahlt am Ende im Siegesglanz. Vor dem dunklen landschaftlichen Hintergrund wechseln gegenständliche und geometrisch-abstrakte Formen einander in dynamischem Rhythmus ab. Das beworbene Produkt, ein gewöhnlicher Autoreifen, wird durch die moderne Zeichen- und Legetrickgestaltung künstlerisch geadelt.

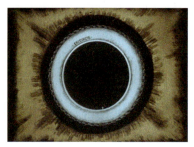

Filmstandbilder aus Der Sieger, 1922. Aus einer Landschaft gehen abstrakte Formen hervor, die sich mit gegenständlichen und typografischen Elementen abwechseln.

Wie der Film zur Farbe kam

Der Sieger ist einer der ersten Farbfilme. Schwarzweiß gedreht, wurden die Aufnahmen zum Teil komplett in einem Farbbad »viragiert« oder stellenweise handkoloriert. Dies konnte auf den kleinen, nur 18 x 24 mm großen Filmbildern relativ flächig erfolgen, da der Zelluloidfilm neben den hellen, transparenten Bildelementen schwarz und undurchsichtig war. Der Filmkünstler Walter Ruttmann, Pionier des Farb- ebenso wie des Tonfilms, ließ sich die von ihm erfundenen Verfahren sogar patentieren.

Links: **Erster abstrakter Farbfilm**: das 10-minütige Lichtspiel Opus I. Einladungskarte der Ruttmann-Film GmbH zur Uraufführung, April 1921. Svenska Filminstitut, Stockholm. *Rechts:* **Walter Ruttmann** mit der 35-mm-Kinamo-Handkamera beim Dreh von Berlin – Die Sinfonie der Grossstadt (1927), mit dem er sich vom »absoluten« Film wieder abwandte.

Julius Pinschewer und Walter Ruttmann

Der Unternehmer Julius Pinschewer (1883–1961, s. S. 211) holte für die Realisierung der meist von ihm selbst entwickelten Ideen zahlreiche avantgardistische Künstler in seine Firma. Der Sieger war der erste Werbefilm, bei dem er mit Walter Ruttmann kooperierte; bis 1926 folgten pro Jahr 10 weitere Filme. Walter Ruttmann, 1887 in Frankfurt am Main geboren, hatte Architektur und Kunst in Zürich, München und Marburg studiert, bevor er zum Film kam, den er als »Malerei mit Zeit« verstand. 1921 hatte er, nach jahrelangen Versuchen mit der Kolorierung, das farbige Lichtspiel Opus I aufgeführt, das erste »absolute«, d.h. rein abstrakte Werk der Filmgeschichte, zu dem der Freund Max Butting die Originalmusik schrieb. Einige Elemente daraus flossen in den semi-abstrakten Werbefilm Der Sieger ein. Seine künstlerischen Erfahrungen nutzte Ruttmann, der ein großes Publikum erreichen wollte, auch kommerziell. Eine Stilwende vollzog er, als er zum Realfilm überging. Mit seinem Langfilm Berlin – Die Sinfonie der Grossstadt (1927), der einen Tagesablauf der Metropole in rhythmisch geschnittenen Bildfolgen zeigt, wurde er berühmt. Ruttmann entwickelte auch die Audiotechnik weiter und schuf 1928 den ersten abendfüllenden deutschen Tonfilm namens Deutscher Rundfunk. Nach der Machtergreifung der Nazis 1933 fertigte er Propagandafilme für die UFA und arbeitete der Regisseurin Leni Riefenstahl bei ihrem NS-Parteitagsfilm Triumph des Willens (1935) zu. 1941 verstarb Ruttmann an einer Embolie.

ANREGUNGEN ZUM GESPRÄCH

1. Beschreiben Sie anhand der Film stills die figürlichen, abstrakten und typografischen Elemente in Der Sieger.
2. Hätte Der Sieger auch als Realfilm gedreht werden können?
3. Sichten Sie Lichtspiel Opus I und stellen Sie Unterschiede und Gemeinsamkeiten zu Der Sieger fest.
4. Recherchieren und diskutieren Sie Ruttmanns Kooperation mit den Nazis.

ANREGUNGEN ZUR PRODUKTION

1. Erstellen Sie in kleinen Teams Legetrickanimationen, bei denen figürliche in abstrakte Formen übergehen.
2. Vertonen Sie Ihre Animationen mit selbst produzierten Geräuschen.

> **Die Muse des Films.** Bereits die Künstler der Antike ließen sich »von der Muse küssen«. Wegen seiner Faszination für den Film meinte Walter Ruttmann, er sei »verliebt in die Flimmermuse«.

absolut MEDIEN | *Manfred Loiperdinger (Hg.): Julius Pinschewer, Klassiker des Werbefilms* und Edition Filmmuseum 39: *Walther Ruttmann – Berlin, die Sinfonie der Großstadt & Melodie der Welt*

Werbung in der Wirtschaftswunderzeit

WENN ZWEI SICH BEGEGNEN.. (1954) von Insel Film München – »Frau Renate«, die Identifikationsfigur von Dr. Oetker

Sammelblatt mit Kochrezept von Dr. Oetker, 1959

Von der zufälligen Begegnung bis zur Ehe. Renate und Peter lernen sich auf der Straße kennen und kommen sich beim Nachmittagstanz näher.

Nachdem sie ihm den Ehering angesteckt hat, wird sie in der Küche tätig, wo ihr Ring beim Hochkrempeln des Ärmels sichtbar wird, direkt neben einer Tüte »Backin«. Ein solcher Zusammenschnitt zweier visuell ähnlicher Einstellungen wird »Match cut« genannt.

D 1954 | Farbe | 2:05 Min.
Gestalter: Insel Film München
Auftraggeber: Dr. Oetker, Bielefeld
Empfehlung: ab 12 J. | Kl. 7

Dieser Werbefilm ist der erste aus einer Reihe von über 25 weiteren mit »Frau Renate«, Identifikationsfigur des Backpulverherstellers Dr. Oetker bis 1966. Darin lernt sie ihren Traummann Peter kennen, heiratet ihn und verwöhnt ihn mit ihren Koch- und Backkünsten.

Werbespots als Kurzgeschichten: Gleich in der ersten Folge lernen sich Renate und Peter kennen. Mit dem Ehering wird er »gebunden« – ein Wortspiel, denn auch Kuchen muss »gebunden« werden. Ein Sprecher kommentiert das Geschehen mit leicht ironischem Tonfall, untermalt von heiterer Swing-Musik.

Sprecher (aus dem Off): Wenn zwei sich zufällig begegnen, dann könnte das ganz zufällig einen Roman geben. Aber das sieht mehr wie eine Kurzgeschichte aus. Moment mal, vielleicht wird es doch wenigstens eine Novelle …
Entweder er ist frei oder er ist vergeben. Wenn er wieder frei ist, dann wird er jetzt gebunden. Wer da nun aber glaubt, dass eine Frau sich jetzt auf ihren Lorbeeren ausruhen kann, der irrt sich ganz gewaltig. Im Gegenteil: Ein ▶

Von der Küche ins Wohnzimmer. Renate führt vor, wie sie mit Pulver von Dr. Oetker Kuchen backt und Pudding kocht – Peter genießt es.

»Packshots« und Produkte

Direkte Ansprache des Zuschauers durch Renate

▶ Mann will täglich auf's Neue gewonnen sein. Das haben wir Männer so an uns, das sind wir gewöhnt, und das wollen wir so haben. Es macht Spaß zuzusehen, denn Backen macht Freude. Natürlich nur bei einem solchen Erfolg! Und da gibt es eben die eine, ganz bestimmte, altbewährte Möglichkeit ...

Frau Renate (in die Kamera): ... nämlich einen Kuchen, von mir selbst gebacken, mit Dr.-Oetker-Backpulver »Backin«.

Sprecher: Kuchen macht uns Männer sanft und verträglich. Da kann das neue Kleid ruhig 100 Mark mehr kosten – oder sagen wir fünf. Übrigens, bei Dr. Oetker, da gibt es nicht nur eine oder zwei, da gibt es zahllose Möglichkeiten. Drum, macht's wie Renate. Und die weiß es wieder von ihrer Mutter.

Frau Renate (in die Kamera): Für Kuchen und Pudding: einfach Dr. Oetker!
Dialog zum Dr.-Oetker-Werbespot »Wenn zwei sich begegnen..« (1954)

Sie wissen ja, eine Frau hat zwei Lebensfragen: Was soll ich anziehen und was soll ich kochen? Es ist erstaunlich, was ein Mann alles essen kann, wenn er verheiratet ist. Anscheinend kommt auch der Appetit mit der Ehe.

Frau Renate (in die Kamera): Ja, und das Allerwichtigste für ihn ist der Pudding.

Sprecher: Richtig, Sie wissen ja: Männer, die gern Süßes essen, haben einen guten Charakter...
Dialog zum Dr.-Oetker-Werbespot »Wenn man's eilig hat« (1956)

»Werbe-Ikone« Frau Renate
Die Zuschauer sollten von nun an über zehn Jahre lang am Leben von »Frau Renate« und Peter teilnehmen, Familiengründung inbegriffen. Als Farbfilme konnten die ersten Streifen nur im Kino gezeigt werden. Im Dezember 1956 lief zwar schon der erste TV-Spot mit Renate im Bayerischen Fernsehen, aber nur in Schwarzweiß, denn das Farbfernsehen wurde in der Bundesrepublik Deutschland erst im August 1967 eingeführt. Zur »Werbe-Ikone« wurde Renate dennoch vor allem durch die TV-Werbung, denn die Zahl der Fernsehzuschauer wuchs von 100 000 im Jahr 1955 auf fast vier Millionen im Jahr 1959. Gab es in diesem Zeitraum nur fünf Dr. Oetker-TV-Spots, so stieg die Zahl bis 1965 auf 25 Filme. Die Menge der Fernsehgeräte verdoppelte sich in diesem Zeitraum. Zur ARD mit den »Dritten Programmen« kam 1963 das ZDF. Dies vermehrte die Sendeplätze für Werbung.

Männermangel in der Nachkriegszeit

Warum Renate ihren Mann dermaßen verwöhnt, hängt auch mit dem »Männermangel« elf Jahre nach Ende des Zweiten Weltkriegs (1939–1945) zusammen. Waren zu Kriegsbeginn Männer unter 19 Jahren nicht an die Front geworfen worden, so wurden gegen Kriegsende sogar 16-Jährige als Soldaten eingezogen (s. DIE BRÜCKE, *Grundkurs Film 2*, S. 126 ff.). Männliche Gymnasiasten machten ein vorgezogenes »Notabitur«, ab 1943 bekamen die meisten einfach einen »Reifevermerk«. Millionen starben und der Krieg veränderte das Zahlenverhältnis der Geschlechter. Bei der Volkszählung im Oktober 1946 kamen in den westlichen »Besatzungszonen« zwei Männer auf drei Frauen. Es fehlten in den 1950er-Jahren, trotz zahlreicher »Heimkehrer« aus der Kriegsgefangenschaft, die »Männer im besten Alter«.

Das »Wirtschaftswunder« in der BRD

Obwohl Deutschland den Zweiten Weltkrieg verloren hatte, kam es in der Bundesrepublik nach der Währungsreform von 1948 zu einem rasanten Wirtschaftsaufschwung, der bis 1966/67 anhielt. In dieser »Wirtschaftswunderzeit« herrschte Vollbeschäftigung, die Reallöhne stiegen.

Man konsumierte, bekam einen »Wohlstandbauch« und die Werbewirtschaft blühte auf. Sie transportierte bestimmte Männer- und Frauenbilder, die Andrea Dauber in ihrem Text umreißt (s. S. 217). Die Werbung im sozialistischen Deutschland, der DDR, unterschied sich davon kaum. Sie war anfangs sogar verpönt und die staatliche Werbeagentur *Dewag* war mit ihrem knappen Etat an Parteiweisungen gebunden. Immerhin gab es 1965 eine Kampagne für ein Rührgerät von Ika Electrica, das einem Mann auf die Schürze gedruckt wurde.

Schauspielerin Hannelore Cremer, die frühere »Frau Renate« (Agenturfoto)

Dr. Oetkers Werbe- und Leitfiguren

Die Rolle der Renate spielte über ein Jahrzehnt lang, genau zur Wirtschaftswunderzeit, die Schauspielerin Hannelore Cremer. Sie soll ein eigenes Büro bei Dr. Oetker gehabt haben, von wo aus sie Briefe zu Koch- und Lebensfragen beantwortete. Das Unternehmen sah es nicht gern, wenn sie andere Rollen annahm, weil sie eine Identifikationsfigur für die Kunden war. Hannelore Cremer spielt bis heute an bedeutenden Theaterbühnen und in großen TV-Produktionen. »Renate« wurde 1966 vom Schweizer Entertainer Vico Torriani abgelöst, der als singender Koch zur neuen Leitfigur werden sollte, sich aber nur zwei Jahre hielt. Seine Nachfolge trat später die Ernährungswissenschaftlerin Marie Louise Haase an. Sie berichtete aus der »Versuchsküche« von Dr. Oetker im Stil der »Testimonial-Werbung« (engl., Zeugnis, Attest), bei der sich Experten oder Prominente für ein Produkt verwenden.

Werbung in der DDR für die Nährmittelwerke Rotplombe, um 1955.
Bild oben und rechts: Dokumentationszentrum Alltagskultur der DDR

Werbung in der DDR. Ein Mann mit Schürze wirbt für einen Mixer, 1965.

Die Aufgabenbereiche sind klar verteilt, und wie man den Kommentaren des Sprechers aus dem Off entnehmen kann, entspricht diese Aufgabentrennung ohnehin den unterschiedlichen geschlechtsgebundenen Charakteren der Eheleute.

Ein Blick auf die Kleidung: die vorbildhafte Ehefrau namens Renate ist in dem Moment, in dem sie die Küche betritt (bezeichnenderweise kommt sie gerade vom Einkauf für das Mittagessen zurück) und sich nur noch dem Essen ihres Mannes widmet, auch gekleidet wie eine typische Haufrau. Sie trägt ein schlichtes graues Kleid und darüber eine weiße Schürze. ... Renate wird voll und ganz mit der Hausfrauenrolle identifiziert, sowohl was ihr Verhalten angeht, als auch was die Inszenierung ihrer konkreten Rolle betrifft, wie zum Beispiel anhand der Kleidung zu erkennen ist.

Renate arbeitet sehr selbstständig, im Grunde genommen hat sie auch keine andere Wahl, ist ihr Mann mit Hausarbeit doch absolut nicht zu begeistern. Er dringt zu keinem Zeitpunkt in ihre Sphäre ein, so wie sie keinesfalls in seine eindringt, und dies offensichtlich auf freiwilliger Basis. ... Insgesamt wird ein positives Bild von der Ehe gezeichnet. Beide Ehepartner sind mit den ihnen zugewiesenen Rollen zufrieden.

Andrea Dauber

Werbefiguren für Dr. Oetker.
Oben: Identifikationsfigur »Frau Renate«, 1954–1965 (hier mit Tochter)
Mitte: Entertainer Vico Torriani, 1965–67
Unten: Ernährungswissenschaftlerin Marie-Luise Haase, 1974–78

ANREGUNGEN ZUM GESPRÄCH

1. Untersuchen Sie den Dr.-Oetker-Werbefilm auf der Textebene: Ist der Kommentar ernst oder ironisch gemeint? An wen richten sich die Wortbeiträge?
2. Untersuchen sie den Werbefilm auf der Bildebene: Wodurch ist die Kameraführung motiviert? Beschreiben Sie die Einrichtung der Wohnung und die Kleidung von Peter und Renate.
3. Charakterisieren Sie die Rollenverteilung zwischen Mann und Frau im Spot.
4. Untersuchen Sie aktuelle Werbespots im Hinblick auf Männerrollen und Frauenbilder.
5. Vergleichen Sie die drei Werbefiguren bei Dr. Oetker von 1956 bis 1978. Wer nimmt heute ihre Funktion ein?
6. Recherchieren Sie Stationen in der Emanzipation der Frau im 20. Jahrhundert, z. B. unter den Stichworten »Frauenrechte« und »Trümmerfrauen«.

ANREGUNGEN ZUR PRODUKTION

1. Rollenspiel: Diskussion zum Thema »Vor- und Nachteile verschiedener Typen von Werbefiguren« zwischen den Mitgliedern einer Werbeagentur und der PR-Abteilung eines Werbespot-Auftraggebers.
2. Rollenbiografie: Verfassen Sie einen Lebenslauf für die Werbefigur »Frau Renate« bis in die Gegenwart.

Die Erfinder von Frau Renate. Hinter den Dr.-Oetker-Werbespots stand die Produktionsfirma *Insel Film* aus München, die – 1947 von Produzent Norbert Handwerk gegründet – den ersten TV-Werbespot der deutschen Fernsehgeschichte (für das Waschmittel Persil) herstellte und bis in die 1990er-Jahre hinein führend im Bereich des Werbefilms war.

Der Trailer als Kunstform

TRAILER FÜR DIE VÖGEL (1963) von Alfred Hitchcock – Spannung, Schock und britischer Humor

Der Regisseur als Redner. Alfred Hitchcock im TRAILER FOR THE BIRDS, 1963, mit Stockente

USA 1963 | Farbe | 5:10 Min.
Drehbuch und Regie: Alfred Hitchcock
Kamera: Robert Burks
Schnitt: George Tomasini
Empfehlung: ab 16 J. | Kl. 11

In einem gemütlichen englischen Wohnzimmer mit Kamin hält Regisseur Alfred Hitchcock einen humorvollen Vortrag über »our good friends, the birds«. Als ihn sein Kanarienvogel in den Finger beißt, setzt eine Vorschau mit Bildern und Texttafeln zu seinem Thriller THE BIRDS (DIE VÖGEL) ein, in dem Vögel Menschen attackieren.

Erster Teil. Von der Holzente über das Brathähnchen, bei dem es Hitchcock den Appetit verschlägt, zum Kanarienvogel, der ihn beißt. Der Frame unten bildet mit der Aufnahme von Tippi Hedren auf S. 219 oben einen »Match cut«.

Vom untypischen Start ...

»How do you do?«, fragt der rundliche ältere Herr – und trägt eine ungewöhnliche Kulturgeschichte der Vögel vor (s. S. 219), wobei er eine Feder, Federhüte, ein Ei, ein Gewehr und eine Holzente in die Kamera hält und erläutert. Dann geht er zum Seitentisch, wo ein Brathähnchen angerichtet ist. Aber der Appetit vergeht ihm, er wendet sich einem Käfig mit Kanarienvogel zu. Doch der pickt ihn in den Finger: Auftakt zum eigentlichen »Trailer« (engl., Filmvorschau).

... zum typischen Schluss

Den Übergang bildet ein »Match cut«, eine Montage zweier Einstellungen mit formaler Analogie. Wie Hitchcock blickt auch Tippi Hedren in THE BIRDS nach oben, wo Vogelgeschrei ertönt. Es folgen schnell geschnittene Aufnahmen von wild fliegenden Raben, überlagert von Texteinblendungen, die »Suspense« (Spannung) und »Shock« versprechen.

Alfred Hitchcock, Meister der Spannung

Der Trailer ist ein Beispiel für den raffinierten Spannungsaufbau bei Alfred Hitchcock, dem britischen Regisseur und Produzenten. Während er in vielen seiner ca. 90 Filme – auf einige bekannte spielt der Spot THE KEY TO RESERVA an (s. S. 224 ff.) – nur einen kurzen »Cameo«-Auftritt hinlegt, verhält er sich hier wie in seiner TV-Sendung, in der er von 1955 bis 1965 wöchentlich mit unbewegtem Gesicht schauerliche Geschichten erzählte. Als größter Meister des Thrillers wurde er 1980 von der Queen zu »Sir Alfred Hitchcock« geadelt.

Zweiter Teil. Tippi Hedren (als Melanie Daniels), fliegende Raben und Texteinblendung. Motion stills der Filmausschnitte im Trailer for The Birds, 1963

ANREGUNGEN ZUM GESPRÄCH
1. Unterscheiden Sie die filmischen Mittel in den beiden Teilen des Trailers.
2. Wie baut Hitchcock Spannung im Trailer auf? Untersuchen Sie die »dramatische Struktur«, finden Sie »Plot points« (s. hierzu S. 57 und 165).
3. Beschreiben Sie die Werbestrategie.
4. Erfassen Sie den Text rechts. Wo lässt sich »britischer Humor« erkennen?
5. Vergleichen Sie heutige Trailer mit dem zweiten Teil des Birds-Trailers. Was hat sich verändert, was ist geblieben?

ANREGUNGEN ZUR PRODUKTION
Konzipieren Sie einen Fake-Trailer für ein fantastisches Filmvorhaben.

H̲ow do you do? My name is Alfred Hitchcock and I would like to tell you about my forthcoming lecture. It is about the birds and their agelong relationship with man. ... The story of man and his friends the birds is filled with many fine examples of ways in which these noble creatures have added to the beauty of the world. Take this plumed hat from the period of Charles the first. How proud the birds must have been to have their feathers plucked out, to brighten man's drab life. ... Naturally, the egg plays a very prominent part in my lecture. Not a word about which came first however. I don't believe in dealing with controversial matters. Thousands of years ago man was satisfied merely to steal an egg from a nest and use it for food. Now he has perfected this process by imprisoning each hen in a separate cage and by scientifically manipulating the lights so that she doesn't fall into the rut of the old twenty-four hour day. Thus he can induce the bird to reach fantastic heights of egg production. ... Man and birds have been responsible for a great many advances in our civilization. For example the bird was the inspiration for the invention of gunpowder. And it was his speed that brought about the development of the shotgun. But man has not been unmindful of his debt to the bird, we have honoured our feathered friends in many ways. We cage birds and show them off proudly in most of our zoos and the turkey is traditionally our guest of honour at Thanksgiving. ... I hope you don't mind if I have something to eat but I'm rushed today. Planning the lecture has been most educational for me. I've begun to feel very close to the birds and have developed a real sympathy for our little... what was I saying... oh yes, I've come to feel very close to the birds and I've come to realize how they feel when... I don't think I'll eat just now. Hardly proper with all of you here. Surely the birds appreciate all we've done for them. Don't you? Beautiful cage, fresh water, no other birds to bother you, none of that blinding sunlight ... Oh, now why would he do that? Most peculiar, what on earth –
Monolog (Ausschnitt) von Alfred Hitchcock in Trailer for The Birds

Fake-Trailer. Auf der *Biennale Venedig* von 2005 zeigte der Künstler Francesco Vezzoli einen dramatischen Trailer, der eine Neuverfilmung des ausschweifenden Lebens des römischen Kaisers Caligula vorgaukelt. Obgleich er »Camp« (kunstvolle Übertreibung) ist, wirkt er wie eine echte Filmvorschau, weil Stars wie Milla Jovovich, Courtney Love, Helen Mirren und Benicio Del Toro mitspielen.

»Camp«. Trailer for a Remake of Gore Vidal's Caligula von Francesco Vezzoli. *Biennale Venedig*, 2005

»sexy-mini-super-flower-pop-op-cola«
Die Afri-Cola-Werbekampagne (1968) von Charles Wilp – Provokationen in den wilden Sechzigern

Afri-Cola-Werbung, 1968. Als Nonnen: Petula Clark, Marianne Faithfull und Alice Vatters

D, seit 1968 | Farbe | ca. 0:40 Sek.
Gestalter: Charles Wilp
Auftraggeber: Getränkehersteller Karl Flach
Empfehlung: ab 18 J. (wg. koffeinhaltiger Limonade) | Kl. 12

Hinter einer vereisten Glasscheibe trinken junge, teils leicht bekleidete Menschen Afri-Cola und scheinen davon wie entrückt und sexuell enthemmt. Die Texteinblendungen und der Kommentar im Spot geben eine drogenartige Wirkung vor.

Afri-Cola-TV-Spots, seit 1968. Die verschwommene Wiedergabe der verführerisch auftretenden Modelle beflügelt die Fantasie des Betrachters.

Der Softdrink Afri-Cola, stets im Vordergrund zu sehen, hat eine berauschende Wirkung – dies ist die Botschaft auf der Bildebene. Tatsächlich war der Koffeingehalt der deutschen, seit 1931 bestehenden Marke mit der Palme weit höher als bei der Konkurrenz. Da beginnt sogar das Eis auf der Scheibe vor den Personen zu schmelzen!
Die Idee kam Charles Wilp, dem Werbekünstler, in einem Raketenzentrum in den USA. Dort bildete der tiefgekühlte Sauerstoff Eisblumen auf einer Glasscheibe, durch die Wilp verschwommen Pin-up-Girls in einem Spind erkannte.

Verheißungsvoller Slogan
Der Slogan, ein Zungenbrecher, stellt den Konsumenten des Softdrinks all das in Aussicht, was in den 1960er-Jahren als jugendlich-progressiv galt: »sexy« verspricht Lust; »mini« weist auf den von Mary Quant erfundenen Minirock; »super« bezeichnet das Außergewöhnliche; »flower« lässt an die Flower-Power-Bewegung der Hippies denken; »pop« und »op« stehen für die aktuellen Kunststile der Pop- und Op-Art.

Nonnen im Afri-Cola-Rausch
Die provokante Werbekampagne, die insgesamt 16 Mio. D-Mark kostete, umfasste Plakate, Zeitschriftenanzeigen und TV-Spots. Als Wilp sogar Nonnen mit geschminkten Lippen Afri-Cola trinken lassen wollte, erkundigte sich der Getränkehersteller Karl Flach vorher beim Kardinal von Köln, ob dagegen etwas einzuwenden sei, und erhielt zur Antwort: »Warum sollen meine Nönnekes keine Afri-Cola trinken?« Das Model Alice Vatters spielte eine der Nonnen, die Darstellerinnen der anderen waren Marianne Faithfull, Freundin von Mick Jagger, und Sängerin Petula Clark, die 1965 den Hit *Downtown* hatte. Trotz des kirchlichen Segens wollte die Konkurrenz nichts mit den Afri-Cola-Spots zu tun haben – mit der Folge, dass diese als letzte, direkt vor der Tagesschau, im damals einzigen Sender, der ARD, ausgestrahlt wurden.

D as ist der Afri-Cola-Rausch, der euch auf eine angenehme Weise in eine ganz bestimmte Atmosphäre versetzt, und euer Gesichtsausdruck muss das ausdrücken, was ihr wirklich fühlt: einen kleinen Hauch von Sünde. Ihr verlasst jetzt bereits diese Welt und kommt in eine Euphorie, die den Afri-Cola-Umsatz in die Höhe schnellen lässt.

Regieanweisung von Charles Wilp

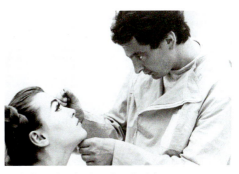

Werbekünstler Charles Wilp schminkt Schauspielerin Thekla Carola Wied, 1970.

Charles Wilp, der »ARTronaut«

Kaum jemand hat die deutsche Werbebranche der 1960er-Jahre so geprägt wie Charles Wilp. 1932 in Witten geboren, besuchte er nach dem Abitur die Akademie *Grande Chaumière* in Paris und studierte anschließend Publizistik und Psychologie in Aachen. Danach erhielt er bei Man Ray in New York eine Ausbildung zum Fotografen.

Ab Ende der 1950er-Jahre entwarf Wilp Werbekampagnen für Puschkin, Bluna, Martini oder Pirelli. Seine Werbung für den VW-Käfer (s. unten) hat sich dem kollektiven Gedächtnis eingeprägt. Am Erfolg der Afri-Cola-Werbung, die erstmals nackte Busen zeigte und damit ein Tabu brach, war Wilp finanziell beteiligt.

Er fotografierte nicht nur die großen Persönlichkeiten seiner Zeit, sondern arbeitete mit Künstlern wie Christo, Yves Klein, Joseph Beuys und Andy Warhol zusammen und nahm an der internationalen Kunstausstellung *documenta 5* in Kassel teil.

Wilp entdeckte den Weltraum als Kunstbereich, tauschte seinen gelben Overall gegen den hellblauen der Raumfahrtbehörde NASA, nannte sich »ARTronaut« und schickte seine Objekte auf Umlaufbahnen durch das All. Auf seinem Haus in Düsseldorf-Wittlaer thronte das Ufo-artige Wohnhaus *Futuro* des finnischen Architekten Matti Suuronen. 2005 verstarb Charles Wilp in Düsseldorf.

Michelangelo im Weltraum. Charles Wilp erwarb in den 1980er-Jahren im Trainingszentrum der sowjetischen Kosmonauten bei Moskau den »Raumflug-Tauglichkeitsschein«. Auf Parabelflügen schuf er Collagen, für die er Materialien aus der Raumfahrt verwendete. Er berief sich dabei auf Michelangelo, der die Bemalung der Decke der Sixtinischen Kapelle in Rom von 1508 bis 1512 in einer Hängevorrichtung auf dem Rücken liegend bewerkstelligt hatte.

ANREGUNGEN ZUM GESPRÄCH

1. Worin besteht der »Hauch von Sünde« (Wilp) in der Afri-Cola-Werbung?
2. Spiegelt die Afri-Cola-Werbung nur den Zeitgeist gegen Ende der 1960er-Jahre wider – oder setzt sie selbst gesellschaftliche Trends?
3. Welche Tabus gibt es heute noch in Film und Werbung?
4. Analysieren Sie Kameraführung, Komposition und Kommentar des VW-Werbespots (s. Bildunterschrift).
5. Vergleichen Sie die VW-Werbung mit den Auto-Werbespots von heute.

ANREGUNG ZUR PRODUKTION

Entwickeln Sie eine Werbeidee für einen neuen Softdrink, die mit Übertreibungen arbeitet. Setzen Sie Ihre Idee in einen 30-sekündigen Spot um.

»Läuft und läuft und läuft …«. VW-Werbespot von Charles Wilp, 1959, gedreht im Morgenlicht auf der Landebahn einer Nordseeinsel. Der Kommentar aus dem Off: »Jahre der Entwicklung und Forschung, Jahre der Erfahrung von 7 Millionen Besitzern in der ganzen Welt machten viele Eigenschaften des Volkswagens berühmt, aber die allerwichtigste ist, dass dieser Wagen läuft und läuft und läuft …«

Lila Kuh als Kultfigur

MILKA-SPOT (1973) von Young & Rubicam – surreales Bild mit »Jingle«

Die lila Milka-Kuh, erfunden für Suchard von Uwe Ortstein, Sandor Szabo und Ilse Theisen, Werbeagentur Young & Rubicam, präsentiert in TV-Spots seit 1973

D, seit 1973 | Farbe | ca. 0:30 Min.
Werbeagentur: Young & Rubicam
Jingle: Christian Bruhn
Auftraggeber: Fa. Jacobs-Suchard, Lörrach
Empfehlung: ab 10 J. | Kl. 5

Eine teilweise violett eingefärbte Schweizer Kuh mit Glocke und auf der Seite angebrachtem Schriftzug »Milka« steht, liegt oder erlebt Abenteuer in insgesamt 110 Werbespots seit 1973.

Als 1901 der Markenname »Milka«, gebildet aus »Milch« und »Kakao«, für die 1825 gegründete Schweizer Firma Suchard erfunden wurde, verpackte man die Tafel bereits in einem lilafarbenen Umschlag, bedruckt mit Alpenpanorama und schwarzweißer Kuh.

Zur Vorbereitung des 70-jährigen Markenjubiläums reisten Werbespezialisten von der Agentur Young & Rubicam in die Schokoladenfabrik ins südbadische Lörrach, wo ein Großteil der Milka-Tafeln produziert wird. Dort war alles lila lackiert: die Korridore, die Treppengeländer und sogar die Maschinen. So kam den Werbern die Idee, sämtliche Motive in den gedruckten Anzeigen und den TV-Spots einzufärben, selbst die Milka-Kuh – eine surreale Kombination.

Adelheid & Co.

1973 entstand der erste Werbefilm, für den man einem mehrfach preisgekrönten »Simmentaler Fleckvieh« namens Adelheid mithilfe von Schablonen lila Farbe, die wieder entfernbar war, ins Fell bürstete, und zwar auf der linken »Schokoladenseite«, die immer auch auf der Verpackung zu sehen ist. Ein sichtlich verlegener Senn in Sonntagskleidung enthüllte die Kuh wie ein Kunstwerk. Auf lautes Klappern mit einem Regenschirm hin drehte Adelheid wie gewünscht den mächtigen Schädel zur Kamera.

110 TV-Spots wurden seither mit der lila Kuh gedreht. Standen oder lagen die Modelle, die jährlich wechseln, anfangs eher gemütlich im Studio oder auf der Alm, so erleben sie heute kleine Abenteuer in Kurzspielfilmen.

Erster Milka-Spot, 1973. Der Senn: »Und hiermit enthülle ich … enthülle ich … enthülle ich … die zarteste Versuchung!«

Farbmarke mit Copyright

Ohne das Farbfernsehen, das 1967 in Deutschland eingeführt wurde, wäre die lila Kuh nicht zur Kultfigur geworden. Auch das Marketing gilt als höchst erfolgreich – der Milka-Spot erhielt 1973 den »Gold«-Award des *Art Directors Club*. Als 1995 bei einem Wettbewerb in Bayern 40 000 Kinder eine Kuh ausmalten, wählte jedes dritte Kind die Farbe Lila. Inzwischen gibt es Milka-Plüschtiere, -Rucksäcke oder T-Shirts.

Der Firma Kraft Foods zufolge, der die Milka-Produktreihe heute gehört, wurde das »Milka-Lila« 1995 als »Farbmarke« europaweit geschützt. Kein Konkurrent darf den gleichen lilafarbenen Grundton für Verpackungen verwenden.

Der Jingle von Christian Bruhn

Die verführerische Werbemelodie, ein sogenannter »Jingle«, stammt vom Komponisten Christian Bruhn, der auch zahlreiche Schlagermelodien geschrieben hat, als bekannteste die zu *Marmor, Stein und Eisen bricht* (1965), dem Hit von Drafi Deutscher. Über 2000 Melodien und etwa 100 Werbejingles hat Bruhn im Lauf der Zeit komponiert, dazu Kinderlieder und Filmmusiken. Sein Publikum, so Christian Bruhn, teile sich auf in die Älteren, die seine Schlager noch im Ohr haben, und die Jüngeren, für die seine Musik zur TV-Serie Captain Future Kult geworden ist. Viele Musikliebhaber wunderten sich, so der Komponist, welch breites Spektrum er habe. Doch das Verbindende sei für ihn die Unterhaltung. Wie anspruchsvoll selbst ein Jingle sein kann, beweist Bruhns Milka-Melodie.

Komponist und Produzent Christian Bruhn mit Drafi Deutscher (links), 1965

Milka-Jingle, komponiert von Christian Bruhn, 1972

E in Werbejingle ist sozusagen ein Mini-Schlager, mit dem Unterschied, dass der Jingle für ein Produkt und der eigentliche Popsong für sich selbst wirbt: »Liebe mich, sing mich!«
Christian Bruhn

Milka-Verpackungen 1901, 1908 und heute

ANREGUNGEN ZUM GESPRÄCH
1. Nennen Sie Gründe für den hohen Bekanntheitsgrad der Milka-TV-Spots.
2. Vergleichen Sie die Milka-Verpackungen von 1901 bis heute.
3. Analysieren Sie den Milka-Jingle auf Fortschreitung der Melodie, rhythmische Akzente und Bezug zum Text.
4. Welche Jingles kennen Sie? Legen Sie deren Bedeutung für die Werbung dar.
5. Vergleichen Sie einen aktuellen Milka-Werbespot mit dem von 1973.

ANREGUNG ZUR PRODUKTION
Surrealer Werbespot: Verfremden Sie ein Produkt und komponieren Sie hierzu einen Jingle.

Lila oder Violett? Während Violett eine Spektralfarbe ist und zu den Sekundärfarben gehört, also aus Rot und Blau gemischt wird, ist Lila die Bezeichnung für ein mit Weiß aufgehelltes Violett.

Ein Thriller im Hitchcock-Stil
The Key to Reserva (2007) von Martin Scorsese – Image-Film und »Viral clip« für Freixenet

Screenshot der Freixenet-Internetseite. The Key to Reserva, 2007

Spanien 2007 | Farbe | 9:21 min.
Regie: Martin Scorsese
Drehbuch: Ted Griffin
Kamera: Harris Savides
Schnitt: Thelma Schoonmaker
Musik: Bernard Herrmann
Auftraggeber: Freixenet, Spanien
Empfehlung: ab 16 J. | Kl. 10

Regisseur Scorsese erzählt, wie er ein verloren geglaubtes Drehbuch Alfred Hitchcocks verfilmt. In der Carnegie Hall, New York, kommt es zur Jagd nach dem Schlüssel für die Kiste zum neuen Reserva von Freixenet, der »Top Secret« ist. Der Film, der Weihnachten 2007 im spanischen TV Premiere hatte, spielt auf drei Ebenen.

Making-of-Ebene: Dreharbeiten
»New York City, 1997«, lautet die Texteinblendung am Anfang. Es folgen dokumentarische Aufnahmen vom Dreh eines Orchesters vor Greenscreen-Hintergrund (s. S. 228 f.). Die Atmosphäre ist hektisch und angespannt – der Produktionsaufwand für den Kurzfilm wird erkennbar.

Meta-Ebene: Regisseur Scorsese
Ein Schritt zurück in der Zeit: Martin Scorsese eröffnet in seinem privaten Filmarchiv dem Drehbuchautor Ted Griffin, dass er ein unverfilmtes Manuskript von Altmeister Alfred Hitchcock verfilmen wolle. Allerdings fehle eine Seite. Der Filmstil auf dieser Ebene ist der einer Reportage.

Hauptfilm-Ebene: Der Thriller
Der eigentliche Film wirkt wie ein Thriller aus den 1950er-Jahren, beginnend mit einer 40-sekündigen Plansequenz und Rückwärtsfahrt (»Zoom-out«) der Kamera. Der sich daraufhin entwickelnde Krimi à la Hitchcock setzt die klassischen Mittel des Hollywoodfilms ein (s. Abb. S. 225).

Einführung der drei Ebenen. Kurz-Doku der Dreharbeiten – Martin Scorsese im Filmarchiv – Einsetzen des Hauptfilms mit dem Geiger

Der Hauptfilm. Konzert in der Carnegie Hall. Vom Geiger (Christopher Denham) fährt die Kamera in das Foyer, wo der Held (Simon Baker) eine Holzkiste aus einem Raum mit dem Schild »No Admittance« entwendet. Er entdeckt den Schlüssel in der Deckenlampe einer Loge.

Vom Parkett aus beobachten sein Kontrahent (Michael Stuhlbarg) und dessen blonde Begleiterin (Kelli O'Hara), wie der Held den Schlüssel birgt. Nun verlässt der Geiger das spielende Orchester, attackiert den Helden mit dem Bogen, stürzt beim Zweikampf aber aus der Loge.

Leerstelle im Hauptfilm wegen der angeblich fehlenden Drehbuchseite, deshalb Sprung auf Meta-Ebene Teil 2. Unklar bleibt dadurch, welche Rolle der FBI-Typ und die Blonde spielen.

In der Holzkiste findet der Held den neuen Reserva. – Sprung auf Meta-Ebene Teil 3, wo Scorsese das Fehlen der Textseite im Drehbuch beklagt. – Happy End: Ein Agent bekommt den Sektkorken mit der Aufschrift »Top Secret« und der Held darf die Blonde küssen.

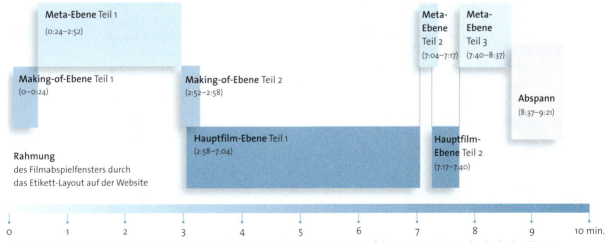

Die komplexe Struktur von THE KEY TO RESERVA. Umrahmt vom etikettartigen Layout auf der Internetseite, wechseln die drei Ebenen einander ab, eine Maßnahme zur Verzögerung und Spannungssteigerung.

»Documentary« und »Mockumentary«
Die Making-of-Ebene ist ein kurzer Dokumentarfilm, auf Englisch »Documentary«: Die Dreharbeiten mit dem Orchester vor Greenscreen-Hintergrund fanden ja tatsächlich statt (s. S. 228). So ist der Betrachter geneigt zu glauben, dass es auch auf der Meta-Ebene authentisch zugeht. Doch das nie verfilmte Hitchcock-Drehbuch, das selbst Regisseur Scorsese nur mit Handschuhen anfasst, ist natürlich ein »Fake«. Solch einen scheinbaren Dokumentarfilm nennt man »Mockumentary« (von engl. to mock: vortäuschen, verspotten). Dieser greift die Machart eines »Documentary« auf und parodiert ihn.

Orchestermusik als Zitat. Sie ist im Film »on-screeen« bzw. als »Source music« (engl., Quellmusik) in ihrem Ursprung zu sehen und geht auf Alfred Hitchcock, den »Meister des Suspense«, zurück.

Intertextualität: Vorbild Hitchcock
Das Täuschungsmanöver zieht sich bis in den Hauptfilm, der zahlreiche Anspielungen auf Hitchcock-Filme, ja sogar direkte Zitate enthält, als ob der Meister des »Suspense« (s. S. 218) selbst Regie geführt hätte – Scorsese hat sich offensichtlich in Hitchcock hineinversetzt. Das Prinzip des Anspielens und des Verweisens wird als »Intertextualität« bezeichnet: Kein Werk, allgemein »Text« genannt (von lat. textum: Gefüge), ist in einer Kultur ohne Bezüge zu anderen »Texten« denkbar.

Die Musik als Filmzitat
Die dramatische Musik in THE KEY TO RESERVA, deren Aufführung »on-screen« zu sehen ist, ist ein Zitat aus einem Thriller von Alfred Hitchcock, DER UNSICHTBARE DRITTE (1959). Sie stammt von Bernard Herrmann, der für viele Hitchcock-Filme den »Score« (engl., die Filmmusik) komponierte. Durch die direkte Übernahme in den Freixenet-Werbespot erweist Scorsese dem Komponisten seine Reverenz, mit dem er selbst bereits für seinen Film TAXI DRIVER (1976) zusammengearbeitet hatte.

Hitchcock und der »MacGuffin«
Abgesehen von den Hitchcock-Filmplakaten, die in Sorseses Archiv zu sehen sind (Meta-Ebene Teil 1), gibt auch die Dramaturgie im Hauptfilm Hinweise auf den Regisseur. Denn die handlungsauslösenden und -vorantreibenden Elemente – der versteckte Schlüssel und die kostbare Sektflasche – erinnern an das, was Hitchcock einen »MacGuffin« nannte. In dem berühmten Interview, das Hitchcock seinem französischen Regiekollegen François Truffaut 1966 gab, erklärt er ihn.

»MacGuffin«. Der Schlüssel, der (unsinnigerweise?) in einer Glühbirne versteckt ist

It's a trick, we call this a »gimmick«. ... It might be a Scottish name, taken from a story about two men in a train. One man says »What's that package up there in the baggage rack?«, and the other answers »Oh, that's a MacGuffin«. The first one asks »What's a MacGuffin?«. »Well«, the other man says, »It's an apparatus for trapping lions in the Scottish Highlands«. The first man says »But there are no lions in the Scottish Highlands«, and the other one answers »Well, then that's no MacGuffin!«. So you see, a MacGuffin is nothing at all.

Alfred Hitchcock im Interview mit François Truffaut

Hitchcock-Zitate in THE KEY TO RESERVA *im Filmverlauf (gegen den Uhrzeigersinn, rechts unten beginnend)*

4 Das Blitzlicht eines Fotografen, das den Helden blendet, gibt es auch in Hitchcocks Film DAS FENSTER ZUM HOF (1954).

3 Der stürzende Mann kommt bei Hitchcock u.a. in FENSTER ZUM HOF (1954) und in DER MANN, DER ZU VIEL WUSSTE (1955) vor.

5 Der Schlüssel ist ein Motiv aus Hitchcocks BERÜCHTIGT (1946). Er gehört zum Typ des »MacGuffin« ebenso wie die Aufschrift ...

2 Das Konzert erinnert an Hitchcocks DER MANN, DER ZU VIEL WUSSTE (1955) und an DER UNSICHTBARE DRITTE (1959)

6 ... »Top Secret« auf dem Korken der Sektflasche, hinter der der Held, sein Gegenspieler, der Geiger und der Agent her sind.

1 Titelei. Die Typografie orientiert sich am Stil von Saul Bass für Hitchcocks Film DER UNSICHTBARE DRITTE (1959)

7 Das Schlussbild (Meta-Ebene Teil 3) zeigt den Blick von außen in das Appartement Scorseses, der sich mit Cutterin Thelma Schoonmaker und Drehbuchautor Ted Griffin über den angeblichen Hitchcock-Film amüsiert. Als »Zoom-out« greift sie die Arbeit von Robert Burks auf, Hitchcocks Kameramann für 14 Jahre, und kehrt – wie schon die Anfangsszene des Hauptfilms – den »Zoom-in« zu Beginn von Hitchcocks Film PSYCHO (1960) um. Die das Appartement umzingelnden Raben zitieren Hitchcocks DIE VÖGEL (1963).

Das Chromakey-Verfahren

Die Handlungen in THE KEY TO RESERVA sind nicht direkt in der New Yorker Carnegie Hall, dem Ort des Geschehens, sondern im Studio gedreht worden. Die Hintergründe dagegen wurden in der Carnegie Hall, jedoch ohne Filmhandlung, aufgenommen. Beides wurde später zusammengeführt, in einem Verfahren, das »Chromakeying« genannt wird. Hierfür werden Dinge oder Personen, die im Vordergrund zu sehen sein sollen, vor einer gleichmäßig gefärbten und ausgeleuchteten Farbfläche gefilmt. Diese bildet den »Chromakey«, die »Schlüsselfarbe«. Sie lässt sich im digitalen Schnittprogramm als diejenige definieren, an deren Stelle man Landschaften oder andere Aufnahmen einblenden kann (»keyen« oder »stanzen«). Scorseses Film verbirgt dies nicht, im Gegenteil: Auf der »Making-of-Ebene«, mit welcher THE KEY TO RESERVA beginnt, ist zu sehen, wie das Orchester vor einem »Greenscreen« gefilmt wird. Während man eine Zeit lang Blau bevorzugte und von »Bluescreen-« oder »Blue-Box-Technik« sprach, greift man heute wegen der Sensoren in den digitalen Kameras zu Grün.

Realität und Illusion. *Oben:* Das Orchester vor dem »Greenscreen«-Hintergrund. *Unten:* Das Orchester im Film mit dem eingefügten Hintergrund der Carnegie Hall

Die Kamera mitten im Geschehen. Drehen von Details beim Geiger (s. S. 224)

Dass beim Montieren der Aufnahmen unwesentliche Bildteile nur flüchtig bearbeitet werden, zeigt sich am Fuß des zentralen Geigers und an seinem Notenständer, deren Schatten zu schweben scheinen (Abb. oben). Beim schnellen »Zoom-out« im Film, der Entfernung der Kamera vom Geiger, nimmt der Betrachter dies aber nicht wahr, weil die Aufmerksamkeit auf das Gesicht und das Spiel des Musikers gerichtet bleibt. Damit die Aufnahmen der Räumlichkeiten und die der Handlungen passgenau kombiniert werden können, bedarf es teilweise aufwendiger Konstruktionen (Abb. S. 229 o. links). Zu achten ist dabei immer auf eine stimmige Ausleuchtung.

Besonders eignet sich die Greenscreen-Technik für fantastische oder gefährliche Situationen, wie den Sturz des Geigers ins Publikum, der offenbar gut abgesichert war – die Seile wurden später einfach retuschiert (S. 229, dritte Reihe).

Greenscreen-Situationen in THE KEY TO RESERVA und die zugehörigen Filmbilder nach Einfügen der Aufnahmen aus der Carnegie Hall

Regisseur und Cutterin. Martin Scorsese und Thelma Schoonmaker rätseln am Schneidetisch über den Inhalt der angeblich fehlenden Drehbuchseite von THE KEY TO RESERVA (Meta-Ebene Teil 2).

Regisseur des »New Hollywood«
Martin Scorsese wurde 1942 in Queens geboren und wuchs in Little Italy auf, dem italienischen Viertel von New York. Von Asthma geplagt und klein gewachsen, verfasste er schon als Junge im Krankenbett Drehbücher und Storyboards. Eigentlich wollte Scorsese Priester werden, studierte dann aber von 1960 bis 1964 Film an der *New York University*, wo er Thelma Schoonmaker kennenlernte, seine Cutterin seit dem Erstlingswerk WER KLOPFT DENN DA AN MEINE TÜR? (1967). Wie sie war er 1970 am Schnitt der Festival-Dokumentation WOODSTOCK beteiligt. Seine gesellschaftskritischen Spielfilme DIE FAUST DER REBELLEN (1973), ALICE LEBT HIER NICHT MEHR (1974) und vor allem TAXI DRIVER (1976) prägten das »New Hollywood« der 1970er-Jahre. Zur Stammbesetzung Scorseses gehörten die Schauspieler Robert DeNiro und Harvey Keitel. Schon damals waren Filme von schonungsloser Gewalt geprägt, die sich nur kurz in THE KEY TO RESERVA zeigt, als der Held dem Geiger die Glühbirne ins Auge stößt – this is not Hitchcock-like! Zu den Erfolgen der 80er-Jahre zählen der Boxerfilm WIE EIN WILDER STIER (1980) und der Billardfilm DIE FARBE DES GELDES (1986). Das Mafia-Drama GOOD FELLAS (1990) gilt vielen als bester Film der 90er-Jahre, während GANGS OF NEW YORK (2002) die höchsten Einnahmen brachte. 2007 gewann Scorsese für DEPARTED – UNTER FEINDEN endlich auch einen »Oscar« für die beste Regie.

> **Auszeichnungen für THE KEY TO RESERVA**
> 45 Preise, u.a.: Premios TP de Oro 2007 | Grand Cup, Art Directors Club of Europe 2008 | BTAA – British Television Advertising Award 2008 | FIAP, Paris 2008 | CLIO Award 2008 | Cannes Lions Shortlist 2008 | New York Festival 2008 Cat. TV Cinema | London Int'l Ad Awards 2008 | Intercontinental Advertising Cup, Valencia 2008 | Eurobest Interactive Viral Advertising, Stockholm 2008 | Meribel Ad Festival – Central Europe Cristal Awards 2008

ANREGUNGEN ZUM GESPRÄCH
1. Zeigen Sie die Spannung erzeugenden Mittel in THE KEY TO RESERVA auf.
2. Beschreiben Sie die filmsprachlichen Unterschiede auf den drei Ebenen.
3. Welche Funktion hat die Making-of-Ebene? Ist sie überhaupt notwendig?
4. Vergleichen Sie die Greenscreen-Aufnahmen mit den Filmbildern (S. 229).
5. Charakterisieren Sie Scorseses Verhältnis zu Hitchcock.
6. Worin besteht die Werbewirkung von THE KEY TO RESERVA für die Fa. Freixenet?
7. Welche Veränderungen bringt das Internet für Werbefilme mit sich?

ANREGUNGEN ZUR PRODUKTION
1. Erfinden Sie »MacGuffins« (s.S. 226).
2. Verfassen Sie die fehlende Drehbuchseite mit Dialogen und »Auflösung«.

The Hire #2, Dark Horse Comic, 2004

> **Das Internet als Ort des Werbefilms.** THE KEY TO RESERVA wurde von Freixenet ins Internet gestellt. Auch andere Firmen nutzen diese Verbreitungsmöglichkeit von Imagefilmen, die sich wie Viren verbreiten und daher auch »Viral clips« genannt werden. So erteilte der Autohersteller BMW 2001/2002 acht namhaften Regisseuren (darunter John Frankenheimer und Tony Scott) den Auftrag, für die Reihe THE HIRE kurze Actionfilme zu schaffen, in denen ein BMW-Modell im Mittelpunkt steht. Clive Owen wurde als »Driver« berühmt. 2004 entwickelte sich daraus eine Reihe von Comic- bzw. Graphic-Novel-Heften. Sie sind heute wie die Film-DVDs gesuchte Sammlerstücke.

VIDEOKUNST

»Video« heißt »ich sehe« – Varianten der Videokunst 232
TV as a Fireplace von Jan Dibbets (D 1968/69) 234
Global Groove / TV-Garden von Nam June Paik (USA/D 1973/1977) 236
Glauben Sie nicht, dass ich eine Amazone bin
von Ulrike Rosenbach (D 1975) 240
Portrait One von Luc Courchesne (CDN 1990) 244
Buried Secrets von Bill Viola (USA 1995) 246
No Sunshine von Bjørn Melhus (D 1997) 250

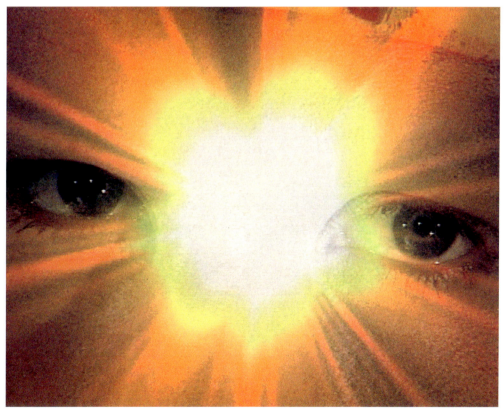

Ästhetik der Videokunst mit der Zeilenoptik der Halbbildtechnik.
Motion still aus No Sunshine von Bjørn Melhus, 1997

»Video« heißt »ich sehe« – Varianten der Videokunst

Das Startsignal für die Videokunst erfolgte 1965, als die »Portopak« von Sony, eine tragbare Einheit von Kamera und Recorder, auf dem US-Markt erschien. Was bis dahin Produktionsfirmen und Sendestationen vorbehalten war, nämlich Bewegtbilder auf Magnetband herzustellen, wurde nun für jedermann möglich. Der wichtigste Pionier der Videokunst, der Koreaner Nam June Paik, gehörte zu den ersten Käufern.

Magnetband vs. Zelluloid

Film und Video – das bedeutete Konkurrenz. Erst 1989 begannen die *Internationalen Kurzfilmtage Oberhausen*, Videos ins Programm zu nehmen. Der Qualitätsunterschied schien zu groß: hier das oft flaue, flimmernde Bild auf Band, dort das gut durchgezeichnete, körnige Bild auf Zelluloid. »Video wurde vorerst als das ›arme‹ Medium gegenüber dem Film angesehen«, bestätigt die Künstlerin Angela Zumpe.

Die Videokunst bildete schnell eigene Formen aus: das experimentelle »Kunstvideo«, die »Videoskulptur«, die den Monitor als skulpturales Material einsetzt; die »Videoinstallation«, die ganze Räume einnimmt; das »Expanded Video«, bei dem auf unregelmäßige Oberflächen projiziert wird, und die »Videoperformance«, eine Spielart der Aktionskunst, bei der Videogeräte eingesetzt werden.

Im klassischen Rechteck: Einkanal-Produktionen

Von allen Videokunstarten zeigt das Kunstvideo als »Einkanal-Produktion« die größte Verwandtschaft zum Fernseh- und Kinofilm, da es sich ebenfalls mit einem rechteckigen Bildfeld begnügt, ob dieses nun auf einem Monitor oder mittels Projektor ausgestrahlt wird. Das frühe Kunstvideo ist häufig mit elektronischen Experimenten verbunden. Nam June Paik entwickelte 1970 mit dem Ingenieur Shuya Abe den Video-Synthesizer, der elektronische Impulse in psychedelisch-abstrakt wirkende Bilder übersetzte (S. 236).

Mit dem Aufkommen spezieller Musiksender wie MTV entstand der Musikclip als kommerzielle Sparte der Videokunst (s. S. 177 ff.). Die Selbstinszenierung des Künstlers Bjørn Melhus in seinem Doppelgänger-Video No Sunshine von 1997 ist ein ironischer Reflex auf diesen Filmtyp (s. S. 250 ff.).

Zu einem beliebten Verfahren entwickelte sich das »Sampling« (engl., Neuanordnung) von »Found footage« (engl., gefundenes Filmmaterial). Das Beispiel Fast Film von Virgil Widrich ist hier dem »Experimentalfilm« zugeordnet, was die Verwandtschaft zwischen beiden Kategorien zeigt (s.S. 264 ff.).

Seit sich mit der digitalen Technik in den 1990er-Jahren die Bildqualität stark verbesserte, ist eine verstärkte Hinwendung zum »narrativen Kunstvideo« zu beobachten, sodass sich

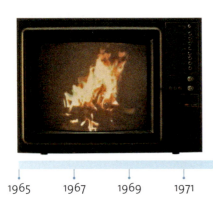

1968/69: TV as a Fireplace von Jan Dibbets, ein vom WDR-Fernsehen ausgestrahltes elektronisches Kaminfeuer

1973: Global Groove von Nam June Paik, eine collageartige Einkanalproduktion, hier in der Monitorinstallation TV-Garden, 1977

1975: Glauben Sie nicht, dass ich eine Amazone bin von Ulrike Rosenbach, eine Live-Video-Performance

Überschneidungen mit dem Spielfilm ergeben. Oft macht der Aufführungskontext den Unterschied aus: Was in Museen und Galerien ausgestellt wird, gilt als »Videokunst«.

Die Ausdehnung der Videokunst auf den Raum

Über die Manipulation von Fernsehbildern mit Magneten kam Nam June Paik sowohl zu multiplen Videoskulpturen, bei denen er Monitore wie plastisches Material einsetzte, als auch zu raumgreifenden Vidoeinstallationen (s. S. 236 ff.).

Anders als die Videoskulptur ist die Videoinstallation kein hermetisch in sich geschlossenes Werk, sondern auf einen bestimmten Ort bezogen. Werden dabei »Beamer« (engl., Datenprojektoren) eingesetzt, wie sie seit Ende der 1980er-Jahre üblich wurden, durchmessen Lichtstrahlen den Raum, die von den Projektionsflächen zum Betrachterauge hin reflektiert werden, während Monitore aus sich selbst heraus leuchten. In Reaktion auf das Vordringen der Videokunst wandelten viele Galerien und Museen den einen oder anderen hellen Ausstellungsraum, den »White cube«, in eine »Black box« um.

Der »Split screen« (engl., geteilte Leinwand), eine Einkanal-Projektion mit eingeblendeten Bildfenstern, war schon durch Kinofilme wie Thomas Crown ist nicht zu fassen (USA 1968, Regie: Norman Jewison) bekannt geworden. In der Videokunst kam es nun zu »Mehrkanal-Projektionen«, etwa in Bill Violas Hall of Whispers von 1995 (Abb. unten und S. 247). Diese Variante löst das gewohnte Erzählkino mit seinem Zeitkontinuum und dem Einheitsraum – der an der Malerei der Renaissance orientiert ist, wo das Bild wie ein Blick durch ein Fenster erscheint – am stärksten auf und integriert den Betrachter physisch in das Kunstwerk.

Der Beamer begünstigte auch das Aufkommen des »Expanded Video«, bei dem Projektionen auf unregelmäßig geformte Oberflächen anstatt auf plane Leinwände geworfen werden (s. *Grundkurs Film 1*, S. 252 f.). Seine Anfänge liegen im sogenannten »Expanded Cinema« der 1960er-Jahre.

Einen Zwitter zwischen Aktions- und Videokunst stellt die »Videoperformance« dar, bei der ein Künstler vor einer Kamera agiert. In »Live-Videoperformances« geht dies oft mit einer »Closed circuit«-Situation einher (engl., geschlossener Kreislauf), wie in Ulrike Rosenbachs Glauben Sie nicht, dass ich eine Amazone bin von 1975 (Abb. S. 232 und S. 240 ff.). Neben der Reflektion der Wirkungsweise des Mediums ist die Selbsterforschung in solchen Inszenierungen ein wichtiges Motiv.

Vom Betrachter zum Benutzer

Die digitalen Technologien haben auch in die Videokunst Einzug gehalten, vor allem in Gestalt vieler interaktiver Werke, die den Betrachter zum »User« und »Mitschöpfer« eines Kunstwerks machen, das nur durch ihn in der gewählten Form existiert. Die Installation Portrait One des Kanadiers Luc Courchesne von 1990 ist ein frühes Beispiel für ein solches »partizipatorisches« Kunstwerk (Abb. unten und S. 244 ff.).

Durch digitale Aufnahme- und Bearbeitungsmöglichkeiten werden die auch materialen Grenzen zwischen Video und Film, die für die anfängliche Kontroverse gesorgt hatten, verwischt: Film- und Videokunst sind einander nähergekommen.

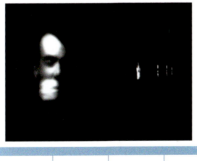

1990: Portrait One von Luc Courchesne, eine interaktive Videoinstallation mit scheinbar individuellen Gesprächsverläufen

1995: Hall of Whispers von Bill Viola, Mehrkanal-Videoinstallation in 2 Reihen mit je 5 Projektionen, 1995

1997: No Sunshine von Bjørn Melhus, Selbstinszenierung vor der Kamera mit Greenscreen-Technik

Der Fernseher als Feuerstelle

TV AS A FIREPLACE (1968/69) von Jan Dibbets – von der künstlerischen Intervention zum Ambient Video

Deutschland, 24.–31.12.1969 | 1-Kanal-Produktion | 8 x ca. 2:45 Min. insgesamt ca. 23 Min.
Konzept: Jan Dibbets
Produktion: Gerry Schum, Westdeutscher Rundfunk (WDR), Köln
Empfehlung: ab 13 J. | Kl. 8

An den letzten acht Tagen des Jahres 1969 wurde vom WDR jeweils am Ende des täglichen Programms das Bild eines Feuers ausgestrahlt, das anfangs mit kleiner Flamme brennt, dann lodert und schließlich verglimmt. Begleitet wurde das mit starrer Kamera gefilmte, ungeschnittene Fernsehbild, das nicht angekündigt war, von den Geräuschen, die prasselnde und knackende Holzscheite mit sich bringen.

TV AS A FIREPLACE von Jan Dibbets, 1968/69, Ausstrahlung der 1-Kanal-Produktion

Knapp ein Jahr nach der Einführung des Farbfernsehens in der Bundesrepublik Deutschland notierte der holländische Künstler Jan Dibbets bereits seine Idee: »A fire on the screen offering the entire German people an open fire place for the length of x minutes in color.«
Bis zur Realisierung verging ein weiteres Jahr, dann sahen sich die Zuschauer des WDR Ende 1969 spät nachts einem brennenden Holzstoß gegenüber. Sonst eher eine private Situation, teilten sich Tausende von Haushalten dieses Bild, das sie virtuell zu einem kollektiven Kaminerlebnis zusammenführte.
Jan Dibbets machte sich die Tatsache zunutze, dass offene Feuerstellen im eigenen Heim ähnlich gerahmt sind wie das Fernsehbild – und dass man als Betrachter manchmal genauso gern auf den Bildschirm starrt wie in ein Feuer.

Virtuelles Kaminfeuer. Zwei Phasen von TV AS A FIREPLACE

Beide, das Kaminfeuer und die TV-Ausstrahlung, basieren auf Energieumwandlung im zeitlichen Ablauf. Dibbets brachte das Naturphänomen mit dem elektronischen Bild in Deckung.

Die künstlerische Intervention

Dass die Ausstrahlung des Kunstwerks nicht angekündigt war, hatte mit dem damaligen Verständnis von Kunst zu tun: Diese sollte eine »Intervention« darstellen, sich gesellschaftlich einmischen (lat. interventio: Eingriff). Auch wenn das Kunstwerk von Jan Dibbets keine direkte politische Aussage tätigt, war es doch irritierend und stellte Fragen an das übliche TV-Programm, z.B. an den Aufwand, mit dem viele Sendungen produziert werden.

Von Störfaktor zum Wandschmuck

Dibbets FIREPLACE bildete den Auftakt zu einer Reihe von Video-Interventionen weiterer Künstler in anderen westlichen Ländern. Was damals als Einmischung gemeint war, wird heute unter der Bezeichnung »Ambient Video« (in Anlehnung an ein Musiklabel von Brian Eno) als bewegtes Gemälde konzipiert. Ambient Videos sind für die – wie Bilderrahmen wirkenden – Flachbildschirme besonders geeignet: meist non-narrativ, langsam im Rhythmus und wie ein Gemälde ohne Sound. Oft nur zur Zerstreuung gedacht, stehen solche »Video paintings« in einem Spannungsverhältnis zwischen »seriöser Kunst« und »Berieselung« (Reinhard W. Wolf).

Verglimmen des Feuers

Jan Dibbets, Konzeptkünstler

Der niederländische Künstler Jan Dibbets, 1941 in Weert geboren, studierte von 1959 bis 1963 an der *St. Martin's School of Art* in London und wurde zunächst mit konzeptuellen Fotosequenzen bekannt. Er prägte nicht nur die Konzeptkunst, sondern auch die Land Art der 1960er-Jahre entscheidend mit. Seine Werke wurden mehrfach auf der *documenta* in Kassel ausgestellt. 1984 erhielt Jan Dibbets einen Ruf als Professor an die *Kunstakademie Düsseldorf*, wo er bis 2004 lehrte. Der Künstler lebt und arbeitet heute in Amsterdam und in San Casciano Bagni in Italien.

Konzeptkünstler Jan Dibbets vor seinen Fotoarbeiten, Paris 2005

> Die Leute haben plötzlich die Möglichkeit, sich fünf Minuten zu entspannen, ins eigene Kaminfeuer zu starren, abzuschalten oder sich an einer Salzstange zu verschlucken.
> *Gerry Schum, Fernsehgalerist*

ANREGUNGEN ZUM GESPRÄCH

1. Inwiefern war der Röhrenfernseher von früher für TV AS A FIREPLACE geeigneter als ein heutiger Flachbildschirm?
2. Diskutieren Sie Vor- und Nachteile von elektronischem Kaminfeuer.
3. Worin besteht die »künstlerische Intervention« bei TV AS A FIREPLACE?
4. Wie würde Dibbets' Werk in der Fernsehlandschaft von heute mit ihrer Vielzahl von TV-Stationen wirken?

ANREGUNGEN ZUR PRODUKTION

1. Suchen Sie Motive, die sich für ein anspruchsvolles »Ambient Video« mit langer, starrer Einstellung ohne Ton anbieten, fertigen sie Aufnahmen davon an.
2. Richten Sie eine Fernseh- bzw. Videogalerie in Ihrer Schule ein, in der die gefilmten Beiträge nonstop gezeigt werden können.

Die Fernsehgalerie Gerry Schum. Ohne den Filmemacher und Produzenten Gerry Schum (1938–1973) wäre die Ausstrahlung des Videokunstwerks von Jan Dibbets nicht möglich gewesen. Schum war Initiator einer »Fernsehgalerie«, die 1969/1970 von deutschen TV-Stationen gezeigt wurde. Sein Anliegen war es, die Kommunikation mittels Kunst anstelle von Kunstbesitz zu fördern. Mit seiner ersten Sendung prägte Schum 1969 den Begriff der »Land Art«. 1971 gründete er zusammen mit Ursula Wevers in Düsseldorf die weltweit erste »Videogalerie«. Diese bot Video-Tapes von zeitgenössischen Avantgarde-Künstlern an, die heute zu den Klassikern der Gegenwartskunst zählen.

Videokunst multikulturell

Global Groove (1973) von Nam June Paik & John Godfrey – elektronische Collage aus dem Video-Synthesizer

Motion still aus Global Groove, 1973

USA 1973 | Farbe | Ton | 29 Min.
Konzept, Schnitt: Nam June Paik
Regie: Merrily Mossmann
Filmmaterial: Jud Yalkut, Robert Breer
Produktion: TV Lab von WNET/Thirteen
Empfehlung: ab 13 J. | Kl. 8

Global Groove ist eine Collage aus Audiomaterial (Rockmusik, Klassikkonzerte, Werbung) und TV-Aufnahmen, die elektronisch verfremdet wurden. Sie schlägt eine Brücke zwischen westlichen und östlichen Kulturen.

Ingenieur und Künstler. Shuya Abe und Nam June Paik im WGBH-TV-Studio in Boston, 1969

Eine Zukunftsvision

»Dies ist ein flüchtiger Eindruck der Videolandschaft von morgen, wenn man zu jedem Fernsehsender der Erde schalten kann und TV-Zeitschriften so dick sein werden wie das Telefonbuch von Manhattan.« Bereits diese (englisch gesprochene) Ankündigung zu Beginn des Videos Global Groove benennt das Anliegen: eine Verknüpfung der Kulturen der Welt, die Nam June Paik in einen »globalen Rhythmus« versetzt.

Der Rocksong *Devil With a Blue Dress On* von Mitch Ryder wird vom Trommeln einer Navajo-Indianerin überlagert, koreanische Fächertänze folgen auf Stepptänze, Beethovens *Mondscheinsonate* kollidiert mit einer elektronischen Komposition von Karlheinz Stockhausen, Charlotte Moorman setzt klassischer Musik ihr *TV-Cello* entgegen, und die Pepsi-Werbung stammt aus Japan.

Der Video-Synthesizer

Diese gegensätzlichen Klänge und Bilder sind nicht nur collageartig zueinandergefügt, sondern auch verfremdet. So ist das Gesicht des US-Präsidenten Richard Nixon durch Bearbeitung mit einem Magneten verzerrt worden (Abb. S. 238), die Cellistin Moorman wird bis ins Unendliche vervielfacht und farblich verfremdet, andere Personen bekommen mittels Blue-box-Technik einen neuen Hintergrund (s. Kasten S. 239). Mit dem japanischen Ingenieur Shuya Abe hatte Paik 1969/70 den »Video-Synthesizer« entwickelt, ein elektronisches Gerät, das magnetische Manipulationen, Video-Feedback und farbliche Verfremdungen ermöglichte und non-linear mixte. Mit dem Originalgerät, das sieben Videoeingänge hatte, ließen sich Signale verstärken, umwandeln und mischen.

Verfremdungsmaschine. Der von Shuya Abe und Nam June Paik 1969/70 entwickelte, originale Video-Synthesizer im Gestell, obenauf 12 Monitore. Installation von 1992, Höhe 305 cm, Kunsthalle Bremen

Nam June Paik: GLOBAL GROOVE, 1973. 1-Kanal-Video, 29 Min. Motions stills

Videokunst als Völkerverständigung
Die Versöhnung der Gegensätze von Tradition und Avantgarde, von Ost und West, von Hoch- und Popkultur in GLOBAL GROOVE sind kein spielerischer Selbstzweck. Paiks Video geht auf einen Auftrag mit politischer Zielsetzung zurück, den Anja Oßwald beschreibt.

Vorgeführt wird nicht nur eine globalisierte TV-Landschaft, sondern auch und vor allem eine multikulturelle Situation, die nationale Grenzen ebenso überschreitet wie kulturgeografische. In dieser politischen Ausrichtung erhält die Tatsache Bedeutung, dass es sich bei GLOBAL GROOVE um eine Auftragsarbeit handelt. Bereits 1971 wurde Paik von staatlicher Seite der Vorschlag gemacht, ein Fernsehprogramm zur Völkerverständigung zu gestalten. Hintergrund war der sich zuspitzende Vietnamkrieg, in den die USA seit 1964 verwickelt waren und dem Paik – nicht zuletzt aufgrund seiner persönlichen Situation als ein in New York lebender Koreaner – einen künst-

120 × Global Groove. Nam June Paik: TV-Garden (Video-Dschungel), documenta 6, Kassel 1977. Neue Installationen im Museum für Neue Kunst, ZKM Karlsruhe, im Guggenheim Museum SoHo, New York, und im K 21, Düsseldorf (dort mit 120 Monitoren und 600 Pflanzen)

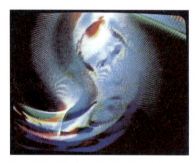

Verzerrter Politiker. Der mittels Magnetwirkung veränderte Kopf von Richard Nixon, US-Präsident (1969–1975) während des Vietnamkriegs (1964–1975). Motion still aus Global Groove

lerischen Friedensbeitrag entgegensetzen sollte. In der ihm eigenen lakonischen Art äußerte sich Paik zu den Entstehungsbedingungen:

»... around 1971 the USIS, i. e. (that is) the Information Agency – the American propaganda ministry – thought, I'd have propagandistic value to the war, because I'm a korean immigrant in the United States, who is doing o.k. So they asked me to make a kind of documentation on TV, a program about east and west. I said, I didn't want to do it, because at this time, 1971, the Vietnam war was still going on. The more I refused, the more they became interested. And since I refused – I was seriously against this idea – they were offering more and more money: 20 000 Dollars, which was quite an amount at that time. So I finally said yes. That was in 1973.«

Ob das Band, wie es dann entstanden ist, die Zustimmung des Ministeriums gefunden hat, ist fraglich. Fest steht, dass das Tape einfachen Propagandazwecken wenig entspricht.

Anja Oßwald

Auszeichnungen für Nam June Paik
Teilnahme an der documenta 6, Kassel 1977 | Will-Grohmann-Preis 1981 | Teilnahme an der documenta 8, Kassel 1987 | Kurt-Schwitters-Preis, Hannover 1989 | Kaiserring der Stadt Goslar 1991 | Picasso-Medaille der UNESCO 1992 | Goldener Löwe für den besten Länderpavillon (Deutschland) auf der Biennale von Venedig 1993 (zus. mit Hans Haacke) | Kyoto-Preis 1998 | Wilhelm-Lehmbruck-Preis der Stadt Duisburg 2001

Begründer der Videokunst
Nam June Paik, der 1932 in Seoul, Südkorea, geboren wurde, floh zu Beginn des Koreakrieges 1950 (s. S. 110) über Hongkong nach Tokio. Dort studierte er von 1952 bis 1956 westliche Ästhetik, Musik- und Kunstwissenschaften. Sein Musikstudium setzte er an den Universitäten in München und Freiburg fort. Zwischen 1958 und 1963 arbeitete er mit dem Komponisten Karlheinz Stockhausen im Kölner WDR-Studio für elektronische Musik. 1962 war er an den Konzerten der Fluxus-Künstler in Wiesbaden, Amsterdam, Kopenhagen, Paris und Düsseldorf beteiligt. 1963 installierte er in der *Galerie Parnaß* in Wuppertal erstmals Fernsehgeräte mit manipulierten Bildern. Die Idee seines »Participation TV« fasste er in einem Slogan zusammen: »Das Fernsehen hat uns ein Leben lang attackiert, jetzt schlagen wir zurück.«

Mit dem Erscheinen der »Portopak« von Sony, einer tragbaren Einheit von Kamera und Magnetband-Recorder, wandte sich Paik der Produktion von Videofilmen zu. Später ließ er seine psychedelisch wirkenden Arbeiten über riesige Monitorskulpturen flimmern. Paik lotete die Möglichkeiten des Mediums gestalterisch und philosophisch aus. So ließ er GLOBAL GROOVE in seiner Installation TV-GARDEN auf der documenta 6 in Kassel 1977 gleichzeitig über Dutzende von Monitoren flimmern. Von 1979 bis 1996 war er als Professor an der *Kunstakademie Düsseldorf* tätig, lebte aber hauptsächlich in New York.

Nam June Paik verstarb 2006 in Miami, Florida. Eine seiner humorvollen Devisen lautete: »When too perfect, liebe Gott böse!«

Videokünstler Nam June Paik bei der Vorstellung seines Elektro-Magnet-TV

ANREGUNGEN ZUM GESPRÄCH
1. Inwiefern gehören Paiks Videobilder zur Pop-Kultur? Vergleichen Sie die Motion stills aus GLOBAL GROOVE mit anderen Bildern der Zeit, z. B. auf den Covers von Schallplatten.
2. Ist Paiks Collage der Gegensätze gelungen, kann er die Kulturen miteinander versöhnen?
3. Übersetzen Sie die englische Passage im Text links. Bewerten Sie es, dass Paik den Auftrag erst angenommen hat, als ihm enorm viel Geld geboten wurde.
4. Hat das Video den erwünschten Propagandazielen des Auftraggebers, der USIS, entsprochen?
5. Halten Sie es für statthaft, das Bild eines hohen Amtsträgers wie US-Präsident Richard Nixon zu verzerren?

ANREGUNG ZUR PRODUKTION
1. Übersetzen Sie den englischen Text aus dem Interview von Anja Oßwald mit Nam June Paik ins Deutsche. Entwickeln Sie daraus ein Gespräch zwischen der USIS und Nam June Paik, das auch Teil eines Rollenspiels sein kann.
2. Sammeln Sie alte TV-Röhrengeräte und experimentieren Sie mit magnetischen Verzerrungen, die Sie abfilmen und in ein Video integrieren.
3. Stellen Sie »Found footage« zu einer Kontrastcollage zur Kultur unserer Zeit zusammen.
4. Konzipieren Sie ein Video zu einem Thema, bei dem der Einsatz der »Greenscreen«-Technik sinnvoll erscheint (z. B. eine Nachrichtensendung mit Sprecher im Vordergrund).

Die technischen Tricks von Nam June Paik
Video-Feedback (Rückkopplung): Eine unendliche Wiederholung eines sich dabei beständig verkleinernden Motivs, das entsteht, wenn eine Kamera ein von ihr gleichzeitig aufgenommenes und wiedergegebenes Monitorbild abfilmt.
Bildumkehr: Ein der fotografischen Solarisation ähnlicher Negativeffekt, bei dem von schwarzen Flächen nur weiße Umrisslinien übrig bleiben.
Bluebox-Technik: Ein Verfahren, das es erlaubt, in eine Originalaufnahme anstelle eines blauen Hintergrunds andere Bilder einzuspielen (»einzustanzen«), heute eher als »Greenscreen« im »Chromakey«-Verfahren ausgeführt.

Pfeile gegen das Frauenklischee
Glauben Sie nicht, dass ich eine Amazone bin (1975) – Live-Videoperformance im Closed Circuit

In Aktion: Künstlerin Ulrike Rosenbach, 1975

Frankreich/Deutschland 1975 | sw | Ton | Länge des Videobands 15 Min.
Konzept, Performance: Ulrike Rosenbach
Empfehlung: ab 14 J. | Kl. 9

Die Künstlerin Ulrike Rosenbach schießt 15 Pfeile auf eine Reproduktion des Gemäldes *Madonna im Rosenhag* von Stephan Lochner. Das Gesicht der Madonna und das der Künstlerin sind mittels Videotechnik über- und ineinander geblendet, sodass die Pfeile beide zu treffen scheinen.

Paris, 1975. Auf der *Biennale des Jeunes* zielt Ulrike Rosenbach, in ihrem hautengen, hellen Trikot vom grellen Scheinwerferlicht beleuchtet, mit Pfeil und Bogen auf eine Reproduktion des Gemäldes *Madonna im Rosenhag* des spätgotischen Kölner Meisters Stephan Lochner. Die Künstlerin hat sie kreisrund wie eine Zielscheibe ausgeschnitten und auf eine Staffelei gestellt – und schießt 15 Pfeile darauf ab.

Im selben Jahr führt Ulrike Rosenbach die Aktion noch einmal in der *Galerie Krinzinger* in Innsbruck auf. Hier filmen zwei Kameras mit: die eine das Gesicht der Künstlerin, die andere das der Madonna. Die Kamerabilder werden auf einem Monitor ineinander geblendet. Das komplexe Kunstwerk besteht aus der »Performance« (engl., Aufführung) vor Publikum und einem Videobild im »Closed circuit« (engl., geschlossener Kreisauf).

Die Video-Edition
Die Künstlerin hat das von den Kameras gemischte Bild bei einem späteren Auftritt mitgeschnitten. Das 15-minütige Videoband, das dabei entstand, ist als Edition ein Kunstwerk für sich.
Es lenkt die Aufmerksamkeit ausschließlich auf das Monitorbild. Man erkennt die Konzentration Ulrike Rosenbachs, deren Gesicht dem der Madonna nicht unähnlich ist. In etwa der gleichen Größe wiedergegeben, verschmilzt es immer wieder mit dem Antlitz im Gemälde. Bewegt sich die Künstlerin zur Seite, kommen ihr rechtes Auge und das linke der Madonna übereinander zu liegen. Als Ulrike Rosenbach den ersten Pfeil abschießt, bohrt er sich in die Stirn beider Frauen. Man sieht ihn, etwas von links gefilmt, nachzittern. Aufmerksam betrachtet die Künstlerin das Schießergebnis, den Blick direkt in die Kamera richtend, die hinter einer quadratischen Panzerglasscheibe in der Mitte des Madonnenbildnisses montiert war.
Vor jedem neuen Schuss bückt sich die Künstlerin nach rechts unten, wo die anderen Pfeile liegen. So schießt sie noch 14 weitere Pfeile ab und trifft mit den meisten die Stirnpartie, mit einem das Kinn und mit einem anderen den Heiligenschein. Dieser Heiligenschein umfängt auch die janusköpfige Künstlerin, deren aggressiver Akt offensichtlich beiden gilt: der Madonna und ihr selbst. Im Interview hat sie sich zu ihren Motiven geäußert (s. Text S. 242).

Frauenideal des ausgehenden Mittelalters. Stephan Lochner: Maria im Rosenhag, 1451. Ölfarben auf Holz, 51 x 40 cm. Wallraf-Richartz Museum, Köln

Relikt der Performance von Ulrike Rosenbach (Ausschnitt aus einer späteren Fotoarbeit). In der Mitte die Kamera hinter der Panzerglasscheibe. 51 x 40 cm. Wallraf-Richartz Museum, Köln

Ulrike Rosenbach: Glauben Sie nicht, dass ich eine Amazone bin, 1975. Motion stills aus der Video-Edition. *Links:* Anfangseinstellung, eine Überblendung der Gesichter der Madonna und der Künstlerin. *Mitte:* Vor dem Abschuss des ersten Pfeils. *Rechts:* Einschlag des Pfeils in der Stirn von Madonna und Künstlerin

Closed circuit. Schema des Aufbaus mit der Zielscheibe, den zwei Videokameras, dem Monitor und der Künstlerin als Bogenschützin

Ich fing an, mit Klischees und Typisierungen, die über Frauen reichlich vorhanden sind, zu arbeiten ... GLAUBEN SIE NICHT, DASS ICH EINE AMAZONE BIN, hat dann ein mittelalterliches Madonnenbildnis einbezogen, die *Madonna im Rosenhag* von Lochner. Es hätte aber auch eine andere Madonna sein können. Bei der Auswahl von Madonnenbildnissen ist das Bild auswechselbar. Die mittelalterlichen Madonnen haben ja keine individuellen Gesichtszüge. Sie verkörpern pauschal die jugendliche, unschuldige Reinheit und Süße, diesen Typus Kind-Frau. Dazu könnte man einiges sagen, es gibt ja inzwischen wissenschaftliche Aufarbeitungen von feministischer Seite über dieses Thema.

Das, was mich daran so provoziert hat, war die unerbittliche Einschränkung, die mit diesem »Vorbild« in der christlichen Religion der Frau auferlegt wird. Wie soll sie sich menschlich bewegen und entwickeln bei dem Anspruch, stets jung und faltenlos, unschuldig und schön zu sein, mit zur Erde geschlagenen Augen. Man hat ihr alles weggenommen, was ihr das Menschsein ermöglichen könnte, sogar ihre Schuldfähigkeit, also sogar die negativen Züge.

Darauf zu schießen, war mir ein wahres Bedürfnis, weil ich mich persönlich von der Erziehung zum Madonnentypus sehr betroffen fühlte.

Anstelle der gewaltlosen Mutter tritt damit der Typus der gewaltvollen, weil kämpferischen Amazone. Da beide sehr eingeengte Formen sind, die eine weite Skala von Verhaltensweisen nicht zulassen, habe ich die Aktion GLAUBEN SIE NICHT, DASS ICH EINE AMAZONE BIN genannt.

Ulrike Rosenbach (im Interview mit Amine Haase)

Ulrike Rosenbach: Glauben Sie nicht, dass ich eine Amazone bin, 1975. Video, sw, Ton, 15 Min. Motion stills aus der Video-Edition.
Links: Die ersten vier Pfeile haben die Stirnpartie getroffen. *Rechts:* Die Schlusseinstellung nach Abschuss aller 15 Pfeile

Auszeichnungen U. Rosenbach (Auswahl)
Förderpreis des Landes Nordrhein-Westfalen 1977 | Teilnahme an der documenta 6, Kassel 1977, und an der documenta 8, Kassel 1987 | Gabriele-Münter-Preis 2004

Avantgardistin der Videokunst

Ulrike Rosenbach gehört zur Avantgarde der Performance und Videokunst in Deutschland. 1943 in Bad Salzdetfurth bei Hildesheim geboren, studierte sie von 1964 bis 1970 an der *Kunstakademie Düsseldorf* bei Karl Bobeck, Norbert Kricke und Joseph Beuys.
1971 nahm sie erste Videoaufzeichnungen im eigenen Studio vor, 1972 begann sie mit Performances und 1973 verband sie die beiden neuen Kunstformen zu ihren Live-Videoperformances. In den Jahren von 1975 bis 1981 begleitete ihr Lebensgefährte, der Medienkünstler Klaus vom Bruch, ihre Aktionen.
Ulrike Rosenbach definiert sich als politische Künstlerin und setzt sich für die Gleichberechtigung von Künstlerinnen im internationalen Kunstbetrieb ein. 1976 gründete sie die *Schule für kreativen Feminismus* in Köln, die bis 1982 bestand. Weibliche Identität versteht sie als etwas sozial Konstruiertes, was sie in vielen Aktionen und Videos, in deren Mittelpunkt sie selbst steht, aufdeckt. Schon seit 1975 unterrichtete Ulrike Rosenbach an zahlreichen Kunsthochschulen im Ausland, u.a. feministische Kunst und Medienkunst am *California Institute of Arts* in Los Angeles. 1989 wurde sie auf eine Professur für Medienkunst an der *Hochschule der Bildenden Künste Saar* berufen, wo sie bis 2007 lehrte und zwischen 1990 und 1993 das Amt der Rektorin bekleidete. Ulrike Rosenbach lebt und arbeitet als freischaffende Künstlerin bei Köln/Bonn und im Saarland.

Video- und Performancekünstlerin
Ulrike Rosenbach bei der Aktion *Tanz um einen Baum*, 1979

Verwundete Amazone. Gemälde von Franz von Stuck, 1905. Öl auf Leinwand, 90,5 x 103,8 cm. Privatbesitz.
Im Lauf der Kunstgeschichte wurde die Amazone meist als bewaffneter, verwundeter weiblicher Akt dargestellt.

ANREGUNGEN ZUM GESPRÄCH

1. Ulrike Rosenbach trifft mit ihren Pfeilen nicht nur das Madonnenbildnis, sondern auch sich selbst. Warum richtet sich ihre Aggression auch gegen die eigene Person?
2. Nennen Sie Gründe, weshalb die Pfeile vor allem im Kopf der Madonna einschlagen.
3. Informieren Sie sich über den Mythos der Amazone. Weshalb spielt Ulrike Rosenbach im Werktitel darauf an?
4. Überprüfen Sie das von Ulrike Rosenbach beschriebene Madonnenbild an Beispielen aus der Kunstgeschichte.
5. Sind die Ziele, die sich Ulrike Rosenbach in ihrer künstlerischen Arbeit gab, noch aktuell? Finden Sie Beispiele für feministische Kunst.
6. Recherchieren und diskutieren Sie Kunstwerke, deren Herstellung auf Aggression und Destruktion beruht.

ANREGUNG ZUR PRODUKTION

Konzipieren Sie eine »Closed circuit«-Videosituation zu den Themen Identität, Rollentausch und geschlechtsspezifisches Verhalten.

Video, ein Medium feministischer Kunst
Ulrike Rosenbach versteht ihre künstlerische Arbeit als feministisch. Dass sie sich nicht in einem tradionellen Verfahren wie der Malerei ausdrückt, sondern neue Mittel der Kunst wählt, nämlich Performance und Video, führte die Künstlerin selbst darauf zurück, dass Malerinnen »nicht so frei arbeiten können ..., weil ihnen zu viel vorausgesetzt wird von der männlichen Kultur, überzeugend Gutes eben auch. Die neuen visuellen Medien haben da tatsächlich den Vorzug, nicht so belegt zu sein.«

Im Dialog mit dem Betrachter

PORTRAIT ONE (1990) von Luc Courchesne – eine interaktive Videostation

Luc Courchesne: PORTRAIT ONE, 1990. Monitor, Computer, Touchpad, Laserdisc Player. Medienmuseum im ZKM | Zentrum für Kunst und Medientechnologie Karlsruhe

KANADA 1990 | Video-Installation | Farbe | Länge variabel
Konzept, Regie, Design, Programmierung, Produktion: Luc Courchesne
Skript: Luc Courchesne, Paule Ducharme
Kamera: Jason Levy
Kooperation: Canada Council for the Arts
CD-ROM-Programmierung: Volker Kuchelmeister u.a., Produktion: ZKM Karlsruhe
Empfehlung: ab 13 J. | Kl. 8

Das erstarrte Videobild einer hübschen jungen Frau namens Marie (Paule Ducharme) beginnt zu leben und zu sprechen, sobald man ihr über ein Interface (Trackball, Textmenü) Fragen stellt. Es entsteht ein scheinbarer Dialog, von dem sich Marie von selbst wieder verabschiedet.

Marie blickt dem Besucher des Medienmuseums aus ihrem Terminal mit offenen Augen entgegen. Lebensgroß wiedergegeben, wirkt sie real, und doch ist sie eine Illusion – die Spiegelung eines horizontal montierten Monitors auf halbtransparentem Glas im 45°-Winkel. Mittels eines Trackballs kann man auf einem kleinen Extrabildschirm Texte in verschiedenen Sprachen anklicken, woraufhin Marie zu sprechen beginnt. Die Schauspielerin Paule Ducharme, die der kanadische Künstler Luc Courchesne für sein Werk engagiert hat, gibt uns durch ihre Mimik und Stimme das Gefühl einer vertraulichen, fast intimen Situation. Nach jedem ihrer Beiträge fällt sie in ihre anfängliche Starre zurück, die sich durch die nächste Frage aus dem Textmenü wieder aufheben lässt.

Aus ca. 300 möglichen Fragen und Kommentaren lässt sich ein Dialog in Gang setzen, von dem nur Anfang und Ende feststehen, denn nach ein paar Minuten macht Marie stets von sich aus Schluss. Natürlich sind die Bild- und Wortbeiträge vorbereitet. Je nach Klick wird ein anderes Video von einer Laserdisc eingespielt, woraus sich ein nur scheinbar individueller Gesprächsverlauf mit ironisch-geistreichem, aber auch philosophisch anspruchsvollem Inhalt ergibt.

Museumsbesucher am Terminal von PORTRAIT ONE, ZKM Karlsruhe

CD-ROM-Version, Screenshot

Ich bin eine Sinnestäuschung. ... Ich bin ein Porträt so wie die, von denen die Museen vollhängen. All diese unsterblichen Antlitze, die zu den lebenden hinzukommen, um die Menschheit zu bevölkern. –

Ich habe nur meine Vergangenheit. Die Zeit ist für mich stehen geblieben an dem Tag, an dem ich geworden bin, was ich jetzt bin. –

Es stimmt, dass ich unerreichbar bin und dass Sie mich nicht ändern können. Aber schauen Sie sich doch die Leute um sich herum an: Sind sie so anders als ich? Sind sie erreichbar? –

Wenn Sie mich jetzt bitte entschuldigen würden. *Marie, PORTRAIT ONE*

Formen der Interaktivität

PORTRAIT ONE existiert seit 1995 auch auf CD-ROM (und seit 2002 auf DVD-ROM). Wie bei der Museumsinstallation von PORTRAIT ONE wird der Betrachter auch hier zum »User«, zum Benutzer des Kunstwerks.

Es stellt sich die Frage, um welche Art von Interaktion bzw. Interaktivität es sich handelt (lat. inter: zwischen; actio: Handlung). Zur Klärung bietet es sich an, Medienkunstwerke in »reaktiv«, »interaktiv« und »partizipativ« zu unterscheiden. Im ersten Fall kann der Beteiligte nur drücken, klicken oder scrollen, um etwas auszulösen, ohne jedoch den Ablauf zu bestimmen. Im zweiten Fall kann er einen Dialog eine Zeit lang mitgestalten, wonach das Werk wieder in die Ausgangsstellung zurückkehrt. (Zu dieser Kategorie gehören z. B. Videogames, an die PORTRAIT ONE erinnert). Im dritten Fall dagegen lässt sich das Kunstwerk dauerhaft verändern.

Auszeichnungen für PORTRAIT ONE

Ausstellungen (u.a.): National Gallery of Canada, 1993/94 | Museum of Modern Art, New York, 1994 | Auszeichnung auf dem Ars Electronica Festival in Linz, Österreich, 1999.

ANREGUNGEN ZUM GESPRÄCH

1. Beantworten Sie die Fragen von Marie im oben wiedergegebenen Zitat.
2. Warum wird das virtuelle Gespräch mit Marier vom Betrachter/Benutzer als ein reales empfunden?
3. Diskutieren Sie: Ist PORTRAIT ONE reaktiv, interaktiv oder partizipativ? Recherchieren Sie Beispiele für die verschiedenen Arten von »interaktiven« Kunstwerken.
4. Worin unterscheidet sich ein Videoporträt wie PORTRAIT ONE von einem gemalten oder einem gezeichneten Bildnis?
5. Der griechische Bildhauer Pygmalion verliebte sich in die von ihm geschaffene Statue Galatea und bat die Götter, sie zum Leben zu erwecken, was diese auch taten. Worin lassen sich Parallelen zu PORTRAIT ONE erkennen?
6. Benennen Sie Unterschiede und Gemeinsamkeiten zwischen PORTRAIT ONE und einem Videogame.

ANREGUNGEN ZUR PRODUKTION

1. Entwickeln Sie ein Storyboard für eine virtuelle Kommunikation zwischen zwei nur auf Bildschirmen bzw. virtuell existierenden Personen.
2. Schreiben Sie eine Rollenbiografie für Marie, bevor sie zum interaktiven Kunstwerk wurde.
3. Was macht Marie nach Feierabend?

Medienkunst-Pionier Luc Courchesne

Der 1952 in Québec, Kanada, geborene Luc Courchesne studierte Kommunikationsdesign am *Nova Scotia College of Art and Design* in Halifax bis 1974 und absolvierte 1984 den Master of Science in Visueller Kommunikation am berühmten MIT, dem *Massachusetts Institute of Technology* in Cambridge. Standen anfangs interaktive Porträts im Zentrum seiner Arbeit, so sind es in jüngster Zeit Landschaftspanoramen, in die der Betrachter virtuell eintauchen kann. 1986 erhielt Courchesne eine Professur für Industriedesign an der *Université de Montréal*, wo er 2005 Rektor der École de Design wurde.

Medienkünstler Luc Courchesne

Im Wechselbad der Gefühle

Vergrabene Geheimnisse (1995) von Bill Viola – ein Gesamtkunstwerk aus fünf Installationen

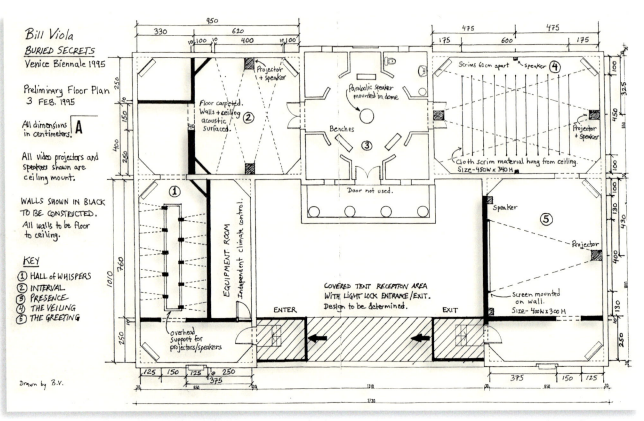

Grundriss der Installation Vergrabene Geheimnisse von Bill Viola. 5 Video-/Audio-Arbeiten, Pavillon der USA, Biennale Venedig 1995

Die Architektur des US-Pavillons auf dem Gelände der Biennale Venedig

Buried Secrets, I/USA 1995 | 5 verschiedene Installationen als Gesamtkunstwerk: Hall of Whispers, Interval, Presence, The Veiling, The Greeting
Empfehlung: ab 14 J. | Kl. 9

Auf der internationalen Kunstausstellung von Venedig, der *Biennale*, installierte der Künstler Bill Viola 1995 im Pavillon seines Heimatlandes, der USA, fünf Video-/Audio-Arbeiten. Entlang einer durch die Architektur vorgegebenen Route konnte der Besucher sie unter dem Titel Begrabene Geheimnisse als »Gesamtkunstwerk« in Erfahrung bringen. Die Installation wurde später in abgewandelter Form auch an anderen Orten präsentiert, u. a. im Haus der Kestner-Gesellschaft in Hannover.

Raum 1: HALL OF WHISPERS

Der Portikus, das Säulenportal des klassizistischen Pavillons (s. Abb. S. 246 u. l.), dient während der Ausstellung von Bill Viola nicht wie üblich als Haupteingang. Der Besucher betritt das Gebäude stattdessen über eine Tür im linken, nördlichen Flügel und passiert als Erstes den dunklen »Raum der Flüsterstimmen«. Die Projektoren sind hier über Kopfhöhe angebracht. An den beiden langen Wänden erstrecken sich je fünf mannshohe, wie schwarzweiße Fernsehbilder wirkende Videoprojektionen, frontal wiedergegebene Gesichter von Männern und Frauen. Die Augen geschlossen, die Münder geknebelt, versuchen sie verzweifelt zu sprechen, doch ihre hervorgestoßenen Worte ergeben nur ein undeutliches Stimmengewirr.

Raum 2: INTERVAL

Über einen im Dunkeln liegenden Flur erreicht man den nächsten Raum und durchschreitet zwei sich gegenüberliegende, wandfüllende Projektionen. Die 2-Kanal-Produktion zeigt auf der einen Seite einen männlichen Akt in einem gekachelten Raum. Er reinigt sich in ruhigen Bewegungen. Auf der anderen Seite eine schrille Videomontage, in der sich ein Mensch durch Feuer und Wasser kämpft, gefolgt von Szenen, in denen die Kamera aggressiv durch die Hautfalten in einen Körper einzudringen versucht. Die Projektionen werden, von einem Computer gesteuert, abwechselnd in immer schnelleren Intervallen gezeigt, anfangs eine Minute lang, am Ende 30 Sekunden.
Der Kunsthistoriker Ralph Melcher führt Violas Werk auf dessen Vorliebe für die Mystik zurück (s. Text rechts).

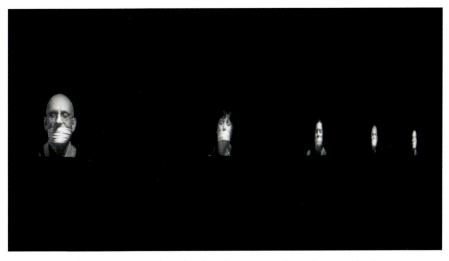

Raum 1: HALL OF WHISPERS, 1995. Video-/Klanginstallation, 430 x 460 x 760 cm. 10-Kanal-Videoprojektion mit je fünf gegenüberliegenden, schwarzweißen Projektionen in abgedunkeltem Gang; 10-Kanal-Klanginstallation, mono, verstärkt; 29:57 Min.

Raum 2: INTERVAL, 1995. 2-Kanal-Video-/Klanginstallation, 430 x 660 x 790 cm. Gegenüberliegende, farbige Videoprojektionen mit individuellem Bildwechsel in großem, abgedunkeltem Galerieraum; 2-Kanal-Klanginstallation, mono, verstärkt

Feuer und Wasser, Geburt und Tod, also die Elemente und die Bedingungen des Lebens sind es, aus denen Viola seine Bildzitate schöpft. Nicht zuletzt aus diesen Gegensatzpaaren beziehen die Werke Violas ihre unmittelbar verständliche und eindringliche Spannung. ...

In diesem Zusammenhang gewinnt die wichtige Feststellung Violas besondere Bedeutung, dass nach seiner Ansicht der entscheidende Ort des Kunstwerkes, das er zu schaffen beabsichtigt, weder in der Materialität der Installation als solcher noch in der aktuellen Rezeption des Betrachters gegenwärtig ist, sondern in der Erinnerung und dem Bild, dass der Be-

Raum 3: **Presence, 1995**. 6-kanalige Klanginstallation, verstärkt, davon 1 Kanal durch eine Parabolantenne gerichtet

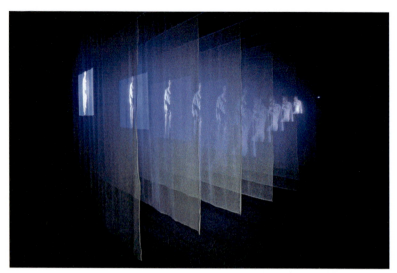

Raum 4: **The Veiling, 1995**. 2-Kanal-Videoproduktion, projiziert von 2 Seiten auf 9 von der Decke hängende Gazeschleier in großem, abgedunkeltem Galerieraum, 350 x 670 x 940 cm; 2-Kanal-Klanginstallation mit 4 Lautsprechern, mono, verstärkt

Raum 3: Presence

Durch einen Vorhang gelangt man zum zentralen Raum, der sonst als runde Eingangshalle hinter dem Portikus dient. Er beherbergt eine Klanginstallation mit dem Titel Presence, englisch für »Anwesenheit«. Junge und alte Stimmen geben aus fünf Lautsprechern flüsternd ihre persönlichen Geheimnisse preis. Hinzu kommt ein sechster Lautsprecher in einem Parabolreflektor, der in der Kuppel der Rotunde angebracht ist. Direkt darunter sind Atem- und andere Körpergeräusche des Künstlers zu hören, die, tritt man zur Seite, nicht mehr wahrzunehmen sind. Der ganze Raum wird jedoch permanent vom ruhigen Herzschlag eines Menschen erfüllt, durch einen Tieftöner auf die Bassfrequenzen reduziert, die »eher als physische Schwingungen denn als Töne wahrgenommen werden«.

Raum 4: The Veiling

Im nächsten Raum blickt der Besucher unversehens auf und durch neun hintereinander gehängte Schleier aus Gaze, eine Art Skulptur im Raum, die man umschreiten und an der man entlanglaufen kann. Auf den Schleiern zeichnen sich die Projektionen eines Mannes und, von der anderen Seite projiziert, einer Frau ab, beide in nächtlicher Landschaft. Je näher sich die Schleier am Beamer befinden, desto heller und kleiner sind die Bilder, die sich in der Mitte durchdringen und verblassen.

trachter als Erfahrung aus der Begegnung mit dem Werk davonträgt und die er als unveräußerlichen Besitz für sich durch das Werk errungen hat. Es wird hieraus unmittelbar einsichtig, dass es Viola um ein Erleben künstlerischer Präsenz geht, das in der Lage ist, nicht nur den flüchtigen Eindruck einer mystischen Erfahrung – also letztlich ein Spektakel – zu produzieren, sondern eine Schau ermöglicht, die in ihrer meditativen Konzentration zur Kontemplation eines Dahinter führt. Dies ist nichts anderes als das Ziel jeder mystischen Versenkung. ...

In welcher Formulierung auch immer, man könnte das zugrunde liegende Schema vereinfacht so darstellen: Beim Nachdenken (cogitatio) »stellen sich Dinge ein« (meditatio), die sich endlich zu Gesichten und Visionen verdichten, die in der mystischen Vereinigung gipfeln können (contemplatio).

Ralph Melcher

Raum 5: The Greeting, 1995. 1-Kanal-Video-/Klanginstallation, 430 x 660 x 780 cm. Stereoklang, verstärkt. Darstellerinnen: Angela Black, Suzanne Peters, Bonnie Snyder

Raum 5: The Greeting

Im letzten Raum, dem südlichen Gebäudeflügel, liegt die 1-Kanal-Projektion The Greeting (engl., die Begrüßung) rechtwinklig zum Eintretenden. Das hochformatige Bild zeigt eine italienisch anmutenden Straßenschlucht mit zwei Frauen, zu denen eine dritte tritt. Ihre langen Gewänder wallen dramatisch im Wind. Es handelt sich um eine Superzeitlupe, die ein Realzeitgeschehen von 45 Sekunden auf 10 Minuten ausdehnt und damit jede mimische und gestische Nuance extrem herausarbeitet. Das Motiv verdankt sich einem Gemälde des manieristischen Malers Jacopo da Pontormo, *Die Heimsuchung* von 1529. Es schildert ein biblisches Thema, den Besuch der mit Jesus schwangeren Maria bei ihrer Schwägerin Elisabeth, die Johannes den Täufer als Kind in sich trägt.

Bill Viola, der »elektronische Mystiker«

Geboren 1951 in New York, gilt Bill Viola als führender Vertreter der Videokunst. Er studierte bis 1973 an den *Experimental Studios* der Syracuse University, New York. Seitdem hat er sich als freier Künstler mit dem Medium Video befasst, das er als Weg der Sinneswahrnehmung und der Selbsterkenntnis begreift. Viola bereiste zahlreiche Länder, längere Zeit verbrachte er in Italien, Java, Bali und Japan. Seine Arbeit stellt eine Auseinandersetzung mit menschlichen Grunderfahrungen wie Geburt, Tod und Bewusstwerdung dar. Hierfür studierte Viola die Quellen und Traditionen der spirituellen Kunst in Ost und West, u. a. den Zen Buddhismus, den islamischen Sufismus und die christliche Mystik. Er wurde deshalb von Pamela C. Scorzin als »elektronischer Mystiker«

Videokünstler Bill Viola und seine Frau Kira Perov, an der Atelierwand Motive aus der Kunstgeschichte als Inspirationsquelle

bezeichnet. Violas Werke werden weltweit von den namhaftesten Museen gesammelt. Vielfach mit Preisen ausgezeichnet, wurde der Künstler 2000 in die *American Academy of Arts and Sciences* berufen. Bill Viola lebt mit seiner Familie in Long Beach, Kalifornien.

> One of the things the camera taught me was to see the world, the same world that my eye sees, in its metaphoric, symbolic state. This condition is, in fact, always present, latent in the world around us. …
> All works of art, though visible, represent invisible things.
> *Bill Viola*

ANREGUNGEN ZUM GESPRÄCH
1. Viola sagt, sein Werk sei »offen für Spekulationen und Interpretationen«. Nehmen Sie ihn beim Wort, deuten Sie die Motive in Buried Secrets aus.
2. Beschreiben Sie die mystischen Anteile in Buried Secrets.
3. Worin bestehen die Zusammenhänge zwischen den einzelnen Werken von Buried Secrets?
4. Untersuchen Sie Buried Secrets unter technisch-formalen Aspekten. Wo sind jeweils die Projektoren installiert? Welche Installation erforderte einen großen Aufand, welche nicht? Welche Arten der Videokunst sind vertreten, welche fehlen (s. S. 232 f.)?

ANREGUNGEN ZUR PRODUKTION
1. Konzipieren Sie einen Raum mit mehreren aufeinander bezogenen Videoinstallationen oder -skulpturen.
2. Experimentieren Sie mit der Zeitlupe, um Handlungen zu überhöhen.

Früh übt sich. Bill Viola war bereits als Schüler der 5. Klasse Anführer des TV-Teams seiner Public School im Stadtteil Queens in New York.

Das Kunstwerk im Zeitalter der Gentechnologie
No Sunshine (1997) von Bjørn Melhus – Selbstinszenierung als Doppelgänger

Björn Melhus: No Sunshine, 1997. 1-Kanal-Videoarbeit. Motion stills

No Sunshine, D 1997
1-Kanal-Video | Farbe | 6:15 min.
Konzept, Regie, Schnitt: Bjørn Melhus
Kamera, Licht: Christoph Girardet
Kostüme: Julia Neuenhausen
CGI: Mike Orthwein
Sound: Sascha Starke (monoton)
Postproduktion: Bjørn Melhus, Werkleitz Gesellschaft e.V.
Empfehlung: ab 14 J. | Kl. 9

In einer Höhle mit Noppenwänden singen zwei identische, skurrile Figuren einander zu. Als sich die Wand hinter ihnen öffnet, erscheint ein zweites Paar. Einer der beiden bricht aus der symmetrischen Situation aus. Am Ende verglühen sie.

Rote Moleküle fliegen durch das All auf den Betrachter zu. Sie sind die Keimzellen von zwei gleichen Personen mit roten Overalls und gelben Plastikperücken. Wie überdimensionale Playmobilfiguren, ohne einzelne Finger, schweben sie schwerelos in einer Höhle mit brauner Noppenstruktur, die, so die Kunstwissenschaftlerin Anja Oßwald, »einen nebulösen Assoziationsraum zwischen Gummizelle, Raumschiff Enterprise und Gebärmutter eröffnet.«

Das skurrile Zwillingspaar kommuniziert mittels gesampelter Fetzen aus Popsongs der 1960er-Jahre, vor allem mit den Kinderstimmen von Michael Jackson und Stevie Wonder. Liedzeilen wie »You're gonna look for me?« werden repetiert und von schmachtenden Lauten und verliebten Blicken begleitet. Ein neues Molekül bricht die Noppenwand auf und bringt ein weiteres Zwillingspaar hervor, ganz in eng anliegendes Rosa gekleidet, eine Art embryonale Vorstufe der Zwillinge im Vordergrund. »Love me!«, bettelt der links hinten verzweifelt, als sein Pendant sich häutet und zum Menschen mit Fingern mutiert. »We are at war!«, singt darauf der linke, dem ein Playmobilkopf wächst. Sie sterben durch eine Explosion, begleitet von der Zeile »Ain't no sunshine« aus dem gleichnamigen Song von Bill Withers.

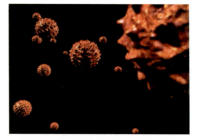

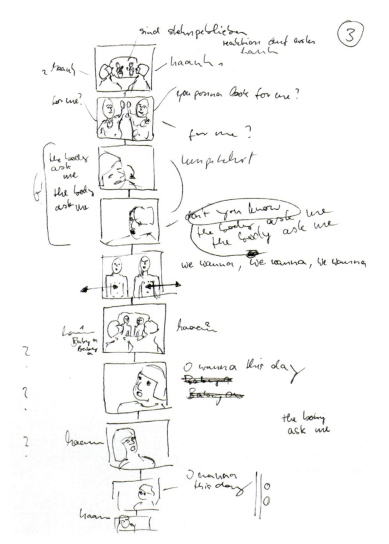

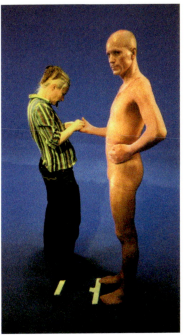

Storyboard. Zeichnerische Planung von NO SUNSHINE, 1997 (Ausschnitt)

In der Maske. Vorbereitung des Drehs

Bjørn Melhus hat sein Video detailliert mit einem Storyboard vorbeitet und alle Figuren vor einem Bluescreen selbst gespielt (zum Verfahren s. S. 228 und S. 239). Im Interview äußert er sich zu den Gründen.

Ich werde immer gefragt, ob ich mir keine Schauspieler leisten kann. Ich möchte alle Rollen gerne selber verkörpern. Das ist Teil der Arbeit und hat auch mit meiner direkten Identifikation zu tun. Deswegen gefällt mir auch der Ausdruck »verkörpern«. Zuerst existieren die Stimmen, die dann mit mir einen Körper bekommen und in dieser Kombination eine neue Geschchte erzählen. Eine Geschichte, die zum Teil noch ihre eigene ist, zum Teil jedoch auch meine eigene.

Bjørn Melhus im Interview mit Wulf Herzogenrath

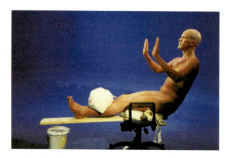 

Simulation der Schwerelosigkeit. Bjørn Melhus beim Dreh und im Video No Sunshine, 1997

Doppelgänger, Alter Ego, Klon?

Das Video rührt an die widersprüchlichen Sehnsüchte des Menschen nach Einzigartigkeit und nach Reproduzierbarkeit. Doch was für Figuren treten hier eigentlich auf?

Als »Double« bezeichnet man einen ähnlich zurechtgemachten Darsteller, der anstelle eines Originals agiert, z.B. als Stuntman im Film oder auch als Ersatz für gefährdete Politiker.

Ein »Doppelgänger« ist dagegen eine Person, die einer anderen von Natur aus ähnlich sieht. Sie ist ein häufiges Motiv in der Literatur der Romantik und verbindet sich mit der Furcht vor dem Wandel und Verlust der Identität bzw. vor einem negativen »Alter Ego«, wie in Robert L. Stevensons Novelle *Der seltsame Fall des Dr. Jekyll und Mr. Hyde* (1886).

ANREGUNGEN ZUM GESPRÄCH

1. Deuten Sie die Symbolik in No Sunshine: die Moleküle, den Noppenraum, die Anzüge, das Verglühen der Figuren.

Auszeichnungen für No Sunshine
Certificate of Merit, San Francisco International Film Festival 1998 | Marl Video Prize 1998 | Prix Elida-Fabergé 1998 | Preis der deutschen Filmkritik, European Media Art Festival Osnabrück 1998

Als »Alter Ego« (lat., anderes Ich) wird eine »zweite Identität« innerhalb der Psyche bezeichnet, wobei »Ego« und »Alter Ego« Teile einer »gespaltenen Persönlichkeit« sind. Das »Alter Ego« kann jedoch auch eine reale Person sein, ein Vorbild, mit dem man sich identifiziert. Positive Doppelidentitäten gibt es auch in den »Superhelden-Comics«, z.B. bei Batman und Superman.

Identisches Aussehen kann mit einer Ent-Individualisierung und dem Verlust des freien Willens einhergehen, wie bei den als »Replikanten« bezeichneten »Androiden« im Film Blade Runner (USA 1982, Regie: Ridley Scott). Der gentechnisch reproduzierbare Mensch ist in den Bereich des Möglichen gerückt, seit 1996 »Dolly« aus der Zelle eines erwachsenen Schafs geklont wurde.

2. Warum griff Melhus für den Soundtrack auf die Kinderstimmen von Popstars zurück?
3. Diskutieren Sie, um welche Arten der oben genannten Doppelgängervarianten es sich in Melhus' Video handelt.

ANREGUNGEN ZUR PRODUKTION

Stellen Sie Stimm- und Musikfragmente zusammen, die Sie im Audioprogramm im Hinblick auf eine Inszenierung vor der Kamera bearbeiten.

Videokünstler Bjørn Melhus

Als Sohn einer deutschen Mutter und eines norwegischen Vaters wurde Bjørn Melhus 1966 in Kirchheim unter Teck geboren. Er besuchte die *Filmschule Stuttgart* und die *Adolf-Lazi-Schule* (heute *Lazi-Akademie für Film und Design*) in Esslingen bis 1987 und studierte danach an der *Hochschule für Bildende Künste in Braunschweig*, wo er Meisterschüler bei Birgit Hein wurde. 1997 ging er mit einem Stipendium an das *California Institute of Arts in Los Angeles*. Vom experimentellen Film kommend, zeigt Melhus seine Videos sowohl auf Filmfestivals als auch im Museum, darunter der *Tate Modern* in London, dem *Museum of Modern Art (MediaScope)* in New York, dem *Centre Pompidou* in Paris, dem *Sprengel Museum Hannover* oder dem *ZKM Karlsruhe*. Neben vielen anderen Auszeichnungen erhielt der Künstler 2003 den »HAP-Grieshaber-Preis«. Im selben Jahr wurde er Professor für Bildende Kunst / Virtuelle Realitäten an der *Kunsthochschule Kassel* berufen. Bjørn Melhus lebt in Berlin.

Videokünstler Bjørn Melhus

DVD zum *Grundkurs Film 3 – Kurzfilme!*

100 Kurzfilme für die Bildung
Die Auswahl im Überblick

Die nachfolgende Filmliste beinhaltet das Ergebnis des auf S. 18 beschriebenen Auswahlprozesses. Diejenigen Filme, die in diesem Buch näher vorgestellt werden, sind mit einem entsprechenden Symbol gekennzeichnet.
Ein Teil der Filme ist auf einer separat zum Buch erscheinenden DVD des Schroedel Verlags erhältlich (s. S. 2). Auf diese und auf andere DVDs des Verlags, die Filme aus der Liste enthalten, finden sich im Folgenden ebenfalls Hinweise. Weitere Angaben stehen jeweils am Ende der Buchkapitel.
Da Filmrechte von Vertrieben und Verleihern oft nur für einen begrenzten Zeitraum erworben werden und manche Kurzfilme bei verschiedenen Anbietern erhältlich sind, wird auf die Nennung zusätzlicher Bezugsquellen verzichtet. Medienzentralen, die DVD zum Buch und die Website der AG Kurzfilm (s. S. 288) bieten weiterführende Verzeichnisse.
Unter dem Stichwort »Aspekte« sind hauptsächlich Inhalte aufgelistet. Sie lassen sich bei allen Werken um filmsprachliche Mittel wie Kameraführung, Lichtregie, Dramaturgie, Montage, Sounddesign etc. und um technische Gesichtspunkte, etwa die verschiedenen Animationsverfahren, ergänzen.

Dokumentarfilme

Die Zugankunft im Bahnhof von La Ciotat (L'arrivée d'un train à La Ciotat) von Auguste und Louis Lumière | F 1895 | sw | 0:50 Min.
Der berühmte Vorläufer des Dokumentarfilms, bestehend aus einer einzigen Einstellung mit einem einfahrendem Zug
Aspekte: Kinogeschichte, Filmwirkung
S. 22–23

Inflation von Hans Richter | D 1928 | sw | 2:39 Min.
Essayfilm, der in Überblendungen Arme und Reiche zur Zeit der Wirtschaftskrise in der Weimarer Republik kontrastiert
Aspekte: Inflation, Kontrastmontage, Essayfilm, Dadaismus
S. 24–25 | DVD *Grundkurs Film 3 – Kurzfilme!*

Philips Radio von Joris Ivens | NL 1931 | sw | 36 Min.
Industrieporträt, das (neu-)sachliche Aufnahmen mit der formalistischen Ästhetik der filmischen »Avantgarde« kombiniert
Aspekte: Industrie, Arbeitsbedingungen, Filmsprache
S. 28–33

Nacht und Nebel (nuit et brouillard) von Alain Resnais | F 1955 | sw und Farbe | 33 Min.
Schonungsloser Dokumentarfilm über den Holocaust
Aspekte: Nationalsozialismus, Holocaust

Brutalität in Stein von Alexander Kluge und Peter Schamoni | BRD 1960 | sw | 12 Min.
Eine filmische Analyse der monumentalen NS-Architektur, die Rückschlüsse auf die zugrunde liegende Ideologie erlaubt
Aspekte: Architektur und Weltanschauung, Nationalsozialismus

Aufsätze von Peter Nestler | BRD 1963 | sw | 11 Min.
Kinder aus einem Schweizer Bergdorf zitieren Aufsätze zum Schulalltag in dem für sie mühevollen Hochdeutsch.
Aspekte: (Dorf-)Schule von früher, Bergwelt, Dialekt

Barfuss und ohne Hut von Jürgen Böttcher | DDR 1964 | sw | 26 Min.
Ein Porträt der Jugendlichen in der DDR, die sich in den Sommerferien an der Ostsee zu ihren Zukunftsplänen äußern
Aspekte: Berufswahl, Jugend in der DDR, Musik
S. 34–37 | DVD *Grundkurs Film 3 – Kurzfilme!*

Nicht löschbares Feuer von Harun Farocki | BRD 1969 | sw | 25 Min.
Ein Mann spricht über Gräuel im Vietnamkrieg und drückt zur Demonstration auf seinem Unterarm eine Zigarette aus.
Aspekte: Nachrichtensprecher, Vietnam-Krieg, Essayfilm

Ulysse von Agnès Varda | F 1982 | sw und Farbe | 22 Min.
Die Filmemacherin spürt dem Zeitgeist und den Personen auf einem 28 Jahre früher von ihr gemachten Foto nach.
Aspekte: Biografie und Erinnerung, Nachkriegszeit

Die Blumeninsel (Ilha das flores) von Jorge Furtado | BR (Brasilien) 1989 | Farbe | 12:30 Min.
Essayfilm zum Weg der Tomate von der Ernte über den Supermarkt bis zur Müllkippe, wo sich Arme von Resten ernähren.
Aspekte: Konsum, Wirtschaft, Armut, Menschenwürde, Brasilien
S. 38–41 | DVD *Grundkurs Film 3 – Kurzfilme!*

Gbanga Tita von Thierry Knauff | Belgien/Kamerun 1994 | sw | 6 Min.
Ein Porträt des letzten Geschichtenerzählers eines Stammes der Baka-Pygmäen im Regenwald von Kamerun
Aspekte: Afrika, Ethnologie, Mythenbildung
S. 42–45 | DVD *Grundkurs Film 3 – Kurzfilme!*

Was weiss der Tropfen davon von Jan Zabeil | D 2007 | Farbe | 12 Min.
Nachdenklicher Blick in das Reichstagsgebäude Berlin aus der Sicht der Reinigungskräfte mit Immigrationshintergrund
Aspekte: Arbeitsmigranten, Lebenssinn, Kunst am Bau
S. 46–49 | DVD *Grundkurs Film 3 – Kurzfilme!*

Ma'rib – Traces of Stones von Rainer Komers | D/Jemen 2008 | Farbe | 30 Min.
Eine wortlose Reise in die geschichtsträchtige, karge Oase Ma'rib im Jemen und zu den dort tätigen Menschen.
Aspekte: Dritte Welt, Archäologie, Islam
S. 50–52

Radfahrer von Marc Thümmler | D 2008 | sw | 28 Min.
Ein »Fotofilm« über die Bespitzelung des systemkritischen DDR-Fotografen Harald Hauswald durch die Stasi.
Aspekte: Überwachungsstaat, Ost-Berlin in den 1980er-Jahren

Spielfilme

Der begossene Gärtner (L'arroseur arrosé) von Louis Lumière | F 1895 | 0:50 Min.
Kurzgeschichte über einen Jungenstreich und seine Folgen, gefilmt in einer »Plansequenz«
Aspekte: Filmgeschichte, Inszenierung, Sketch
S. 56–57

Die Reise zum Mond (Le voyage dans la lune) von Georges Méliès | F 1902 | s. Experimentalfilme

Der grosse Eisenbahnraub (The Great Train Robbery) von Edwin S. Porter | USA 1903 | sw, teilweise koloriert | 12 Min.
Banditen überfallen einen Telegrafenbeamten, rauben einen Zug aus und werden bei der Verfolgung zur Strecke gebracht.
Aspekte: Western, Herausbildung der »Parallelmontage«
S. 58–59 | DVD *Grundkurs Film 2 – Filmzitate*

Die Folgen des Feminismus (Les résultats du féminisme) von Alice Guy | F 1906 | sw | 6 Min.
Vertauschte Rollen in einer Filmkomödie, gedreht von einer Regisseurin, die beiden Geschlechtern den Spiegel vorhält
Aspekte: Geschlechtsspezifisches Verhalten, Emanzipation, Cross-Dressing, Mode um 1900
S. 60–63 | DVD *Grundkurs Film 3 – Kurzfilme!*

The Tramp von Charlie Chaplin | USA 1915 | sw, teilweise viragiert | 26:40 Min.
Auftaktfilm zur Paraderolle Chaplins, hier auf »Heldenreise« zur Farmerstochter, die er am Ende doch nicht bekommt
Aspekte: Slapstick, Tragikomödie, Heldenreise
S. 64–69 | DVD *Grundkurs Film 3 – Kurzfilme!*

Das Lächeln der Madame Beudet (La souriante Madame Beudet) von Germaine Dulac | F 1922 | sw | 38 Min.
Eine Hausfrau flieht vor ihrem ungehobelten Mann in eine Fantasiewelt und entwickelt Mordpläne.
Aspekte: Impressionistischer Film, Verhältnis der Geschlechter

Der rote Ballon (Le ballon rouge) von Albert Lamorisse | F 1956 | Farbe | 34 Min.
Die bezaubernde Freundschaft zwischen einem 6-jährigen Jungen und einem ihm treu ergebenen Ballon in Paris
Aspekte: Freundschaft, Großstadtmärchen
S. 70–71

Zwei Männer und ein Schrank (Dwaj ludzie z szafa) von Roman Polanski | Polen 1958 | sw | 13:54 Min.
Zwei Männer tauchen mit einem Kleiderschrank aus der Ostsee auf, tragen ihn durch die Stadt und wieder zurück.
Aspekte: Absurdes (Film-)Theater, Existenzialismus, Lebenssinn
S. 72–75 | DVD *Grundkurs Film 3: Kurzfilme!*

Machorka-Muff von Danièle Huillet und Jean-Marie Straub | BRD 1963 | sw | 17 Min.
General von Machorka-Muff heiratet Inniga von Zaster-Pehnunz und gründet die »Akademie für militärische Erinnerungen«.
Aspekte: Satire, Literaturverfilmung, Nachkriegsdeutschland

Schwarzfahrer von Pepe Danquart | D 1992 | sw | 12:30 Min.
Oscar-prämiertes Straßenbahn-Roadmovie über Rassendiskriminierung mit witzig-frecher Auflösung
Aspekte: Fremdenhass, Diskriminierung, Story twist
S. 76–79 | DVD *Film Portfolio: Schwarzfahrer*

Der Junge, der rückwärts ging (Drengen der gik baglæns) von Thomas Vinterberg | DK 1994 | Farbe | 36 Min.
Als sein älterer Bruder Mikkel am Morgen nach einer Party verunglückt, flüchtet der 9-jährige Andreas in eine Traumwelt
Aspekte: Verlust, Trauerarbeit, Dogma-Film

Surprise! von Veit Helmer | D 1995 | handkoloriert | 12 Min.
Ein Mann baut scheinbar eine tödliche Maschinerie um seine schlafende Freundin, bereitet aber nur ein skurriles Frühstück.
Aspekte: Spannungsaufbau, Groteske

Field von Duane Hopkins | GB 2000 | Farbe | 10 Min.
Die Langeweile von drei Jungen in einer ländlichen englischen Kleinstadt schlägt in Gewalt gegen Dinge und Tiere um.
Aspekte: Jugend auf dem Land, irrationale Aggression

Music for one Apartment and Six Drummers von Ola Simonsson und J. Stjärne Nilsson | S 2001 | s. Musikfilme

Two Cars, One Night von Taika Waititi | NZL 2003 | sw | 12 Min.
Beim Warten auf ihre Eltern auf einem Pub-Parkplatz kommen sich ein 8-jähriger Junge und ein 11-jähriges Mädchen näher.
Aspekte: Annäherung, Zuneigung, Pubertät

Wasp von Andrea Arnold | GB 2003 | Farbe | 24:30 Min.
Als in einer englischen Vorstadt eine junge Mutter ihre Jugendliebe wiedertrifft, verleugnet sie zunächst ihre Kinder.
Aspekte: Milieustudie, Familie, Kindheit, New British Cinema

True von Tom Tykwer | F/D 2004 | Farbe | 10 bzw. 11:30 Min.
Epiosodenfilm aus Paris mit einem experimentellen Teil aus Flashback-artigen Erinnerungen, gerahmt von einer Romanze
Aspekte: Liebesbeziehung, Studium, Behinderung
S. 172–175 | DVD *Grundkurs Film 3: Kurzfilme!*

Auf der Strecke von Reto Caffi | D/CH 2007 | Farbe | 30 Min.
Ein Kaufhausdetektiv macht sich an seiner geliebten Kollegin schuldig, als er bei einer tödlichen U-Bahn-Prügelei wegsieht.
Aspekte: Kaufhausdiebstahl, Gewalt von Jugendlichen, Schuld

Spielzeugland von Jochen Alexander Freydank | D 2007 | Farbe | 14 Min.
In der Nazizeit spielendes Drama mit »Last minute rescue« eines jüdischen Jungen vor der Deportation
Aspekte: Nationalsozialismus, Holocaust, Zivilcourage
S. 84–94

Animationsfilme

GERTIE THE DINOSAUR von Winsor McCay | USA 1914 | sw | 12 Min.
Der erste Zeichentrickfilm mit eigenem »Character design«, kombinert mit Realfilmaufnahmen
Aspekte: Character design, Pose-to-pose-Methode, Dinosaurier
📖 S. 98–99

PAPAGENO von Lotte Reiniger | D 1935 | sw | 10:52 Min.
Silhouettenfilm über eine Episode aus der gleichnamigen Kinderoper von Mozart im Takt von dessen Musik
Aspekte: Märchen, Mozart, Schnitt zum Takt der Musik
📖 S. 102–107 | DVD *Grundkurs Film 3 – Kurzfilme!*

TULPEN WERDEN WACHSEN (TULIPS SHALL GROW) von George Pal | USA 1942 | Farbe | 7 Min.
Eine Armee aus Robotern verwüstet Holland (das damals von den Nazis besetzt war), fällt aber dem Wetter zum Opfer.
Aspekte: Puppentrick, Nationalsozialismus

NEIGHBOURS von Norman McLaren | CDN 1952 | Farbe | 8 Min.
Pixilationsfilm über zwei an sich friedliche Nachbarn, die sich eines Tages wegen einer Blume bis aufs Blut bekämpfen
Aspekte: Eskalation von Gewalt, Koreakrieg, synthetischer Ton
📖 S. 108–111

ENT- ODER WEDER von Bruno J. Böttge | DDR 1964 | Farbe | 4 Min.
Wortloser Silhouettenfilm aus farbigem Transparentpapier über einen Mann und zwei Hunde, die ihn am Ende fressen.
Aspekte: Verhältnis zwischen Mensch und Tier

DAS MÄRCHEN DER MÄRCHEN (SKASKA SKASOK) von Juri Norstein | UdSSR 1979 | Farbe | 29 Min.
Zu einem russischen Wiegenlied rettet ein kleiner Wolf ein Baby. Dies löst zahlreiche Kindheitserinnerungen aus.
Aspekte: Kindheit, Erinnerung, experimentelle Animation

EINMART von Lutz Dammbeck | DDR 1980 | Farbe | 15 Min.
Zeichen- und Flachfigurentrick über einen Kopffüßler, dessen Ausbruchsversuch aus seiner engen, düsteren Welt scheitert
Aspekte: Isolation, Flucht, Geschichte der DDR
📖 S. 112–115 | DVD *Grundkurs Film 3 – Kurzfilme!*

TANGO von Zbigniew Rybczynski | PL 1980 | s. Experimentalfilme

STREET OF CROCODILES von Timothy und Stephen Quay (Brothers Quay) | GB 1986 | Farbe | 21 Min.
Eine hagere Puppentrickfigur erkundet eine düstere, fabrikartige Umgebung, in der sich die Dinge selbstständig machen.
Aspekte: das Absurde, Sinn der menschlichen Existenz

YOUR FACE von Bill Plympton | USA 1987 | Farbe | 3 Min.
Ein als Brustbild wiedergegebener Mann singt eine Schnulze. Sein Gesicht verformt sich merkwürdig und explodiert.
Aspekte: Fantasie im Zeichentrick, Ironie

BALANCE von Christoph und Wolfgang Lauenstein | BRD 1989 | Farbe | 8 Min.
Puppentrick über eine Gruppe von Männern, die sich auf einer Plattform beim Kampf um eine Schatztruhe ausmerzen
Aspekte: Gemeinschaft, Abhängigkeit, Gruppendynamik
📖 S. 116–121

FOOD von Jan Švankmajer | CSFR 1992 | Farbe | 17 Min.
Humorvoll-ekelhaftes Sinnbild aus Real- und Animationsfilm über Fressen und Gefressenwerden in drei Episoden
Aspekte: Ernährung, Verhaltenskodex, soziale Unterschiede

WALLACE & GROMIT IN: THE WRONG TROUSERS von Nick Park | GB 1993 | Farbe | 29 Min.
Mr. Wallace und sein Hund Gromit bringen einen gefährlichen Pinguin zur Strecke, der die Kronjuwelen rauben will.
Aspekte: Knetanimation, Groteske, Actionfilm
📖 S. 122–123

FELIX IN EXILE von William Kentridge | Südafrika 1994 | s. Videokunst

Quest von Tyron Montgomery und Thomas Stellmach | D 1996 | Farbe | 11 Min.
Eine Figur aus Sand durchwandert wüste Landschaften auf der Suche nach Wasser und verendet schließlich.
Aspekte: Kreislauf des Lebens, Umweltprobleme, Sandanimation

Kopfberg (Atama-Yama) von Koji Yamamura | Japan 2002 | Farbe | 10 Min.
Auf dem Kopf eines Mannes wächst ein Kirschbaum, bald Treffpunkt vieler Menschen, die achtlos mit ihm umgehen.
Aspekte: Zeichentrick, Umweltbewusstsein, Gemeinschaft

Anders Artig von Christina Schindler | D 2002 | Farbe | 6:30 Min.
Handgezeichneter, am Computer weiterbearbeiteter Trickfilm über ein Chamäleon, das seine Farbe nicht verändern kann
Aspekte: Gemeinschaft, Anderssein, Ausgrenzung, Toleranz
S. 124–129

Harvie Krumpet von Adam Elliot | AUS 2003 | Farbe | 22:15 Min.
Der polnische Emigrant Krumpetzki erzählt von den Krisen seines Lebens, doch sein Optimismus ist ungebrochen.
Aspekte: Knetanimation, Alter, biografische Krisen

City Paradise von Gaëlle Denis | GB 2004 | Farbe | 6 Min.
Die junge Japanerin Tomoko erlebt London als kalt und regnerisch, bis sie im Untergrund eine surreale Welt entdeckt.
Aspekte: Go-motion-Animation, Auslandserfahrung, Fantasie

Muto von Blu | Italien 2008 | Farbe | 7:26 Min.
Stop-motion-Animation mit permanenten Veränderungen riesiger auf Wände und Straßen gemalter Graffiti in Buenos Aires
Aspekte: Stop-motion, Street Art, Metamorphose
S. 130–131

Our Wonderful Nature von Tomer Eshed | D 2008 | Farbe | 5 Min.
3-D-Animation mit kämpfenden, um ein Weibchen buhlenden Mäusen, eine Parodie auf Natur- genauso wie auf Actionfilme
Aspekte: Balzverhalten bei Tieren, Actionfilm, Mockumentary
S. 132–136 | DVD *Grundkurs Film 3 – Kurzfilme!*

Experimentalfilme

Die Reise zum Mond (Le voyage dans la lune) von Georges Méliès | F 1902 | sw, teilweise koloriert | 16 Min.
Der erste Science-Fiction-Film, über eine Gruppe Wissenschaftler und ihre abenteuerliche Weltraumreise
Aspekte: Science Fiction, Tricktechniken, Effekte
S. 140–143 | DVD *Grundkurs Film 3 – Kurzfilme!*

Lichtspiel Opus I von Walter Ruttmann | D 1919/21 | Farbe | 10 Min.
Das erste »absolute«, rein abstrakte Werk der Filmgeschichte
Aspekte: Abstrakter Film, Farb-/Form-Kontraste
S. 213

Entr'acte von René Clair und Francis Picabia | F 1924 | sw | 18 Min.
Nonsense-Film mit berühmten Künstlern der Zeit, die u.a. einem von Kamelen geführten Trauerzug folgen
Aspekte: Dada, Avantgarde-Film

Le Ballet mécanique von Fernand Léger und Dudley Murphy | F 1924 | sw | 16 Min.
Rhythmische Montage aus Realfilm und abstrakten Teilen, eingeleitet von Légers Charlie Chaplin als Hampelmann
Aspekte: Dada, geometrisch-abstrakter Film, Schnittrhythmus

Vormittagsspuk von Hans Richter und Werner Graeff | D 1928 | sw | 6 Min.
Realfilm; wundersame Dinge wie fliegende Hüte führen zur »Auflösung des bürokratischen Gleichgewichts« (Richter)
Aspekte: Surrealismus, filmische Tricktechniken

Inflation von Hans Richter | D 1928 | s. Dokumentarfilme

Ein andalusischer Hund (Un chien andalou) von Luis Buñuel und Salvador Dalí | F 1929 | 17 Min.
Surrealistische Montage verwirrender Szenen voller Aggression und Erotik, berühmt wegen des Match cut am Anfang
Aspekte: Traum, Psychologie, Surrealismus, Match cut
S. 144–147

Rainbow Dance von Len Lye | GB 1936 | s. Werbefilme

Meshes of the Afternoon von Maya Deren und Alexander Hammid | USA 1943 | sw | 14 Min.
Albtraumartige Doppelgänger-Story über eine psychisch verwirrte junge Frau und ihr Verhängnis in Gestalt einer Blume
Aspekte: Verfolgungswahn, Surrealismus, Filmemacherin
S. 148–151

Motion Painting No. 1 von O. Fischinger | USA 1947 | s. Musikfilme

Begone Dull Care von Norman McLaren und Evelyn Lambart | CDN 1949 | Farbe | 7:52 Min.
»Handmade film« mit direkt auf das Filmmaterial gemalten abstrakten Formen zum Jazz von Oscar Peterson
Aspekte: Abstrakter Expressionismus, Jazz, Schnitt zur Musik
S. 152–157 | DVD *Grundkurs Film 3 – Kurzfilme!*

La Jetée (Am Rande des Rollfelds) von Chris Marker | sw | F 1962 | 28 Min.
Fotofilm; nach dem Dritten Weltkrieg bleibt den Menschen im atomverseuchten Paris nur die Reise zurück in der Zeit
Aspekte: Endzeitfilm, Science fiction

Tango von Zbigniew Rybczynski | PL 1980 | Farbe | 8 Min.
Animation aus ausgeschnittenen Realfilmaufnahmen über das Absurde wiederholter menschlicher Tätigkeiten
Aspekte: Alltagshandlungen, Gemeinschaft, Lebenssinn
S. 158–163

Home Stories von Matthias Müller und Dirk Schaefer | D 1991 | Farbe | 6 Min.
Montage von Szenen aus Hollywood-Melodramen, die Klischees entlarven und einen neuen Film ergeben
Aspekte: Found Footage, Stereotypen und Frauenbilder im Film

Fremdkörper von Katja Pratschke und Gusztáv Hámos (Kamera) | D 2002 | Farbe | 28 Min.
Zwei Freunde verlieben sich in dasselbe Mädchen und verlieren bei einem Unfall ihre Köpfe, die vertauscht werden
Aspekte: Fotofilm, Identität, neuronal-biochemische Vorgänge

Fast Film von Virgil Widrich | A/L 2003 | Farbe | 14 Min.
Actionreicher »Found footage«-Film aus vorgefundenen und zu Faltobjekten weiterverarbeiteten Filmschnipseln
Aspekte: Filmgeschichte, Found footage, Dramaturgie
S. 164–171 | DVD *Grundkurs Film 3 – Kurzfilme!*

Fliegenpflicht für Quadratköpfe von Stephan-Flint Müller | D 2004 | Farbe | 13:26 Min.
Eine rasante assoziative Collage aus Bild und Sprache, bei der u.a. realen Figuren Sprechblasen in den Mund gelegt werden
Aspekte: Großstadt, Konsumwelt, Humor

True von Tom Tykwer | D 2004 | s. Spielfilme

Der Da Vinci Time Code von Gil Alkabetz | D 2009 | 3 Min.
Eine Zerlegung des »Abendmahls« von Leonardo in einzelne Fragmente, die im Rhythmus der Musik animiert werden
Aspekte: Kunstgeschichte, dynamisierender Schnitt

Musikfilme

Fantasia – Der Zauberlehrling von Walt Disney | USA 1940 | 9 Min.
»Cel-Animation« mit Micky Maus zur Musik von Paul Dukas, der sich wiederum von Goethes Gedicht inspirieren ließ
Aspekte: Disney, Silly Symphony, Inspirationskette
S. 180–189

Motion Painting No. 1 von Oskar Fischinger | USA 1947 | Farbe | 11 Min.
Zur Musik von Bachs 3. Brandenburgischem Konzert werden auf Acrylglas gemalte abstrakte Formen und Farben animiert.
Aspekte: geometrisch-abstrakter Film, Schnittrhythmus

Pacific 231 von Jean Mitry | F 1949 | sw | 9:50 Min.
Die Verfilmung des sinfonischen Satzes *Pacific 231* von Arthur Honegger durch eine Fahrt mit der gleichnamigen Lokomotive
Aspekte: Groupe des Six, (Dampflok-)Technik, Rhythmus

Subterranean Homesick Blues (Bob Dylan) von D. A. Pennebaker | USA 1967 | sw | 2:15 Min.
Konzept-Clip mit dem seine Stichwortzettel vor sich hin werfenden Bob Dylan als Prolog zu einer Tourneedokumentation
Aspekte: Konzeptkunst, Popmusikgeschichte, Musikdoku
　S. 190–193

Fernsehn von Herbert Wentscher | D 1982/83 | s. Videokunst

Thriller (Michael Jackson) von John Landis | USA 1983 | Farbe | 13:40 Min.
Michael Jackson in einer Doppelrolle als Werwolf und als Sänger/Tänzer, der seiner Freundin in einem Albtraum erscheint
Aspekte: Aberglauben, Horrorfilm, narrativer Musikclip

Sledge Hammer (Peter Gabriel), Regie: Stephen R. Johnson, Animation: Nick Park und Brothers Quay | GB 1986 | 4:50 Min.
Mittels zahlreicher Tricktechniken (u.a. Knetanimation, Collage, Stop motion) wird Sänger Peter Gabriel verfremdet.
Aspekte: Animationstechniken, Verfremdung, Kreativität

All is Full of Love (Björk) von Chris Cunningham | GB 1999 | 4:03 Min.
Clip aus Realfilm und Computertechnik, in dem zwei Androiden mit dem Aussehen von Björk Zärtlichkeiten austauschen
Aspekte: Sexualität, Liebe, Computertechnik, Industrieroboter
　S. 194–197 | DVD *Grundkurs Film 3 – Kurzfilme!*

Music for one Apartment and Six Drummers von Ola Simonsson und J. Stjärne Nilsson | S 2001 | 9:35 Min.
Sechs junge Leute brechen in eine Wohnung ein und führen dort eine Perkussion auf Möbeln und Alltagsdingen durch.
Aspekte: Einbruch, Überraschungseffekt

Come into my World (Kylie Minogue) von Michel Gondry | GB 2002 | Farbe | 4:14 Min.
Kylie Minogue läuft in einer Straßenszene im Kreis und verdoppelt sich bei jeder Runde, bis sie fünffach im Bild erscheint.
Aspekte: Reproduktion, Klonen/Gentechnik, Greenscreen
　S. 162

Guten Tag! Die Reklamation (Wir sind Helden) von Peter Göltenboth und Florian Giefer | D 2003 | Farbe | 3:36 Min.
Ein »Fotofilm« aus Einzelfotos in der Ästhetik eines Fotoromans mit animierten Comic- und Pop-Art-Elementen
Aspekte: Fotoroman, Comic strip, Pop-Art, Erfolg
　S. 198–201

Her Morning Elegance von Oren Lavie und Yuval & Merav Nathan | Israel 2009 | Farbe | 3:36 Min.
Stop-motion-Aufnahmen einer im Bett träumenden jungen Frau, durchgehend aus Top-shot-Perspektive fotografiert
Aspekte: Traumwelt, Partnerschaft, Pixilation
　S. 202–204

Werbefilme

Those Awful Hats von David Wark Griffith | USA 1909 | sw | 2:45 Min.
Ein Kinosaal mit Pianist neben der Leinwand, deren Betrachtung von den hohen Damenhüten gestört wird
Aspekte: Nickelodeon-Kino der Frühzeit, Slapstick, Mode um 1900
　S. 208–209

Der Nähkasten von Julius Pinschewer und Guido Seeber | D 1912 | sw | 1:55 Min.
Wie von Zauberhand geführt, nähen sich die neuen Druckknöpfe von Prym einem Hemd wie von Zauberhand an.
Aspekte: Sachtrick, Werbestudio
　S. 210–211

Der Sieger von Walter Ruttmann | D 1922 | Farbe | 2:47 Min.
Zeichen- und Legetrick über einen Autoreifen der Marke Continental, der alle Hindernisse überwindet
Aspekte: Semi-abstrakter Film, Viragierung / Handkolorierung
📖 S. 212–213

Rainbow Dance von Len Lye | GB 1936 | Farbe | 4 Min.
Schemenhafte, tanzende Figuren werden von abstrakten, auf den Film gemalten Motiven abgelöst oder überlagert.
Aspekte: Handmade Film, Werbung für ein Sparkonto

Wenn zwei sich begegnen.. von Insel Film München | D 1954 | Farbe | 2 Min.
Eine (fast) ironische Story über die Ehepflichten der Frau und die Bedeutung von Dr.-Oetker-Kuchen im Leben des Mannes
Aspekte: Frauen- und Männerklischees der 1950er-Jahre
📖 S. 214–217 | DVD *Grundkurs Film 3 – Kurzfilme!*

The Birds-Trailer von Alfred Hitchcock | GB 1963 | Farbe | 5:10 Min.
Vortrag des »Master of Suspense« über die Kulturgeschichte der Vögel als Werbung für seinen neuen Film Die Vögel
Aspekte: Spannung, Ironie, das Unheimliche
📖 S. 218–219

Afri-Cola-Spot von Charles Wilp | D 1968 | Farbe | ca. 1 Min.
Psychedelisch angehauchter Spot der Hippiezeit mit angesagten Nonsense-Werbesprüchen und berühmten Models
Aspekte: Werbeslogans, Tabubruch
📖 S. 220–221

Milka-Spot von Young & Rubicam | D 1973 | Farbe | ca. 1 Min.
Die lila Kuh als Anlass für Kurzgeschichten im Werbespot, mit einem Werbejingle mit Ohrwurmcharakter
Aspekte: »Farbmarke«, Musik im Werbespot, Surrealismus
📖 S. 222–223

Levi's Drugstore von Michel Gondry | USA 1998 | sw / Farbe | 1:30 Min.
Ein junger Mann in Levi's-Jeans kauft Kondome ausgerechnet bei dem Verkäufer, dessen Tochter er abends zum Date abholt.

Aspekte: narrativer Werbespot, Story twist
→ DVD zum *Grundkurs Film 1 – Kino, Fernsehen, Videokunst*

The Key to Reserva von Martin Scorsese | Spanien/USA 2007 | 9:21 Min.
Scorsese als Entdecker eines unverfilmten Hitchcock-Drehbuchs, das als rasanter Thriller für Freixenet verfilmt wird
Aspekte: Thriller, Suspense, Dramaturgie, Viral clip
📖 S. 224–230 | DVD *Grundkurs Film 3 – Kurzfilme!*

Videokunst

TV as a Fireplace von Jan Dibbets | D/NL 1968/69 | Farbe | 8 x ca. 2:45 Min., insgesamt ca. 23 Min.
Frühes »Video painting« eines Kaminfeuers, gefilmt mit nur einer Einstellung, ausgestrahlt vom Fernsehen (WDR)
Aspekte: Ambient video, künstlerische Intervention
📖 S. 234–235

Global Groove / TV-Garden von Nam June Paik | USA 1973 | Farbe | 29 Min.
Multikultureller Experimentalfilm, der auf 120 Monitoren in einem Pflanzendschungel synchron abläuft
Aspekte: Installation, Videoeffekte, Rückkopplung, Vietnamkrieg
📖 S. 236–239 | DVD *Grundkurs Kunst 4 – Kunst in Bewegung*

Glauben Sie nicht, dass ich eine Amazone bin von Ulrike Rosenbach | D 1975 | sw | 15 Min.
Die Künstlerin schießt auf ein Madonnenbild und auf sich selbst mit Pfeilen, was per Video zu einem Bild verschmilzt.
Aspekte: Live-Video-Performance, Kunstgeschichte, Feminismus
📖 S. 240–243 | DVD *Grundkurs Kunst 4 – Kunst in Bewegung*

Fernsehn von Herbert Wentscher | D 1982/83 | Farbe | 1 Min.
Ein scheinbar naiver, ironischer Musikclip zur Bedeutung des Fernsehens im Alltag
Aspekte: Ironie, TV-Konsum
→ DVD zum *Grundkurs Kunst 4 – Kunst in Bewegung*

DER LAUF DER DINGE von Peter Fischli und David Weiss | CH 1987 | Farbe | 30 Min.
In einer 40 m langen Reihe stoßen sich Alltagsdinge in einer kuriosen Kettenreaktion an, entzünden sich oder explodieren.
Aspekte: Ursache und Wirkung, Spiel, Experiment, das Absurde
→ DVD zum *Grundkurs Kunst 4 – Kunst in Bewegung*

SHADOW PUPPETS AND INSTRUCTED MIME von Bruce Nauman | USA 1990 | sw und Farbe | nonstop
Mehrfachprojektion einer fremdgesteuerten Clownsfigur in einer »Black box«, kombiniert mit pendelnden Wachsköpfen
Aspekte: Videoinstallation, Conditio humana
→ DVD zum *Grundkurs Kunst 4 – Kunst in Bewegung*

PORTRAIT ONE von Luc Courchesne | Kanada 1990 | Farbe | Dauer variabel
Eine junge Frau tritt als Monitorbild mit dem Betrachter in einen lebensnahen Dialog ein.
Aspekte: virtuelle Realität, interaktive Videoskulptur
S. 244–245 | DVD zum *Grundkurs Kunst 4 – Kunst in Bewegung*

FELIX IN EXILE von William Kentridge | Südafrika 1994 | Farbe | 9 Min.
Der Exilant Felix in Paris und die Landvermesserin Nandi haben verschiedene Perspektiven auf das befreite Südafrika.
Aspekte: Zeichentrick, Apartheid in Südafrika
→ DVD zum *Grundkurs Kunst 4 – Kunst in Bewegung*

BROKEN von Tony Oursler | USA 1994 | Farbe | Loop
Die Projektion eines männlichen Gesichts unter umgestürzten Stühlen gibt schmerzhafte Laute von sich.
Aspekte: Expanded Video, Gefährdung der menschlichen Existenz

BURIED SECRETS von Bill Viola | USA 1995 | Farbe | Loops
Installation aus fünf Werken, die der Künstler für den Pavillon der USA auf der Biennale 1995 in Venedig zusammenstellte
Aspekte: Gesamtkunstwerk, Videoinstallation, Superzeitlupe
S. 246–249

EVER IS OVER ALL von Pipilotti Rist | CH 1997 | Farbe | 5 Min.
Übereckprojektion: Eine junge Frau schlägt in Slow motion mit einem großen Blütenstängel Autoscheiben ein.
Aspekte: Aggressivität im Alltag, Rollenverhalten

NO SUNSHINE von Bjørn Melhus | D 1997 | Farbe | 6:15 Min.
In einer Raumkapsel singen zwei geklonte Figuren, zu denen ein weiteres Paar kommt, das am Ende verglüht.
Aspekte: Selbstinszenierung, Science Fiction, Gentechnologie
S. 250–252 | DVD *Grundkurs Film 3 – Kurzfilme!*

TURBULENT von Shirin Neshat | USA 1998 | sw | 9:08 Min.
2-Kanal-Installation: Ein Mann singt ein traditionelles Lied vor Publikum, eine Frau stößt für sich allein klagende Laute aus.
Aspekte: Rechte von Frauen im Islam, Videoinstallation
→ DVD zum *Grundkurs Kunst 4 – Kunst in Bewegung*

CHELGIS III von Mandana Moghaddam | IR/S 2006 | Farbe | 30 Min.
Eine Frau, von der nur die nackten Beine, in einer Badewanne stehend, zu sehen sind, schneidet sich das Haupthaar ab.
Aspekte: Übereckprojektion (Expanded Video), Bedeutung der Haare im Islam, Tabuverletzung
→ DVD zum *Grundkurs Film 1 – Kino, Fernsehen, Videokunst*

Weiterführende Literatur (Auswahl)

FILM ALLGEMEIN

Ergänzungen zu der – hier nur begrenzt aufgeführten – allgemeinen und zur älteren Filmliteratur finden sich in den Bänden *Grundkurs Film 1* und *Grundkurs Film 2*.

Albersmeier, Franz-Josef (Hg.): Texte zur Theorie des Films. Stuttgart: Reclam (5) 2003.
Bienk, Alice: Einführung in die interaktive Filmanalyse. Marburg: Schüren 2006.
Bordwell, David: Visual Style in Cinema. Vier Kapitel Filmgeschichte. Frankfurt am Main: Verlag der Autoren 2001.
Borstnar, Nils / Pabst, Eckhard / Wulff, Hans Jürgen: Einführung in die Film und Fernsehwissenschaft. Konstanz: UVK 2002.
Diederichs, Helmut H. (Hg.): Geschichte der Filmtheorie. Kunsttheoretische Texte von Méliès bis Arnheim. Frankfurt a. M. Suhrkamp Taschenbuch 2004.
Elsaesser, Thomas / Hagener, Malte: Filmtheorie zur Einführung: Dresden: Junius 2007.
Engelmeier, Peter W. (Hg.): Film! Das 20. Jahrhundert. München/London/New York: Prestel 2000.
Faulstich, Werner: Filmgeschichte. Paderborn: Fink 2005.
Felix, Jürgen (Hg.): Moderne Film Theorie. Mainz: Bender 2003.
Gunning, Tom: Das Kino der Attraktionen. Der frühe Film, seine Zuschauer und die Avantgarde. In: Meteor Nr. 4/1996.
Kamp, Werner / Rüsel, Manfred: Vom Umgang mit Film. Berlin: Volk und Wissen 1998.
Koebner, Thomas (Hg.): Reclams Sachlexikon des Films. Stuttgart: Reclam (2) 2007.
Krusche, Dieter: Reclams Filmführer. Stuttgart: Reclam (12) 2003.
Martin, Silke: Die Sichtbarkeit des Tons im Film: Akustische Modernisierungen des Films seit den 1920er Jahren. Marburg: Schüren 2010.
Monaco, James: Film verstehen. Kunst, Technik, Sprache, Geschichte und Theorie des Films und der Medien. Reinbek bei Hamburg: Rowohlt (5)2004.
James Monaco / Hans-Michael Bock: Film verstehen – Das Lexikon: Die wichtigsten Fachbegriffe zu Film und Neuen Medien. Reinbek bei Hamburg: Rowohlt 2011.
Nowell-Smith, Geoffrey (Hg.): Geschichte des internationalen Films. Stuttgart/Weimar: Metzler/ Poeschel (1998) 2006.
Rother, Rainer (Hg.): Sachlexikon Film. Reinbek bei Hamburg: Rowohlt 2007.
Schleicher, Harald / Urban, Alexander (Hg.): Filme machen. Technik, Gestaltung, Kunst, klassisch und digital. Frankfurt am Main: Zweitausendeins 2005.
Shaw, Jeffrey / Weibel, Peter (Hg.): Future Cinema. The cinematic imaginary after film. ZKM Center for Art and Media Karlsruhe/ Cambridge, Massachusetts/London, England: The MIT Press 2003.
Steinmetz, Rüdiger (Hg.): Filme sehen lernen (DVD). Frankfurt am Main: Zweitausendeins (8)2008.
Toullet, Emmanuelle: Pioniere des Kinos. Ravensburger 1995.

KURZFILM ALLGEMEIN

AG Kurzfilm, Bundesverband Deutscher Kurzfilm (Hg.): Kurzfilm in Deutschland. Studie zur Situation des kurzen Films. Dresden: AG Kurzfilm 2006.
Ders.: SHORT report. Jahrbuch, 2007–2010, 2012.
Becher, Frank: Kurzfilmproduktion. Konstanz: UVK Verlagsgesellschaft 2007.
Behnken, Klaus (Red.): kurz und klein. 50 Jahre Internationale Kurzfilmtage Oberhausen. Ostfildern-Ruit: Hatje Cantz 2004.
Dittgen, Andrea: Thema Kurzfilm. Filmdienst Nr. 9/2001.
Heinrich, Katrin: Der Kurzfilm. Geschichte, Gattungen, Narrativik. Alfeld: Coppi 1997.
Horstmann, Johannes (Hg.): Sprache des Kurzfilms. Beispiel: 25 Jahre Westdeutsche Kurzfilmtage Oberhausen. Paderborn: Schoeningh 1981.
IFF Institut für Medienpädagogik in Forschung und Praxis e. V. (Hg.): Kurzfilmliste. 1000 kurze Filme bis 60 Minuten. München: kopaed 2005.
Kluge, Alexander: Kurze Filme, lange Filme. Ein Erfahrungsbericht. In: Behnken, K. (Hg.) 2004, S. 169-178.
Kremski, Peter: Überraschende Begegnungen der kurzen Art. Gespräche über den Kurzfilm. Köln: Schnitt – der Filmverlag 2005.
Patalas, Enno: Der Kurzfilm ist keine starre Kategorie. In: Behnken (Hg.): 2004, S. 157–159.
Quy, Simon: Teaching Short Films. London: British Film Institute 2007.
Schulz, Christoph: Wieder keine Poetik des Kurzfilms – wider eine Poetik des Kurzfilms. In: ebd., S. 161–166.
Thurlow, Clifford: Making Short Films. The Complete Guide from Script to Screen. Oxford/New York: Berg (2)2008.
Wolf, Reinhard W.: Lange Wege für kurze Filme. Zur Ökonomie des Kurzfilms in Deutschland. In: Behnken (Hg.) 2004, S. 211–218.

DOKUMENTARFILM

Barbian, Jan-Pieter / Ružicka, Werner (Hg.): Poesie und Politik. Der Dokumentarfilmer Joris Ivens (1898-1989). Trier: Wissenschaftlicher Verlag 2001.
Bakker, Kees (Hg.): Joris Ivens and the documentary context. Amsterdam University Press 1999.
Beetz, Christian: Jürgen Böttcher/Strawalde –

Mein Leben. Dokumentarfilm, ZDF 2010.
Goergen, Jeanpaul (Red.): Hans Richter. Film ist Rhythmus. Berlin: Freunde der Deutschen Kinemathek 2003.
Ivens, Joris: Die Kamera und ich. Autobiographie eines Filmers. Reinbek: Rowohlt TB 1974.
Klauß, Cornelia: »Ich habe Kurzfilme gemacht, weil ich nichts anderes machen durfte.« Ein Filmemacher aus der DDR zwischen Propaganda und Experiment. Gespräch mit Jürgen Böttcher. In: Behnken (Hg.) 2004, S. 69–74.
Leipziger Dok-Filmwochen GmbH (Hg.) / Ralf Schenk (Red.): Bilder einer gespaltenen Welt. 50 Jahre Leipziger Dokumentar- und Animationsfilmfestival Leipzig. Berlin: Bertz + Fischer, 2007.
Loiperdinger, Martin (Hg.): Oskar Messter – Filmpionier der Kaiserzeit. Kat. Filmmuseum Potsdam/Deutsches Museum München 1994.
Schoots, Hans: Living dangerously. A biography of Joris Ivens. Amsterdam University Press 2000.
Schröder, Nicolaus (Red.): Klaus Wildenhahn, Dokumentarist. Berlin: Freunde der Deutschen Kinemathek, 2000.
Voss, Gabriele (Hg.): Dokumentarisch arbeiten Band 1. Jürgen Böttcher, Richard Dindo, Herz Frank, Johan van der Keuken, Volker Koepp, Peter Nestler, Klaus Wildenhahn im Gespräch mit Christoph Hübner. Berlin: Vorwerk 8, 1996.
Westdeutsche Kurzfilmtage im Auftrag der Stadt Oberhausen (Hg.) / Ruf, Wolfgang (Red.): Möglichkeiten des Dokumentarfilms. Materialien zum Film von John Grierson und seiner Schule. Joris Ivens und Herni Storck, Heynowski & Scheumann, Roman Karmen, Santiago Alvarez, Chris Marker, Carlos Alvarez. Oberhausen: Laufen 1979.
Wildenhahn, Klaus: Über synthetischen und dokumentarischen Film – zwölf Lesestunden (1973). Erw. Neuaufl. Frankfurt am Main: Kommunales Kino 1975.

SPIELFILM

Bauer, Christian / Meyer, Peter (Hg.): SPIELZEUGLAND. Ein Film von Jochen Alexander Freydank. Originaldrehbuch, Bonus-Material und DVD. Merzig: Gollenstein 2010.
Benseler, Marc / Maurer, Björn: Film Portfolio. Aspekte der Kameraarbeit: SPIELZEUGLAND von Jochen Alexander Freydank. Braunschweig: Schroedel 2012.
Cowgill, Linda: Wie man Kurzfilme schreibt. Frankfurt am Main: Zweitausendeins 2001.
Danquart, Pepe: SCHWARZFAHRER. Das Buch zum Film. Frankfurt am Main / Berlin: Ullstein 1995.
Danquart, Pepe: »Ich bekenne, ich bin besessen.« In: Ottersbach, Béatrice / Schadt, Thomas (Hg.): Regiebekenntnisse. Konstanz: UVK 2006.
Guy, Alice: Autobiographie einer Filmpionierin. 1873–1968. Übers. aus dem Franz. von Helma Schleif. Münster: tende 1981.
Heinrich, Katrin: Der Kurzfilm, s. Lit. zu Kurzfilm allgemein.
Klant, Michael / Spielmann, Raphael: Film Portfolio. Aspekte der Filmanalyse: SCHWARZFAHRER von Pepe Danquart. Braunschweig: Schroedel 2009.
Lamorisse, Albert: Le ballon rouge. Illustré par les photos du film »Le ballon rouge« réalisé par Albert Lamorisse. Paris: Mouche 2010.
McMahan, Alison: Alice Guy Blache: Lost Visionary of the Cinema. New York: Continuum 2002.
Melzener, Axel: Kurzfilmdrehbücher schreiben. Die ersten Schritte zum ersten Film. Ober-Ramstadt: Sieben 2010.
Raskin, Richard: Two Men and a Wardrobe / Dwaj ludzie z szafa (Roman Polanski, Poland 1958). In: Ders., The Art of the Short Fiction Film: A Shot by Shot Study of Nine Modern Classics. Jefferson, North Carolina / London: McFarland 2002, S. 5–35.
Simon, Joan: Alice Guy Blaché, Cinema Pioneer. Katalog Whitney Museum of Art, New York. Yale University Press 2009.
Stutterheim, Kerstin / Kaiser, Silke: Handbuch der Filmdramaturgie. Das Bauchgefühl und seine Ursachen. Frankfurt am Main/Berlin/Bern/Wien: Lang 2009.
Truby, John: The Anatomy of Story: 22 Steps to Becoming a Master Storyteller. New York: Faber & Faber 2007.

ANIMATIONSFILM

Canemaker, John: Winsor McCay. His Life and Art. Revised and enlarged edition. New York: Harry N. Abrams 2005.
Culhane, John: Walt Disney's Fantasia. New York: Abrams 1983.
Dammbeck, Lutz: Re_Re_Education. Filme 1979-2003. Hg. von Inka Schube & Lutz Dammbeck. Kat. Hannover 2010.
Deist, Thomas / Kempen, Bernhard: Das Dinosaurier Filmbuch. Von »Gertie the Dinosaur« bis »Jurassic Park«. Thomas Tilsner Verlag 1999.
Friedrich, Andreas: Filmgenres: Animationsfilm. Ditzingen: Reclam 2007.
Giesen, Rolf: Lexikon des Trick- und Animationsfilms. Von Aladdin, Akira und Sindbad bis zu Shrek, Spider-Man und South Park. Berlin: Schwarzkopf und Schwarzkopf 2003.
Goergen, Jeanpaul: Bibliografie zum deutschen Animationsfilm. Berlin: CineGraph Babelsberg 2002.
Happ, Alfred: Lotte Reiniger. Schöpferin einer neuen Silhouettenkunst. Tübinger Stadtmuseum 2004.
Heller, Ewald: »Papageno«. Lotte Reiniger und Mozarts Zauberflöte. In: Kinder- und Jugendfilm Korrespondenz (KJK), hg. Kinderkino München, Ausgabe 27-3/1986.
Kellner, Christina: Stop-Motion-Animation: Konzeption und Produktion eines Brickfilms. Saarbrücken: VDM Verlag Dr. Müller 2007.
Lord, Peter / Sibley, Brian: creating 3-D animation. The Aardman Book of Filmmaking. Foreword by Nick Park. New York: Harry N. Abrams 2004.
Marks, Graham: Wallace & Gromit in The Wrong Trousers. The Book of the Oscar-Winning Film. London: BBC Children's Books 1994.
Reiniger, Lotte: Schattentheater, Schattenpuppen, Schattenfilm. Eine Anleitung. Tübingen: Texte-Verlag 1981 / Tübinger Stadtmuseum 2006.
Peter und Karen Viney: Wallace & Gromit in The Wrong Trousers. Teacher's Book. Oxford University Press 1998.
Wegenast, Ulrich: Zwischen Staatskunst und Underground. Animation in der DDR. DVD, Reihe Geschichte des deutschen Animations-

films III. Berlin: absolut MEDIEN o.J.
Wegenast, Ulrich: Eine fragmentarische Geschichte des künstlerischen Animationsfilms in Deutschland, in: Short report 2009, S. 64–75.
Wiedemann, Julius (Hg.): Animation Now! Buch und DVD. Köln u.a.: Taschen 2004.

EXPERIMENTALFILM

Blüminger, Christa: Kino aus zweiter Hand. Zur Ästhetik materieller Aneignung im Film und in der Medienkunst. Berlin: Vorwerk 8 2008.
Dobson, Terence: The Film Work of Norman McLaren. Eastleigh: John Libbey Publishing 2006.
Goergen, Jeanpaul: Walter Ruttmann. Eine Dokumentation. Hg. Freunde der Deutschen Kinemathek, Berlin 1989.
Goergen, Jeanpaul (Red.): Hans Richter, s. Dokumentarfilm.
Hausheer, Cecilia / Settele, Christoph (Hg.): Found Footage Film. Luzern: Viper Press 1992.
Hoffmann, Hilmar (Hg.): Optische Poesie. Oskar Fischinger – Leben und Werk. Deutsches Filmmuseum Frankfurt am Main 1993.
King, Elliott H.: Dalí, Surrealism and Cinema. Harpoenden: Kamera Books 2007.
Kurtz, Rudolf: Expressionismus und Film. Berlin: Verlag der Lichtbildbühne 1926. Neuauflage hg. von Christian Kiening und Ulrich Johannes Beil. Zürich: Chronos 2007.
McPherson, Bruce (Hg.): Essential Deren. Collected Writings on Film by Maya Deren. Kingston, New York: McPherson & Company 2005.
Petzke, Ingo: Das ExperimentalfilmHandbuch. Frankfurt: Deutsches Filmmuseum 1989.
Pratschke, Katja / Hámos, Gusztáv / Tode, Thomas (Hg.): Viva Fotofilm – Bewegt/unbewegt. Marburg: Schüren 2009.
Staiger, Michael: »Hörst du überhaupt zu?« – »Nein. Ich sehe dich.« Zur audiovisuellen Erzählform von Tom Tykwers Kurzfilm True. In: Literatur im Unterricht – Texte der Gegenwartsliteratur für die Schule 2/2010, S. 89-98.
Sudre, Alain-Alcide: Dialogues théoriques avec Maya Deren. Du cinéma expérimental au film ethnographique. Paris: L'Harmattan 1996.

MUSIKFILM

Altmeyer, Markus: Die Filme und Musikvideos von Michel Gondry. Zwischen Surrealismus, Pop und Psychoanalyse, Marburg: Tectum 2008.
Altrogge, Michael: Tönende Bilder. Interdisziplinäre Studie zu Musik und Bildern in Videoclips und ihrer Bedeutung für Jugendliche. 3 Bde. Berlin: Vistas 2001.
Bódy, Veruschka & Weibel, Peter: Clip, Klapp, Bum – Von der visuellen Musik zum Musikvideo. Köln: DuMont 1987.
Chris Cunningham: The work of director Chris Cunningham. A collection of music videos, short films, video installations and commercials. Interviews by Lance Bangs. Reihe Directors Label / PALM Labels 2003.
Dreher, Christoph / Pape, Rotraud: Fantastic Voyages – Eine Kosmologie des MusikVideos. Das kleine Fernsehspiel quantum, 7 Teile à 60 Min., ZDF/3sat 2000.
Gass, Lars Henrik: Nach MTV. Musikvideo als Kurzfilm. In: Behnken, K. (Hg.) 2004, S. 199–209.
Gehr, Herbert (Red): Sound & Vision – Musikvideo und Filmkunst. Kat. Deutsches Filmmuseum Frankfurt am Main 1993.
Veit Görner / Hilke Wagner (Hg.): Chris Cunningham. Come to Daddy. Kat. Kestnergesellschaft Hannover 2004.
Jacquinet, Véronique / Hubert-Rodler, François: Clipstory. TV-Doku arte France/Program33, 2005.
Keazor, Henry / Wübbena, Thorsten: Video Thrills The Radio Star. Musikvideos – Geschichte, Themen, Analysen. Bielefeld: 2005.
Maas, Georg: Der Musikfilm: Ein Handbuch für die pädagogische Praxis. Mainz: Schott 2008.
Palaux-Simonnet, Bénédicte: Paul Dukas ou le musicien-sorcier. Drize / Genève Édition Papillon 2001.
Schmidt, Axel / Neumann-Braun, Klaus / Autenrieth, Ulla: Viva MTV! reloaded: Musikfernsehen und Videoclips crossmedial. Baden-Baden: Nomos 2009.

WERBEFILM

Agde, Günter: Flimmernde Versprechen. Geschichte des deutschen Werbefilms im Kino seit 1897. Berlin: Verlag Das Neue Berlin 1998.
Amsler, André: „Wer dem Werbefilm verfällt, ist verloren für die Welt". Das Werk von Julius Pinschewer 1883–1961. Zürich: Chronos 1997.
Conrad, Hans-Gerd: Markenwerbung von Dr. Oetker 1891-1975. Hamburg: Tradition 2009.
Dauber, Andrea: Geschlechterrollen in der TV-Werbung. Eine empirische Analyse zum Wandel der sozialen Konstruktionen. München: Grin 2008.
Eckert, Claus U.: Die großen Verführer – Die Geschichte des Werbefilms. Fernsehfilm Süddeutsche Zeitung TV GmbH 2010.
Goergen, Jeanpaul: Walter Ruttmann. Eine Dokumentation. Berlin: Freunde der Deutschen Kinemathek 1989.
Heiser, Albert: Das Drehbuch zum Drehbuch. Erzählstrategien im Werbespot und -film. Berlin: Creative Game Verlag 2004.
Heller, Raymund / Schmidt-Winkeler, Ingrid: Kunst ist Werbung. Hommage an Charles Wilp. Droste 2005.
Henze, Christian: Apropos Werbefilm. Vom kommerziellen Umgang mit der Phantasie. Konstanz: UVK 2005.
Heumann, Karen: Deutschland – Deine Werbung. TV-Reihe ZDF-History, 10.7.2011.
Hoffmann, Hilmar / Schobert, Walter (Hg.): Optische Poesie. Oskar Fischinger, s. Lit. zu Experimentalfilm.
Loiperdinger, Martin (Hg.): Julius Pinschewer. Klassiker des Werbefilms. Booklet und DVD. absolut MEDIEN / arte EDITION 2010.
Nair, Kartik: Aura, Auteurism and »The Key To Reserva«. In: Wide Screen Journal, Vol 1, Issue 2. Leeds: Subaltern Media, Juni 2010.
Truffaut, François: Mr. Hitchcock, wie haben Sie das gemacht? München: Heyne(2)2003.
Westbrock, Ingrid: Der Werbefilm. Ein Beitrag zur Entwicklungsgeschichte des Genres vom Stummfilm zum frühen Ton- und Farbfilm. Hildesheim u.a.: Olms 1983.

VIDEOKUNST

Angermeyer-Deubner, Marlene / Weibel, Peter (Hg.): Syntax des Sehens. Die Videosammlung des ZKM. Heidelberg: Kehrer 2006.
Arizona State University Art Museum/Kestner-Gesellschaft Hannover (Hg.): Bill Viola. Kat. Venedig/Hannover/Tempe, Arizona 1995.
Bußmann, Klaus / Matzner, Florian (Hg.): Nam June Paik, eine DATA base. (Kat. zur Biennale Venedig 1993). Ostfildern: Edition Cantz 1993.
Engelbach, Barbara (Hg.): Bilder in Bewegung. Künstler & Video / Film 1958–2010. Kat. Museum Ludwig Köln 2010.
Engelbach, Barbara: Zwischen Body Art und Videokunst. Körper und Video in der Aktionskunst um 1970. München: Schreiber 2001.
Frieling, Rudolf / Daniels, Dieter: Medien Kunst Aktion. 2 Bde.: Die 60er und 70er Jahre in Deutschland und Die 80er und 90er Jahre in Deutschland. Wien/New York: Springer 1997 und 2000.
Frieling, Rudolf / Herzogenrath, Wulf (Hg.): 40 Jahre Videokunst. Teil 1: Digitales Erbe: Videokunst in Deutschland von 1963 bis heute. Buch und DVD. Ostfildern: Hatje Cantz 2006.
Frohne, Ursula (Hg.): video cult/ures. Multimediale Installationen der 90er Jahre. Museum für Neue Kunst/ZKM Karlsruhe. Köln: DuMont 1999.
Goetz, Ingvild / Urbaschek, Stephan (Hg.): fast forward. Media Art Sammlung Goetz. Hatje Cantz: Ostfildern bei Stuttgart 2006.
Groos, Ulrike / Hess, Barbara / Wevers, Ursula (Hg.): Ready to shoot. Fernsehgalerie Gerry Schum/videogalerie schum. Köln: Snoeck 2003.
Hamker, Anne: Emotion und ästhetische Erfahrung. Zur Rezeptionsästhetik der Video-Installationen Buried Secrets von Bill Viola. Münster: Waxmann 2003
Haustein, Lydia: Videokunst. München: Beck 2003.
Herzogenrath, Wulf (Hg.): Videokunst der 60er Jahre in Deutschland. Kat. Kunsthalle Bremen 2006.
Herzogenrath, Wulf / Buschoff, Anne (Hg.): Bjørn Melhus – Video. Kat. Kunsthalle Bremen 2002.
Herzogenrath, Wulf (Hg.) / Schmidt, Sabine Maria (Mitarb.): Nam June Paik. Fluxus / Video. Kat. Kunsthalle Bremen 1999.
Jäger, Joachim / Knapstein, Gabriele / Hüsch, Annette (Hg.): Jenseits des Kinos: Die Kunst der Projektion. Filme, Videos und Installationen von 1963 bis 2005. Ostfildern-Ruit: Hatje Cantz 2006.
Kacunko, Slavko: Closed Circuit Videoinstallationen. Ein Leitfaden zur Geschichte und Theorie der Medienkunst mit Bausteinen eines Künstlerlexikons auf DVD. Ostfildern: Hatje Cantz 2004.
Martin, Sylvia: Video Art. Köln: Taschen 2006.
Osswald, Anja: Sexy Lies in Videotapes. Künstlerische Selbstinszenierung im Video um 1970. Bruce Nauman, Vito Acconci, Joan Jonas. Berlin: Mann 2003.
Rush, Michael: Video Art. London: Thames & Hudson 2003.
Schwarz, Hans-Peter: Medien-Kunst-Geschichte. Medienmuseum ZKM | Zentrum für Kunst und Medientechnologie Karlsruhe. München / New York: Prestel 1997.
Schwerfel, Heinz Peter: Kino und Kunst. Eine Liebesgeschichte. Köln: DuMont 2003.
Shaw, Jeffrey (Konz.) / Sommer, Astrid (Red.): artintact. CD-ROMagazin interaktiver Kunst 1994-1999. Komplett als DVD-ROM-Version mit Begleitheft: Ostfildern: Hatje Cantz Verlag 2002.
Schulz, Bernd (Hg.): Bjørn Melhus – Du bist nicht allein / You are not alone. Kat. Kunsthalle Göppingen / Stadtgalerie Saarbrücken. Heidelberg: Kehrer 2001.
Zumpe, Angela: Zwischen Subversion und Anpassung. Kurzfilm und Videoformate. In: Behnken (Hg.) 2004, S. 181–188.

Textquellenverzeichnis

GRUNDLAGEN

S. 8: Mike Hoolboom: Nine Thoughts on Short Films, New York, Oct 31, 2001, zit. nach: www.shortfilm.de/das-kurzfilmmagazin/gastbeitraege/kurzfilm-allgemein/nine-thoughts-on-short-films.html (Febr. 2012), Übers. aus dem Engl. von Michael Klant.
S. 9: Lars Henrik Gass zit. nach: Klaus Gronenborn: Blick zurück nach vorn. Kurzfilmtage Oberhausen. In: epd-film Nr. 6/1998, S. 16.
S. 10: Alexander Kluge: Kurze Filme, lange Filme. Ein Erfahrungsbericht. In: Klaus Behnken (Red.): kurz und klein. 50 Jahre Internationale Kurzfilmtage Oberhausen. Ostfildern-Ruit: Hatje Cantz 2004, S. 172.
S. 12: Herbert S. Stone zit. nach Stefan Volk: Niespulver im Zuschauerraum. In: Der Sonntag, Kultur, 16.1.2011.
Joris Ivens: Die Kamera und ich. Autobiographie eines Filmers, übers. aus dem Engl. und Niederländ. von Teja Schwaner und Annelotte Piper. Reinbek: Rowohlt TB 1974, S. 193.
S. 13: Mara Mattuschka zit. nach Kremski, Peter: Überraschende Begegnungen der kurzen Art. Gespräche über den Kurzfilm. Köln: Schnitt – der Filmverlag 2005, S. 39.
Tom Tykwer: ebd., S. 18.
Laura Waddington: ebd., S. 87.
Pepe Danquart: Interview mit Michael Klant und Raphael Spielmann, Berlin, 5.12.2008, unveröffentl. Ms.
S. 15: Jochen Alexander Freydank in: Bauer, Christian / Meyer, Peter (Hg.): SPIELZEUGLAND. Ein Film von Jochen Alexander Freydank. Originaldrehbuch, Bonus-Material und DVD. Merzig: Gollenstein 2010, S. 62.
S. 16: Peter Weibel zit. nach Matthias Weiß: Marktplatz der Bilder. Wie Youtube die visuelle Kultur verändert. In: Kunstzeitung

144/2008; Philip Scott Johnson in: www.art-magazin.de/kunst/8804.htm (Feb. 2012).
S. 17: Wolf, Reinhard W.: Lange Wege für kurze Filme. Zur Ökonomie des Kurzfilms in Deutschland. In: Behnken, K. (Hg.) 2004, S. 216.

DOKUMENTARFILM
S. 20: Grierson zit. nach: Westdeutsche Kurzfilmtage im Auftrag der Stadt Oberhausen (Hg.) / Wolfgang Ruf (Red.): Möglichkeiten des Dokumentarfilms. Materialien zum Film von John Grierson und seiner Schule. Joris Ivens und Herni Storck, Heynowski & Scheumann, Roman Karmen, Santiago Alvarez, Chris Marker, Carlos Alvarez. Oberhausen: Laufen 1979, S. 3.
Wildenhahn, Klaus: Über synthetischen und dokumentarischen Film – zwölf Lesestunden (1973). Erw. Neuaufl. Frankfurt am Main: Kommunales Kino 1975.
S. 21: Joris Ivens 1974, a.a.O., S. 58.
Danielsen zit. nach: Leipziger Dok-Filmwochen GmbH (Hg.) / Ralf Schenk (Red.): Bilder einer gespaltenen Welt. 50 Jahre Leipziger Dokumentar- und Animationsfilmfestival Leipzig. Berlin: Bertz + Fischer, 2007, S. 248.
Siegfried Kracauer: Theorie des Films – Die Errettung der äußeren Wirklichkeit. Frankfurt am Main: Suhrkamp 1964, S. 281.
S. 25: Hans Richter in »Film von morgen«, 1929, zit. nach: Goergen, Jeanpaul (Red.): Hans Richter. Film ist Rhythmus. Berlin: Freunde der Deutschen Kinemathek 2003, S. 59.
S. 28: Het Volk, 29.9.1931: Übers. aus dem Niederländ. von Michael Klant.
S. 31: Lichtveld zit. nach Karel Dibbets 1995, S. 79 ff., Übers. aus dem Engl. von Michael Klant.
S. 33: Joris Ivens 1974, a.a.O., S. 67.
S. 36/37: Böttcher zit. nach Gabriele Voss (Hg.): Dokumentarisch arbeiten Band 1. Jürgen Böttcher, Richard Dindo, Herz Frank, Johan van der Keuken, Volker Koepp, Peter Nestler, Klaus Wildenhahn im Gespräch mit Christoph Hübner. Berlin: Vorwerk 8, 1996, S. 15.
»Das ist nicht die Ostsee« zit. nach der TV-Sendung von Christian Beetz: Jürgen Böttcher / Strawalde – Mein Leben. Dokumentarfilm, ZDF 2010.
S. 39: Jorge Furtado, Kommentar in ILHA DAS FLORES, übers. aus dem Engl. von Michael Klant auf Basis der dt. Synchronfassung.
S. 41: Jorge Furtado, in: Kimovimento, 19.5.2011, übers. aus dem Portugies. von Michael Klant und Aurela Zea Giraldo.
S. 43: Lengé: gesprochener Text in Gbanga-Tita, übers. von Robert Brisson.
S. 47: João Baroso, Voice over aus dem Film WAS WEISS DER TROPFEN DAVON.
S. 48: Nihat Arslan, ebd..
Ricarda Huch: Erinnerungen von Ludolf Ursleu dem Jüngeren (1893). Stuttgart: Cotta 1905, S. 373.
S. 49: Jan Zabeil zit. nach defa-spektrum GmbH (Hg.): Presseheft WAS WEISS DER TROPFEN DAVON. Berlin 2008, S. 6.
S. 51: E-Mail von Rainer Komers an Michael Klant vom 29.11.2010.

SPIELFILM
S. 63 f.: Alice Guy: Die Stellung der Frau in der Produktion von Filmen. In: Dies. Guy, Alice: Autobiographie einer Filmpionierin. 1873–1968. Übers. aus dem Französ. von Dagmar Hahn, S. 216 ff.
S. 67: Michael Krützen: Dramaturgie des Films. Wie Hollywood erzählt. Frankfurt am Main: Fischer TB 2004, S. 98 f.
S. 68: Charles Chaplin: My Autobiography (1964). Neuauflage London: Penguin 2003, S. 145 f.
S. 71: »Poetischer Realismus« aus Michael Klant / Raphael Spielmann: Grundkurs Film 1. Braunschweig: Schroedel 2008, S. 282.
S. 75: F.X. Feeney / Paul Duncan (Hg.): Roman Polanski. Köln: Taschen 2005, S. 20. Übers. aus dem Poln. von Heiko Fischer. © 2006 TASCHEN GmbH, Hohenzollernring 53, D-50672 Köln, www.taschen.com
S. 78 u. S. 79: Pepe Danquart im Interview mit Michael Klant und Raphael Spielmann, Berlin, 5.12.2008, unveröffentl. Ms.
Letzte Drehbuchseite: Jan Lüthje, Zusendung an Michael Klant am 21.10.2010.
S. 91: Sabine Schröder: Kulissen sind ihre Welt. Die Szenenbildnerin hinter dem Oscar-Erfolg. In: taz.de, 6.3.2009.
S. 93: Gespräch Gallenberger / Freydank zit. nach Jan Draeger / Peter Zander: »Denk beim Oscar an die Stretchlimo!« In: Welt online 18.02.09, http://www.welt.de/kultur/article3227757/Denk-beim-Oscar-an-die-Stretchlimo.html (Febr. 2012).
S. 94: Freydank zit. nach Christian Bauer / Peter Meyer (Hg.): SPIELZEUGLAND. Ein Film von Jochen Alexander Freydank. Originaldrehbuch, Bonus-Material und DVD. Merzig: Gollenstein 2010, S. 55 f.

ANIMATION
S. 97: Gil Alkabetz: Die Situation der künstlerischen Animation in Deutschland – Entwicklung, Richtungen, Besonderheiten. In: AG Kurzfilm (Hg.) Access to German Animation. Dresden o.J. (2009) S. 4.
S. 101: McCay zit. nach Canemaker, John: Winsor McCay. His Life and Art. Revised and enlarged edition. New York: Harry N. Abrams 2005, S. 169.
S. 106: »Film als Ballett. Ein Gespräch zwischen Lotte Reiniger und ihrem Bekannten«. Aus: Life and Letters today. Vol. 14, No. 3, Spring Quarter 1936, zit. nach Happ, Alfred: Lotte Reiniger. Schöpferin einer neuen Silhouettenkunst. Tübinger Stadtmuseum 2004, S. 156. Übers. aus dem Englischen von Patricia Löffler.
S. 110: Terence Dobson: The Film Work of Norman McLaren. Eastleigh: John Libbey Publishing 2006, S. 236, Übers. aus dem Englischen von Michael Klant.
S. 114: Löser zit. nach Wegenast, Ulrich: Zwischen Staatskunst und Underground. Animation in der DDR. DVD, Reihe Geschichte des deutschen Animationsfilms III. Berlin: absolut Medien o.J., Booklet S. 14.
S. 115: Ich bin ein Monteur, kein Deuter des Weltgeistes. Gespräch zwischen Lutz Dammbeck und Eckhart Gillen (Auszug), in: Bildende Kunst Nr. 12/1990.
S. 120: Jason Sondhi, Short of the Week, in: http://www.shortoftheweek.com/2007/12/02/balance (Febr. 2012), Übers. aus dem Engl. von Michael Klant.
S. 121: Christoph Lauenstein zit. nach *Kurz-*

schluss, arte 3. März 2010.
S. 128: Christina Schindler, Exposé für ANDERS ARTIG, Zusendung an Michael Klant vom 10.7.2011.
S. 129: Christina Schindler, Interview mit Friedemann Schuchardt am 3.5.2008, in: Durchblick, Bundesverband Jugend und Film BJF, http://www.durchblick-filme.de/schindler/2_Portraet.htm (Febr. 2012).
S. 130: Franziska Seyboldt, in: taz, 18.7.2010.
S. 133: Tomer Eshed, Kommentar aus dem Off in OUR WONDERFUL NATURE
S. 135: Telefongespräch (Transkript) zwischen Tomer Eshed und Michael Klant, 4.10.2011.

EXPERIMENTALFILM
S. 142 f.: Herbert Birett (Hg.): Georges Méliès. Frankfurt am Main: Filmstudio der Universität, 1963, S. 59–77. Übers. aus dem Französischen von H. Birett, nach Georges Méliès: Les Vues Cinématographiques. Causerie par Georges Méliès, in: Annuaire général et international de la photographie. Paris 1907, S. 362-392, hier zit. nach: Diederichs, Helmut H. (Hg.): Geschichte der Filmtheorie. Kunsttheoretische Texte von Méliès bis Arnheim. Frankfurt am Main: Suhrkamp Taschenbuch 2004, S. 38 f.
S. 145: André Breton: Die Manifeste des Surrealismus. Reinbek bei Hamburg: Rowohlt Taschenbuch Verlag 1977, S. 26 f. Übers. aus dem Französischen von Ruth Henry.
S. 145 unten: Elza Adamowicz: Un chien andalou (Luis Bunuel und Salvador Dalí, 1929). Ciné-Files: The French Film Guides. London / New York: Tauris 2010, S. 8, dort zit. nach: Tomás Pérez und José de la Colina: Conversations avec Luis Bunuel. Il est dangereux de se pencher au-dedans. Paris: Cahiers du Cinéma 1993. Übers. aus dem Amerikanischen von Michael Klant.
S. 146: Salvador Dalí: Die Eroberung des Irrationalen (1935). Frankfurt am Main / Berlin / Wien: Ullstein 1973, S. 14 ff. Übers. aus dem Französischen von Brigitte Weidmann.
S. 147: Deutsche Kinemathek (Hg.): Luis Bunuel. Essays, Daten, Dokumente. Berlin: Bertz + Fischer 2008, S. 15.
S. 149: (»Dieser...«) Bruce McPherson (Hg.): Essential Deren. Collected Writings on Film by Maya Deren. Kingston/New York: McPherson & Company 2005, S. 246. Übers. aus dem Amerikanischen von Michael Klant.
S. 151: (Zitat Filmkamera): In the Mirror of Maya Deren. Film von Martina Kudlácek. Navigator Film in Coproduction mit Dschoint Ventschr und Tag/Traum 2001. Übers. aus dem Amerikanischen von Michael Klant.
S. 154 f.: (McLaren zu Oscar Petersen) Terence Dobson 2006, a.a.O., 201 ff. Übers. aus dem Amerikanischen von Michael Klant.
S. 156: (Zitat Robert Verrall aus): Eric Barbeau: Evelyn Lambart. Kurzfilm. Aus: Norman McLaren, The Master's Edition. Kanada: NFB 2005. Übers. aus dem Amerikanischen von Michael Klant.
S. 157: (»Not macht erfinderisch« aus) Norman McLaren interviewed by Guy Cotte Montréal 1967), »mise en page« by André S. Labarthe. Film 55, Reihe Cinéma, de notre temps, prod. von Janine Bazin und André S. Labarthe. Kanada/Frankreich: AMIP-INA-NFB 2001. Übers. aus dem Amerikanischen von Michael Klant.
S. 160: (Rybczynski, Langzitat) Peter Kremski 2005, a.a.O., S. 133.
S. 162: (Zitat Gondry:) ebd., S. 111 f. Übers. aus dem Franz. von Peter Kremski.
S. 162: (Rybczynski, Kurzzitat) ebd. S. 139.
S. 165: Virgil Widrich im Interview mit Karin Schiefer, © 2003 Austrian Film Commission. http://www.widrichfilm.com/fastfilm/interview_de.html
S. 167 f.: ebd.
S. 172, 174: (Francines Telefonanruf und Voice-over-Kommentar von Thomas) Gesprochener Kommentar in TRUE (Drehbuch: Tom Tykwer).
S. 173: (Langzitat) Peter Kremski 2005, S. 21 f.
S. 175: (persönlich) http://www.tomtykwer.de/Filmographie/True (Febr. 2012).

MUSIKFILM
S. 181: Johann Wolfgang von Goethe: Der Zauberlehrling. Erstveröff. in Friedrich Schiller (Hg.): Musen-Almanach für das Jahr 1798. Tübingen: Cotta 1797.
S. 184 ff.: Mechtild Fuchs, Originalbeitrag für den *Grundkurs Film 3*.
S. 191: Bob Dylan: Subterranean Homesick Blues, erstveröffentl. auf dem Album *Bringing It All Back Home*, Columbia Recording Studios, New York, 1965.
S. 193: D.A. Pennebaker, http://www.phfilms.com/index.php/phf/film/dont_look_back/ (Febr. 2012).
S. 194: Björk Guðmundsdóttir: All is Full of Love, 1999, Universal Music Publishing Group.
S. 194: (»sexual«) zit. nach Hans Emons: Für Auge und Ohr: Musik als Film oder die Verwandlung von Komposition ins Licht-Spiel. Berlin: Frank & Timme 2005, S.138.
S. 197: (Cunningham) Artist's Statement aus C. Probst: Amorous Androids. In: American Cinematographer, Februar 2000. http://www.acmi.net.au/195152371ba94b86b26f6f314a1d7c8e.htm (Australian Center for the Moving Image, ACMI). Übers. aus dem Engl.: Michael Klant.
S. 198: © Wintrup Musikverlag, Detmold / Freudenhaus Musikverlag / Partitur Musikverlag.
S. 201: (»wichtigste Erneuerer«) Bernd Philipp: Mutter Popstar und ihre Lieder. Welt online 9.6.2007. http://www.welt.de/welt_print/article932866/Mutter_Popstar_und_ihre_Lieder.html.
S. 201: Zitat Göltenboth: Gespräch mit Michael Klant am 9.10.2011.
S. 202: Oren Lavie: Her Morning Elegance, 2007 © Oren Lavie.

WERBEFILM
S. 206 (Einleitung): Alice Guy: Autobiographie einer Filmpionierin. 1873–1968. Übers. aus dem Französischen von Helma Schleif. Münster: tende 1981, S. 64.
André Amsler: »Wer dem Werbefilm verfällt, ist verloren für die Welt«. Das Werk von Julius Pinschewer 1883–1961. Zürich: Chronos Verlag, S. 9.
S. 213: (Ruttmann, »Flimmermuse«): undatiertes Manuskript »Kunst und Kino« (zwischen 1913 und 1917), zit. nach: Jeanpaul Goergen: Walter Ruttmann. Eine Dokumentation. Hg. Freunde der Deutschen Kinemathek, Berlin 1989, S. 73.
S. 214 f.: Voice over im Dr.-Oetker-Werbespot, Insel Film 1956.

S. 217: Andrea Dauber: Geschlechterrollen in der TV-Werbung. Eine empirische Analyse zum Wandel der sozialen Konstruktionen. München: Grin 2008, S. 70 f.
S. 219: Monolog von Alfred Hitchcock im Trailer for The Birds, Universal Pictures, Hitchcock Collection.
S. 221: Charles Wilp in: Claus U. Eckert: Die großen Verführer – Die Geschichte des Werbefilms. Fernsehfilm Süddeutsche Zeitung TV GmbH 2010.
S. 223: (Bruhn in indirekter Rede): Christian Bruhn: Marmor, Stein und Liebeskummer – Meine Welt ist die Musik. Berlin: Schwarzkopf & Schwarzkopf 2005, Kap. 2, S. 2.
(Zitat »Ein Werbejingle...«): Homepage Christian Bruhn, http://www.christianbruhn.de/cb/?page_id=7 (Febr. 2012).
S. 226: (Truffaut/Hitchcock) zit. nach: Sidney Gottlieb: Framing Hitchcock: Selected essays from the Hitchcock annual. Detroit: Wayne State University Press 2002, S. 48.

VIDEOKUNST
S. 232: (Einleitung): Angela Zumpe: Zwischen Subversion und Anpassung. Kurzfilm und Videoformate. In: K. Behnken (Hg.) 2004, a.a.O., S. 183.
S. 234: (Dibbets): zit. nach Rudolf Frieling / Wulf Herzogenrath (Hg.): 40 Jahre Videokunst. Teil 1: Digitales Erbe: Videokunst in Deutschland von 1963 bis heute. Buch und DVD. Ostfildern: Hatje Cantz 2006, S. 94.
S. 235: (Schum) zit. nach ebd.
S. 236: (Paik): Voice over zum Film Global Groove, USA 1973. Übers. aus dem Engl. von Michael Klant.
S. 237 f.: Anja Oßwald: »Electronic Collages«: Paiks Videobänder. Global Groove – Fernsehen als Medium der Völkerverständigung. In: Wulf Herzogenrath (Hg.): Nam June Paik. Fluxus/Video. Kat. Kunstverein Bremen 2003, S. 160 f.
S. 239: (»... schlagen wir zurück«): Wulf Herzogenrath: Nam June Paik. Die subversiven Spiele der Doppelbödigkeit. In: Künstler. Kritisches Lexikon der Gegenwartskunst. München: WB 1988, S. 7.
(Kurzzitat »liebe Gott böse!«) zit. nach Wulf Herzogenrath: Nam June Paik. Fluxus/Video. Kat. Kunsthalle Bremen 1999, Umschlags. 4.
S. 242: Ulrike Rosenbach: Über Feminismus und Kunst. Interview mit Amine Haase (1982), zit. nach Rudolf Frieling / Dieter Daniels: Medien Kunst Aktion. 2 Bde.: Die 60er und 70er Jahre in Deutschland. Wien/New York: Springer 1997, S. 193.
S. 243: Rosenbach zit. nach Bettina Gruber / Maria Vedder: Kunst und Video. Internationale Entwicklung und Künstler. Köln: DuMont 1983, S. 187.
S. 245: Marie zit. nach Hans-Peter Schwarz: Medien – Kunst – Geschichte. Medienmuseum ZKM | Zentrum für Kunst und Medientechnologie Karlsruhe. München / New York: Prestel 1997, S. 94.
S. 247 f.: Ralph Melcher in: Götz Adriani (Hg.): Bill Viola – Stations. Ostfildern-Ruit: Hatje Cantz 2000, S. 10 ff.
S. 249: Pamela C. Scorzin: Weltsichten eines elektronischen Mystikers. In: Bill Viola. Künstler – Kritisches Lexikon der Gegenwartskunst, Ausgabe 49/8, 1. Quartal 2000, S. 3-11.
Viola-Zitat (»One of the things ...«) Homepage des J. Paul Getty Museum, Los Angeles, http://www.getty.edu/art/gettyguide/artMakerDetails?maker=24654&page=1 (Febr. 2012).
Anja Osswald zit. nach Rudolf Frieling / Wulf Herzogenrath (Hg.) 2006, a.a.O., S. 282.
S. 251: Bjørn Melhus im Gespräch mit Wulf Herzogenrath: »Das scheinbar Leichte und Unterhaltsame ist ein Trojanisches Pferd.« In: Herzogenrath, Wulf / Buschoff, Anne (Hg.): Bjørn Melhus – Video. Kat. Kunsthalle Bremen 2002, S. 15.

Bildquellenverzeichnis

Cover: X-Filme AG, Berlin; 5: Grafik Michael Klant, Reinzeichnung Ulrich Birtel; 7: Hal Roach Studios; 8 l, m: Wikimedia Commons; 8 r: Richard Platt: Film & Kino. Geschichte, Technik, Stars. Hildesheim: Gerstenberg 2006, 16, 9: Archives françaises du film, Bois-d'Arcy, 10, 11: Grafiken Michael Klant, Reinzeichnung Ulrich Birtel; 12 o.: Edison Manufacturing Company, Cinémathèque Française, Paris; 12 u.: Grafik Michael Klant, Reinzeichnung Ulrich Birtel; 13: Publicity Photograph, American Mutoscope and Biograph Company; 14 l.: Musée national des arts et traditions populaires, Paris, Fonds G. Soury; 14 r.: Foto Michael Klant; 15 l, r: Archiv der Internationalen Kurzfilmtage Oberhausen; 17 u., 18 o.: Fotos Michael Klant; 18 u.: Grafik Michael Klant, Reinzeichnung Ulrich Birtel; 19, 21 r, 50-52: Rainer Komers Film, 45476 Mülheim; 20 l., 22 l.: Musée de la Publicité, Paris; 24m Cinématèque Francaise, Paris; 22 m, 23 om Société Lumière, Motion stills Michael Klant, 23 ul: Edison Manufacturing Company; S. 23 um: Bundesarchiv, N 1275 Bild-210 / Foto Messter-Film GmbH, 4. Mai 1897; 23 or Filminstitut der Landeshauptstadt Düsseldorf (Hg.): Lichträume und Schattenbilder. Kat. Düsseldorf o.J., S.16; S. 20 2.vl, 24-26, 26 ul: Re:Voir, Paris, Cecile Starr; S. 24 u: Murnau-Stiftung / DIF; 25 r: © VG Bild-Kunst, Bonn 2012; 26 ol: zoonar Nr. 2620798; 26 or: Ullsteinbild; 27 or: Marion von Hofacker, Icking; 21, 28 ol, 31 o, 33 o: European Foundation Joris Ivens, Nijmegen, 28-33: absolut MEDIEN; 29 ol: Malewitsch-Mondrian. Konstruktion als Konzept. Kat. Wilhelm-Hack-Museum Ludwigshafen (3)1978, Nr. 34; 30 ol u. or: Flip van Vliet, Amsterdam; 33 o: Foto © John Fernhout / Nederlands Fotomuseum; 33 u: Uli Jung; 20 r,

34-36 © DEFA-Stiftung 1999. All rights reserved. Lizenzgeber: PROGRESS Film-Verleih GmbH; 37 o: Foto Rainer Schmidt, Herrnhut-Strahwalde; 38-40: Casa de Cinema de Porto Alegre, Brasilien; 40 u, 41 u: Grafiken Ulrich Birtel, Freiburg; 41 o: Foto Fabio Rebelo, Courtesy Casa de Cinema de Porto Alegre; 21 2. vl, 42-45: © Productions du Sablier; 44 u: Grafik Ulrich Birtel, Freiburg; 21, 2.vr, 46-47, 48 r: defa-spektrum GmbH / Jan Zabeil; 48 ol: Ullsteinbild; 48 ml: © Stefan Römer, aus dem Film »Conceptual Paradise« (2006); 49: Jan Zabeil; 21 r., 50-52: Rainer Komers Film, Mülheim; 52 lu: Grafik Ulrich Birtel, Freiburg; 54 l, 56-57: Société Lumière; 56 u.: Wikimedia-Commons; 54, 2. vl, 58-59: Edison Manufacturing Company; 59 m: Wikimedia-Commons, Archive of the Museum of Modern Art; 54, 2. vr, 60-62: Les Résultats du Féminisme, a film by Alice Guy. Gaumont production, 1906; 63: "Les Résultats du Féminisme", a film by Alice Guy. Gaumont production, 1906. Coll. Musée Gaumont; 53, 54 r, 64-66, 68: Essanay Film Manufacturing Company, Chicago; 69 o: Photo by Topical Press Agency / Getty Images # 2638104; 69 u: Deutsche Post AG; 55 l, 70-71: Les Films Montsouris; 55 2. vl, 72-74: Jeck Film, Paris; 75: Roman Polanski; 55 m, 76-77: DVD Film Portfolio. Aspekte der Filmanalyse: Schwarzfahrer von Pepe Danquart / Katholisches Filmwerk KFW; 78, 79 o: Pepe Danquart; 79 u: http://de.academic.ru/dic.nsf/dewiki/400429; 55 2. vr, 80-81, 83: Kaleidoskop Film- und Fernsehproduktion, München; 82 ul, ur: Foto Matthias Neumann; 55 r, 85-88, 90, 92 o, or: Katholisches Filmwerk KFW; 84 o, 90 o, ul, 92: Mephisto Film, Berlin; 84 u: Bildarchiv Preussischer Kulturbesitz; 88 r, 89: Ingo Ludwig Frenzel; 91 o: Hans Lein, Berlin; 91 m, ul, ur: Maja Zogg; 93: Ullsteinbild; 95, 96 r: Lutz Dammbeck; 96 l, 97 m: Christina Schindler 98-101: The Vitagraph Company of America / Wikimedia Commons, Cinémathèque Québéquoise; 96 m, 102-106: Christel Strobel, Agentur für Primrose Film Productions, München; 103 u: Deutsche Bundespost; 107 u: Tübinger Stadtmuseum; 96 2. vr, 108-111: National Film Board of Canada NFB; 109 o: Lichtton-Montage Michael Klant; S. 110 u: Grafik Ulrich Birtel, Freiburg; 112 o, 115 or: Lutz Dammbeck; 112-113: PROGRESS Film-Verleih GmbH; 114 ul: © VG Bild-Kunst, Bonn 2012; 114 um: Deutsche Post (DP) der DDR; 114 ur: Mosfilm; 115 u: Paramount Pictures; 97 l, 116-119: Katholisches Filmwerk KFW; 120: Foto Jochen Klenk; 97 2. vl, 122: Aardman Animations Ltd.; 97 m, 124-128: Christina Schindler; 129 o: Foto Christoph Reime; 129 ml: Deutsche Film- und Medienbewertung Wiesbaden FBW; 97 2. vr, 130-131: www.blublu.org; 97 r, 132-134: Hochschule für Film und Fernsehen (HFF) »Konrad Wolf«, Potsdam-Babelsberg / Tomer Eshed; 133 u: Foto Klaus D. Fiebich; 135-136: Tomer Eshed; 138 2. vl: Ruttmann-Film München; 138 m: Les Ballets Suedois; 139 2. vl: © VG Bild-Kunst, Bonn 2012; 138 l, 140-143: Georges Méliès Star Films; 138 2 vr, 144-146 o: Produktion Luis Buñuel / Microcinema International / Pierrot le Fou; 145 u: Ullsteinbild; 146 m, u, 147 o: © VG Bild-Kunst, Bonn 2012; 138 r, 148 u-150: Motions stills CINEMA 16 | American Short Films / Re:Voir, Paris, Cecile Starr; 148 ol, 151 o, u: Promotionsfotos für In the Mirror of Maya Deren (A/CH/D 2002, Regie: Martina Kudlácek), Zeitgeist Films; 150 ur: Foto Michael Klant; 139 l, 152, 153 u, 155-157: National Film Board of Canada NFB; 153 ol, or: © VG Bild-Kunst, Bonn 2012; 154: Ullsteinbild; 139 m, 158-160, 161 u, 163: Zbigniew Rybczinski; 162: Michel Gondry; 137, 139 2. vr, 164-171: Virgil Widrich Filmproduktion & sixpackfilm, Wien; 139 r, 172-175: X-Verleih; 176 ol: Herbstfilm / Foto: Jörg Gruber; 176 ml: Mathilde Bonnefoy; 178 l: Coll. Musée Gaumont, 178 2. vl: Christel Strobel, Agentur für Primrose Film Productions, München; 178 r: National Film Board of Canada NFB; 178 2. vr, 180, 182 r, 183, 184 u bis 187 u, 188, 189: Walt Disney Productions; 182 ol: Bibliothèque Nationale de France; 182 or, 188 u: Ullsteinbild; 179 l, 190-191, 192 m, 193: D.A. Pennebaker; 192 o: Foto Tony Conrad; 192 r: © VG Bild-Kunst, Bonn 2012; 192 u: Mercury / PolyGram; 179 2. vl, 194-197: Mit freundlicher Genehmigung von Universal Music International Division – a division of Universal Music GmbH und One Little Indian Records Ltd.; 197 u: 20th Century Fox; 179 2. vr, 198–199: Mit freundlicher Genehmigung der EMI Music Germany GmbH; 177, 179 r, 202-204: Oren Lavie; 204 u: Straight Arrow Publishers Inc.; 205, 207 r, 224-230: Freixenet S.A., Sant Sadurní d'Anoia, Spanien; 206 l, 208: Biograph Studios, 209 o: Ullstein Bild, 209 u: Sammlung Klant; 206 2. vl, 2. vr, 210-212: absolut MEDIEN / Julius-Pinschewer-Nachlassverwaltung Manfred Loiperdinger, Universität Trier; 211 ml: Bundesarchiv, N 1275 Bild-289 / Fotograf: unbekannt; 211 ur: Grafik Ulrich Birtel, Freiburg; 213 ol: Ruttmann-Film GmbH München; 213 or: Getty Images; 207 l, 214-215: Deutsches Filminstitut DIF – Filmarchiv / Inselfilmarchiv; 214 o, 217: Dr. Oetker; S. 216 o: Agentur Dietrich, München, Claudia Spies; 216 ul, um: mit freundlicher Genehmigung des Dokumentationszentrums Alltagskultur der DDR, Eisenhüttenstadt, www.alltagskultur-ddr.de, Tel. 03364/417355; 218-219 l: Universal Pictures; 219 ur: Foto Michael Klant, Biennale Venedig; 207 2. vl, 220: Mineralbrunnen Überkingen-Teinach AG; 221 o: Ullsteinbild; 221 u: Volkswagen Konzern; 207 2. vr, 222 l: Kraft Foods; 222 or, m: Christian Bruhn; 232 l, 234-235 u: © VG Bild-Kunst, Bonn 2012; 235 o: Foto Sasha Pabst; 232 2. vl, 236-238: Bußmann, Klaus / Matzner, Florian (Hg.): Nam June Paik, eine DATA base. Kat. zur Biennale Venedig 1993. Ostfildern: Edition Cantz 1993, S. 234 ff.; 236 or: Foto Conrad White; 239: Foto Peter Moore; 232 r, 240-242u, 243 o: © VG Bild-Kunst, Bonn 2012; 241 ol, 243 u: Wikimedia Commons; 242 o: Grafik Ulrich Birtel; 233 l, 244: Fotos Michael Klant; 245: Luc Courchesne; 233 m, 246 o, 259 r: © Bill Viola Studio; 247 o: Courtesy of ARTIUM of Alava, Vitoria-Gasteiz. Foto Gert Voor in't Holt, © Bill Viola Studio; 247 u, 259 l: Foto Kira Perov; 248 l, r : Foto Roman Mensing; 231, 233 r, 250-252: Bjørn Melhus.

Nicht in allen Fällen ist es gelungen, die Rechteinhaber ausfindig zu machen und um Genehmigung zu bitten. Berechtigte Ansprüche werden selbstverständlich im Rahmen der üblichen Vereinbarungen abgegolten.

Glossar: Fach- und Stilbegriffe, Fremdwörter, Personen

Kursiv gesetzte Ziffern verweisen auf Abbildungen, ein Pfeil → verweist auf ein anderes Schlagwort.

Aardman Animations: engl. Produktionsfirma für Animationsfilme, spezialisiert auf → Claymation 96, *97*, *122 f.*, 123
Abe, Shuya (*1932) : japan. Ingenieur, erfand zusammen mit Nam June → Paik 1969 den → Video-Synthesizer 236
Absoluter Film: → Abstrakter Film, → Cinéma pur 138
abstrahiert (lat. abstrahere, abziehen, reduzieren): nicht völlig → abstrakt, noch figürlich
abstrakt: ungegenständlich, nicht figürlich
Abstrakter Expressionismus: in den 1950er-Jahren dominierende, ungegenständliche, nichtgeometrische Stilrichtung, die zahlreiche subjektiv-persönliche Spielarten hervorbrachte, in den USA → Actionpainting, in Spanien u. Deutschland Informel, in Frankreich Tachismus genannt; Hauptvertreter beim Film ist Norman → McLaren, in der Malerei Jackson → Pollock 139, *153*, 258
Abstrakter Film: in den frühen 1920er-Jahren entstandene Richtung des Films, auch → Absoluter Film genannt; Künstler wie Walter Ruttmann, Hans → Richter, Viking → Eggeling u. Oskar → Fischinger animierten Linien u. Flächen o. zeigten die abstrakten Formqualitäten von Alltagsgegenständen. Der Maler Fernand → Léger gab Dinge verfremdet o. mit → Flickereffekt wieder, René → Clair ließ Autos auf dem Kopf fahren, Henri → Chomette befreite den Film mit dem → Cinéma pur (franz., reines Kino) von dokumentarischen Anteilen u. konzentrierte sich auf eine rhythmisierende → Montage u. die Bewegung von Formen 138, *213*, 257
absurd (lat.): widersinnig, sinnlos
Absurde, das (lat.): das Sinnlose 255 f., 261
Absurdes Theater: Richtung des Theaters, in welcher Orientierungslosigkeit und Sinnfreiheit der menschlichen Existenz zum Ausdruck kommen, u.a. in Stücken von → Beckett u. → Ionesco 74, 255

Absurdität (lat.): Sinnlosigkeit 161
Academy of Motion Picture Arts and Sciences: (Akademie der Filmkunst und -wissenschaften): US-amerikanische Institution in Los Angeles, die jährlich den Academy Award, auch → Oscar genannt, für die besten Filme des Vorjahres in verschiedenen Sparten verleiht 9
Achsensprung: Verletzung des Prinzips der »180-Grad-Regel«, s. Grafik *282*
Actionfilm (engl. action, Tat, Handlung): filmisches → Genre, wichtige Sparte des Unterhaltungskinos mit spektakulären Aktions- u. Gewaltszenen, meist mit männlichen Helden, vgl. → Martial-Arts-Film
Actionpainting (engl.): Aktionsmalerei, US-amerikan. Spielart des → Abstrakten Expressionismus, Hauptvertreter ist Jackson → Pollock, *152*, *153*
Actualités (franz.): aktuelle Nachrichten, filmische Vorläufer der Wochenschauen 20, 23
Ästhetik (griech., sinnliche Wahrnehmung): äußere Erscheinung; in der Philosophie die Lehre vom Kunstschönen; landläufig auch: Schönheit
Ästhetiker (griech.): Künstler, die der Form den Vorrang vor dem Inhalt geben 21, → Formalismus
ästhetisieren (griech.): ansprechend gestalten
Algar, James (1912–1998): US-amerikan. Trickfilmer, Autor, Regisseur u. Produzent 180
Alkabetz, Gil (*1957): israel. Animationsfilmer *97*, 258
Allegorie (griech.): Sinnbild in Gestalt einer Figur (z.B. der Tod als Knochenmann) 120, *150*
Allegro (ital., fröhlich): schnelles Musiktempo 155
Alter Ego (lat.): anderes Ich, zweite Identität im positiven o. negativen Sinn 252
Ambient video (engl., atmosphärisches Video): als bewegtes Gemälde konzipiertes → Einkanalvideo, → Video painting *234 f.*, 260
Amour fou (franz.): verrückte, leidenschaftliche Liebe 245

Amplitude: maximale Auslenkung einer sinusförmigen Kurve 109
Analytische Montage: Folge von → Einstellungen, mit denen ein Motiv o. eine → Szene in → Groß- u. → Nahaufnahmen zerlegt (»analysiert«) wird
Andante (ital., gehend): schreitendes Musiktempo 155
Androide (griech.): Roboter mit menschlichem Aussehen 194, 252
Animation (lat. anima, Seele): Beseelung; Belebung von Einzelbildern mit dem Ziel der Bewegungsillusion *95 ff.*
Animationsfilm: im → Stop-motion-Verfahren, als → Zeichentrick oder in → CGI bzw. → 3-D-Computertechnik hergestellter Film *95 ff.*, Ggs. zum → Realfilm
Antagonist (griech.): Gegenspieler der Hauptfigur, des → Protagonisten 118
Antes, Horst (*1936): dt. Künstler der → Pop-Art 114
Anthologiefilm (griech., Blütenlese): → Episodenfilm, → Omnibusfilm
Apartheid: Rassentrennung in Südafrika im 20. Jh. 261
Aphex Twin: Pseudonym des irischen Musikers Richard David James (*1971) 197
Arie (ital. aria, Weise, Luft): vom Orchester begleitetes Gesangsstück eines Solisten bei einer Oper
Armatur, Armierung (lat.): Bewehrung, Gerüst, inneres Skelett einer künstlerisch gestalteten Figur 123
Arnold, Andrea (*1961): engl. Regisseurin 255
Aronofsky, Darren (*1969): US-amerikan. Drehbuchautor u. Regisseur 151
Arpeggio (ital.): in einzelne, nacheinander erklingende Töne aufgelöster Akkord 31
Arrondissement (franz.): Stadtviertel, Verwaltungsbezirk
Assoziationsmontage: filmische → Montage, die eine geistige Beteiligung (Assoziationen)

durch das Publikum erfordert 38
Auflösung → Découpage
authentisch (griech. authentikos, echt): wahrhaft, wahrheitsgetreu
autodidaktisch (griech.): selbst erlernt
Autorenfilm: Film, der in allen künstlerischen Aspekten von einer hauptverantwortlichen Person, dem Autor (lat., Urheber), gestaltet wurde, im Ggs. zum arbeitsteiligen → Studiosystem in → Hollywood
Auzolle, Marcelin (1862–1942): franz. Illustrator *56*
available light (engl., verfügbares Licht): Fotografieren u. Filmen bei dem vorhandenen (Tages-)Licht, ohne künstliches Licht *192*
Avantgarde (franz.): militärische o. künstlerische Vorhut *206*
Avantgardefilm: in Europa die Filmkunst der 1920er-Jahre, die sich formal-ästhetisch mit der visuellen Wirklichkeit auseinandersetzte *206*; in den USA 1943 begründet durch Maya → Deren unter eher → surrealen, psychologischen Vorzeichen *138, 148 ff., 253, 257*
avantgardistisch (franz.): vorkämpferisch

Bacall, Lauren (eig. Betty Joan Perske, *1924): US-amerikan. Schauspielerin *168, 170*
Bach, Johann Sebastian (1685–1750): dt. Komponist, Orgel- u. Klaviervirtuose des Barock *180, 258*
Bacon, Lloyd Francis (1889–1955): US-amerikan. Schauspieler u. Regisseur *64 ff.*
Bailey, John (*1942): US-amerikan. Kameramann u. Regisseur *171*
Baker, Simon (*1969), austral. Schauspieler *225*
Banksy: anonymer engl. → Graffiti-Künstler, Vertreter der → Street art *131*
Baranowsky, Heike (*1966): dt. Videokünstlerin *10*
Barney, Mathew (*1967): US-amerikan. Videokünstler *197*
Bartosch, Berthold (*1893–1968): Animationsfilmer u. Regisseur *106*
Bass, Saul (1920–1992): US-amerikan. Pionier des grafisch gestalteten Vorspanns *227*
Batcheff, Pierre (eig. Piotr Bacev, 1901–1932): franz. Schauspieler *144, 145 f.*
Baudelaire, Charles (1821–1867): franz. Dichter *150*
BBC (British Broadcasting Corporation): britische Rundfunkanstalt *132 f.*

Beatles: brit. Popband (1960–1969) *178*
Beatnik (engl.): unkonventionell lebendes Mitglied der »Beat Generation« in den USA in der Zeit nach dem → Zweiten Weltkrieg, dessen Leben um Jazz u. Literatur kreist, Vorläufer des → Hippies, *190*
Beamer (engl. beam, Strahl): Datenprojektor
Beatrix I. (Beatrix Wilhelmina Armgard), Königin der Niederlande *33*
Beckett, Samuel (1906–1989): irischer Schriftsteller *74, 120*
Beethoven, Ludwig van (1770–1827): dt. Komponist der Wiener Klassik *180*
Berblinger, Albrecht Ludwig (1770–1829): Schneider von Ulm, Pionier der Flugtechnik *114*
Berkeley, Busby (1895–1976): US-amerikan. Regisseur u. Choreograf
Berry, Chuck (*1926): US-amerikan. Pionier des Rock'n'Roll *190, 193*
Beslon, Melchior: franz. Schauspieler *172 ff.*
Beuys, Joseph (1921–1986): dt. Künstler, u.a. Vertreter des → Fluxus *221, 242*
Bildkomposition: Anordnung u. Gewichtung von Bildelementen
Binoche, Juliette (*1964): franz. Schauspielerin *71*
Bitzer, Billy (eig. Johann Gottlob Wilhelm B., 1872–1944): US-amerikan. Kameramann *13, 209*
Björk (Björk Guðmundsdóttir, *1965): isländ. Popmusikerin *179, 194 ff., 259*
Blaché, Herbert (1884–1953): franz.-brit. Filmproduzent *63*
Black box (engl., schwarze Schachtel): abgedunkelter Ausstellungsraum, z.B. für Videokunstwerke *232 f., 261,* Ggs. → White cube
Blackton, James Stuart (1875–1941): engl.-amerikan. Filmpionier, Mitbegründer der *Vitagraph Company of America* (1897) *96 f., 100* → Smith, Albert E.
Blickschnitt: vom Zuschauer vorgenommene, subjektiv-individuelle Auswahl von Bildelementen bei der Filmbetrachtung *166 f.*
Blockbuster (engl., Straßenfeger): kommerziell erfolgreicher Film *209*
Blu: Pseudonym eines Street artist aus Bologna, Italien, bekannt durch seine auf Häuserwände gemalten Animationen *16, 97, 130 f., 257*
Bluescreen-Technik: Trickverfahren zur nachträglichen Einblendung eines Hintergrunds; dieser tritt an die Stelle von blau gefärbten Stellen des Vordergrundbildes, die durch den

→ Chromakey als transparent definiert werden; heute öfter als → Greenscreen-Verfahren eingesetzt *16, 193, 208, 224, 228 f., 239*
Bobeck, Karl (1925–1995): dt. Bildhauer *242*
Böttcher, Jürgen (*1931): dt. Filmemacher, als Maler unter dem Pseudonym → Strawalde bekannt *20, 21, 34 ff., 253*
Böttge, Bruno J. (1925–1981): dt. Regisseur, Begründer des → DEFA-Studios für Trickfilme *256*
Bogart, Humphrey (1899–1957): US-amerikan. Schauspieler *168, 170*
Bohème: Künstlerkreise mit individuell ausgeprägter, antibürgerlicher Lebensart *115*
Bonnefoy, Mathilde (*1972): franz.-US-amer. Cutterin u. Regisseurin *176*
Bormann, Susanne (*1979): dt. Schauspielerin *83*
Botticelli, Sandro (1445–1510): ital. Maler der → Renaissance *160, 161, 163, 203*
Bowie, David (eig. David Robert Haywood Jones, *1947): engl. Popmusiker *178, 193*
Brakhage, Stan (1933–2003): amerikan. Vertreter des → Experimentalfilms *138*
Bray, John Randolph (1879–1978): amerikan. Erfinder der → Cel Animation zusammen mit Earl → Hurd *101*
Brecht, Bertolt (1898–1956): dt. Schriftsteller *107*
Breedlove, Benjamin (1993–2011): US-amerikan. Teenager, der zur Internetpersönlichkeit wurde, als er in Videos von seinen Nahtod-Erlebnissen berichtete *193*
Breton, André (1896–1966): franz. Schiftsteller, Künstler u. Kunsttheoretiker *145 ff.*
Brickfilm (engl. brick, Baustein)**:** Technik des → Stop-motion-Animationsfilms mit Bauspielsteinen
Browning, Robert (1812–1889): engl. Dichter *190*
Bruch, Klaus vom (*1952): dt. Medienkünstler *243*
Bruhn, Christian (*1934), dt. Komponist u. Musiker *223*
Bürger, Gottfried August (1747–1794): dt. Schriftsteller *140*
Bullet-Time-Effekt (engl. bullet, Kugel): scheinbare Fahrt um ein bewegtes Objekt, das dadurch wie eingefroren erscheint; im Realfilm in Wahrheit eine Aneinanderreihung von Einzelfotos, die über 100 Kameras von einem Objekt

GLOSSAR 271

aufgenommen haben, das vor einem ➞ Greenscreen agierte *134*
Bundeszentrale für politische Bildung (bpb): Behörde des Bundesinnenministeriums mit der Aufgabe, »das Verständnis für politische Sachverhalte zu fördern, das demokratische Bewusstsein zu festigen u. die Bereitschaft zur politischen Mitarbeit zu stärken« *5, 17*
Bunners, David C. (*1966): dt. Schauspieler *85, 87*
Bunners, Johann A. (*1975): Drehbuchautor *84*
Buñuel, Luis (1900–1983): span.-mexikan. Filmemacher *16, 138, 144 ff., 257*
Burks, Robert (1909–1968): US-amerikan. Kameramann *227*

Cache (franz., Versteck): der nicht sichtbare, außerhalb des Filmbilds liegende Bereich *43*
Cadre (franz., Rahmen): ➞ Kader, der sichtbare Bereich des Filmbilds, im Ggs. zu ➞ Cache, *43*
Caffi, Reto (*1971) Schweizer Kulturjournalist u. Regisseur *18, 255*
Cameo-Auftritt (engl. cameo, kl. Schmuckstein mit Relief): überraschender Auftritt einer bekannten Person im Film, *191*; oft treten Regisseure selbst auf, wie ➞ Hitchcock *218*, o. ➞ Scorsese *205, 224, 230*
Camp (engl.): kunstvolle Übertreibung mit Nähe zum Kitsch *219*
Campbell, Joseph (1904–1987): US-amerikan. Mythenforscher, ➞ Heldenreise *55, 67*
Camus, Albert (1913–1960): alger.-franz. Schriftsteller *163*
Capoeira: akrobatischer Kampftanz, der durch Sklaven aus Afrika nach Brasilien kam *135*
Cappellari, Ciro (*1959): argentin. Regisseur, Kameramann und Drehbuchautor *78*
Carey, Jim (*1962): US-amerikan. Schauspieler *115*
Cartoon (engl.): Karikatur, komisches Bild ohne Worte *75*
Cel Animation (engl.): Folienanimation; ökonomischer Herstellungsprozess beim Zeichentrickfilm, bei dem der Hintergrund nicht für jeden ➞ Frame neu gezeichnet werden muss *97, 101, 184, 258*
CGI (Computer Generated Imagery): im Computer erstellte Bildwelt *97, 196*
Chalk talk (engl., Kreide-Gespräch): von Zeichnungen begleiteter Vortrag, beliebt in ➞ Vaudeville-Theatern *99*

Chan, Jackie (*1954): chines. Martial-Arts-Schauspieler *134*
Chaplin, Charlie (eig. Charles Spencer Chaplin Jr., 1889–1977): engl. Schauspieler, Regisseur, Komponist u. Produzent, einer der einflussreichsten Komiker u. Filmschaffenden des 20. Jahrhunderts *53 f., 55, 64 ff., 209, 254, 257*
Chaplin, Sydney (1885–1965): Halbbruder u. Manager von Charlie ➞ Chaplin *69*
Character design (engl.): Gestaltung einer Figur mit eigener Persönlichkeit u. Gefühlen im ➞ Animationsfilm, *97, 99, 135, 256*
Chomette, Henri (1896–1941): franz. Pionier des ➞ Cinéma pur, Bruder von René ➞ Clair *139*
Chomón, Segundo de (eig. Segundo Víctor Aurelio Chomón y Ruiz, 1871–1929): span. Pionier des ➞ Animationsfilms *96*
Christo Javacheff (eig. Christo Wladimirow Jawaschew, *1935): bulgar.-amerikan. Künstler des ➞ Nouveau Réalisme *221*
Chromakey (engl.): Schlüsselfarbe, die beim Einsatz der ➞ Greenscreen-Technik (dem Chromakeyen) benötigt wird *228 f.*
Cinéma pur (franz., reines Kino): ➞ Absoluter Film, ➞ Abstrakter Film *138 f.*
Cinéma vérité (franz., Kino der Wahrheit): Richtung des Dokumentarfilms der 1960er-Jahre, der sich der Alltagsrealität annähert u. in dem sich der Filmemacher zu erkennen gibt *20 f., 34 ff., 193*, im Ggs. zum ➞ Direct Cinema
Cinématographe (griech., Bewegungsschreiber): Erfindung der Brüder ➞ Lumière, gleichzeitig Kamera und Projektor *8, 14, 23, 57*
Clair, René (eig. René Chomette, 1898–1981): franz. Regisseur u. Autor, Bruder von Henri ➞ Chomette *138, 142, 257*
Clark, Petula (*1932): engl. Popsängerin u. Schauspielerin *220*
Claymation (engl. clay, Lehm): ➞ Knetanimation *123*
Cliffhanger (engl., Klippenhänger): spannende Szene am Ende eines Fortsetzungsfilms
Clinton, Bill (*1946): US-amerikan. Politiker, von 1993 bis 2001 Präsident der USA *193*
Closed circuit (engl.): geschlossener Kreislauf; Rückkopplung bei einer Installation, in der Ausgangspunkt und Ergebnis aneinandergeknüpft sind, z. B. ein gefilmtes Bild, das auf den gefilmten Monitor übertragen wird *232, 240 ff.*

Cohl, Émile (eig. Émile Eugène Jean Louis Courtet, 1857–1938): franz. Pionier des ➞ Zeichentrickfilms *97*
Commedia dell'arte (ital., Schauspielkunst): um 1600 entstandenes italienisches Volkstheater; gilt aufgrund des Harlekins mit der Narrenpritsche als Vorläufer des ➞ Slapstick
Comicstrip (engl., komischer Streifen): lustige gezeichnete Sequenz, u.a. mit Sprechblasen im Ggs. zum ➞ Cartoon, *101, 259*
Commercial (engl.): Werbespot
Concept Art (engl.) ➞ Konzeptkunst *192*
Conditio humana (lat.): die Bedingung des Menschseins, ein Thema der Philosophie *261*
Connery, Sean (*1930): schott. Schauspieler *170*
Continuity style (engl. continuity, Anschluss): Kontinuitätsprinzip beim klassischen ➞ Hollywoodfilm, für den fließend erscheinende Übergänge zwischen den Einstellungen zur Erzielung eines ➞ unsichtbaren Schnitts typisch sind, Lenkung der Aufmerksamkeit des Zuschauers auf die Handlung zugunsten des Illusionscharakters des Films *90*
Corbijn, Anton (*1955): niederl. Regisseur, bekannt geworden durch innovative Musikclips *179*
Corra, Bruno (eig. Bruno Ginanni-Corradini, 1892–1976): ital. Künstler im Umfeld des ➞ Futurismus *138*
Courage (franz.): Mut, Beherztheit
Courchesne, Luc (*1952): kanad. Videokünstler *233, 244 f., 261*
Coverage system: systematische Abdeckung eines Raumes mit Kameras *282*, ➞ Montage
Cremer, Hannelore (*1936): dt. Schauspielerin *214 ff.*
Crosland, Alan (1894–1936): US-amerikan. Regisseur *178*
Cross-Dressing (engl.): Kleidertausch zwischen den Geschlechtern *60 ff., 254*
Cue card, Cue sheet (engl.): Stichworttafel, auch Programmhinweis *190, 192*
Cunningham, Chris (*1970): engl. Regisseur, bekannt geworden durch innovative Musikclips *179, 192 ff., 259*

Dada, Dadaismus: aus Protest gegen den Ersten Weltkrieg (1914–1918) in Zürich in der neutralen Schweiz entstandene Antikunst-Richtung *24, 257*
Dalí, Salvador (1904–1989): span. Maler, Gra-

fiker, Schriftsteller u. Bühnenbildner des ➞ Surrealismus *138, 144 ff.,* 257
Dammbeck, Lutz (*1948): dt. Maler, Grafiker u. Filmemacher *95 f., 97, 112 ff.,* 256
Danielsen, Claas (*1966): dt. Dokumentarfilmer 21
Danquart, Didi (1955): dt. Filmemacher, Zwillingsbruder von Pepe Danquart, Mitbegründer der ➞ Medienwerkstatt Freiburg 79
Danquart, Pepe (1955): dt. Filmemacher, Zwillingsbruder von Didi Danquart, Mitbegründer der ➞ Medienwerkstatt Freiburg *13, 18, 54, 55, 76 ff.,* 255
Day, Doris (*1924): US-amerikan. Schauspielerin u. Sängerin *168,* 170
Dayton, Jonathan (*1957): US-amerikan. Musikvideo-Regisseur zus. mit Valerie ➞ Faris 143
Découpage (franz.): Auflösung einer Szene in Kameraeinstellungen, -distanzen u. -bewegungen; der auf das Verfassen des Drehbuchs folgende Schritt, auf den das ➞ Zeichnen eines Storyboard folgt
DEFA (Deutsche Film AG): staatliches Filmstudio der ➞ DDR in Babelsberg, dessen Filmbestände in die DEFA-Stiftung (seit 1998) übernommen wurden 33
Déjà-vu (franz., bereits gesehen): Erinnerungstäuschung 148
Depeche Mode: 1980 gegründete brit. Popband 193
Del Toro, Benicio (*1967): puertoricanischer Schauspieler 219
DeNiro, Robert (*1943): US-amerikan. Schauspieler, Filmregisseur u. Produzent 230
Denham, Christopher: US-amerikan. Schauspieler 225
Denis, Gaëlle (*1977): franz. Filmemacherin 257
Dentler, Timo (*1971): dt. Bühnen- u. Kostümbilder *120*
Deren, Maya (eig. Eleanora Solomonovna Derenkovskaya, 1917–1961): amerikan. Pionierin des ➞ Avantgarde-Films, Tänzerin, Schauspielerin u. Filmtheoretikerin *138, 148 ff.,* 258
Dessau, Paul (1894–1979): dt. Komponist u. Dirigent 107
Detail ➞ Einstellungsgröße
Deutsche Demokratische Republik (DDR): der von 1949–1990 existierende östliche Staat im geteilten Deutschland, regiert von der Sozialistischen Einheitspartei Deutschlands (SED), welche die Menschen zum Marxismus-Leninismus erzog, Auswanderungen verunmöglichte (u.a. durch den Bau der Berliner Mauer 1961), die Gesellschaft durch das Ministerium für Staatssicherheit (MfS, Stasi) überwachen ließ, sich jedoch bei der Wende im Herbst 1989 unter dem Druck der Bevölkerung u. wirtschaftlicher Schwierigkeiten auflöste u. mit der Bundesrepublik Deutschland (BRD) wiedervereinigt wurde 36, 256
Deutscher, Drafi (1946–2006): dt. Komponist, Sänger u. Produzent 223
Dibbets, Jan (*1941): niederländ. Konzeptkünstler *232, 234 f.,* 260
Dickens, Charles John Huffam (1812–1870): engl. Schriftsteller 75
Dickson, William Kennedy Laurie (1860–1935): US-amerikan. Erfinder, Mitarbeiter von ➞ Edison 23
Diddley, Bo (1928–2008): US-amerikan. Rock- u. Bluesmusiker 193
Diegese (griech., Erörterung, Ausführung): die Welt, in der eine Erzählung o. das Filmgeschehen spielen 55
Dilemma (griech.): ausweglose Situation, Zwickmühle 120
Dilts, Robert B. (*1955): Verhaltens- und Kommunikationstrainer 189
Direct Cinema (engl., Direkter Film): Ende der 1950er-Jahre entstandene Richtung des Dokumentarfilms, bei welcher unauffällig mit flexibler Handkamera bei gleichzeitiger Tonaufnahme gefilmt wird 21, 190 ff., Ggs. zum ➞ Cinéma vérité
Disney, Walt (eig. Walter Elias D., 1901–1966): US-amerikan. Filmproduzent, schuf u. produzierte Natur- u. Zeichentrickfilme *96,* 97, 130, 145, 171, *178, 180 ff.,* 258
Divertimento (ital., Vergnügen, pl. Divertimenti): unterhaltsames Musikstück mit mehreren Sätzen
Documentary (engl.): ➞ Dokumentarfilm *19 ff.*
Dogma 95, Dogma-Film: von dänischen Regisseuren (u.a. Thomas ➞ Vinterberg) 1995 per Manifest ins Leben gerufener Filmstil, der gegen Kunstlicht, Spezialeffekte u. Filter ist; gedreht werden darf nur mit Handkameras an Originalschauplätzen u. ohne zusätzliche Requisiten; Musik darf nur als O-Ton u. nicht nachträglich im Studio aufgenommen werden 255
Dokumentarfilm (lat. documentum, Beweis): ➞ Non-Fiction-Film, der über tatsächlich Geschehenes berichtet u. keine Schauspieler einsetzt *19 ff.*
Double frame-Technik: ➞ Shooting on twos
Draft (engl.): Entwurf
Dramaturgie (griech. drama: Handlung): Gestaltung des Spannungsbogens
Drehbuch: Skript mit Angaben zu Schauplätzen u. Requisiten, mit genauen Regieanweisungen u. allen Dialogen, z. T. auch Angaben zur Kameraführung, wobei eine Drehbuchseite ungefähr einer Minute im fertigen Film entspricht 83
Duchamp, Marcel (1887–1968): franz.-amerikan. Künstler des ➞ Dada u. des ➞ Surrealismus, Begründer der Objektkunst 138
Ducharme, Paule: kanad. Schauspielerin *244 f.*
Dukas, Paul (1865–1935): franz. Komponist 178, 180, *182, 184 ff.,* 258
Dulac, Germaine (1882–1942): franz. Filmregisseurin des ➞ impressionistischen u. des surrealistischen Films 254, *280*
Dunham, Katherine (1909–2006): US-amerikan. Choreografin, Gründerin berühmter Tanzschulen, Anthropologin u. Bürgerrechtlerin 151
Dylan, Bob (eig. Robert Allen Zimmerman, *1941): US-amerikan. Folk- u. Rockmusiker, Dichter u. Maler 21, *179, 190 f.,* 259

Eastern (engl., östlich): filmisches ➞ Genre aus Asien o. von asiatischen Filmemachern, das Anleihen beim ➞ Western nimmt; auch für ➞ Martial-Arts-Filme verwendeter Begriff 132
Echolot: Gerät zur Messung der Wassertiefe, das einen Schall aussendet 116 f.
Écriture automatique (franz.): automatisches, unbewusstes Schreiben, eine Methode des ➞ Surrealismus, eingesetzt beim Spiel »Le cadavre exquis« 145, 147
Edison, Thomas Alva (1847–1931): US-amerikan. Erfinder, u.a. des »Kinetographen« (griech., Bewegungsschreiber), eine der ersten Filmkameras 8, 14, *23,* 57, 59, 100, 206
Eggeling, Helmuth Viking (1880–1925) schwed. Pionier des ➞ Abstrakten Films 27, 138
Eich, Cedric (*2000): dt. Kinderdarsteller *84 ff.*
Einkanalproduktion: Werk der ➞ Videokunst, das mit nur einem Bewegtbild arbeitet, im Ggs. zu ➞ Mehrkanalproduktionen, *234, 249*
Einmart, Georg Christoph (1638–1705): dt. Kupferstecher u. Hofastronom, arbeitete mit seiner Tochter Maria Clara zusammen 114

Einstellungsgrößen

- Weit
- Totale
- Halbtotale
- Amerikanisch
- Halbnah
- Nah
- Groß
- Detail

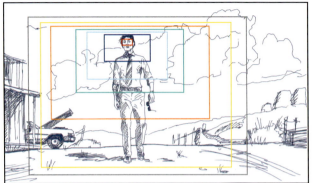

Einstellung: kontinuierlich gedrehter Filmabschnitt zwischen zwei Schnitten 12

Einstellungsgröße: Bezeichnung der Nähe bzw. Distanz der Kamera zum Objekt, als Bezugsgröße dient der Mensch; unterschieden werden *Weit* bzw. *Panorama* (große Räume oder Landschaften), *Totale* (der Mensch in seinem Handlungsraum), *Halbtotale* (ein Mensch von Kopf bis Fuß), *Amerikanisch* (ein Mensch vom Kopf bis zu den Oberschenkeln, z.B. ein Westernheld beim Duell), *Halbnah* (ein Mensch vom Kopf bis zur Hüfte), *Nah* (ein Mensch vom Kopf bis zur Mitte des Oberkörpers), *Groß* (nur der Kopf mit evtl. den Schultern), *Detail* (ein Ausschnitt des Gesichts o. eines Gegenstands)

Eisenstein, Sergej Michailowitsch (1898–1948): russ. Regisseur u. Filmtheoretiker 27

Ellington, Duke (1899–1974): US-amerikan. Jazzmusiker 193

Elliot, Adam Benjamin (*1972): austral. Drehbuchautor, Animator u. Regisseur 257

Ellipse (griech., Auslassung): Zeitsprung

Emanzipation (lat.): Befreiung aus Abhängigkeiten zwecks Selbstbestimmung 254

Episode (griech. epeisodos, das Hinzukommende): abgeschlossener Abschnitt aus einer Folge

Episodenfilm: Film aus mehreren aneinandergereihten Kurzgeschichten, die thematische Bezüge untereinander aufweisen, auch ▪ Omnibus- o. ▪ Anthologiefilm genannt, 172, 178

Ericailcane / Erica Il Cane: ital. Künstler der ▪ Street Art 131

Erzählperspektive: Perspektive einer Figur (personal) oder eines Erzählers, der nicht Teil der erzählten Welt ist (auktorial) 55

Eshed, Tomer (*1977): israel. Animationsfilmer 97, 132 ff., 257

Essayfilm (franz. essai, Versuch): Dokumentarfilm mit künstlerisch-experimentellen Anteilen 21, 24 ff., 253 f.

Ethnografie (griech., Völkerbeschreibung): Methode der ▪ Ethnologie 51

Ethnologie (griech.): Völkerkunde

Existenzialismus: in den 1940er-Jahren begründete Richtung der Philosophie, die nicht mehr auf eine göttliche o. kosmologische Ordnung aufbaut, sondern vom einzelnen Menschen u. dessen elementaren Erfahrungen ausgeht, u.a. Angst, Tod u. Freiheit 256

Expanded Video (engl., erweitertes Video): filmisches Kunstwerk, bei dem auf unregelmäßige Oberflächen projiziert wird 233, 261

Experimentalfilm (lat. experimentum, Versuch, Probe): Film, der Sehgewohnheiten u. Konventionen mit innovativen u. avantgardistischen Mitteln aufbricht u. neue Möglichkeiten des Ausdrucks erprobt 137 ff.

Exposé (franz.): Entwurf, als Vorbereitung eines ▪ Drehbuchs o. einer Produktion ein kurzer, bis zu fünf Seiten langer Text in Prosaform u. ohne Dialoge, der die leitende Idee, die zentralen Figuren u. die Handlung zusammenfasst 82; gelegentlich auch in Form eines ▪ Storyboards 124 ff.

Exposition (lat.): Einführung; 1. Akt im ▪ Paradigma der dramatugischen Struktur von Syd ▪ Field

Fairbanks, Douglas (eig. Douglas Elton Thomas Ullman, 1883–1939): US-amerikan. Schauspieler u. Produzent, Mitgründer der *United Artists* 69, 209

Faithfull, Marianne (*1946): engl. Popsängerin u. Musikerin, auch bekannt geworden als Freundin von Mick ▪ Jagger 220

Faris, Valerie (*1958): US-amerikan. Clip-Regisseurin zus. mit Jonathan ▪ Dayton 143

Farocki, Harun (*1944): dt. Filmemacher, Autor von ▪ Essayfilmen 253

FBW (Deutsche Film- und Medienbewertung Wiesbaden, früher Filmbewertungsstelle Wiesbaden): Einrichtung aller Bundesländer, welche die Prädikate »wertvoll« und »besonders wertvoll« verteilt 129

Feature (engl.): Merkmal, Spielfilm

Feminismus (lat. femina, Frau): politische Bewegung mit dem Ziel der Gleichstellung, Gleichberechtigung u. Selbstbestimmung von Frauen 60 ff.

Fichefet, Frédéric (*1967): belg. Sounddesigner, Regisseur u. Cutter 168

Field, Syd: US-amerikan. Drehbuchautor u. -lehrer 55, 57, 67, 149, 165, 171

fiktiv (lat. fingere, formen, sich ausdenken): erfunden (als Bezeichnung von etwas nicht Realem, wie bei »fiktive Figur«)

Fiktion (lat. fictio, Erdichtung): etwas, das nur in der Vorstellung existiert; Dichtung; Schaffung einer eigenen, ▪ fiktiven Welt in Literatur, Film o. bildender Kunst 46, 64, 110, 125, 225

fiktional (lat. fictio, Erdichtung): erfunden (als gattungsbeschreibende Bezeichnung, wie bei »fiktionaler Literatur«) 20, 140

Film d'art (franz., Kunstfilm): Stilrichtung, die ihre Bezeichnung einer Pariser Produktionsfirma (1908–1920) verdankt u. Bühnenstücke auf den Film übertrug; gefilmtes Theater mit starrer Kamera, das dem neuen Medium zur Anerkennung verhalf 286

Film noir (franz., schwarzer Film): filmisches ▪ Genre u. Filmstil, gekennzeichnet durch düstere Bildgestaltung u. pessimistische Weltsicht, oft als Kriminalfilm; neuere Filme ähnlichen Stils bezeichnet man als »Neo noir« 165

Filmförderungsanstalt (FFA): Bundesanstalt des öffentlichen Rechts mit der Aufgabe, Maßnahmen zur Förderung des deutschen Films u. zur Verbesserung der Struktur der deutschen Filmwirtschaft durchzuführen 10, 13

Filmkritik (auch Filmrezension): Bewertung eines Filmes nach ästhetischen, technischen, ökonomischen o. politischen Gesichtspunkten

Filmmusik: Gestaltung der Tonspur (des Soundtracks) mittels Musik; während die ersten Filme von Klavier, Orchester o. Grammofon, *62*, begleitet wurden, gingen Bild u. Ton. mit der Erfindung des ➔ Lichttons seit den späten 1920er-Jahren eine feste Verbindung ein

Fischinger, Oskar (1900–1967): dt. Pionier des ➔ Abstrakten Films 30, 138, 258

Fischli, Peter (*1952): Schweizer Künstler, arbeitete im Team mit David ➔ Weiss 261

Fitzsimmons, John A.: Kunststudent; Nachbar u. Assistent von Winsor ➔ McCay 99

Flach, Karl (1905–1997): dt. Unternehmer, Besitzer eines Getränkehandels 220

Flachfigurentrick: Variante des ➔ Legetricks, bei der gezeichnete Elemente vor Hintergründen verschoben werden *112 ff.*, 256

Flaherty, Robert (1884–1951): US-amerikan. Dokumentarfilmer 20

Flashback (engl.): ➔ Rückblende

Flashforward (engl., Vorausblende): Unterbrechung der Chronologie einer Filmerzählung, bei der spätere Handlungselemente vorweggenommen werden

Flemming, Catherine H. (*1967): dt. Schauspielerin *81*

Fluxus (lat., fließend, in Bewegung): Bezeichnung für die Aktionskunst einer Gruppe, die sich erstmals 1962 in Wiesbaden formierte, dazu gehörten u. a. Joseph ➔ Beuys u. Nam June ➔ Paik

Fly-on-the-wall (engl., Fliege an der Wand): Dokumentarfilmkonzept, das eine Kamera aus unauffälliger Position bevorzugt 192, ➔ Direct Cinema

Flynt, Harry (*1940): US-amerikan. Vertreter der ➔ Konzeptkunst *192*

Folienanimation ➔ Cel Animation

Footage (engl.): Filmmeter, ➔ Found footage

Ford, Harrison (*1942): US-amerikan. Schauspieler 170

Formalismus: vorwurfsvolle Bezeichnung für eine Kunsteinstellung, die zu sehr an der Form und nicht am Inhalt interessiert sei 32

Format: Größe, Abmessung; TV-Sendeplatz mit festgelegter Länge u. Ausgestaltung

Foster, Sir Norman (*1935): engl. Architekt u. Designer *46*

Fotofilm: Typ des ➔ Experimentalfilms mit aneinandergereihten Standbildern *198 ff.*, 254, 258 f.

Found footage (engl., vorgefundene Filmmeter): experimenteller, oft ironischer Umgang mit vorhandenem Filmmaterial, meist mit Ausschnitten aus Hollywoodfilmen, die neu montiert und somit zu einer neuen Aussage geführt werden 139, *164 ff.*, 232, 258

Fox, William (eig. Wilhelm Fuchs o. Vilmos Fried, 1879–1952): österr.-ungar.-amerikan. Gründer der *Fox Film Corporation* (später *20th Century Fox*) 99

fps (engl.): ➔ frames per second

Frame (engl., Rahmen): Einzelbild *12*

frames per second (engl., Bilder pro Sekunde): 16 bis 18 fps in der Stummfilmzeit, heute 24 fps beim Film auf Zelluloid, 25 im Video bei Halbbildauflösung (50i = interlaced) oder 50 bei Vollbild (50p)

Franco (eig. Francisco Paulino Hermenegildo Teódulo Franco y Bahamonde Salgado Pardo, 1892–1975): span. General u. Diktator, Staatschef Spaniens von 1939 bis zu seinem Tod 32

Frankenheimer, John (1930–2002): US-amerikan. Regisseur u. Produzent 230

Free Cinema (engl., freies Kino) ➔ Underground Film 139

Frenzel, Ingo Ludwig (*1966): dt. Komponist für Filmmusik *88 f.*

Frequenz (lat. frequentia, Häufigkeit): physikalische Größe zur Messung periodischer Vorgänge, z. B. Schwingungen von Tönen 109

Freud, Sigmund (1856–1939): österr. Arzt, Begründer der Psychoanalyse 147

Freydank, Jochen Alexander (*1967): dt. Filmemacher 15, *55*, *84 ff.*, 255

Freytag, Gustav (1816–1895): Schriftsteller und Literaturwissenschafter *118*, 121

Friedrich I. Wilhelm Karl von Württemberg (1754–1816): erster König von W., gen. »Dicker Friedrich« 114

Froschperspektive ➔ Kameraperspektive

FSK (Freiwillige Selbstkontrolle der Filmwirtschaft): Einrichtung, die Filme u. Fernsehsendungen prüft u. folgende Freigaben vergibt: ab 0 Jahren, ab 6, ab 12, ab 16 u. ab 18 Jahren

Fuchs, Mechtild (*1949): dt. Musikpädagogin 184

Fuhrmann, Harald (*1969): dt. Dramaturg u. Schauspieler 120

Furtado, Jorge (*1959) brasilian. Dokumentarfilmer *38 ff.*, 254

Futurismus (lat. futura, Zukunft): 1909 begründete, aus Italien kommende Kunstbewegung, die sich der Darstellung u. Verherrlichung von Bewegung u. Dynamik verschrieb 138

Gabriel, Peter (*1950): engl. Rockmusiker u. Videokünstler 123, 259

Gaidarow, Wladimir (1893–1976) russ. Schauspieler 24

Gallenberger, Florian (*1972): dt. Regisseur 93

Gass, Lars Henrik (*1965): dt. Kurator, seit 1997 Festivalleiter der *Internationalen Kurzfilmtage Oberhausen* 9

Gattung: Begriff für die Gruppierung von Werken, beim Film vor allem nach Funktionen

Gaumont, Léon (1864–1946): franz. Erfinder u. Unternehmer 9, 59, 62 f., 206

GEMA: Gesellschaft für musikalische Aufführungs- und mechanische Vervielfältigungsrechte, die in Deutschland die aus dem Urheberrecht begründeten Nutzungsrechte ihrer Mitglieder vertritt (Komponisten, Texter, Verlage)

gemeinfrei: nicht vom Urheberrecht betroffen, nicht gebührenpflichtig

Genre (franz., Art, Sorte): Gruppe von Filmen mit gemeinsamen inhaltlichen Merkmalen (Themen, Motive, Erzählformen)

Gibson, William (*1948): US-amerikan. ➔ Science-Fiction-Autor, der in seinem Cyberpunk-Roman *Neuromancer* (1984) den Begriff des »Cyberspace« für den Datenraum erfand 197

Giefer, Florian: dt. Filmemacher *192*, *198 ff.*, 259

Ginna, Arnaldo (1890–1982): ital. Künstler Maler, Bildhauer u. Regisseur im Umfeld des ➔ Futurismus 138

Glazer, Jonathan (*1965): engl. Regisseur, bekannt geworden durch innovative Musikclips 179

Goethe, Johann Wolfgang von (1749–1832): dt. Schriftsteller u. Naturforscher 178, 180, *181*, 184, 189, 258

Göltenboth, Peter: dt. Filmemacher 179, 192, *198 ff.*, 259

Goldberg, Jakub (1924–2002): poln. Drehbuchautor, Regieassistent u. Schauspieler *72 ff.*

Go-motion (engl.): experimentelle Technik, bei

der im Schnittprogramm einzelne Frames aus kontinuierlich gefilmten Bewegungen entfernt werden; mit ähnlicher Wirkung wie ein ➝ Pixilationsfilm, der aber im ➝ Stop-motion-Verfahren entsteht, 257

Gondry, Michel (*1963): franz. Regisseur, bekannt geworden durch innovative Musikclips 97, 179, *162*, 197, 259 f.

Goof (engl.): unabsichtlicher Filmfehler, z. B. Anschlussfehler 68

Gotik: letzte, von ca. 1150–1500 dauernde, in Mitteleuropa von der christlichen Kunst geprägte Stilepoche des Mittelalters *150*, 160, *241*

Graeff, Werner (1901–1978): dt. Künstler, Vertreter des ➝ Neuen Sehens in der Fotografie 29, 257

Graffito, pl. Graffiti (lat. sgraffito, eingeritzt): ursprüngl. in eine Wand eingekratzte Inschrift, heute meist anonyme, oft illegale Wandbemalung mit Spraydosen 257, ➝ Banksy

Grant, Cary (1904–1986): engl.–amerikan. Schauspieler *168*, 170

Greenaway, Peter (*1942): engl. Drehbuchautor, Regisseur u. Cutter 171

Greenscreen (engl., grüne Leinwand): Verfahren zur nachträglichen Einblendung eines Hintergrunds; dieser tritt an die Stelle der beim Dreh einheitlich grün gefärbten Stellen des Vordergrundbildes, die durch den ➝ Chromakey als transparent definiert werden; früher ➝ Bluescreen-Verfahren; 16, 193, 208, *224*, 228 f. , 239

Grierson, John (1898–1972): engl. Dokumentarfilmer 20

Griffin, Ted (*1970): US-amerikan. Drehbuchautor *224*, 227

Griffith, David Wark (1875–1948): US-amerikan. Schauspieler, Regisseur u. Produzent 69, 154, 206, *208 f.*, 259

Grossberg, Carl (1894–1940): dt. Maler der ➝ Neuen Sachlichkeit 29

Groß (Großaufnahme) ➝ Einstellungsgröße

Grosz, George (eig. Georg Ehrenfried Groß 1893–1959): dt. Künstler des ➝ Dadaismus u. der sozialkritischen Strömung der ➝ Neuen Sachlichkeit, des ➝ Verismus 25

Groteske (ital. grottesco, grottenartig): das Seltsame, Hässliche o. ➝ Skurrile; übersteigerte Darstellung 255 f.

Groupe des Six (franz., Gruppe der Sechs): franz. Musiker, die traditionelle Kompositionen ablehnten und sich beim Jazz und der Dancehall-Musik inspirierten 31, 259

Guthrie, Woody (1912–1967): US-amerikan. Singer-Songwriter 190

Guy, Alice (1873–1968): franz. Pionierin des Films, erste Filmregisseurin u. Produzentin 9, 54, 57, *60 ff.*, *178*, 206, 254

Haase, Marie-Luise: Ernährungswissenschaftlerin, TV-Figur der ➝ Testimonial-Werbung 216, *217*

Habermas, Jürgen (*1929): dt. Philosoph u. Soziologe

Halbnah ➝ Einstellungsgröße

Halbtotale ➝ Einstellungsgröße

Hammid, Sasha (eig. Alexander Hackenschmied, 1907–2004): österr.-ungar.-tschech. Fotograf u. Filmregisseur *138*, *148 ff.*, 258

Hámos, Gusztáv (*1955): ungar. Medienkünstler 258

Handke, Peter (*1942): österr. Schriftsteller u. Übersetzer 171

Handmade film (engl.): um 1935 von Len ➝ Lye begründeter kameraloser Film, bei dem direkt auf das Zelluloid gemalt, geritzt o. geklebt wird; weitere Künstler sind Norman ➝ McLaren, Stan ➝ Brakhage, Peer ➝ Kubelka, Kurt ➝ Kren u. Werner ➝ Nekes, 258, 260

Happy End (engl.): glückliche Schlussszene

Haring, Keith (1958–1990): US-amerikan. Künstler der ➝ Pop-Art 131

Hauswald, Harald (*1954): dt. Fotograf 254

Hedren, Tippi (*1930): Schauspielerin 218, *219*

Hegedus, Chris (*1952): US-amerikan. Dokumentarfilmerin und Produzentin, Frau von D. A. ➝ Pennebaker 193

Hein, Birgit (*1942): dt. Filmemacherin u. Filmwissenschaftlerin 252

Heise, Wilhelm: US-amerikan. Regisseur der 1890er-Jahre, arbeitete mit ➝ Dickson bei ➝ Edison 12

Heisig, Bernhard (1925–2011): dt. Maler *114*

Hepburn, Audrey (eig. Audrey Kathleen Hepburn-Ruston, 1929–1993) brit.-niederl. Schauspielerin 170

Heldenreise: von Joseph ➝ Campbell aufgestelltes dramaturgisches Modell, das die Stationen der Abenteuerfahrt eines Helden beschreibt, modifiziert von Christopher ➝ Vogler u. Michaela ➝ Krützen 67, 254

Helmer, Veit (*1968): dt. Filmregisseur und -produzent 255

Hemingway, Ernest Miller (1899–1961): US-amerikan. Schriftsteller 32, 33

Hendrix, Jimi (1942–1970): US-amerikan. Rockmusiker 193

hermetisch (griech.): luftdicht, in sich abgeschlossen

Herrmann, Bernard (1911–1975): Filmkomponist 226

Hiatt, John (*1952): US-amerikan. Popmusiker 193

Hindemith, Paul (1895–1963): dt. Komponist 107

Hippie (engl. hip, angesagt): junger Mensch, der in den 1960er-Jahren ein zwangloses Leben führte 260

Hitchcock, Alfred (1899–1980): engl.-US-amerikan. Regisseur 146, 148, 170, *218 f.*, 260

Hitler, Adolf (1989–1945): dt. Diktator, »Führer« der NSDAP u. des »Dritten Reiches«; verantwortlich für den ➝ Holocaust an europäischen Juden u. anderen Minderheiten, ➝ Nationalsozialismus 85

Holocaust (griech., völlig verbrannt): Brandopfer im Alten Testament; Massenmord an Millionen von Menschen, vor allem Juden, aber auch anderen Minderheiten, darunter Sinti u. Roma, die das ➝ nationalsozialistische Regime ab 1941 vollständig zu vernichten suchte 84, 253, 258

Hollywood: Stadtteil von Los Angeles, Kalifornien; Zentrum der US-amerikan. Filmindustrie seit den 1910er-Jahren; Synonym für das arbeitsteilige ➝ Studiosystem und Unterhaltungsfilme für ein Massenpublikum

Holofernes, Judith (eig. Judith Holfelder, *1976): Frontfrau der Band ➝ Wir sind Helden *198 ff.*

Honegger, Arthur (1892–1955): franz.-schweiz. Komponist, Mitglied der ➝ Groupe des Six 259

Hoolboom, Mike (*1959): kanad. Drehbuchautor u. Filmemacher 8

Hopkins, Duane (*1973): engl. Regisseur u. Fotokünstler 255

Horrorfilm (lat. horror, Schrecken): Gruselfilm, filmisches ➝ Genre, das beim Betrachter Angst u. Schrecken auslösen will 165, 259

Hsiao Hsien, Hou (*1947): taiwan. Drehbuchautor, Regisseur u. Produzent 71

Huch, Ricarda (1864–1947): dt. Schiftstellerin,

Philosophin und Historikerin *48*
Huillet, Danièle (1936–2006): franz. Filmemacherin, Frau von Jean-Marie → Straub *255*
Hurd, Earl (1880–1940): US-amerikan. Erfinder der → Cel Animation zus. mit → Bray, *101*, *184*
Hypertext (griech.-lat., Übertext): Text im Internet mit netzartigen Verknüpfungen zu anderen Texten

Ikone (griech., Bild): Vorbild, Leitbild *215*
Ikonografie (griech., Bildsprache): Lehre von der Bedeutung der Bildinhalte *150*
Image (engl.): Bild, Ansehen *207*
Imagefilm (engl.): Film, der dem Ansehen einer Marke dient u. keinen Profit abzuwerfen braucht
Impressionistischer Film: von der Malerei Ende des 19. Jahrhunderts inspirierter Filmstil, u.a. von Germaine → Dulac, der den erzählerischen, logisch-kausalen Ablauf ablöste, Naturstimmungen u. seelische Befindlichkeiten mithilfe von Weichzeichner u. sinnlicher Kameraführung schilderten *254*
Inbetween (engl., dazwischen): → Pose-to-pose-Methode
Inflation (lat., Aufblasen): stete Erhöhung der Preise, einhergehend mit einer Geldentwertung *26 f.*
Ink-and-Paint-Verfahren: Vorgehen bei der → Cel Animation, bei dem erst die Umrisse mit Tinte (Ink) gezeichnet u. dann die Flächen mit Farbe (Paint) ausgemalt werden *188*
Innerer Monolog: Wiedergabe der Gedanken einer Figur
innovativ (lat.): erneuernd, neuartig
interaktiv (lat., abwechselnd handelnd): den Betrachter einbeziehend, ihn zum → User u. Mitschöpfer des Werks machend; zu unterscheiden ist zwischen »reaktiv« (reines Auslösen, ohne Mitbestimmung des Ablaufs), »interaktiv« (für die Dauer des Ablaufs mitgestaltend) u. »partizipativ« (mitgestaltend u. in veränderter Form zurücklassend) *245*, *261*
interdependent (lat.): gegenseitig abhängig *120*
Interface (engl., Zwischenstück): Schnittstelle zwischen Benutzer und Computer zur Eingabe von Informationen, z.B. Joystick, Maus, Tastatur, Touchpad, → Trackball
Intertextualität (lat. inter, zwischen, u. textum, Gefüge): Vorstellung, dass jeder Text u. jedes Kunstwerk im Zshg. mit anderen Texten o. Kunstwerken entstanden u. zu verstehen ist; Prinzip des Anspielens und des Verweisens *226*
Intervention (lat.): Eingriff, Einmischung
INXS: 1977/79 gegr. austral. Rockband *192*
Ionesco, Eugène (eig. Eugen Ionescu, 1909–1994): rumän.-franz. Dramatiker des → Absurden Theaters *74*
Irwin, May (eig. Ada May Campbell, 1862–1938): kanad. Sängerin u. Schauspielerin *12*
Iteanu, Simon (*2001): franz. Kinderdarsteller *71*
Ito, Teiji (1935–1982): japan. Komponist *151*
Ito Winnett, Cherel (1947–1999): Musikerin, Ehefrau von Teiji → Ito *151*
Ivens, Joris (1898–1989): niederländ. Dokumentarfilmer *12*, *20*, *21*, *28 ff.*, *206*, *253*
Iwerks, Up (eig. Ubbe Ert Iwwerks, 1901–1971): US-amerikan. Trickfilmzeichner, erster Mitarbeiter von Walt → Disney *96*, *97*, *189*

Jackson, Janet (*1966): US-amerikan. Popmusikerin, Schwester von Michael → Jackson *179*
Jackson, Michael (1958–2009): US-amerikan. Popmusiker, Komponist u. Entertainer, Bruder von Janet → Jackson *179*, *250*, *259*
Jäger, Julia (*1970): dt. Schauspielerin *84 ff.*, *93*
Jagger, Mick (*1943): engl. Rockmusiker, Frontmann der Rolling Stones *163*, *220*
Jamison, Bud (1895–1944): US-amerikan. Schauspieler *64 ff.*
Janet, Pierre (eig. Pierre-Marie-Félix Janet, 1859–1947): franz. Philosoph, Psychiater u. Psychotherapeut *145*
januskkpfig: zweiköpfig (wie der röm. Gott Janus), zwiespältig
Jewison, Norman (*1926): kanad. Regisseur u. Produzent *233*
Jarmusch, Jim (*1953): US-amerikan. Filmemacher *11*
Jingle (engl., Gebimmel): Werbemelodie
Johnson, Philip Scott (*1967): US-amerikan. Computerkünstler *16*
Jonze, Spike (*1969): US-amerikan. Regisseur, bekannt geworden durch innovative Musikclips *179*, *197*
Joplin, Janis (1943–1970): US-amerikan. Rockmusikerin *193*
Jovovich, Milla (*1975): US-amerikan. Model, Schauspielerin, Musikerin u. Designerin *219*
Kader (franz. cadre, Rahmen): Bildausschnitt

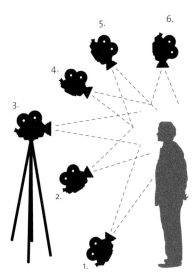

Kameraperspektiven
1. Froschperspektive · 2. Untersicht
3. Normalansicht · 4. Aufsicht
5. Vogelperspektive · 6. Top shot

Kadrierung: Bestimmen bzw. Komponieren des Bildausschnitts bzw. Kaders
Kästner, Emil Erich (1899–1974): dt. Schriftsteller u. Drehbuchautor *206*
Kalter Krieg: der Konflikt in der Zeit nach dem → Zweiten Weltkrieg (1939–1945) zwischen dem von der Sowjetunion angeführten Ostblock u. den Westmächten unter der Führung der USA, der ohne direkte militärische Bekämpfung erfolgte u. 1991 mit dem Zusammenbruch der Sowjetunion endete *36*
Kamerabewegung: die Veränderung der Kameraposition o. -einstellung, z.B. durch Bewegung vom Stativ aus (Schwenk, Neigung u. Rollen), als Fahrt (mit Dolly auf Schienen etc., *92*), als Zoom (durch Verändern der Brennweite) o. als entfesselte Kamera (Verfolgung des Objekts mit der Handkamera, *82*)
Kameraperspektive: das Verhältnis der Kamera zum Objekt; die Normalsicht entspricht der Augenhöhe, bei Untersicht bzw. Froschperspektive wird das Objekt von unten, bei Aufsicht, Vogelperspektive u. Top shot wird es von oben aufgenommen
Kanon (griech., Maßstab): verbindliche Zu-

sammenstellung von bedeutenden Werken 17 f.
Karno, Fred (eig. Frederick John Westcott, 1866–1941): engl. Chef einer wandernden Theatertruppe, durch die Charlie → Chaplin in die USA kam 68
Keitel, Harvey (*1939): US-amerikan. Schauspieler 230
Kelly, Grace (1929–1982): US-amerikan. Filmschauspielerin, spätere Fürstin Gracia Patricia von Monaco 168, 170
Kentridge, William (*1955): südafrikan. Zeichner, Regisseur u. Filmemacher 131, 261
Kerouac, Jack (1922–1969): US-amerikan. Schriftsteller der »Beat Generation«, → Beatnik 190
Key pose (engl., Schlüsselposition): → Pose-to-pose-Methode
Kijowski, Maciej (*1935): tschech.-poln. Kameramann 75
Kinematografie (griech., Bewegungsniederschrift): Verfahren zur Aufnahme u. Wiedergabe von Filmen in der Frühzeit
Kinetophon (griech., Bewegungsschall): frühes Medium des Tonfilms, ein von → Edison erfundenes → Kinetoskop, gekoppelt mit einer Audiowalze 8
Kinetoskop (griech., Bewegungsbetrachter): der Guckkasten mit Okular von → Edison 8
Klein, Yves (1928–1962): franz. Künstler des → Nouveau Réalisme 221
Klischee (franz. cliché, Abklatsch): abgedroschenes Denkschema
Klonen (griech. klon, Zweig, Schössling): Erzeugung von genetisch identischen Lebewesen aus dem Erbgut einer adulten (erwachsenen) Zelle 259
Kluba, Henryk (1931–2005): poln. Schauspieler u. Produzent 72 ff.
Kluge, Alexander (*1932): dt. Drehbuchautor, Regisseur, Produzent u. Rechtsanwalt 10, 253
Knauff, Thierry (*1957): belg. Dokumentarfilmer 21, 42 ff., 254
Knetanimation: Technik des → Stop-motion-Animationsfilms mit Elementen aus Knetmasse wie Ton o. → Plastilin 122 f.
Koch, Carl (1892–1963): dt. Aufnahmeleiter, Animationsfilmer, Kameramann u. Regisseur, Ehemann von Lotte → Reiniger 106, 107
Komeda, Krzysztof (eig. Krzysztof Trzcinski, 1931–1969): poln. Jazzpianist u. -komponist 73

Komers, Rainer (*1944): dt. Dokumentarfilmer 19, 21, 50 ff., 254
Kompilation (lat., Zusammenraffung, Beute): Zusammenfassung o. »Rolle« von Filmen
kondensieren (lat.): verdichten
Konfrontation (lat.): Gegenüberstellung, Konflikt, 2. Phase im dramaturgischen Modell von Syd → Field
Konstruktivismus: (lat.) in der Sowjetunion in den 1910er- u. 20er-Jahren entwickelte geometrisch-ungegenständliche bzw. im Film an formal strengen Kompositionen orientierte Kunst, die parallel zur neu aufzubauenden Gesellschaft auch Kunst als etwas Konstruktives, d.h. zu Bauendes, verstand, in der Sowjetunion seit 1932 durch Parteibeschluss abgelöst vom → Sozialistischen Realismus 29
Kontinuitätsprinzip: → Continuity style
Kontrastmontage von sowj. Regisseuren wie → Eisenstein entwickeltes Prinzip, bei dem Filmbilder wie These u. Antithese montiert sind, um dadurch Reflexionen der Zuschauer zu aktivieren; Ggs. zum → Continuity style 209
Kontroverse (lat.): Streit, Auseinandersetzung
Konzept: (lat.) Vorstellung, Entwurf, Plan
Konzept-Clip: Musikvideo mit assoziativ zusammengestellten Bildern, ohne Performance-Anteile 259
Konzeptkunst: Richtung, die Ende der 1960er-Jahre aufkam, der Idee mehr Bedeutung beimisst als der Ausführung, schriftbetont vorgeht u. als »Kopfkunst« Denkanstöße geben will 259, wichtige Künstler sind Jan → Dibbets, Joseph → Kosuth, Yoko → Ono u. Timm → Ulrichs
Koreakrieg: militärischer Konflikt auf der ostasiatischen Halbinsel von 1950–1953, der das Land bis heute in Nord- u. Südkorea teilt 110 f., 256
Kostenko, Andrzej (*1936): poln. Drehbuchautor, Regisseur u. Produzent 75
Kosuth, Joseph (*1945): US-amerikan. Vertreter der → Konzeptkunst 48
Kracauer, Siegfried (1889–1966): dt. Soziologe, Publizist u. Filmwissenschaftler 21
Kraus, Georg Melchior (1737–1806): dt. Maler 181
Kren, Kurt (1929–1998): österr. Vertreter des → Experimentalfilms 138
Kricke, Norbert (1922–1984): dt. Plastiker 242
Krützen, Michaela (*1964): dt. Medienwissen-

schaftlerin 67
Kubelka, Peter (*1934): österr. Vertreter des → Experimentalfilms 138
Kubismus (lat. cubus, Würfel): um 1907 durch Pablo Picasso u. Georges Braque begründeter Kunststil, der die dargestellten Gegenstände in geometrische Formen aufbricht
Kunstvideo: eine → Einkanalproduktion wie der traditionelle Film, jedoch nicht auf Zelluloid, sondern auf Magnetband o. digitalem Material gespeichert 232 u.l., 233 u.r.
Ku Klux Klan: 19. Jh. gegründeter, rassistischer Geheimbund in den Südstaaten der USA, gewalttätig gegen schwarze Bürger 209
Kwiatkowska, Barbara (1940–1955, Künstlername Barbara Lass): poln. Schauspielerin 74

Ladouceur, Jean-Paul (1921–1992): kanad. Regisseur, Schauspieler u. Aquarellist 108 ff.
Laemmle, Carl (1867 –1939): Filmproduzent, gründete 1912 die *Universal Studios* 209
Lambart, Evelyn (1914–1999): kanad. → Experimentalfilmerin 139, 152 ff., 178, 258
Lambert, Christopher (*1957): US-amerikan.-franz. Schauspieler 170
Lamorisse, Albert (1922–1970): franz. Regisseur 54, 55, 70 f., 255
Lamorisse, Pascal (*1950): franz. Kinderdarsteller 55, 70 f.
Landesman, Eyal (*1970): israel. Tanz- u. Theaterfotograf 204
Landis, John (*1950): US-amerikan. Filmregisseur 179, 259
Laser (engl.): Abkürz. für »light amplification by stimulated emission of radiation« (Lichtverstärkung durch stimulierte Aussendung von Strahlen), scharf gebündelter Strahl kohärenten, gleichwelligen und -schwingenden Lichts
Laserdisc: auf der → Lasertechnik beruhender Datenspeicher
Last minute rescue (engl.): Rettung in letzter Minute, 55, 58 f., 255, oft kombiniert mit einer → Parallelmontage
Laterna Magica (lat., Zauberlampe): Projektor des 19. Jh. mit Lichtquelle u. Linse 8
Lauenstein, Christoph und Wolfgang (*1962): Zwillinge, dt. Animationsfilmer 96, 97, 116 ff., 256
Lavie, Oren (*1976): israel. Bühnenautor u. Musiker 177, 179, 202 ff., 259

Lawrence, Florence (eig. Florence Annie Bridgwood, 1886–1938): kanad.-amerikan. Schauspielerin *208 f.*
Leacock, Richard (1921–2011): brit. Dokumentarfilmer *21, 193*
Lee, Bruce (1940–1973): chines.-amerikan. Drehbuchautor, Regisseur u. Schauspieler in → Martial-Arts-Filmen *134*
Léger, Fernand (1881–1955): franz. Maler u. Filmemacher *138, 257*
Legetrick: → Stop-motion-Animationsfilm mit flachen, bewegten Gegenständen *102 ff., 256, 260* → Silhouettenfilm
Leibovitz, Annie (eig. Anna-Lou Leibovitz, *1949): US-amerikan. Fotokünstlerin *204*
Lennon, John (1940–1980): engl. Popmusiker, führender Kopf der → Beatles *163, 192, 204*
Leonardo da Vinci (eig. Lionardo di ser Piero 1452–1519): italien. Maler, Bildhauer, Architekt, Erfinder u. Wissenschaftler, Universalgenie der → Renaissance
Lewis, Jerry Lee (*1935): US-amerikan. Rock- u. Countrymusiker *193*
Li, Jet (*1963): Martial-Arts-Kämpfer u. -Schauspieler *134*
Lichtton: Technik, bei der die Bild- und die Tonspur auf einen Filmstreifen belichtet werden, was optimale Synchronisierung ermöglicht, entwickelt in den 1920er-Jahren *31, 109*
Lichtveld, »Lou« Lodewijk (1903–1996, Pseudonym Albert Helman): niederländ.-surinamischer Musiker u. Schriftsteller *30 f.*
Lighting (engl., Ausleuchtung): Festlegen der Lichtquellen u. Glanzlichter bei der 3-D-Animation *196*
Lloyd, Harold Clayton (1893–1971): US-amerikan. Komiker u. Schauspieler *7*
Location (engl.): Drehort
Lochner, Stefan (1400–1451): Kölner Maler der → Gotik *241, 242*
Logo: grafisch gestaltetes Wort- o. Bildzeichen *207*
Lorca, Federico García (1898–1936): span. Dichter *147*
Loridan, Marceline (geb. Marceline Rosenberg, *1928): franz. Filmemacherin, Vertreterin des → Cinéma vérité *33*
Look (engl.): Aussehen
Loop (engl., Schlaufe): Endlosfilm, Endlosschleife *10, 139, 158 ff., 261*
Love, Courtney (*1964): US-amerikan. Rockmusikerin u. Schauspielerin *219*
Low budget (engl.): geringer Geldbetrag
Lüthje, Jan (*1967): Drehbuchautor, Videojournalist u. -produzent *82*
Lukian von Samosata (um 120 – nach 180/um 200) griech. Dichter *180*
Lumière, Auguste Marie Louis Nicholas (1862–1954) und **Lumière, Louis Jean** (1864–1948): franz. Ingenieure u. Erfinder, Produzenten von fotografischen Platten (Negativmaterialien). Schöpfer erster Filmszenen mit ihrem → Cinématographe *8, 12, 20, 22 f., 54, 56 f., 63, 142, 206, 253 f.*
Lye, Len (eig. Leonard Charles Huia Lye, 1901–1980): neuseeländ. Künstler u. Vertreter des → Experimentalfilms *138, 260*

MacDonald, Kevin (*1967): schott. Drehbuchautor, Filmregisseur u. -produzent *16*
MacGuffin (engl.): nichtssagendes Wort; dramaturgischer Trick von Hitchcock, durch Einführung von nicht begründeten Elementen einem Film eine Wendung zu geben *226*
Madonna (eig. Madonna Louise Ciccone, *1958): US-amerikan. Songschreiberin, Sängerin, Schauspielerin u. Produzentin *197*
Majer, Patrik (*1971): tschech. Toningenieur u. Musikproduzent *199*
Making of (engl.): Einblick in die Entstehung eines Films, meist in Form einer filmischen Dokumentation *224, 228 f.*
Malewitsch, Kasimir Sewerinowitsch (1879–1935): Maler der Russischen → Avantgarde, Begründer des → Suprematismus u. damit Wegbereiter des → Konstruktivismus *29*
Mann, Thomas (1875–1955): dt. Schriftsteller *48*
Mao Tse-tung (Mao Zedong, 1893–1976): chines. Politiker, Vorsitzender der Kommunistischen Partei Chinas 1943–1976 u. der Zentralen Volksregierung 1949–1954, Staatspräsident der Volksrepublik China 1954–1959 *33, 110 f.*
Marchal, Arlette (1902–1984): franz. Schauspielerin *24*
Mareuil, Simone (1903–1954): franz. Schauspielerin *144, 145 f.*
Marker, Chris (eig. Christian-François Bouche-Villeneuve, *1921): franz. Schriftsteller u. Vertreter des → Fotofilms *139, 258*
Martial-Arts-Film (engl.): filmisches → Genre, Kriegskunst-, Kampfsport-Film, Variante des → Actionfilms, der asiatische Kampfsportarten → ästhetisiert
Match cut (engl., to match. zusammenfügen, u. to cut, schneiden): Form der Filmmontage, bei der zwei formal ähnliche, aber zeitlich o. räumlich auseinanderliegende Motive so zusammengefügt werden, dass der Betrachter gedanklich einen Zusammenhang konstruiert *144, 257*
Mattuschka, Mara (*1959): österr. Performance-Künstlerin u. Filmemacherin *13, 54*
McCarthy, Joseph (1908–1957): US-amerikan. Politiker der Republikanischen Partei, der in der Zeit des → Kalten Kriegs Kommunisten u. Andersdenkende in den USA verfolgte u. das Klima so stark bestimmte, dass die frühen 1950er-Jahre nach ihm »McCarthy-Ära« genannt werden *69*
McCay, Winsor (1871–1934): US-amerikan. Pionier des → Zeichentricks *14, 96, 97, 189, 256*
McGuire, Paddy (1884–1923): irischer Schauspieler *65 ff.*
McLaren, Norman (1914–1987): schott.-kanad. Vertreter des → Experimentalfilms *96, 97, 108 ff., 139, 152 ff., 178, 256, 258*
McManus, George (1884–1954): US-amerikan. → Cartoon-Zeichner *98 f.*
Medienwerkstatt Freiburg (MWF): 1977 in Freiburg gegründetes Kollektiv, das eine Gegenöffentlichkeit zur herrschenden Berichterstattung herstellte u. bspw. über den Widerstand gegen den Bau des Kernkraftwerks Wyhl berichtete *79*
Mehrkanalproduktion: Werk der → Videokunst, das mehrere Filme zeigt *247 f.*
Mekas, Jonas (*1922): litauischer Filmregisseur, Kurator u. Schriftsteller, Pate des amerikan. → Avantgardefilms *139*
Melhus, Bjørn (*1966): dt. Videokünstler *231, 233, 250 ff., 261*
Méliès, Georges (1861–1938): franz. Magier und Regisseur *22, 57, 139 ff., 257*
Melodram: (griech., melos, Lied, u. drama, Handlung): filmisches → Genre, das starke Gefühle beim Zuschauer hervorrufen soll, meist im Zusammenhang mit einer Liebesgeschichte
Merki, Stefan (*1963): Schweizer Schauspieler *77 f.*
Messter, Oskar (1866–1943): dt. Filmpionier u. Unternehmer *14, 20, 23, 206, 2011*

Metamorphose (griech.): Verwandlung *130 f.*
Métrage (franz.): Filmmeter, → Footage
Michaelis, Torsten (*1961): dt. Schauspieler *85 ff.*
Michelangelo Buonarroti (1475–1564): ital. Künstler der → Renaissance 221
Mickey mousing (engl.): nach den → Disney-Filmen benannte Technik, bei der die Filmhandlung auf der Tonebene durch Geräusche u. Musik taktgenau verstärkt u. gedoppelt wird 31, 189
Minogue, Kylie (*1968): austral. Popmusikerin *162*, 259
Mirow, Sebastian (*1968): dt. Schauspieler *120*
Mirren, Helen (eig. Ilyena Vasilievna Mironov, *1945): engl. Schauspielerin 219
Mise en scène (franz.: Inszenierung), die Gestaltung mit Maske, Kostüm, Kulisse, Licht und Schauspielführung vor dem Einsatz der Kamera (→ Mise en cadre)
Mise en cadre (franz.): Bildgestaltung mit der Filmkamera, im Ggs. zur → Mise en scène
Mitterrand, François (1916–1996): franz. Politiker, 1981– 1995 Staatspräsident Frankreichs 37
Mitry, Jean (1907–1988): franz. Filmtheoretiker, Kritiker u. Experimentalkurzfilmer 259
Mockumentary (engl. to mock, verspotten, u. documentary, Dokumentarfilm): → fiktionaler Dokumentarfilm, der einen echten parodiert 21, *132 ff.*, 226
Moghaddam, Mandana (*1962): iran. Künstlerin, lebt in Teheran u. Göteborg 261
Moira, Senta (*1925): dt. Schauspielerin *76 ff.*
molto andante (ital.): sehr bewegtes Musiktempo 155
Montage (franz., Zusammensetzen): Verbindung von → Einstellungen *12*, Aufbau eines Films; → Kontrastmontage, → Match cut, → Parallelmontage, → Schnitt, → Schuss – Gegenschuss
Montagekino: von russ. Filmemachern wie → Eisenstein in den 1920er-Jahren begründeter Filmstil, der seine Machart im Ggs. zum → Continuity style nicht versteckt
Montgomery, Tyron (*1967): iran.-dt. Filmemacher u. Medienexperte 257
Moore, Annabelle (1878–1961): US-amerikan. Tänzerin *23*
Moore, Roger (*1927): engl. Schauspieler 170
Moorman, Charlotte (1933–1991): US-amerikan. Cellistin u. → Fluxus-Künstlerin, Partnerin von → Paik, 236, *237 o. rechts*

Motion capturing (engl.): Bewegungserfassung, Technik zur Aufzeichnung von meist menschlichen Bewegungen, um diese auf ein 3-D-Modell im Computer zu übertragen 196
Motion still (engl., Bewegungsstandbild): aus dem laufenden Film genommenes Bild 6
Mozart, Wolfgang Amadeus (1756–1791): österr. Komponist 96, 102 ff, *103*, 178, 256
Müller, Matthias (*1961): dt. Experimentalfilmer 258
Müller, Stephan-Flint (*1981): dt. Experimentalfilmer 258
multikulturell (lat.): mehrere Kulturen umfassend, vielfältig
multipel (lat.): mehrfach
multiperspektivische Erzählweise: Darstellung eines Ereignisses aus verschiedenen Blickwinkeln
Munro, Grant (*1923): kanad. Filmemacher u. Schauspieler *108 ff.*
Murphy, Dudley (1897–1968): US-amerikan. Filmemacher 257
Mussorgski, Modest (1839–1881): russ. Komponist 180
Mythos (griech., pl. Mythen): sagenhafte Geschichte, Legende 114
Mythologie: die Gesamtheit der → Mythen u. die wissenschaftl. Beschäftigung damit 114
mythologisch: zur → Mythologie gehörend

Nah → Einstellungsgröße
Narration (lat.): Erzählung
narrativ (lat.): erzählend, erzählerisch
Nathan, Yuval und Merav: israel. Regisseure, Ehepaar *177, 179*, *202 ff.*, 259
Nationalsozialismus: antidemokratische u. rassistische polit. Bewegung, die sich nach dem Ersten Weltkrieg in der Nationalsozialistischen Deutschen Arbeiterpartei (NSDAP) organisierte u. unter dem »Führer« Adolf → Hitler Deutschland in eine Diktatur verwandelte 84 ff., 253, 255 f.
Nauman, Bruce (*1941) US-amerikan. Videokünstler 261
Neeson, Liam (eig. William John Neeson, *1952): ir.-engl.-US-amerikan. Schauspieler *113*
Nekes, Werner (*1944): dt. Vertreter des → Experimentalfilms 138
Neshat, Shirin (*1951): iran.-amerikan. Videokünstlerin 261

Nestler, Peter (*1937): dt. Schauspieler u. Dokumentarfilmer 253
Neue Sachlichkeit: gegenständliche Kunstrichtung der 1920er- u. 30er-Jahre, deren sozialkritische Variante → Verismus genannt wird, 29
Neuer Deutscher Film: Richtung des Autorenfilms in der BRD der 1960er- u. 70er-Jahre, welche politische u. gesellschaftskritische Themen in den Vordergrund stellte u. sich damit gegen das seichte Unterhaltungskino abgrenzte; inspiriert vom → Oberhausener Manifest, das den unabhängigen deutschen Film forderte, beeinflusst von der franz. → Nouvelle Vague
Neues Sehen: in den 1920er-Jahren aufgekommene Richtung in Fotografie u. Film, die (in Anlehnung an den → Konstruktivismus) ungewöhnliche Perspektiven u. dynamische Schrägen bevorzugte *28 ff.*, 90
New British Cinema (engl., Neuer Britischer Film): Richtung im britischen Film der 1980er- u. 90er-Jahre, welche die gesellschaftlichen Entwicklungen aus der Regierungszeit der »Eisernen Lady« Margaret Thatcher (1979–1990) kritisch aufgriff 255
New Hollywood: Filmrichtung in den USA, die sich vom klassischen → Hollywoodfilm u. dessen → Studiosystem abgrenzt u. sich durch gesellschaftskritische u. experimentelle Haltungen auszeichnet; einer der wichtigsten Vertreter ist Martin → Scorsese 230
Newman, Randy (*1943): US-amerikan. Sänger, Songwriter u. Pianist 193
Nickelodeon: Film- und Variété-Theater um 1900, bei dem der Eintritt nur einen »Nickel« (5 Cents) kostete 208, 259
Nicolaisen, Christoph (*1968): dt. Kameramann u. Filmproduzent 90
Nilsson, Johannes Stjärne (*1969): schwed. Filmemacher u. Produzent 259
Nixon, Richard (1913–1994): US-amerikan. Politiker, von 1969 bis 1974 Präsident der USA 236, *238*
non-fiktional (engl. non-fictional): nicht erfunden, nicht zur → fiktionalen Literatur gehörend
Norris, Chuck (*1940): US-amerikan. Schauspieler 134
Norstein, Juri Borissowitsch (*1941): russ. Trickfilmer 256
Nouveau Réalisme (franz., Neuer Realismus): europäische Variante der → Pop-Art, die

Alltagsgegenstände in die Kunstwerke einbeziht, Vertreter sind u.a. → Christo u. Yves → Klein

Nouvelle Vague (franz., Neue Welle): Im Frankreich der späten 1950er-Jahre aufgekommene Richtung, die sich gegen den linearen Stil des kommerziellen Kinos u. des Fernsehens richtete; junge Regisseure, zuvor oft als Filmkritiker tätig, schufen intellektuelle Filme mit unbekannten Akteuren u. arbeiteten mit mobilen Geräten auf der Straße; als → Autorenfilmer forderten sie, dass der Regisseur, anders als beim → Studiosystem, an allen wichtigen Schritten beteiligt sei.

Oberhausener Manifest: Erklärung auf den *Westdeutschen Kurzfilmtagen Oberhausen* 1962, in der fortschrittliche Filmemacher künstlerisch anspruchsvolle Filme mit gesellschaftskritischen Inhalten forderten 13
Ocelot, Michel (*1943): franz. Filmemacher 107
Özvatan, Tamay Bulut (*2000): Kinderdarsteller *85 ff., 93*
Off (engl., »außerhalb«): Abkürzung für → off screen, der Bereich außerhalb des Bildes; im Unterschied zur → Voice over stammt die »Stimme aus dem Off« meist von einer Figur, die Teil der → Diegese ist
off screen (engl): außerhalb der Leinwand → Off; Ggs. → on screen
O'Hara, Kelli (*1977): US-amerikan. Schauspielerin *225*
Omnibusfilm (lat. omnibus, für alle): → Episodenfilm
O'Neill, Eugene (1888–1953): US-amerikan. Schriftsteller *69*
O'Neill, Oona (1925–1991): Tochter von Eugene O'Neill, Frau von Charlie → Chaplin *69*
on screen (engl): auf der Leinwand, → Off
Ono, Yoko (*1933): japan. → Konzeptkünstlerin, Frau von John → Lennon 163, *204*
optischer Ton → Lichtton
O'Reilly, Tim (*1954): irischer Softwarentwickler, Buchautor u. Verleger 16
Oscar: Filmpreis in Form einer Statue, verliehen von der → Academy of Motion Picture Arts and Sciences in Los Angeles 9
Ott, Fred (1860–1936): Angestellter von → Edison 8
Oursler, Tony (*1957): US-amerikan. Hauptvertreter des → Expanded Video 261

Outlaw, Paul (*1957): US-amerikan. Musiker u. Schauspieler 55, *77 ff.*
Owen, Clive (*1964): engl. Schauspieler 230
Packshot (engl.), Foto eines Produkts mit siener Verpackung *207*
Paik, Nam June (1932–2006): korean. Musiker, → Fluxus-Künstler u. Begründer der Videokunst 232, *236 ff.*, 260
Pal, George (1908–1980): ungar.-amerikan. Trickfilmer u. Produzent 256
Panel (engl.): das einzelne Bild bei Fotoromanen, Comicstrips o. Storyboards *198 ff.*
Panorama → Einstellungsgröße
Pantomime (griech., alles nachahmend): darstellende Kunst ohne Dialoge, nur durch Gestik und Mimik 73
Paradigma (griech.): Muster, Vorbild
Paradigma der dramatischen Struktur: dreiteiliges dramaturgisches Modell von Syd Field *57, 165*
Parallelmontage (engl. cross cutting): ständiger Wechsel zwischen zwei oder mehreren Handlungssträngen, die meist gleichzeitig ablaufen; in der Regel mit Schauplatzwechsel verbunden; oft zur Spannungssteigerung bei Verfolgungsjagden eingesetzt 54, *58 f.*, 254 → Last minute rescue
Paranoia (griech., Verrücktheit): psych. Krankheit, gekennzeichnet durch verzerrte Wahrnehmung, oft gepaart mit Verfolgungswahn, 146
paranoisch-kritische Methode: von Salvador → Dalí entwickelte künstlerische Methode, mit der er die Ausschaltung der Vernunft, wie sie das Manifest des → Surrealismus forderte, mit rationaler Kontrolle kombinierte 145, 146
Pardo, Jorge (*1963): kuban.-amerikan. Künstler *47*
Park, Nick (eig. Nicholas Wulstan Park, *1958): engl. Trickfilmer bei → Aardman Animations 96, *97, 122 f.*, 256, 259
partizipativ (lat.): teilhabend, → interaktiv
Pasolini, Pier Paolo (1922–1975): italien. Dichter u. Filmregisseur 51
Patalas, Enno (*1929): dt. Filmwissenschaftler u. -historiker 12
Pathé, Émile (1860–1937) u. **Charles** (1863–1957): Filmunternehmer, 1896 Mitgründer der → Société Pathé Frères 8, *9*, 57, 97
Penck, A. R. (eig. Ralf Winkler, *1939, Pseudonym Mike Hammer u.a.), dt. Maler u. Plastiker

der »Neuen Wilden« 36
Pennebaker, D. A. (Donn Alan P., *1925): US-amerikan. Pionier des → Direct cinema 21, *179, 190 f.*, 259
Pennebaker, Frazer (*1955): Produzent, Sohn von D. A. → Pennebaker 193
Performance (engl.): Aufführung, Form der Aktionskunst *240 ff.*
Performance-Clip (engl.): Musikvideo, das einen Bandauftritt zeigt
Perforation (lat.): Lochreihe bei Filmen aus Zelluloid zwecks Transport und Positionierung in Kameras, Projektoren etc. 109
Peripetie (griech.): unerwartete Wendung, 3. Akt u. Höhepunkt im dramaturgischen Modell von Gustav → Freytag 118
Peter, Okarina (*1973): dt. Bühnenbilderin 120
Peterson, Oscar Emmanuel (1925–2007): kanad. Komponist u. Jazzpianist 152, *154*, 155, 178, 258
Phase (griech., Erscheinung): Zeitintervall, Zeitabstand beim → Animationsfilm
Phonograph (griech.): Audioabspielgerät mit Walze, Erfindung von → Edison 8
Phonoscène (franz., Klangszene): früher Tonfilm mit Klängen von Wachswalzen 62, 178
Picabia, Francis-Marie Martinez (1879–1953): franz. Schriftsteller u. Maler 257
Pickford, Mary (1892–1979): US-amerikan. Schauspielerin u. Filmproduzentin, Mitgründerin der *United Artists* 69, 209
Pinch (engl.): Kniff, Mittel der Dramaturgie 165
Pinschewer, Julius (1883–1961): dt. Pionier des Werbefilms 106, *206, 210 ff.*, 259
Pixilation (engl. pixilated, verrückt, angeheitert): Technik des → Stop-motion-Animationsfilms mit schrittweise bewegten und fotografierten Personen 97, *108 ff., 203 f.*, 259
Pizzicato (ital., gezwickt): Zupfen der Saiten von Streichinstrumenten mit den Fingern 31
Plansequenz: Filmsequenz, bestehend aus einer langen, ungeschnittenen Einstellung *56 f., 208*, 254
Plastilin: Knetmasse aus Bienenwachs, Sonnenblumenöl, Farbpigment u. Tonmehl; Rezept 123
Plot (engl.): Handlungsverlauf; Präsentation der Ereignisse im zeitlichen Verlauf der Erzählung, ihre Auswahl u. Anordnung im Film, 55 → Story
Plot point (engl.): Wendepunkt, Mittel der Dramaturgie nach Syd → Field 55, *57*, 165

GLOSSAR

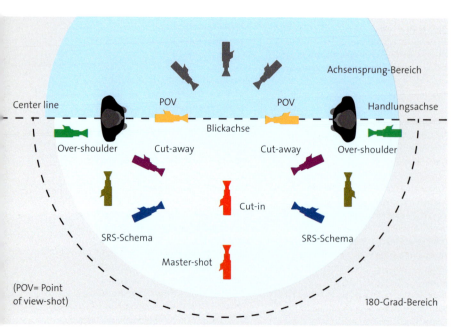

Schuss / Gegenschuss (engl.: Shot / Reverse Shot, SRS). Interagierende Personen, z. B. bei Dialogen, werden vor allem mit den blau, grün und gelb markierten Kameras gefilmt. Die anderen Kameras decken weitere Perspektiven nach dem → Coverage system ab. Um den → Continuity style bei der → Montage zu gewährleisten und um »Achsensprünge« zu vermeiden, darf die Handlungsachse nicht überschritten werden.

Plympton, Bill (*1946): US-amerikan. Animationsfilmer 256
Poetischer Realismus: Stilrichtung des Films seit 1933; der namensgebende Regisseur Jean → Renoir drehte an Originalschauplätzen u. heroisierte die arbeitende Bevölkerung 71
Polanski, Roman (*1933): poln.-franz. Regisseur, Drehbuchautor u. Schauspieler 13, 55, 72 ff., 255
Pollock, Jackson (1912–1956): US-amerikan. Maler → Actionpainting 152, 153, 157, 172 ff.
Polytechnische Oberschule (POS): 10-klassiger, einheitlicher Schultyp der DDR 35
Ponchielli, Amilcare (1834–1886): italien. Komponist 180
Polygon (griech., Vieleck): ein durch mindestens drei Punkte (ein Dreieck) definiertes Gebilde 196; aus mehreren solcher Polygone entsteht ein → Wireframe
Pop-Art (von engl. pop, Knall, u. popular, volksnah): dominierende Kunstrichtung der 1960er-Jahre, die sich mit der Alltagskultur, den Massenmedien u. der Werbung befasst; Hauptvertreter ist Andy → Warhol 114, 259
Porten, Henny (1890–1960): dt. Schauspielerin, Star der Stummfilmzeit 23
Porter, Edwin S. (1870–1941): US-amer. Regisseur, Miterfinder der → Parallelmontage 12, 54 f., 58 f., 254
Portishead: 1993 gegründ. brit. Trip-Hop-Band 197
Portman, Natalie (eig. Natalie Hershlag, *1981): israel.-US-amerikan. Schauspielerin 139, 151, 172 ff.
Pose-to-pose-Methode: Verfahren des Zeichentricks, bei dem zuerst Anfang, Mitte und Ende eines Bewegungsablaufs (die »Key poses«, Schlüsselpositionen) festgelegt und dann die → Phasen dazwischen (→ Inbetweens) gezeichnet werden 100, 256
Poser (engl.): Wichtigtuer, Angeber
Pratschke, Katja (*1967): dt. Filmemacherin von → Fotofilmen, Kuratorin, Autorin 139, 258

Prestige (franz.): Ansehen, Geltung 207
Prestissimo (ital.): äußerst schnelles Musiktempo 155
Prisma: optisches, geometrisch geschliffenes Element, das der Umlenkung von Lichtstrahlen dient 23
Produktionsfoto (engl. Production still): Aufnahme, die während des Drehs am Set entsteht und die Arbeitsbedingungen (das → Making of) zeigt, im Ggs. zum → Motion still aber nicht aus dem laufenden Film stammt 6, 45
Produktionsdesign: Gestaltung der Kulisse u. der Requisiten beim Film 116, 119
Prolog (griech.): Einleitung, Vorgeschichte 190
Promotion (lat.-engl., Beförderung): Werbung, Werbemaßnahme 179
Protagonist, Protagonistin (griech.): Hauptperson, Held bzw. Heldin eines Films → Antagonist 118
Proyas, Alex (*1963): austral. Regisseur 197
Puppentrick, Puppenanimation: Technik des → Stop-motion-Animationsfilms mit Spielfiguren 166 ff., 256
Purviance, Edna (1895–1958): US-amerikan. Schauspielerin der Stummfilmzeit, vor allem in Filmen von Charlie → Chaplin 65 ff.
Pygmäe (griech., pygmaios: Fäustling): Mensch zentralafrikanischer Gesellschaften, unter 150 cm groß 42 ff., 254
Pygmalion: Bildhauer in einem antiken → Mythos, der eine Elfenbeinstatue herstellt, in die er sich verliebt; Aphrodite, die Göttin der Liebe, erweckt sie zum Leben 197

Quay, Timothy u. **Stephen** (Brothers Quay, *1947): Zwillingsbrüder, Regisseure von Trickfilmen 256, 259
Quant, Mary (*1934): engl. Modedesignerin, Erfinderin des Minirocks 220
Queen: 1970 gegründete brit. Popband 178
Quinte, Mirjam: Filmproduzentin, Mitbegründerin der → Medienwerkstatt Freiburg 79
Rabbi Löw (Judah Löw, Jehuda ben Bezal´el Löw, 1512/25–1609): bedeutender Denker u. Rabbiner des Judentums 180
Rassismus: Vorstellung, dass die biologische Abstammung die Fähigkeiten und Eigenschaften der Menschen bestimmt, um deren Gleichheit infrage zu stellen 76
Ratio, filmische (engl. Aspect ratio): Seitenverhältnis des Filmbildes; klassisch ist ein Verhält-

nis von ca. 4:3; das 1953 eingeführte Cinema-Scope-Breitbild hat eine Ratio von 21:9 (=1:2,35); der TV-Standard beträgt heute 16:9

Ray, Man (eig. Emmanuel Rudnitzky o. Radnitzky, 1890–1976): US-amerikan. Künstler des → Dada u. des → Surrealismus *27*, 138, 221

Realfilm (engl.: live action): mit einer Kamera gedrehter Film, im Ggs. zum → Animationsfilm

Red Hot Chili Peppers: 1983 gegründete US-amerikan. Rockband 192

Reed, Lou (*1942): US-amerikan. Singer-Songwriter, Gründungsmitglieder der von Andy → Warhol produzierten Band The Velvet Underground 163

Reiniger, Lotte (1899–1981): dt. Silhouetten-Animationsfilmerin 96, 97, *102 ff.*, *178*, 206, 256

Rekapitulation (lat.): Wiederholung, Zusammenfassung

remastern, Remastering: nochmaliges Durchführen des Masterings, der Endbearbeitung von Audio- u. Videodateien 116

Renaissance (franz.): »Wiedergeburt« der Antike u. ihrer diesseitsorientierten Errungenschaften auf kulturellem u. naturwissenschaftl. Gebiet; löste im frühen 15. Jh. die mittelalterliche, jenseitsorientierte → Gotik ab, 233, Vertreter sind u.a. → Botticelli u. → Michelangelo

Renoir, Jean (1894–1979) franz. Drehbuchautor, Regisseur u. Schauspieler, Sohn des Malers Pierre-Auguste Renoir 107

Repetition (lat.): Wiederholung

Replacement animation (engl.): Puppenanimation mit Austausch von Gesichtsteilen zur Änderung der Mimik 119

Reportage (lat. reportare, berichten): Bericht auf Grundlage vor Ort gewonnener, unmittelbarer Beobachtungen 20

Repoussoir (franz.): Blickbarriere, Bildelement, das Raumtiefe schafft *127*

Reserva: spanischer Wein, der mindestens ein Jahr lang im Eichenholzfass u. drei Jahre in Fass und Flasche gereift ist

Resnais, Alain (*1922): franz. Regisseur 253

retardieren (lat.): verlangsamen 118

Rice, John C. (um 1858–1918): US-amerikan. Schauspieler 12

Richard, Little (eig. Richard Wayne Penniman, *1932) US-amerikan. Musiker, einer der Wegbereiter des Rock'n'Roll 193

Richter, Hans (1888–1976): dt. Künstler, Autor u. Filmemacher, Vertreter des → Dadaismus u. des → Surrealismus 20, 21, *24 ff.*, 138, 253, 257

Riefenstahl, Leni (eig. Helene Bertha Amalia Riefenstahl, 1902–2003) dt. Tänzerin, Schauspielerin, Regisseurin u. Fotografin, die mit ihren Filmen die Ideologie des → Nationalsozialismus beförderte 213

Riemelt, Max (*1984): dt. Schauspieler 83

Rigging (engl., Takelage, Tauwerk): bei der → 3-D-Animation die Konstruktion der Knochen und Gelenke eines Modells, wodurch das Bewegungsspektrum des »Mesh«, des Polygonnetzes, festgelegt wird *135*

Rist, Pipilotti (eig. Elisabeth Charlotte Rist, *1962): Schweizer Videokünstlerin 261

Road movie (engl.): filmisches → Genre, dessen Handlung sich auf einer Fahrt o. Reise entwickelt

Role model (engl.): Verhaltensmuster, Vorbild

Romanek, Mark (*1959): US-amerikan. Regisseur, bekannt geworden durch innovative Musikclips 179

Rosenbach, Ulrike (*1943): dt. Video- u. Performancekünstlerin 231 f., 233, *240 ff.*, 260

Rotation (lat., Umdrehung): im Radio oder Musik-TV die Häufigkeit der Ausstrahlungen eines Titels; zu unterscheiden sind »light rotation« (5 bis 15 Einsätze pro Woche bei einem Sender) »medium rotation« (10- bis 20-mal) und »heavy rotation« (mehr als 20-mal)

Rotermund, Bertram: dt. Filmemacher u. -produzent → Mitbegründer der → Medienwerkstatt Freiburg 79

Roy, Pola (*1975): Perkussionist der Band → Wir sind Helden 199

Rückblende (engl. flashback): Rückgriff auf ein früheres Ereignis o. einen vorausliegenden Erzählstrang, der in die laufende Handlung eingeschoben wird 86 f., *173 f.*

Ruhbaum, Max (*1976): dt. Schauspieler *120*

Ruttmann, Walter (1887–1941): dt. Regisseur, Vertreter des abstrakten → Experimentalfilms 30, 106, *138*, 139, 206, 211, *212 f.*, 257, 260

Rybczinski, Zbigniew (*1949): poln. Vertreter des → Experimentalfilms *163*, 256

Ryder, Mitch (eig. William S. Levise Jr., *1945): US-amerikan. Rockmusiker 236

Sachtrick: Technik des → Stop-motion-Animationsfilms mit bewegten Gegenständen *210 f.*, 259

Sample (engl.): Ausschnitt, z.B. aus einem Musikstück

Sampling: Neuanordnung von → Samples

Santana, Juelz (eig. LaRon Louis James, *1983): US-amerikan. Rapper 192

Satire (lat.): beißender Spott, oft politisch o. gesellschaftlich begründet; Subgenre der Filmkomödie, das gesellschaftliche Zustände o. Personen aggressiv verspottet 133, 255

Schaefer, Dirk (*1961): Musiker u. Komponist 258

Schamoni, Peter (1934–2011): dt. Filmregisseur und -produzent 253

Schikaneder, Emanuel (1751–1812): dt. Sänger, Dichter und Theaterbesitzer, Freund von Wolfgang Amadeus → Mozart 102

Schiller, Friedrich (1759–1805): dt. Schriftsteller der Weimarer Klassik 180

Schindler, Christina (*1962): dt. Animationsfilmerin 97, *124 ff.*, 257

Schlömer, Michael: Mitbegründer der → Medienwerkstatt Freiburg 79

Schnitt: das Schneiden u. Zusammensetzen von → Einstellungen, manchmal synonym zu → Montage verwendet; beim digitalen Filmschnitt »Editing« bzw. »Editieren« genannt

Schoonmaker, Thelma (*1940): alger.-amerikan. Cutterin 227, 230

Schubert, Franz (1797–1828): österr. Komponist 180

Schum, Gerry (1938–1973): dt. Filmemacher u. Produzent 235

Schuss / Gegenschuss: Auflösung einer Dialogszene durch Hin- u. Herschneiden zw. den Gesprächspartnern 283

Schweiger, Rudolf (*1963): dt. Drehbuchautor, Regisseur u. Produzent 55, *80 ff.*

Science-Fiction (engl. science, Wissenschaft, u. fiction, Dichtung): → Genre, das auf technischen Zukunftsvisionen beruht *140 ff.*, 258, 261

Score (engl.): Partitur, → Filmmusik 105

Scorsese, Martin (*1942): US-amerikan. Drehbuchautor, Regisseur u. Produzent des → New Hollywood 205, 207, *224 ff.*, 260

Scott, Ridley (*1937): engl. Filmregisseur und Produzent, Bruder von Tony → Scott 252

Scott, Tony (*1944): engl. Filmregisseur, Bruder von Ridley → Scott 230

Seberg, Jean (1938–1979): US-amerikan. Schauspielerin 170

Sednaoui, Stéphane (*1960): franz. Fotograf u. Regisseur, bekannt geworden durch innovative Musikclips 179
Seeber, Guido (1879–1940): Kameramann, Filmpionier 206, *210 f.*, 259
Seeger, Pete (*1919): US-amerikan. Folksänger 190
Seigner, Emmanuelle (*1966): franz. Schauspielerin u. Musikerin 75
Sennett, Mack (eig. Michael Sinnott, 1880–1960): US-amerikan. Filmregisseur und Produzent 68, *208*
Sequenz: Filmkapitel aus mehreren → Szenen mit zusammenhängendem Handlungsablauf 12
Serigrafie (griech.): Siebdruck
Set (engl.): kurz für Filmset, für die Dreharbeiten hergerichteter Ort
Shading (engl., Tönung): Einfärben eines Wireframe bei der 3-D-Animation 196
Shomron, Shir (*1982): israel. Schauspielerin *177, 179, 202, 203 ff.*
Shooting on twos (engl.): Technik des → Stop-motion-Animationsfilms, bei dem 12 → fps hergestellt werden, von denen jeder zweimal gezeigt wird (auch: Double-Frame-Technik) 96, 111, 211
Shootout (engl.): Schießerei am Ende eines → Western
Sidekick (engl.): Nebenfigur, komischer Gefährte 64
Silberschneider, Johannes (*1958): österr. Schauspieler 166
Silhouette: aus Papier geschnittener Schattenriss, kostengünstiges Porträt, benannt nach dem französischen Finanzminister Étienne de Silhouette (1709–1767) 104, *181*
Silhouettenfilm: → Legetrick mit Schattenrissen, *102 ff.*, 256
Silly Symphony (engl., dumme Symphonie): 1929 von Walt → Disney begonnene Serie von → Cartoon-Filmen, die mit klassischer Musik unterlegt sind 178, 258
Simmel, Paul (1887–1933): dt. Maler u. Karikaturist 206
Simonsson, Ola (*1969): schwed. Filmemacher u. Komponist 259
Skladanowsky, Max (1863–1939) u. **Emil** (1866–1945): Brüderpaar aus Berlin, Erfinder u. Pionier des Films 8
Skript (lat.): Schriftstück, Konzeptpapier, Text, Drehbuch
skurril (griech.): seltsam, merkwürdig
Slapstick (engl., Schlagstock, Narrenpritsche): auf die → Commedia dell'arte zurückgehende, oft derbe, körperbetonte Filmkomik, vor allem in Stummfilmkomödien 65, *208*, 254, 259
Slogan (engl.): Wahlspruch, Werbespruch
Smashing Pumpkins: 1987 gegründete US-amerikan. Rockband *143*
Smith, Albert Edward (1875–1958): engl. Filmpionier 96, Mitbegründer der *Vitagraph Company of America* (1897), → Blackton
Smith, Jack (*1932): US-amerikan. Vertreter der → Konzeptkunst u. des → Underground Films 192
Smith, Will (eig. Willard Christopher Smith Jr., *1968): US-amerikan. Schauspieler, Produzent u. Rapper *197*
Social spot (engl.): Werbespot, der gesellschaftliche Ziele verfolgt 207
Société Pathé Frères: durch die vier Brüder Charles, Émile, Théophile und Jacques Pathé 1896 in Paris gegründetes Unternehmen der Musik- und Filmindustrie, das u.a. Walzen, Schallplatten und Filme produzierte 8, *9*
Soul Asylum: 1993 gegründete US-amerikan. Rockband *193*
Sound library (engl., Tonbibliothek): Klang-, Geräusch- u. Musikarchiv, auf das bei der Vertonung von Filmen zurückgegriffen wird
Soundtrack (engl.): 1. die Summe aller Schallereignisse beim Film, d. h. Atmosphäre (Atmo), Geräusche, Effekte, Klänge, Töne u. Stimme; 2. die Auskopplung von → Filmmusik auf CD o.ä.
Source music (engl. Quellmusik): Musik, deren Ursprung im Bild sichtbar ist, → on screen
Sozialistischer Realismus: Stilrichtung, die den Künstlern der Sowjetunion 1934 durch → Stalin vorgeschrieben wurde, da dieser den → Konstruktivismus, der in der Aufbauphase der Sowjetunion dominierte, als volksfern u. als → Formalismus kritisierte; der Sozialistische Realismus verklärte sowj. Helden u. ersetzte Montageexperimente durch unsichtbare Schnitte u. lange Einstellungen; nach dem Zweiten Weltkrieg wurde er auch in anderen sozialistischen Ländern, darunter der → DDR, zum dominierenden Stil, bis 1989 die Berliner Mauer fiel 32
Special Effects, Special FX (engl.)**:** künstliche, besondere Effekte im Film

Spengler, Oswald (1880–1936): dt. Geschichtsphilosoph, Kulturhistoriker u. politischer Schriftsteller 114
Split screen (engl., geteilter Bildschirm): Aufteilung des Filmbildes in zwei o. mehrere Felder, auf denen verschiedene Bewegtbilder laufen 142
Split system (engl., System des Aufteilens) → Pose-to-pose-Methode
Squarepusher (*1975): einer der Künstlernamen des brit. Bassisten Thomas Jenkinson *197*
Staccato (ital.): musikalische Artikulationsvorschrift, kurzes, abgehacktes Spielen einer Note, im Notensystem angezeigt durch einen Punkt über- oder unterhalb der Note
Stalin, Josef (eig. Iosseb Bessarionis dse Dschughaschwili, 1878–1953): Kampfname des sowjet. Staatsmanns, seit 1927 Alleinherrscher in der Sowjetunion 32
Standfoto u. Standbild (engl. Film still): Begriffe für Filmfotos, die beim Dreh von Fotografen eigens angefertigt werden und als Aushangfotos oder Pressematerial dienen
Steinmann, Klaus-Jürgen (*1941): dt. Schauspieler *85*, 87
Stellmach, Thomas (*1965): Trickfilmer u. Produzent 257
Sternberg, Josef von (eig. Jonas Sternberg, 1894–1969): österr.-amerikan. Regisseur *171*
Stickel, Wolfgang: Filmemacher, Medienpädagoge, Mitbegründer der → Medienwerkstatt Freiburg 79
Stimme aus dem Off → Off, → Voice over
Stockhausen, Karlheinz (1928–2007): dt. Komponist elektronischer Musik 236
Stokowski, Leopold Anthony (1882–1977): engl.-amerikan. Dirigent 180
Stop motion (engl.): → Stopptrick, Technik des → Animationsfilms, bei der Objekte von Bild zu Bild geringfügig bewegt o. verändert werden; dazu gehören → Puppen-, Lege und → Sachtrick, → Knetanimation, → Brickfilm oder → Pixilation 96
Stopptrick: → Stop motion 59, 142, 150
Story (engl.): Handlung einer Erzählung in linear-kausaler Abfolge der Ereignisse, → Plot
Story twist (engl.): überraschende Wendung einer Geschichte, meist am Filmende, vgl. → Plot point, 55, 133, 255, 260
Storyboard (engl.): Planung eines Films in gezeichneten Skizzen, oft Einstellung für Einstel-

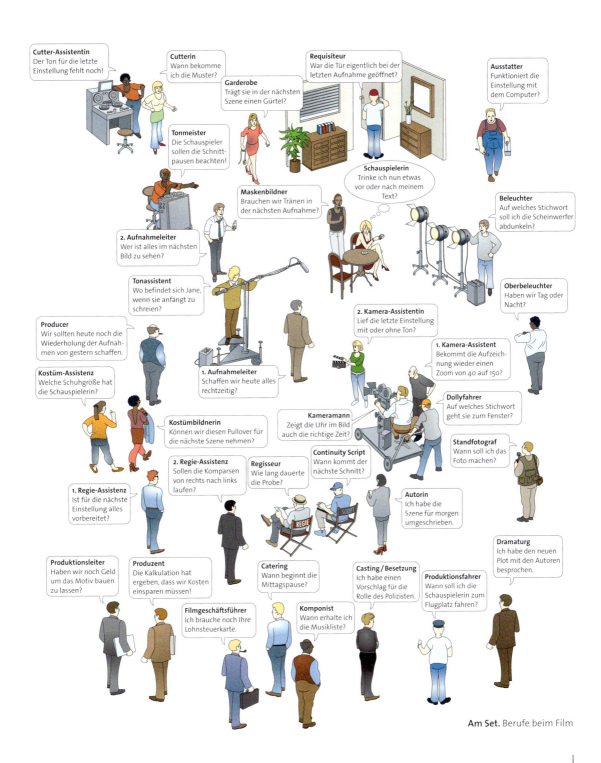

Am Set. Berufe beim Film

Tableau. Abgefilmtes Bühnengeschehen, Hollywood 1916. Als ➞ »Film d'art« (franz., Kunstfilm) verhalf dieser Stil dem neuen Medium zur Anerkennung.

lung *73, 104, 124 ff., 160, 183, 196, 251*
Straub, Jean-Marie (*1933): franz. Filmemacher, Ehemann von Danièle ➞ Huillet *255*
Strawalde s. Jürgen ➞ Böttcher *36 f.*
Strawinski, Igor (1882–1971): russ. Komponist *180*
Street Art (engl., Straßenkunst): Kunst im öffentlichen Raum, oft ohne Genehmigung angebracht, z.B. Graffiti *130 f., 257*
Ströbel, Sebastian (*1977): dt. Schauspieler *80 ff.*
Stuck, Franz (seit 1906 Ritter von Stuck, 1863–1928): dt. Maler u. Bildhauer *243*
Studiosystem: Arbeits- u. Wirtschaftsweise der großen US-amerikan. Filmproduktionsstätten in ➞ Hollywood, mit strenger Arbeitsteilung zw. Drehbuchautoren u. Regisseuren, im Unterschied zum ➞ Autorenfilm
Stuhlbarg, Michael (*1968): US-amerikan. Schauspieler *225*
Stummfilm: Film ohne Tonspur, meist mit Live-Musikbegleitung (Klavier oder Orchester); bis der ➞ Lichtton in den späten 1920er-Jahren die Möglichkeit eröffnete, Bild u. Ton auf einem Trägermaterial zu ➞ synchronisieren
Stutterheim, Kerstin (*1961): dt. Theater- und Medienwissenschaftlerin, Filmemacherin und Dramaturgin
Subgenre: Unterart, zu einem übergeordneten ➞ Genre gehörender Filmtyp mit eigener Bezeichnung *54*
Subjektive Kamera: unruhige Kameraführung, welche die Position u. Sicht einer bestimmten Figur suggeriert
Suprematismus: von Kassimir Malewitsch begründeter, ➞ abstrakt-geometrischer Kunststil, Vorform des ➞ Konstruktivismus
Surprise (engl.): Überraschungsmoment (für den Zuschauer, im Ggs. zu ➞ Suspense
surreal (lat.-franz.) un-, überwirklich *112, 222*
Surrealismus (jenseits der Wirklichkeit): 1924 von André ➞ Breton in einem Manifest definierte Stilrichtung, in welchem er die Ausschaltung der Vernunftkontrolle während der künstlerischen Produktion forderte *203, 245, 257, 260*
Survage, Léopold Frédéric Léopoldowitsch (eig. Leopold Friedrich Sturzwage, 1879–1968): russ.-franz. Maler des ➞ Kubismus, Mitbegründer des ➞ Abstrakten Films *138*
Suspense (engl.-lat. suspendere, in Unsicherheit schweben): Spannungsaufbau durch Wissensvorsprung des Zuschauers *118, 260,* Ggs. von ➞ Surprise

Švankmajer, Jan (*1934): tschechischer Filmemacher, Poet, Zeichner und Objektkünstler im Umfeld des ➞ Surrealismus *256*
Swing: gegen Ende der 1920er-Jahre entstandene, tanzbare Stilrichtung des Jazz *116 f.*
synchron (griech. syn, zusammen, u. chronos, Zeit): gleichzeitig
Synchronisation, Synchronisierung: Herstellen des gleichzeitigen, »lippensynchronen« Ablaufs von Ton u. Bild
synthetisch (griech.): künstlich
synthetischer Film: Art des ➞ Dokumentarfilms s. S. *20 f.*
Synthetic sound, synthetischer Ton: künstlich erzeugter (nicht aufgenommener) Ton, der beim ➞ Lichtton-Verfahren sogar von Hand gezeichnet u. auf den Filmstreifen belichtet wurde *109, 256*
Szene: Abfolge von mehreren Einstellungen, die eine Einheit von Raum, Zeit u. Handlung aufweisen *12*

Tableau, pl. Tableaux (franz. Bild): Filmbild der Frühzeit, das wie ein abgefilmtes Bühnengeschehen erscheint *23, 208*
Tarkowski, Andrej Arsenjewitsch (1932–1986): sowjet. Regisseur *114*
Tate, Sharon Marie (1943–1969, ermordet): US-amerikan. Filmschauspielerin u. Model *74*
Tavassol, Mark (*1974): Bassist der Band ➞ Wir sind Helden *199*
Testimonial-Werbung (engl. testimonial, Zeugnis, Attest): Werbung, bei der sich Experten o. Prominente für ein Produkt verwenden *216*
Thiele, Wilhelm (eig. Wilhelm Isersohn, 1890–1975): österr.-amerikan. Drehbuchautor u. Filmregisseur *12*
Thriller (engl. thrill, Nervenkitzel): filmisches ➞ Genre; Kriminalfilm, der auf Spannung angelegt ist *224 ff., 260*
Thümmler, Marc (*1982): dt. Filmemacher *254*
Tilsner, Klaus (*1934): dt. Schauspieler *76 ff.*
Tonfilm: Film, in dem Bild u. Ton ➞ synchron aufgezeichnet sind
Topol, Adrian (*1981): poln.-dt. Schauspieler *83*
Torriani, Vico (eig. Ludovico Oxens Torriani, 1920–1998): Schweizer Sänger, Schauspieler, Entertainer u. Kochbuchautor *216, 217*
Top Shot (engl.): Kameraperspektive senkrecht von oben, auch »God's point of view«, göttliche Perspektive, genannt *90, 134, 203, 277*

Totale → Einstellungsgröße
Tour de force (franz.): Meisterleistung 166
Tourette, Jean-Michel (*1975): Keyboarder der Band → Wir sind Helden *199, 201*
Trackball (engl.): → Interface mit rollbarer Kugel
Tracking (engl., Nachverfolgung): Anpassen zweier Bilder mittels Punkten *196*
Trailer (engl.): Ankündigung für kommende Filme, Filmvorschau 207, *218 f.*
Tramp (engl., Wanderarbeiter, Vagabund): von Charlie → Chaplin geschaffene komische Figur in seinen Filmen *34 ff.*
Tremolo (ital., Zittern): Klangeffekt, Tonwiederholung in kurzen Abständen
Trickfilm: Film, dessen Bewegungsillusion Bild für Bild geschaffen wird, z.B. durch Zeichnungen beim Zeichentrickfilm, auch synonym mit → Animationsfilm verwendet
Trier, Walter (1890–1951): tschech. Illustrator 206
Trott, Jürgen (*1955): dt. Schauspieler *85 f.*
Truffaut, François (1932–1964): franz. Regisseur u. Schauspieler 143, 226
Tschaikowski, Pjotr Iljitsch (1840–1893): russ. Komponist 180
Twist point (engl.): Punkt, an dem eine erstaunliche Wendung eintritt, Steigerung des → Plot point, vgl. → Story twist, 207
Tykwer, Tom (*1965): dt. Regisseur, Filmproduzent u. -komponist 11, 13, 55, *139, 172 ff.*, 255
Typografie (griech.): Schriftgestaltung

UFA (Universum Film AG, heute UFA Film & TV Produktion GmbH): 1917 gegründetes dt. Filmunternehmen mit Hauptsitz in Potsdam-Babelsberg 206
Ulrichs, Timm (*1940): dt. Hauptvertreter der → Konzeptkunst *192*
Uncanny valley (engl., geheimnisvolles Tal): nach einem Knick in einer Darstellungskurve benannter Effekt, wonach künstliche Figuren paradoxerweise vom Zuschauer akzeptiert werden 197
Underground Film (engl., Untergrundfilm) → Free Cinema 139
unkonventionell (lat.): ungewöhnlich
unsichtbarer Schnitt (engl. Smooth cut): vorherrschende Form der → Montage im klassischen → Hollywoodfilm, bei dem die Einstellungswechsel aufgrund fließender Übergänge unbemerkt bleiben, → Continuity style
User (engl.): Benutzer; neuer Typ des Betrachters bei → interaktiver Kunst

van der Feer, Anneke (1902–1956): niederländ. Malerin u. Grafikerin 28, 29
Van Pelt, Ernest (1883–1961): US-amerikan. Schauspieler *65 ff.*
Varda, Agnès (*1928): belg.-franz. Filmemacherin im Umfeld der → Nouvelle Vague, 254
Vatters, Alice: dt. Model 220
Vaudeville Show, Vaudeville Theater: Unterhaltungstheater, Schaubühne um 1900 in den USA 14, 99
Vega, Suzanne (*1959): US-amerikan. Songwriterin u. Sängerin 193
Verismus (lat. verus, wahr): sozialkritische Strömung der → Neuen Sachlichkeit 25
Verne, Jules-Gabriel (1828–1905): franz. Autor, Pionier der → Science-Fiction-Literatur 140
Verrall, Robert (*1928) kanad. Animator, Produzent u. Regisseur 156
Vezzoli, Francesco (*1971): ital. Videokünstler *219*
Video painting (engl., Videomalerei): malerisches Videokunstwerk, das wie ein Gemälde an der Wand hängt, → Ambient video, 260
Video response (engl.): Video-Antwort, Reaktion auf ein Video, oft in Form einer Parodie
Videoinstallation: dreidimensionales Kunstwerk, das die räumliche Situation berücksichtigt *232 u. Mitte, 233 u. Mitte, 246 ff.*
Videokunst (von lat. video, ich sehe): Kunst mit dem Fernsehgerät als → Videoskulptur o. als Bewegtbild, → Kunstvideo *231 ff.*
Videoperformance: Spielart der Aktionskunst, bei der Videotechnik eingesetzt wird; Aufführung vor der Filmkamera, ohne Publikum, im Ggs. zur Live- o. Publikumsperformance oft in Verbindung mit einem → Closed circuit, *232 u. rechts*, 260
Videoskulptur: mit der → Hardware der TV-Technik (Monitor, Kabel, Videorekorder etc.) geschaffenes dreidimensionales Kunstwerk
Video-Synthesizer: von Shuya → Abe u. Nam June → Paik entwickeltes Gerät, das elektronische Impulse in psychedelisch-abstrakt wirkende Bilder übersetzt *236*
Vietnamkrieg: Kriegshandlungen in Indochina (1946–1975), in die 1964 US-Streitkräfte auf Seiten Südkoreas gegen das kommunistische Nordkorea (Vietcong-Truppen) eintraten 191, 237, 253, 260
vif (franz.): lebhaft
Vinci, Leonardo da → Leonardo
Vinterberg, Thomas (*1969): dän. Regisseur, Mitbegründer der → Dogma-95-Bewegung 255
Viola, Bill (*1951): US-amerikan. Videokünstler 233, *246 ff.*, 261
Virage, Viragierung (franz.): monochrome Einfärbung schwarzweißer Filmbilder, vor Aufkommen des Farbfilms verwendet 59, 116, *212*, 260
viragieren: einfärben 59, *65*
Viral clip, Viral video (engl.): im Internet virusartig verbreitete Filme 16, *205, 207, 224 ff.*, 260
virtuell (lat.-franz.): möglich, scheinbar 260
Vision Kino gGmbH, Netzwerk für Film u. Medienkompetenz: gemeinnützige GmbH unter der Schirmherrschaft des Bundespräsidenten, gegründet auf Initiative des Beauftragten der Bundesregierung für Kultur u. Medien, der → Filmförderungsanstalt FFA, der Stiftung Deutsche Kinemathek und der »Kino macht Schule«-GbR 17
Vogel, Herrmann (1854–1921): dt. Maler u. Illustrator 56
Vogelperspektive → Kameraperspektive
Vogler, Christopher: US-amerikan. Drehbuchautor 67
Voice over (engl., darübergelegte Stimme): der Kommentar einer Figur oder eines Erzählers, die selbst nicht Teil der Szene sind; im Ggs. zur Stimme aus dem → Off, der Stimme einer Figur, die prinzipiell in der Szene, aber momentan nicht im Bild ist; manchmal allerdings auch synonym verwendet 55, *174*

Waddington, Laura (*1970): engl. Regisseurin 13
Wagner, Richard (1813–1883): dt. Komponist, Dramatiker, Schriftsteller u. Dirigent 144
Waititi, Taika (*1975, auch: Taika Cohen): neuseeländ. Regisseur, Maler u. Schauspieler 255
Warhol, Andy (1928–1987): US-amerikan. Künstler der → Pop-Art *139*, 221
Watzlawick, Paul (1921–2007): österr. Kommunikationswissenschaftler, Psychoanalytiker u. Philosoph 120
Wayne, John (1907–1979): US-amerikan. Schauspieler, Regisseur u. Produzent 171

Weber, Gregor (*1968): dt. Schauspieler 85, **87**
Weber, Max (Maximilian Carl Emil, 1864–1920): dt. Soziologe, Jurist u. Ökonom 114
Wegener, Paul (1874–1948): dt. Filmstar, Regisseur, Produzent u. Drehbuchautor 106
Weibel, Peter (*1944): österr. Medienphilosoph und -künstler 16
Weill, Kurt (1900–1950): dt. Komponist 107
Weimarer Republik (1918–1933): das nach der in Weimar 1919 verabschiedeten Verfassung bezeichnete Deutsche Reich, beendet am 30. Januar 1933 durch die Machtergreifung durch die → Nationalsozialisten unter Adolf → Hitler 23 ff., 46
Weir, Peter Lindsay (*1944): austral. Regisseur 115
Weiss, David (1944–2012): Schweizer Künstler, arbeitete im Team mit Peter → Fischli 261
Welles, Orson (1915–1985): US-amerikan. Regisseur u. Schauspieler 33
Wells, Herbert George (1866–1946): engl. Schriftsteller, Pionier der → Science-Fiction-Literatur 140
Wenders, Wim (*1945): dt. Regisseur, Produzent, Drehbuchautor u. Fotokünstler 171
Wentscher, Herbert (*1951): dt. Videokünstler 260
Wertow, Dsiga (eig. Dawid Abelewitsch Kaufman, um 1895/96–1954): sowjet. Regisseur u. Filmtheoretiker 20
Western: filmisches → Genre, das die Besiedlung des amerikan. Westens u. die damit verbundenen Konflikte zum Thema hat 165
White, Leo (1882–1948): US-amerikan. Schauspieler 64 ff.
White cube (engl., weißer Würfel): heller Ausstellungsraum, der die darin gezeigten Kunstwerke unbeeinflusst zur Geltung bringen will, Ggs. → Black box
Widrich, Virgil (*1967): österr. → Vertreter des Experimentalfilms 55, *137*, *139*, 164 ff., 232, 258
Wildenhahn, Klaus (*1930): dt. Dokumentarfilmer u. Produzent 20
Wilhelm II. (Friedrich Wilhelm Viktor Albert von Preußen, 1859–1941): von 1888 bis 1918 regierender letzter Deutscher Kaiser 20, *23*, 46
Williams, Victoria (*1958): US-amerikan. Popmusikerin 193
Wilp, Charles (1932–2005): dt. Foto- u. Werbekünstler 207, 220 f., 260
Wir sind Helden: 2000 gegründete dt. Popband *179*, *192*, 198 ff., 259
Wireframe (engl., Gitternetz): Gittermodell für 3-D-Animationen *135*, *196*
Withers, Bill (*1938): US-amerikan. Popsänger 250
Wolf, Reinhard W.: dt. Filmwissenschaftler, Kurator u. Journalist 16, 18
Wonder, Stevie (*1950): US-amerikan. Soul- u. Popsänger 250
Woo, John (*1946): chines. Filmregisseur 134
Yamamura, Koji (*1964): japan. Animationsfilmer 257
Young & Rubicam: internationale Werbeagentur aus New York mit Büros in 81 Ländern, u.a. in Frankfurt am Main 207, 222 f., 260

Zabeil, Jan (*1981): dt. Dokumentarfilmer *21*, 46 ff., 254
Zeichentrick(film): Technik des → Animationsfilms mit gezeichneten oder gemalten Elementen 97
Zivilcourage (franz., Bürgermut): sozial verantwortliches Handeln trotz drohender Nachteile
Zogg, Maja: Schweizer Szenenbildnerin *91*
Zoom-in (engl.): Zufahrt
Zoom-out (engl.): Rückwärtsfahrt 224 f.
Zumpe, Angela (*1953): dt. Künstlerin 232
Zweiter Weltkrieg (1939–1945): von Nazi-Deutschland ausgelöster Krieg, an dem über 60 Staaten direkt oder indirekt beteiligt waren und der ca. 60 Millionen Toten forderte

Internet-Hinweise

Die wichtigste Adresse für Informationen zum Kurzfilm ist diejenige des Dachverbands *AG Kurzfilm – Bundesverband Deutscher Kurzfilm*:

www.ag-kurzfilm.de

Darin haben sich Film- und Kunsthochschulen, Filmfestivals, Kurzfilmverleihe und -vertriebe sowie sonstige öffentlich geförderte Institutionen der Film- und Kinobranche zusammengeschlossen.

Wer sich dafür interessiert, welche Arten von Filmen in Bildungszusammenhängen entstehen, bekommt unter der folgenden Adresse zahlreiche Hinweise:

www.cineschool.de

Diese Website ist ein Schülerfilmportal, das Best-practise-Beispiele zusammen mit Begleitmaterialien vorstellt. Unter dem Menüpunkt »Links« finden sich weiterführende Internet-Adressen.